JN409848

이상과 열정,
조선역사

이상과 열정, 조선역사

1판 1쇄 펴낸날 2007년 8월 10일
1판 2쇄 펴낸날 2008년 4월 23일
지은이 이 범 직
펴낸이 오 명

펴낸곳 **쿠북**
등록 / 제 4-3 호(1971. 6. 21)
주소 / 143-701, 서울시 광진구 화양동 1번지
건국대학교출판부
전화 / (02)450-3891 ~ 3
팩스 / (02)457-7202
홈페이지 / http://press.konkuk.ac.kr
e-mail / press@konkuk.ac.kr

책임편집 / 이지은

찍은곳 한국컴퓨터인쇄정보사

정가 **16,000** 원

ISBN 978-89-7107-469-5 03900

이 도서의 국립중앙도서관 출판시도서목록(CIP)은 e-CIP 홈페이지(http://www.nl.go.kr/cip.php)에서 이용하실 수 있습니다.(CIP 제어번호: CIP2007002293)

쿠북

머 / 리 / 말 /

전근대 우리의 전통문화에서 역사는 정치권과 지식층에서 즐겨 읽고 인용하였던 학문이었다. 그래서 역사에 대해 정치권은 근엄하고 공정한 정사(正史)로의 편찬 작업을 의무로 하였고, 식자들은 역사 기록에 대한 평가와 함께 이성적 학문으로 인식하였다. 이야기의 전개로 시작하는 문학의 영역과 대비되는 사실의 기술로서, 절제되고 해석이 생략되는 관행이 역사 서술의 주류였다. 때문에 재미보다는 역사 서술을 통한 교훈과 권위를 강조하였다.

물론 사실과 의미를 함축하는 문장력으로 흥미를 유발한 역사 서술이 없었던 것이 아니나, 형식과 체제의 제약을 받는 서술 관행은 독자의 흥미를 유혹하기에는 거리가 멀었다. 장기간의 역사 시간을 대상으로 하는 역사 서술에서 우리가 지켜야 하는 조건은 그 역사의 전개 과정에 대해 숲과 나무를 함께 볼 수 있도록 시대의 흐름과 사건의 미시적 접근, 그리고 대중과 각 개인의 공유점과 특성을 식별할 수 있어야 한다는 점이다. 이러한 상황을 배경으로 하면서 조선왕조의 역사를 이해하고 그 서술을 시도하였다. 구어체 표현을 등장시킨 것 또한 그러한 의도를 반영하고 있다.

조선왕조는 1392년에 개창하여 1910년까지 유지되었다. 이 기간의 역사를 기술함으로써 조선왕조의 역할과 역사의 의미를 읽어보려

하였다. 이 역사 시간대 속에는 몇 단계의 역사 진전이 있었다. 중세 봉건적 단계에서부터 근세적 문화 단계와 시민사회적 요건을 갖추는 역사 단계로의 발전이 그것이다. 1392년 새로운 왕조를 세울 당시 주장하였던 유교 이념에 의한 왕조의 건설과 그 이상 위에서 왕조 사회를 유지, 보존하고 발전시키려는 정치권과 지식인들의 공통된 노력이 1910년까지 지속되었고, 유교 문화가 기저가 되어 역사의 변화를 추진하는 시대상을 형성하였다고 인식할 수 있기 때문이다.

조선왕조사의 공유점을 유교 문화로 주목하여 조명함과 동시에 그 중심에 있는 조선 왕실의 존재를 유념하고자 하였다. 즉, 우리 역사에 대한 조선 왕실과 유교 문화가 갖는 공과를 역사의 교훈으로 기억할 것을 의식하면서 조선왕조사를 서술하였다. 하지만 역사의 교훈을 공과 위주로만 서술한 것이 아니고 시대 변화에 대한 역사의 주역으로 도전과 창조적 대응, 유연한 변용을 지속적으로 추진하였던 조선왕조사의 내용을 추적하려고 노력하였다. 다만 사건 사실의 전개만이 아니라 행간에 숨겨진 역사의 의미를 독자에게 전달하려는 서술 의도가 있었지만 그 성과는 미지수일 것이라는 점을 밝혀두고자 한다.

이 책이 만들어지기까지 나의 강의에 참여하였던 건국대학교 사학과 학부생과 특히 원고 정리와 편집에 많은 힘이 되어 주었던 한정수 박사의 노고를 잊을 수 없다. 마지막으로 새로운 시도로 편집하려는 역사책을 흔쾌히 출판하도록 허락한 출판사 쿠북에 감사하고 특히 편집 책임한 이지은 선생에게 감사를 표하는 바이다.

2007년 7월 10일

기추헌에서 이범직

차 / 례 /

/머리말 _ 4

/서론 : 새로운 상황과 조건 _ 15

01장 **현실보다 미래를 읽은 조선왕조, 그 건국과 배경** _ 21

왕조 교체 주도세력의 특징 _ 21

전환시대 논리, 문제는 민생 _ 23

신진사대부, 그들의 성격 _ 25

과거제의 폐단 _ 26

불교와 신유학의 갈등 _ 28

국제 정세의 변동 _ 29

개혁의 이중주와 조선 건국 _ 31

02장 **로드맵 마련하기, ≪경국대전≫ 체제** _ 35

유학의 보급과 역할 _ 35

성리학과 고려 사회 _ 37

≪주례≫에 기반한 예치 시스템 _ 40

의정부와 6조 체제로의 재편 _ 41

관료제의 상징인 품계제도 _ 44

집현전 설치와 홍문관 _ 46

03장 **왕도정치의 실현을 위한 제도 짜기** _ 49

지방 행정구역에 대한 수령 파견 _ 49
수령칠사 _ 50
유향소제도 _ 53
국민개병 · 병농일치 원칙, 오위체제 _ 54
지역방위체제, 진관체제 _ 55
미래에 대한 투자, 학교 교육 _ 56
김생원, 이진사가 되기 위한 소과 _ 58
조선 최고의 교육기관, 성균관 _ 60
엄격한 시험의 문 _ 62
사지선다형 없는 논술 과목들 _ 64
무과의 이론 및 실기 시험 과목 _ 65
중인층의 출세길인 잡과 _ 66
신분제와 교육 불평등 _ 67
과전 수여의 원칙과 개요 _ 67
새로운 제도를 위한 토지소사 _ 68
과전을 통한 수조권의 재분배 _ 69
지주와 농민의 농업경영 _ 72

04장 **세상보기의 틀** _ 75

사대교린의 외교 원칙 선언 _ 75
실질적 외교 관계 유지 노력 _ 77
사신 접대의 의례 _ 78
지리지와 ≪동국여지승람≫ _ 80
지도 제작과 동국지도 _ 81

붓으로 그려진 각종 지도들_83
한성부의 도로와 청계천_85
중외의 연결선인 간선도로_89
조운 중심의 수로_92

05장 **산업 생산과 물품 교환_93**

무본억말론에 따른 산업구조_93
산업구조론의 변화_95
호구조사와 인구센서스_96
토지 측량과 양안_98
토지의 농업 생산성_99
농업 생산성 향상과 농서_100
논농사에 적용된 이앙법_104
밭농사와 거름 만들기_105
농기구의 보급_107
경외공장제 운영_109
지방 명품 특산품의 탄생_110
국가 지정 육의전과 시장 통제_110
지방의 상업과 운송_114
소금 매매_117
교환 수단_118

06장 **태어나면서 정해진 신분과 가족_119**

신분의 굴레_119
양반_121

중인층 _ 125
양인 _ 127
양인층의 역 부담 _ 129
천인 _ 130
부부의 형태 _ 134
처가살이와 시집살이 _ 136
재산 상속 _ 138
제사 관행의 변화 _ 139
복제 _ 142
음서제도 _ 145
상피제도 _ 146
근친혼과 동성혼의 금지 _ 147
족보의 편찬 _ 148

07장 **왕실 및 국가 재정 _ 153**

호조 및 각종 재정 관서 _ 153
횡간과 공안 _ 154
세입과 세출 _ 156
왕실 재정과 내수사 _ 159
지방 재정의 확보 _ 160
공전과 사전 _ 163
임의성 짙은 답험손실 _ 164
객관적 기준 적용을 위한 공법 _ 165
조선 초기 전결의 총계 _ 167
우리 농산물의 대표 원조, 공물 _ 169

공물 방납제와 폐단 _ 170
보릿고개 넘는 방책, 환곡 _ 171
노동력의 국가 수취 _ 173
양반 사대부의 신역 _ 175

08장 **재편된 정치권력 구조와 사림 세력의 성장기** _ 177

16세기 정치사 스케치 _ 177
훈구와 사림의 정치적 발언권 _ 180
사림의 화(禍) _ 181
기묘 사림과 의리의 실천 — 박상의 신비복위소 _ 187
사화가 남긴 유산 _ 190
지주 전호제의 토대 _ 191
조선 성리학의 요람, 서원 _ 192
어떤 공부를 어떻게 하였을까 _ 194
사림의 꿈, 문묘 배향 _ 197
주자가례의 사회 _ 201

09장 **붕당론과 세계관의 변화** _ 205

붕당 인식 전환의 배경 _ 205
관원의 증가 _ 210
대간권의 형성 _ 211
낭관권과 전랑권 _ 212
왕위 계승의 혼란 _ 213
붕당 발생의 필연성? _ 215
인물에 대한 시비 _ 216

전랑, 그 자리가 뭐길래 _ 217
이이에 대한 인물 시비 _ 221
정여립 사건과 송강 정철 _ 224
임진왜란 책임론 _ 226
광해군의 세자 책봉 논란과 즉위 _ 228
인조반정과 그 후의 정국 _ 231
조선 중화주의의 시작점 _ 235
청(淸)은 어떤 나라인가 _ 236
대청 인식의 두 갈래 _ 238

10장 **사대부 중심의 사회질서론 확대** _ 243
예학이란 무엇인가 _ 243
예학의 시대 _ 245
왕실례와 사대부례의 조화 혹은 충돌? _ 248
예송의 프롤로그 — 인조 대부터 현종 대까지의 왕실 _ 250
1차 예송〔기해예송〕 _ 251
2차 예송〔갑인예송〕 _ 256
조선 후기 정치적 영향력의 조건 _ 258
경신환국, 남인과 서인의 세력 교체 _ 259
회니시비로 인한 노·소론의 분붕 _ 262
기사환국, 남인들의 기사환생 _ 264
갑술환국, 희빈 장씨와 남인의 몰락 _ 267
경종의 즉위와 세제 책봉 _ 269
노론 천하와 탕평론 _ 272

11장 **조선 후기 신분제 사회와 산업구조의 변화 _ 275**

신분 사회 변화의 스케치 _ 275

경제력과 신분 상승 _ 277

양반층 증가의 의미 _ 279

홍길동 같은 사람들의 희망 _ 281

조선 후기 농법의 변화 _ 283

경영형 부농 출현 _ 288

양안과 그 연구 가치 _ 290

양안이 말하는 향촌 사회 _ 295

농업 생산을 자극하는 상업 _ 299

서인과 남인의 상업정책론 _ 301

남인과 서인의 화폐정책론 _ 304

유형원의 이권재상론 _ 305

금난전권의 폐지와 공인층 _ 307

조선 후기 부상대고 _ 309

12장 **수취 제도의 개선과 한계 _ 313**

전세 수취의 문제 _ 313

공납제의 문제와 해결 모색 _ 314

군역제도의 운영과 그 문제 _ 316

근대적 금납화의 세제 개혁 _ 319

전세 개편과 의미 _ 321

균역법과 군정의 문란 _ 323

환곡 운영과 문제 _ 326

13장 **실학, 성리학의 지평을 넘어**_329

실학의 발생 배경과 성격_329

실학의 의미들_333

새로운 학문 방법론_336

다산 정약용의 실학론_339

국가재조론_342

지주제의 확대와 토지개혁론의 대두_343

균전론_344

한전론_347

정전론_348

여전론_349

토지개혁론의 의미와 한계_350

14장 **변화의 시대, 새로운 사회를 위해**_353

민란의 시대 스케치_353

농민의 눈으로 본 19세기 시대상_355

지배 질서의 혼란_359

홍경래의 난_360

임술민란_362

진주민란_365

15장 **계층과 시대성 반영의 지표** — 문학과 예술_367

성리의 정신을 담는 그릇, 문학_367

변화의 정신을 담는 그릇_369

서화의 변화와 완성_371

예악에서 판소리까지 _ 374
분청과 백자의 시대 _ 376
건축, 자연과 절제의 미 _ 377

16장 **근대화의 추진과 좌절 _ 379**

동양과 서양의 만남 _ 379
19세기 중국, 일본의 개항 _ 381
조선의 강제 개항 _ 382
서세동점에 대한 대응론 _ 386
개화파의 형성 _ 387
고종의 왕위 계승과 대원군 _ 388
개화와 위정척사의 갈등 — 무너지는 조선왕조 _ 391
대한제국의 선포 배경 _ 393
광무개혁과 근대국가 건설 _ 395
한국 근대화와 반성(反省) _ 401

부록
1. 조선시대 품계표 _ 408
2. 조선시대 중앙관청 일람표 _ 411
3. 종묘 정전 및 영녕전, 배향공신 _ 417
4. 조선시대 왕릉 및 위치 _ 420
5. 조선왕조 왕위 계승도 _ 423
6. 조선시대 국내외 연표 _ 429

/찾아보기 _ 452

서 / 론 /　　새로운 상황과 조건

시대 구분과 왕조 교체의 의미

역사 연구는 시대 구분을 연구의 기준으로 합니다. 역사학자들은 역사가 시간의 흐름 선상에서 단계적으로 변화한다는 인식을 갖고 있기 때문입니다. 따라서 연구자들은 역사 현상을 어느 역사 발전 단계에 귀속시킬 것인가를 고민하게 됩니다.

시대 구분은 역사 무대에서의 동질적 요소와 시간의 흐름을 구분하여 나누게 됩니다. 시간의 흐름을 중심으로 역사가가 살고 있는 현재의 시대를 현대라고 하고, 자기 시대와 아주 먼 시대를 고대라고 토막 내면서 중간에 한 토막을 만들어 중세, 이렇게 한 것이 이른바 삼분법의 일반적인 방법입니다.

삼분법이라고 하는 보편성과 그에 따른 역사의 시대 구분을 염두에 두면서 역사 속의 고유한 정치권력의 시대, 즉 고조선시대니, 삼한시대니, 삼국시대니, 고려시대니, 조선시대라고 하였을 때 그에 따른 기준에 의해서 설정된 시대 구분과 공약수를 내보자 한 것입니다. 이렇게 하여 각 정치권이 가지고 있는 역사성을 어디에 위치시킬 것이냐 하는 겁니다. 이렇게 하면 고조선 사회를 고대사회라고 얘기할 수 있게 됩니다.

우리 역사에서 하나의 왕조가 망하고 새로운 정권이 등장하는 과정을 보면, 이민족에 의해서 왕조 교체가 되었다기보다는 우리 역사 안에서 새로운 대체 세력이 나타나 왕조 교체가 이루어졌습니다. 앞 시대의 역사가 가지고 있는 모순과 한계를 그 역사 공동체가 극복하고 새로운 시대의 질서와 구조를 만들었다고 보게 되는 것입니다.

고조선시대 이후 역사는 부족연맹 단계의 고대사회로 전개됩니다. 북쪽에서는 부여라든가 고구려, 옥저, 예의 고대국가가 있었고 남쪽에서는 진한·변한·마한의 삼한시대가 전개되었습니다. 그리고 그 다음 단계에는 고구려·백제·신라라는 보다 더 견고한 고대국가의 시대로 전개되었습니다. 그런 것이 우리 역사 안에서 현상적인 정치권의 명칭을 부여한 시대 구분이라고 한다면, 앞에서 얘기한 고대니 중세니 또는 근대, 현대라고 하는 시대 구분은 사실상 세계사라고 하는 보다 광범한 역사의 전개를 염두에 둔 보편적인 시대 구분이라고 할 수 있습니다.

문제를 좁혀서, 우리가 얘기하려는 한국사의 중세사라고 하는 시대 설정을 봅시다. 이것은 대체적으로 여러 가지 설이 있지만 고려, 조선 전반기까지는 대개 중세로 보는 경향이 있습니다. 사실 우리나라 사회나 중국의 중세사회나 유럽의 중세사회 단계가 내용적인 면에서 상당한 공통점을 가지고 있습니다. 그것은 고대사회의 경우도 마찬가지입니다. 세계사 속에서 고대사회의 보편적 특징이 우리 역사에서 고대사회라고 설정하고 있는 단군조선부터 고구려·백제·신라로 구성되는 삼국시대까지 나타나고 있다는 것입니다.

중세사회에 대해 학자들 간의 이견은 있지만 대개 신라 하대로부터 시작하는 것으로 보고 있습니다. 지금 신라 하대라는 용어를 썼는데 이미 고려시대 ≪삼국사기≫를 편찬한 김부식은 신라를 상대·중대·하대로 시대 구분하여 인식하였습니다. 이런 식으로 우리나라 전근대의 역사가들도 시대 구분을 하고 있습니다. 하여간 신라 하대부터 세계사에서 얘기하고 있는 중세적 특징이 우리 역사에서 나타나 있다고 하겠습니다.

내용으로 볼 때 중세사는 다시 두 단계로 나눌 수 있습니다. 신라 하대로부터 시작하여 고려의 원 간섭기까지와, 그 후로부터 조선왕조 건국

후 약 2백 년 정도의 기간이 그것입니다. 조선의 역사 내용은 중세사의 두 번째 단계로 설정됩니다.

조선왕조사의 중세성

그런데 조선왕조의 역사를 다루겠다고 얘기하지 않고 왜 중세사라고 굳이 설정해 가면서 말하고자 하였느냐 하면 거기에는 역사 해석의 저의가 약간 있습니다. 우리나라 역사의 변화 현상에는 우리나라만이 가지는 독특한 과정의 역사, 그런 내용이 없지 않아 있습니다. 그것이 우리 역사의 특수성입니다.

그렇지만 역사라고 하는 세계의 무대에는 우리만 존재하는 것이 아닙니다. 우리가 공유하는 문화와 문명의 역사는 다른 민족의 역사와 함께 어우러져 있습니다. 역사의 보편성이 그것입니다. 세계사 속의 중세 후반기에 해당하는 내용이 조선왕조 시기에서 볼 수 있다고 하는 것입니다.

지금 지구상에는 이른바 선진문명 국가가 있습니다. 의식 면에서나 물질문명 또는 기술문명 등에서 우리보다 훨씬 앞선 국가가 있습니다. 반면 우리보다 후진 미개발 국가도 있습니다. 이러한 문화와 문명의 격차가 있는 속에서 그들과 우리는 공존하고 있습니다. 동시대임에도 불구하고 지역과 문화, 문명의 차등적 역사 내용이 분명히 존재하는 것입니다.

현재는 모두 알다시피 컴퓨터 시대 아닙니까? 컴퓨터의 하드웨어가 없고 소프트웨어가 없다면 지금 생존할 수 없습니다. 지금 우리 시대에는 그렇다는 얘기입니다. 우리가 현대사회에서 살아남기 위해서는 컴퓨터의 모든 메커니즘을 알고 있어야 한다는 얘기입니다. 그래서 적어도 현대사회에서 살아남을 수 있는 상징적 기술 능력을 가지고 있다고 한다면, 세계 역사의 변화와 연계되는 그러한 문화 문명을 가지고 있다 그런 얘기가 되는 겁니다.

이러한 논리 위에서 조선의 중세성을 말하려는 것입니다. 역사는 절대로 비약이 안 됩니다. 우리 인간사회는 다양한 체험을 거치면서 성장합니다. 역사도 마찬가지입니다. 중세 역사의 체험을 거친 다음에 결국은 근대와 현대의 문명 단계가 가능한 것이지 고대의 단계에서 중세가 빠지고 현대의 단계로 비약이 될 수가 없다는 것입니다. 이것이 인간역사의 진실한 면모입니다. 성숙한 어른이 되기 위해서는 소년기의 여러 가지 체험, 고민, 갈등, 감정적인 문제, 이성적인 문제 이런 것을 다 겪은 후에 가능합니다. 바로 이런 것이 역사에서 얘기되고 있는 중요한 쟁점입니다. 시대 구분의 경우도 그렇다 하는 겁니다.

앞으로 우리가 얘기하려는 것은 조선왕조 시기 한국 역사가 한 단계 진전되고 발전되는 그리고 그 발전 속에서 우리의 문제를 어떻게 해결하려 하였는가 하는 것입니다. 동시에 이것은 우리 역사 안에서의 문제만이 아니라 우리 역사의 변화와 역사 진전의 한 과업이 세계 역사 변화의 문제를 해결하는 것으로 세계사 변화에 참여하고 있다는 얘기가 되는 겁니다.

상징적인 예를 하나만 들어보겠습니다. 세종대왕이 한글을 만들었습니다. 조선시대 세종대왕이 우리 문자를 가지고자 한 것은 고려왕조와 달리 백성들의 어려움을 살피고 상하 좌우간의 소통을 위해서였습니다. 그것은 세종대왕의 시대적 필요성에 의한 것이었습니다. 그런데 국어학자들의 말을 빌려 본다면 앞으로 21세기에는 컴퓨터가 중요한 역할을 한다고 하였을 때, 그 컴퓨터의 소프트웨어 개발에서 기여할 수 있는 문자로 한글에 거는 기대가 크다고 보고 있습니다.

이것은 조선왕조가 한국사의 중세 단계인 고려사에서 한 단계 전진하는 자기역할을 하였다는 자기 역사의 변화만이 아니라 결과적으로 세계사의 발전에 큰 변화의 계기를 제공하였다고 볼 수 있겠습니다.

역사에서 조건, 계기, 다양성

우리는 흔히 화약의 발명이라든지 인쇄매체의 발명이라든지 또는 라이트 형제의 비행기 발명이라든지, 증기기관의 발명이라든지 하는 얘기를 초중등교육 과정에서 배우고 있습니다. 그것은 인류역사 변화의 커다란 전기, 새로운 계기를 만들었다는 데 의미가 있기 때문입니다.

역사에는 새로운 상황과 조건이 주어집니다. 역사 속에서 제공되었던 상황만이 되풀이되는 것이 아니라 전혀 새로운 상황이 전개되는 겁니다. 새로운 역사 현실을 해결할 수 있는 지적 토대와 창의적 내용을 역사학 속에서 읽어야 하지 않겠는가 하는 겁니다. 그러나 역사학은 직접적인 해답을 주지 않습니다. 그것이 바로 역사학이 가지는 학문적인 속성이라 하겠습니다.

우리는 우리나라 역사 내용만 가지고 역사학에서의 교훈과 객관적인 역사 인식을 얻는다는 것이 힘들다는 점을 알아야 합니다. 현대에는 여행하기가 편해져서 세계 곳곳을 손쉽게 다닐 수 있는데, 그러다 보니 각 지역마다 독특한 문화가 있다는 것을 알 수 있습니다. 그런 안목으로 우리 역사를 보고 해석을 해야 될 것 같습니다. 그래서 서양 문화에 대한 수준 높은 연구서에서 시사하는 바를 참고하면서 조선시대의 역사를 읽을 수 있도록 해야겠습니다. 조선시대 문인들이나 공인들의 작품도 감상하고 감정할 수 있는 안목도 가져 보려는 의지도 가졌으면 합니다.

그렇다면 조선시대의 철학적인 과제나 예술적인 대상을 동시대의 서양에서 전개되었던 르네상스라고 하는 시대상을 통해서도 얘기할 수 있을 것입니다. 이처럼 조선시대를 어떤 시대상, 어떤 사회상으로 얘기할 수 있는가를 한번 생각해 보고 자기정리를 하는 기회를 가졌으면 합니다. 그런 문제의식이랄까 시각을 갖고 한번 얘기를 해야 될 것 같습니다.

1장
현실보다 미래를 읽은 조선왕조, 그 건국과 배경

왕조 교체 주도 세력의 특징

서론에서 우리는 시대 구분의 의미와 조선왕조의 역사를 중세사라고 하는 틀 속에다 집어넣는 것이 어떤 의미가 있는지 그런 얘기를 하였습니다. 시대상(중세)의 설정 과정에서 조선왕조의 건국이 갖는 의미, 그 역사를 발전적으로 보려는 입장인데 그러면 고려왕조가 극복하지 못한 한계를 조선왕조가 어떻게 개혁하려고 하였는지 그리고 어떻게 역사를 전진시켰는지 그런 쪽에서 한번 검토해 보아야 할 것입니다.

조선왕조의 건국 주체들은 새 왕조 건국의 정치적 과제를 해결하기 위한 새로운 정치적인 명분을 주장하게 됩니다. 즉, 앞선 고려시대의 역사적 모순과 과제를 진단하고 그 해결책을 모색하는 과정에서, 개혁을 위해 나섰다고 주장하고 있습니다. 그러면 그들이 개혁하려고 하는 내용이 무엇인지 한번 생각을 해야 될 것 같습니다. 개혁 과정에서 그들이 가지고 있는 태도를 개혁 내용과 연계하여 보기로 하겠습니다.

고려왕조 체제가 무너지고 조선왕조라고 하는 새로운 권력을 가진 정부가 서게 되는데, 사실 그것은 전연 다른 민족이나 종족, 또는 다른 정치 세력에 의해서 이루어진 것이 아니고 고려 사회 내에서 성장한 정치 세력입니다.

고려왕조의 궁궐이 있던 송악산 남쪽 궁궐 터. 궁궐의 흔적조차 찾아보기 어려울 정도로 시간의 무상함이 느껴진다.

비교하자면 중국의 경우 왕조의 교체가 이민족과 외국의 침략에 의하여 이루어졌습니다. 예를 들자면 송나라의 경우에는 몽골족에 의해서 멸망하였습니다. 만주에 있는 거란의 요와 여진의 금, 이런 세력에 의해서 공격을 받다가 결국은 몽골족에 의해서 송나라는 멸망합니다. 몽골족의 원나라는 중국의 한족에 의해서 다시 붕괴되고 한족이 세운 명나라에 의해서 중국의 전통이 회복되었다고 하지만 명나라는 다시 만주의 여진족이 세운 청나라에 의해서 교체됩니다. 이처럼 중국 역사에서 왕조의 변동은 이민족에 의해서 완전히 무너지고 교체된 것을 볼 수 있습니다.

또 유럽의 경우도 비슷합니다. 로마가 멸망한 것은 로마 자체의 문제에도 물론 원인이 있겠지만 로마 안에서 만들어진 새로운 세력에 의해서가 아니라 게르만이라고 하는 북쪽에 있는 이민족에 의해서 멸망한 것입니다.

그에 비해서 우리 한국사의 경우 특히 고려왕조에서 조선왕조로 교체되는 경우는 이민족에 의해서가 아니었습니다. 고려 사회체제와 권력구조의 변화 없이 왕실의 주인만 교체되는 것이라고 이해하는 경우

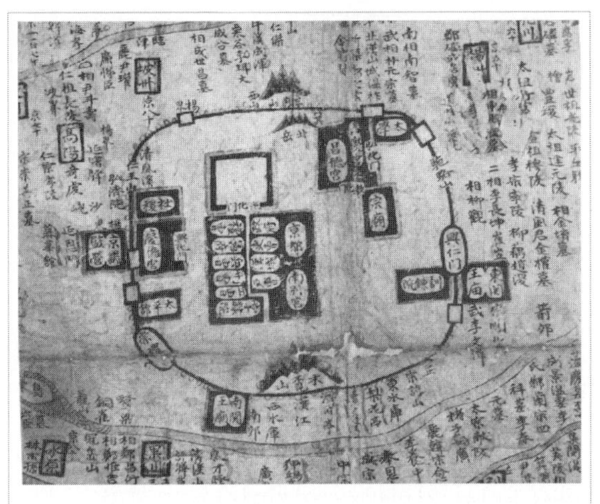
새로운 왕조인 조선의 서울 한양과 그 주변 경기의 모습을 그린 지도.

도 있으나, 조선왕조의 교체는 고려왕조 안에서 성장한 새로운 세력에 의해서, 새로운 가치관에 의해서, 새로운 개혁의 노선에 의해서 다른 역사가 선언되고 개혁되는 면모를 보였다 하는 데 우리는 의미 부여를 할 수 있지 않겠느냐 그런 얘깁니다.

전환시대 논리, 문제는 민생

고려왕조에서 조선왕조로의 교체에는 무엇이 선도적인 역할을 하였는가? 이념이 먼저냐 사회구조가 먼저냐 하는 원론적인 질문을 가끔씩 받습니다. 이에 대해 결국은 유교와 성리학의 이념에 맞는 사회구조로의 변화가 서서히 진행되고 있었고, 때마침 성리학이라고 하는 가치 체계가 정권교체라고 하는 현상을 선도하는 정치적 이념이 되지 않았는가 하는 얘기를 할 수가 있습니다.

이러한 면을 검토하기 위해서는 우선 고려 사회에서 조선 사회로 변하면서 큰 사회적인 변화와 당시 학문적인 성향의 흐름을 주목해야 하겠습니다. 당시 이런 큰 흐름의 두 축을 염두에 두어야 합니다. 왕조 성립의 명분, 왕조가 주창하고 있는 정치적 지표 설정을 위해서 조선의 당국자들과 지식인들은 어떠한 고민을 하였느냐를 먼저 얘기한 다음에 왜 그들이 그러한 지적 고민을 하였고 정치권에서는 어떤 정치적인 내용을 정치 실현의 목표로 삼았는지, 그 당시의 현실이 어떠하였기에 그러하였는지를 얘기할 필요가 있습니다.

그러면 고려왕조가 왜 지배권을 상실하게 되었는가에 대한 원인 규명이 있어야 할 것입니다. 우선 결론부터 말하자면, 왕조가 무너지거나 정권 자체가 붕괴될 때 주목하는 것은 고대사에서나 중세사, 현대사에 있어서 모두 경제적인 문제를 큰 원인으로 지적합니다.

경제적인 문제, 즉 왕조의 재정 파탄과 민생의 어려움이라는 것입니다. 고려왕조의 멸망은 왕조를 지탱하였던 경제구조 전반에 문제가 생겼다는 얘기입니다. 국가경영의 무능과 부패라는 정치의 혼란이 경제 전반을 혼란스럽게 만들어 결국은 왕실의 재정은 말할 것도 없고 피지배층을 궁핍으로 몰아 사회 불안을 심화시켰다는 것입니다. 여기에서부터 고려왕조의 권위가 신뢰를 상실하고 그것이 사회 기층의 불안을 초래하면서 왕조가 무너지고 왕조의 교체로 이어지게 되었다고 하겠습니다.

예나 지금이나 일반 대중들이 관심을 가지는 것은 경제 분야에서 분배의 문제입니다. 고려시대에는 부의 분배를 토지 소유와 경영을 합리적으로 하려는 토지제도의 설정에서 찾으려 하였습니다. 가장 핵심적인 것은 토지제도였습니다.

고려왕조의 토지제도는 전시과(田柴科)라는 특징을 가진 체제였습니다. 전시과 제도는 관료에게 그 품계에 따라서 국가가 산판(山坂)이나 경작지에서 나오는 생산물을 국가가 받아서 당사자들에게 주는 것이 아니라 관료들에게 직접 생산자들로부터 받아서 쓰도록 한 조치입니다. 즉, 국가가 수조권(收租權)을 관료에게 위임하여 운영한 제도였습니다.

이 방식이 가능하였던 것은 백성들에 대해 경제외적인 통제가 가능한 신분제 사회였기 때문이었습니다. 따라서 전시과는 정권이 농민을 간섭하고 움직이고 조정해가는 정치적 체계였습니다. 수조권의 위임이라는 면에서는 조선 초기 개정된 과전법(科田法)도 마찬가지입니다.

고려의 전시과라는 국가재정의 토대인 수조권의 분배체제가 혼란을 맞으면서 고려 사회는 붕괴되어 갔습니다. 전근대사회는 신분제 사회이기 때문에 지배신분인 관료층이 농민을 통제하는 경제외적인 영향력이 강력하였습니다. 고려왕조가 재정 파탄을 맞고 농업 생산에 종사하는 하층민에게 불만과 불안을 초래한 이유는 관료에게 수조권을 위임한 것에 있는 것이 아니라 수조권 관리가 제대로 되지 못하였기 때문입니다. 수조권이 회수되거나 정리되지 않은 채 남발되고 있었다는 것입니다. 하나의 전지(田地)에 두셋에서부터 예닐곱까지의 수조권자가 중첩되고 있었다는 것은 바로 정부의 신뢰가 상실되고 있었다는 것을 말합니다.

시간이 지남에 따라서 어느 시기에 받았던 수조권자인 갑이 어떤 지역에 가서 이 토지의 조세를 받아갔는데 을이 나타나서 토지세를 강요하는 사태가 일어났습니다. 전시과 체제의 문란, 수조권의 이중 삼중의 수취, 이런 표현이 역사서에 나옵니다. 바로 그러한 현상이 고려왕조의 재정 파탄을 낳았고, 고려 정부의 재정 고갈로 이어져 정부의 권위가 실추된 것입니다. 결국 사회 저층의 생산에 참여하고 있는 사회 기층민들을 불안하게 한 것입니다.

이러한 상황이 거의 수십 년간 유지됨에 따라 여러 가지 복잡한 문제가 일어납니다. 경제제도의 문란은 이로써 드러났고, 이 불만을 해결해야 한다는 것이 고려 말의 정치적 · 경제적 개혁론이었습니다. 결국 이 문제를 해결하기 위해 새로운 정치집단이 등장하게 되었습니다.

신진사대부, 그들의 성격

그러면 이런 세력은 어디에서 나왔을까요? 바로 고려 사회 자체 내에서 성장하고 있었습니다. 비판세력은 새로운 학문과 정치적 지향을 가진 사람들이었습니다. 고려정권과 누대에 걸쳐서 연결되었던 사회세력이 아니라 새로이 등장한 신진세력들인데, 지방에 거주하면서 스스로 농사를 짓고 자기 생활을 개척하면서 공부한 이들 신진세력은 고려 말의 혼란기 속에서 성장하기 시작한 겁니다. 이들을 이른바 신진사대부(新進士大夫)라고 합니다.

사대부란 중국 역사 속에서 관료에 대한 일반적인 칭호입니다. 굳이 칭호에 대한 얘기를 한다면 사(士)와 대부(大夫)는 구별됩니다. 사는 말하자면 예비 관료층이고 대부는 고위 관리층을 지칭하지만 잠재적 예비 관료군과 관료계층을 통칭해서 사대부라는 용어를 사용한 것입니다. 사대부라고 하는 소위 학인층, 더 구체적으로 얘기하면 유교의 경전을 공부하고 유교의 이념을 숙지하고 그 이념에 따른 사회비판과 정치비판을 할 수 있는 지적 능력을 가진 사회계층이 고려 말기 사회에 존재하였다는 얘기입니다.

고려 후기 성리학 수용에 앞장섰으며, 정몽주·정도전 등의 스승이기도 하였던 목은 이색. 문집으로는 ≪목은시고≫가 있다.

과거제의 폐단

비판세력으로서 사대부들이 고려시대에 어떻게 관료계층으로 진출할 수 있었을까요? 우리는 여기서 고려초 광종 대부터 실시된 과거제도를 주목하게 됩니다. 국가권력에 참여할 수 있는 제도적 장치는 주먹구구식으로 이루어지는 것이 아니라 중세국가라 하더라도 제도적인 절차를 거쳐서 선발하고 참여시켰던 것입니다. 그것이 바로 과거제입니다. 유교 경전, 곧 문학·철학·역사서를 두루 섭렵한 사람들을 과거라는 시험을 통해 선발하는 제도입니다. 고려시대 광종 때 처음으로 과거제를 실시한 이래 이를 통해 국가가 필요로 하는 관리를 선발해 왔습니다.

그런데 고려시대 과거제의 가장 큰 특징은 이른바 좌주문생제(座主門生制)라는 것에 있습니다. 좌주란 시험관을 얘기합니다. 시험문제를 출제하고 평가하여 선발하는 총책임자가 좌주입니다. 고려시대에는 좌주에게 절대적인 힘이 부여됩니다. 그래서 시험 때마다 누가 좌주였고, 그때 누가 뽑혔다는 사실이 모두 기록되어 있습니다. 이규보가 남긴 ≪동국이상국집(東國李相國集)≫을 보면 '어느 좌주는 과거 시험문제를 잘 출제하고 잘 관리해서 그 사람 밑에서 뽑힌 사람들에선 상당한 수의 재상이 나왔다. 그런데 어떤 좌주는 시험 출제나 채점을 잘 못해서 합격한 사람은 있는데 말단 관료에 그치고 흐지부지되는 사례가 있다. 그래서 시험문제 출제나 채점에는 상당한 식견이 필요하다.'는 수필류의 글이 남아 있습니다. 이런 식으로 고려시대에는 좌주의 개인적인 능력이 과거에 큰 영향을 미쳤습니다. 고려 사회에서는 그만큼 관료 선발에 사적인 요인이 강하게 끼어 있었다는 것입니다. 이것이 고려 말기로 가면서 더욱 큰 폐단을 낳게 됩니다.

과거 시험 자체는 상당히 공적이고 객관적인 틀인데, 사적 요소가 끼어들어 자기 맘대로 인사발령하고 과거를 보는 데에도 상당한 부정이 개입되며, 이로 인해 고려정권에 대한 불신이 생깁니다. 이를 반영하는 것이 '흑책정사(黑册政事)'■나 '연호정(煙戶政)'■, '홍분(紅粉)'■과 같은 말입니다. 이것을 어떻게 극복해야 하느냐 하는 문제가 조선시대에 들어와서 보다 공적 장치로 개선되게 됩니다.

과거제의 폐단이 고려 정부의 신뢰도를 떨어뜨리는 원인으로 인식되고, 이를 교정해야 한다는 비판이 있었습니다. 하지만 일면에서는 과거제라는 제도를 통해서 새로운 학인층, 사대부층이 성장할 수 있었

■ **흑책정사** 흑책은 본래 아이들이 글씨 연습하는 것으로 두꺼운 종이에 먹칠을 하고 기름을 먹인 것인데 충숙왕 때 정방에서 인사 비준서를 이 흑책처럼 마음대로 너무 많이 칠하여 분간할 수 없게 한 것을 비방하여 나온 용어.

■ **연호정** 고려 말 권신인 이인임, 지윤, 임견미가 정방제조가 되어 인사를 마음대로 휘두를 때 뇌물과 신분, 문안 등을 기준으로 인사를 한 것을 비난하여 부른 말.

■ **홍분** 우왕 때에 과거에 급제한 자들이 권세가의 어린 아이들이었는데 당시 어린 아이들이 분홍색 옷을 입었던 것을 빗댄 용어.

습니다. 이들은 고려 사회의 혼란의 원인을 진단하고 교정하려는 새로운 정치 세력으로 성장해 갔습니다.

불교와 신유학의 갈등

고려 사회는 여러 가지 한계가 있지만 조금 더딘 역사의 발전을 이루었습니다. 과거제의 틀 속에서 여유가 있는 지방 사람들은 유교 공부를 통해 신분 틈새를 비집고 들어가서 신분의 상승을 엿보곤 하였습니다. 지방 사회에서 올라온 능력 있는 지식인들이 고려 말에 이르러서는 상당히 많아졌는데, 이들이 고려 사회에서 인정을 받고 활동을 하기에는 기성 권문세족들의 저항이 만만치 않았습니다. 그래서 권문세족과 신진사대부들 간의 갈등과 긴장의 구조가 고려 말기 사회에 만연되었습니다.

이러한 사회적 갈등 문제를 조정하고 치유할 수 있는 곳으로 기대되었던 것이 사실은 불교였습니다. 고려는 불교사회이니까 불교에 기대하고자 하였지만 불교는 사회정화, 정치정화의 능력을 상실하고 있었습니다. 물론 고려 불교계는 어느 정도 자기정화의 노력을 하고는 있었습니다. 그러나 고려왕조의 말기적인 사회를 정화하고 개선하기에는 그 능력이 미약하고 자기신뢰를 상실하였다고 볼 수 있습니다. 예컨대 공민왕 때 승려 출신 정치가인 신돈에 의한 정치개혁이 있었습니다. 그런데 신돈의 정치개혁은 실패로 돌아갔습니다. 매우 상징적인 얘기입니다. 고려 불교는 결국 사회정화 능력을 구현할 기회를 상실한 것입니다.

그것에 비해서 과거제도와 문학 활동을 빌미로 유교 경전을 공부한 신지식인들인 신진사대부들은 고려 말기 중국으로부터 새로운 유학의 학풍을 받아들입니다. 그것이 이른바 신유학인 성리학입니다. 주자학이라고도 부릅니다.

불교가 감당하지 못하였던 사회 모순과 갈등 부분에 대해 성리학은

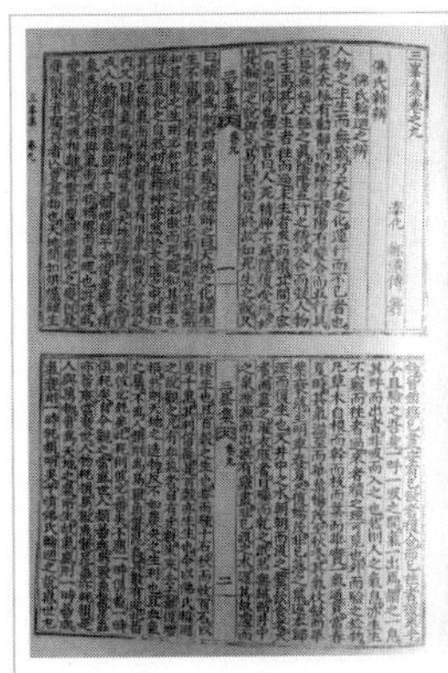
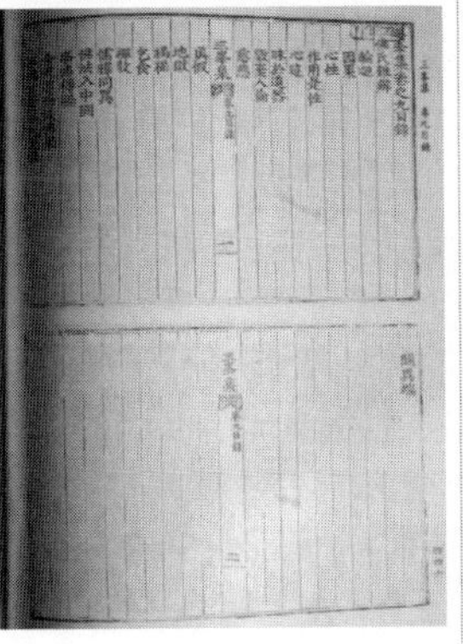

정도전은 ≪불씨잡변≫을 통하여 불교가 현실 사회에 무익함을 논리적으로 증명하려 하였다. 불교 배제 논리를 고려 말에 이르러 처음으로 정리한 것이라 할 수 있다.

신지식인들 사이에 공감대를 형성하면서 신지식인들에게 개혁의 이념으로 받아들여졌습니다. 중국 송나라 때 주자에 의해서 만들어진 새로운 성리학의 체계는 결국은 고려 사회가 가지고 있는 여러 가지 사회 내부의 갈등이나 정치적인 문제 등을 수습할 수 있는 방안을 제시하고 있었던 것입니다. 그래서 고려 말기의 유교 경전을 공부하는 신진사대부들은 여기서 암시를 받았다고 보게 되는 것입니다. 결국 고려 사회가 가지고 있는 모순 갈등구조를 정리하는 데 있어 신유학은 개혁적 정치이념이라는 폭발성을 갖고 있었던 것입니다.

국제 정세의 변동

여기에 국제 정세의 변동이라는 또 다른 조건의 변화가 동시에 일어나고 있었습니다. 지금 한국 현대사는 철저하게 세계사의 흐름과 만나면서 그 속에서 우리의 문제가 합류되고 있습니다. 고려 말기 사회도 마찬가지로 동아시아 국제 정세와 맞물리면서 크게 변화의 물결을 맞고 있었습니다.

고려 말 중국 대륙에서는 몽골족의 원나라에서부터 한족의 명나라로 바뀌고 있었습니다. 이러한 원(元)·명(明) 교체기에 고려 왕실이 원나라로부터 전폭적인 정치 지원을 받고 있다는 것은 고려 왕실의 정치적 취약성을 심화시켰습니다. 고려 후기의 왕들은 원나라의 공주와 혼인을 하였습니다. 그러니까 고려 왕실은 원나라의 부마국이라는 위상을 통해서 정치적 지지대를 삼았다고 하겠습니다. 원의 멸망은 고려 왕실의 지지대가 무너지게 됨을 말하는 것입니다.

14세기 후반 원·명 교체기를 맞아 자주 개혁과 영토 회복 및 확장을 꾀했던 공민왕과 노국대장공주의 현릉·정릉 전경.

그런 와중에서 우리가 유념해야 할 것이 또 하나 있습니다. 왜구의 침입과 약탈이 있었습니다. 왜구들이 고려 전국을 소란하게 만든 겁니다. 이는 고려 정부가 해결해야 하는 골치 아픈 국제적 사건이었습니다. 왜구뿐만 아니라 원명 교체기라는 정치적 공백기에서 중국의 홍건적이라는 도적떼들도 북방에서 쳐들어 왔습니다. 북로남왜(北虜南倭)라 일컬을 정도였고, 홍건적이나 왜구가 개경까지 쳐들어오니까 공민왕은 안동이나 경주까지 피난을 갔습니다.

이들을 격퇴하는 과정에서 고려의 무신들이 자연스레 정치 무대에 등장하였습니다. 사실 고려시대의 무신들은 문신들로부터 업신여김을 당하였습니다. 고려 중기 문신들이 정중부를 비롯한 무인들을 멸시하자 무신들이 반발하였고 바로 이것이 정중부의 난이었습니다.

사실 고려 말 무신들은 정치적인 발언권뿐만 아니라 영향력도 상당히 미약하였습니다. 그렇지만 사회가 불안해지니까 무신들이 자신들의 사병을 기반으로 난국을 헤쳐가면서 점차 정치적 발언권을 강화하였다고 하겠습니다. 그 중 최영과 이성계는 홍건적과 왜적을 퇴치하는 과정에

한국 역사 속 절의의 대명사인 포은 정몽주 초상과 그의 문집이랄 수 있는 ≪포은집≫.

서 자신들의 정치력을 크게 강화할 수 있었습니다.

최영이나 이성계 등 무신세력의 존재와 정몽주, 정도전, 권근 등 신진사대부라고 하는 유자들이 서로의 존재를 인정하고 힘을 합쳐 정권의 개혁주체로 성장하였습니다. 이들은 변화하는 국제 정세 속에서 고려왕조의 위상을 정립하고 고려 말 사회 혼란을 어떻게 다시 정리할 수 있는가를 고민하였던 것입니다. 이들의 해결 노력 속에서 고려왕조를 붕괴시킬 새로운 정치 세력이 만들어지게 된 것입니다.

개혁의 이중주와 조선 건국

신진사대부들은 고려왕조를 붕괴시킬 수 있는 정치 세력을 만들면서 이론과 명분을 성리학에서 찾았습니다. 그 유자들 가운데에는 혁명 이론과 왕실의 보존 명분에 대한 이견을 가지고 있는 성리학자들도 있었습니다. 예컨대 정몽주는 고려왕조를 무너뜨려서는 안 되며, 왕실을 지고한 존재로 보았습니다. 이른바 의리론을 주장한 것입니다. 이에 반해 정도전은 혁명으로 왕조를 바꿀 수 있다는 입장을 가졌습니다. 왕실 교체의 역성혁명론이라 할 수 있습니다. 개혁의 입장 차이는 왕조 교체의 가부(可否)라는 극단적 노선의 차이를 가져왔습니다.

그러한 혁명과 보존의 상황이 맞물려가면서 결국은 1392년에 이성계를 왕으로 추대하는 쪽으로 정리되었습니다. 혁명 초에는 국호를 바꾸지 않고 그대로 썼습니다. 상당히 민감한 문제니까요. 그러다가 국호를

'조선(朝鮮)'이라고 바꿉니다. 조선왕조를 세우는 데 공을 세운 개국공신도 책봉하였습니다. 새로운 왕조, 왕실만을 결정한 것이 아니라 그 왕실을 도와 새로운 정치권을 형성한 정치 중심 세력들을 만들었다는 것입니다. 명실상부한 정권교체가 이루어졌던 것입니다.

이렇게 해서 조선왕조가 1392년 7월 시작되었습니다. 그 다음 권력 구조를 짜고 이념을 공언하게 되는 것입니다. 우리는 여기에서 정도전이라는 사람을 주목할 필요가 있습니다. 이론가, 사상가로서의 정도전뿐만 아니라 그를 중심으로 하는 혁명파의 이론 등을 말입니다.

전근대사회 왕조의 교체 과정은 칼만 들고 몇몇 사람 없애버리고 내가 왕이다 이렇게 어린애 장난하듯 한 것이 아닙니다. 한 시대의 방향 전환은 상당한 학문적 토대의 이론과 많은 사람들이 공동으로 협업한 상황 속에서 이루어졌다는 것을 명심해야 될 것 같습니다.

또 한 가지는 정치적인 구심점이 있었다는 겁니다. 그 정치적인 구심점으로 역시 왕실을 주목할 필요가 있습니다. 태조 이성계를 왕으로 추대하여 그와 왕실을 구심점으로 하는 새로운 이념을 바탕으로 하여 정립된 정권이 조선왕조이고 핵심 이론가가 바로 삼봉(三峰) 정도전이라고 말할 수 있습니다.

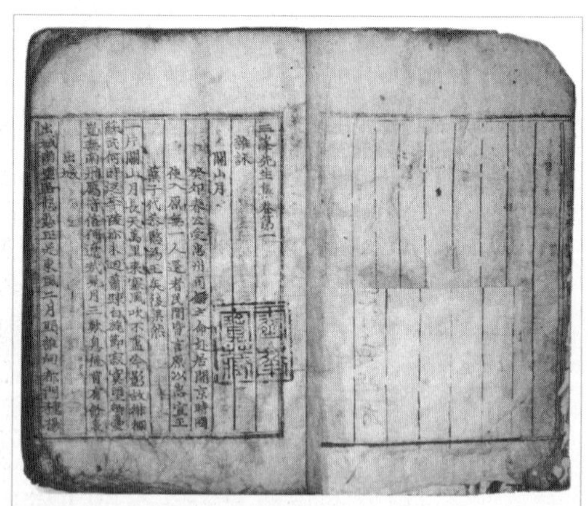
정도전의 시문을 정리하여 편찬한 ≪삼봉집≫. 여기에 ≪조선경국전≫이나 ≪불씨잡변≫ 등이 포함되어 있다.

정도전에 관해서는 상당한 연구가 이루어지고 있습니다. 정도전의 ≪조선경국전(朝鮮經國典)≫은 책명이 얘기하듯 조선을 경영하는 틀이라는 의미의 책입니다. 정도

정도전이 구상한 조선왕조의 정치 행정 체제가 고스란히 담겨져 있는 ≪조선경국전≫.

전을 총체적으로 평가한다면 조선왕조 건립을 위한 사상가였습니다. 정도전은 고려 말 조선 초에 걸쳐 새로운 정치권의 개혁 이념을 정권적인 차원, 구체적으로 정부구조론에서부터 정치운영론까지를 모두 포괄하여 이론적으로 정리한 유학자입니다. 그래서 그가 쓴 ≪조선경국전≫은 조선왕조의 기틀을 이론적인 측면에서 요약한 것이라 할 수 있습니다. 나중에 이것을 토대로 하여 발전된 것이 세조와 성종조에 가서 세밀하게 육전체제로 갖추어져 ≪경국대전≫으로 연결이 되는 것입니다.

≪조선경국전≫의 골격은 ≪주례(周禮)≫에서 찾을 수 있습니다. ≪주례≫는 주관(周官)이라고도 하는 유교 경전의 하나입니다. ≪조선경국전≫은 전적으로 고대 중국의 정치 운영의 모태라고 할 수 있는 유교 이념의 정치 골격을 그대로 구현해 보자는 것입니다.

사실 고려시대까지만 하더라도 삼국시대 이래 우리가 가졌던 토착적 전통 요소가 그대로 보존되고 있었습니다. 삼국시대 이래 우리 민족이 지켜왔던 모든 문화 · 사회 · 정치적인 요소가 그대로 유지 반영되고 있었다고 할 수 있습니다. 정도전은 고려 사회가 안고 있는 다양한 문화 속에서 파생된 많은 역사적인 모순을 정리하려는 정치철학적 입장을 가졌던 것으로 이해됩니다. 그 성과를 ≪주례≫에 기초하여 정치 골격을 짜려 하였습니다.

당시 정도전의 역할을 단적으로 보여주는 예가 있습니다. 근정전(勤政殿)이라든가, 광화문(光化門), 흥례문(興禮門) 등 경복궁 안의 여러 문과 전각의 이름들 모두 정도전이 지었다고 합니다. 상징적인 얘기지만 그럴 정도로 정도전은 조선왕조의 성립 과정에서 이론가로서 사상가로서 기여하였습니다.

그러나 정도전은 결국 조선 개국 7년 만에 왕자의 난에 의해서 제거당하고 맙니다만 정도전의 퇴진 이후 조선왕조는 집권체제를 심화시키면서 마침내는 ≪경국대전≫으로 권력구조를 정립하게 되는 것입니다.

2장

로드맵 마련하기, ≪경국대전≫ 체제

유학의 보급과 역할

조선왕조는 유학이 지향하는 정치 지표를 위한 제도의 정립을 추구하였습니다. 왕조 초기에 ≪경국대전≫이라는 법세를 통해 독자적이고 체계적인 정치의 권력구조를 만들어갔다고 말할 수 있습니다. 이런 활동의 이면에는 당시 사회를 합리적이고 이상적인 국가로 만들려는 정치철학이 있었다고 거듭 말하고 싶습니다. 구체적으로 말하자면 '성리학의 보급'이라고 말할 수 있습니다. 크게 보면 유교 문화라고도 볼 수 있을 것입니다.

오늘날 우리 사회에서도 사회개혁, 정치개혁을 한다고 하면 그 밑바탕에는 철학이 깔려 있고 그 기초 위에서 구체적인 각론이 추진됩니다. 내재된 시대 모순을 극복하고 미래를 위한 비전을 제시하는 데에 고려왕조가 실패한 중요한 요인으로 우리는 고려 후기 불교의 조정역할 실패라는 한계점을 들었습니다. 그런 불교 이념의 한계를 대체해서 한국사의 새로운 발전의 틀을 제시한 사상으로서 등장한 것이 성리학이라고 볼 수 있습니다.

성리학의 모태는 유학입니다. 유학은 다 알다시피 공자가 학문 체계를 정립시켰고, 춘추전국시대에 이미 골격이 완성된 중국 고대의 학문 체계입니다. 물론 연구자들은 이 유학을 여러 측면에서 얘기하고 있습니다. 정치학, 철학, 문학, 역사학 등이라고 하듯이 총체적인 학문으로서 유학이 갖는 기능은 다양하고, 유학이 제시하는 가치는 상당히 넓고 깊다고 할 수 있습니다. 그래서 유학은 각 시대가 어떤 문제를 제기할 때마다 그에 해당하는 논리와 방향을 제시하고 있었습니다. 그리하여 역사가 진전되면서 유학의 학문 영역은 점차 고급 정치 영역으로부터 우주와 사회 기층민들의 생활 문제까지 확대되었습니다.

고대에는 왕과 주변 몇몇 사람만의 학문으로서 유학이 머물러 있었습니다. 시대가 변하면서 공자의 학문을 이해하고 교육하고 새로운 견해를 피력하는 지식층이 점차 많아졌습니다. 그래서 모태는 원시 유학에 두고 있지만 그 내용과 영역이 또한 확대되고 변하였다고 하겠습니다.

먼저 영역과 논리구조가 넓어졌다는 것은 외형적으로 보다 많은 계층의 사람들이 유학을 배우고 이것으로 무장하게 되었음을 말합니다. 사회구조가 변화하게 되자 권력구조에서도 이런 학문을 공부한 사람들을 수용하는 변화가 있었던 것입니다.

예컨대 중국의 과거제도는 춘추전국시대 때부터 있었던 것은 아닙니다. 당나라부터 생긴 것입니다. 그러다가 송나라 때에 와서 일반화된 것입니다. 과거제의 확산은 유학을 공부하는 계층의 확산을 의미하고, 그런 유학 교육의 혜택을 받은 사람들을 정치권에서 수용하였던 것이라고 할 수 있습니다.

공자는 공 선생님이라는 존칭입니다. 제자백가라는 것은 중국의 여러 철학자와 다양한 학파를 의미합니다. 춘추전국시대에는 다양한 종류의 철학자들이 존재하였습니다. 이 시대는 누구의 간섭도 받지 않는 자유로운 그래서 창의력이 가장 활발하게 발휘되었던 시대입니다. 그 시대에 가장 활발히 제자들을 교육시켰던 인물이 바로 공자입니다. 이 밖에 노자도 있고 병법을 쓴 손자도 있는데, 점차 시간이 흐르면서 일정한 학파가 성립되었습니다. 여기에서 공자의 학문을 계승하는 제자들이 후대의 정치권력자들과 손을 잡으면서 자신들의 학문을 보존하고 명맥을 유지하고자 하였습니다.

성리학과 고려 사회

중국 송나라대의 주희(朱熹)는 변화하는 역사에 대응하면서 원시 유학인 공자의 학문에 대한 일대 변신을 꾀하였습니다. 그것이 성리학입니다. 성리학은 글자 그대로 본성의 이치를 추구하는 학문입니다. 결국 우주의 보편성이란 무엇인가를 추구한 학문으로 유학을 체계화한 것입니다. 우주적 보편성을 갖는 이해 체계를 정립하여, 공간적으로 또 시간적으로 시야를 확대하고 누구나 공감할 수 있는 내용으로 일대 변신을 한 것입니다.

신유학으로서의 송학이자 정주학, 주자학을 체계화한 남송의 회암 주희 초상.

또 하나 유념해야 할 것은 고대의 학문은 최고위 계층에게만 유리한 논리로 구성되어 있는데, 이 때가 되면 사회 기층에서도 공감할 수 있는 내용이 요구됩니다. 심지어 인간이 아닌 자연의 범주까지 학문의 대상에 포함시키게 됩니다. 이러한 유학의 변신이 가능하게 된 것은 중국의 사회경제적인 변화도 있었지만 불교의 사유 체계가 중국의 지성계를 자극하였다는 것입니다. 중국의 지성인들을 자극해서 자신들이 오래전부터 가지고 있던 공자학의 인식론을 불교의 인식론과 결합시켜서 새로운 시야를 넓힌 것입니다.

그래서 원시 유학에서 발전된 성리학은 논리적 보편성을 갖게 됩니다. 불교는 인도에서 중국으로 이미 많은 장애를 거쳐서 정착하였지만 그 사유 체계가 중국 사회에 적응할 땐 또 많은 갈등을 겪지 않았습니까? 그리고 이런 과정에서 중국의 지성인은 이러 저러한 인식도 있구나 하는 사고와 더불어 자기들의 전통 학문에 대한 일대 변신을 모색하게 되는 것입니다. 여기서 나온 것이 바로 성리학입니다.

고려 충렬왕 때 원나라로부터 성리학을 도입한 것으로 알려진 안향 영정. 경북 영주 소수서원 소장(국보 제11호).

이러한 성리학의 철학 체계는 자기 사회에 대해 일정한 비판력을 갖게 하고 또 미래에 대해 비전을 제시하였습니다. 성리학이 가진 학문적 체계는 고려 말의 사회체제가 가진 모순을 비판하고 새로운 질서의 지표를 설정하도록 유도하게 됩니다. 고려는 중국과 교류하면서 중국의 문화 정보를 입수하였고 이를 통해 자기 문제를 고민하고 있었기 때문에 가능하였던 것입니다.

문제는 어느 사회계층이 성리학의 이념을 선호하였는가 하는 것입니다. 물론 고려의 기득권 세력보다는 주변세력, 말하자면 지방의 지식인이나 정권과 일정한 거리를 두고 있던 인사들이었습니다. 이들은 고려시대 일정한 그룹을 형성하여 정치권에 접근하면서 새로운 역사의 주인공으로 성장하고 있었습니다.

그런데 이들이 실질적으로 가장 중시한 것은 유학의 정치적인 요소, 즉 사회적 변화의 방향을 구체적으로 제시하는 '예제(禮制)'였습니다. 실제로 공자의 단계에서부터 예의 테마는 '질서'였습니다. 주로 원시 유학에서는 상하의 질서를 중시하고 있습니다. 우리가 유학을 형이상학으로서만이 아니라 사회개혁 사상으로 얘기할 수 있는 이유는 사회개혁의 구체적인 내용을 예제로서 제시하고 있기 때문입니다. 예제는 형식을 강조합니다. 눈에 보이는 외형의 틀로 질서를 정립하고 있는 것입니다.

공자의 시대에 가장 핵심적인 것은 왕권입니다. 왕권을 어떻게 유지시킬 것인가 하는 문제였고, 한 국가가 평화롭게 유지되기 위해선 왕권이 안정되어야 한다는 것이 공자 학문의 핵심입니다. 그래서 공자의 학문을 다른 말로 왕도론(王道論)이라고 합니다. 우리는 왕도라는 말을 쉽게 쓰는데, 이건 공자 학문의 핵심입니다. 국가의 중심에 왕이 있고, 왕권의 주체인 왕은 이러이러한 사람이어야 한다는 군주의 덕목을 강조하고 있는 것입니다.

역사가 발전하면서 많은 사람들이 경제적으로 자립하여 공자의 학문 세계에 들어오고 정치권에 참여하면서 왕도론만 가지고는 안 된다 하는 이해가 대두됩니다. 보다 많은 사람들 심지어 서민까지도 윤리교육을 시켜야 한다는 것입니다. 이것이 성리학이 대두한 시대적 배경이고 성리학의 세계가 지향한 내용입니다. 고대사회에서는 왕만 한양하였던 유교적인 덕목들이 송나라 때에 오면 서민에게까지 확산되어야 한다는 인식의 전환이 있었습니다. 정치 참여의 보편성이 나타나는 것입니다.

≪주자서절요≫.

조선시대는 이러한 정치의식과 유학이 추구하려는 개혁적 사회 구성을 위하여 새 왕조를 출범시키는 시대였다고 하겠습니다.

≪주례≫에 기반한 예치 시스템

조선왕조는 우리가 잘 알고 있는 것처럼 유교 이념에 의해서 정치를 한 국가입니다. 유교 이념에 따라 정치하는 것을 한마디로 뭐라고 합니까? 왕도정치입니다. 그럼 왕도정치를 하는 근거가 무엇인가 하면 그것은 바로 유교 경전입니다. 그리고 유교 경전에는 예치(禮治)를 해야 한다는 내용이 있습니다. 법치(法治)가 아니라 예치입니다. 법치란 법에 의한 정치로, 법에 저촉하는 행동에 대해선 엄격하게 처벌하는 것입니다. 예치가 성취될 때 왕도정치가 이루어진다고 보는 것입니다. 그 구체적인 기준이 무엇이냐면 바로 의례(儀禮)입니다. 의례대로 정치하면 왕도정치에 가깝게 간다고 보는 것입니다. 유교 문화권에서는 '예의 있는 사람을 만들라'는 얘기를 합니다. 법치를 하면 법에서 벗어나려고 하는 사람이 있고, 법을 교묘하게 이용하려는 사람들이 나타나게 마련입니다.

바로 예치를 구현하기 위해서 조선은 ≪주례(周禮)≫를 그대로 답습하려고 하였습니다. ≪주례≫에 준한 정치를 하면 왕도정치를 구현할 수 있다는 것입니다. 이를테면 요·순 시대에 가깝게 갈 수 있다는 것입니다. 앞서 언급하였던 이론가이며 정치적 실세인 정도전의 ≪조선경국전≫에서 구상한 조선의 권력구조는 총재를 두어 위로는 군주를 받들고 아래로는 백관을 통솔하여 만민을 다스리게 하는 재상권을 크게 설정하고 있었습니다. 재상은 군주를 보좌하고 백관과 만민을 균등하게 부리고 책임을 다하도록 조정하는 직책이어야 한다고 주장하고 있습니다. 정치는 홀로 할 수 없는 것이므로 관직을 나누는 설관분직(設官分職)을 행하고 중앙과 지방으로 분담하여 현능한 인재를 구하여 일정한 직책을 담당하도록 하여야 한다는 의지를 보이고 있습니다.

≪주례≫에 근거하는 권력구조와 예치에서 의례의 문제는 좀 더 전문적 식견이 요구되는 사안이기 때문에 조선왕조는 이를 구현하기 위해서 의례에 대한 특별 연구기구인 의례상정소를 만듭니다. 의례의 정확한 절차를 연구하고, 과연 의례가 추구하고 있는 의미를 제대로 구현하고 있는가를 확인하게 됩니다. 가령 조선의 군주가 천신에게 제사를 지내고, 종묘를 세워 왕의 조상에게 제사를 행하는 것이 왕실의 정치력을 강화하고 왕조의 화합과 안정을 가능하게 하는가를 분석하고 검토하였다는 것입니다.

의정부와 6조 체제로의 재편

조선 초기에 들어서 유자인 신진사대부 정치 세력은 전 시기의 사회·경제·정치·권력 문제 등을 재조정하고 정립하는 것을 정치적 과제로 삼았습니다.

일차적인 문제는 중앙 정치권력의 구조 문제입니다. 어느 특정 권력집단에게 모든 권력을 일임하는 것이 아니라 상호 견제와 균형적인 배치를 모색하였습니다. 균형을 유지하기 위해 정치 세력 간 상호 견제의 원리를 이용합니다. 큰 구도는 왕실과 관료의 관계, 그리고 관료 간의 상호 견제와 균형을 유지하도록 한 것입니다.

먼저 중앙 정치구조에서 의정부와 6조의 문제를 보겠습니다. 의정부와 6조의 구도는 어디에 연원을 두고 있는가 하면 ≪주례≫의 정치론입니다. 때문에 조선 건국의 주역인 신진사대부들의 이상이 곧 유학에 기초하고 있음을 알 수 있는 것입니다.

우리는 앞에서 조선왕조를 세운 정치인들이 가진 지식의 원천이 무엇인지를 알아보았습니다. 바로 공자의 학문이었습니다. 공자의 학문이란 고전 고대의 중국 정치사상의 원칙을 공자와 공자의 제자들이 합리적으로 정리해 둔 것이었습니다. 중국의 정치권력 구조가 공자 학문의 구조라고 보아도 틀림이 없습니다. 공자 철학의 핵심이 '인(仁)'이라고 해도 틀린 말은 아니지만, 인이라고 하는 보편적 가치도 결국 정치권력을 도덕적으로 표현한 것에 불과합니다. 공자의 학문은 결국 정치학이라고 볼 수 있습니다. 오늘날 우리는 정치가를 정직하지 못한 사람들로 인식하지만, 공자는 정치는 사기꾼이 해서는 안 된다고 보았습니다. 공자는 결국 참다운 정치, 요·순의 정치 이념을 재현하기 위해 자기의 일생을 바친 학자입니다.

주나라는 중국의 가장 이상적인 정치를 한 국가이고 그 나라의 예제가 바로 ≪주례≫입니다. 정도전은 유교 경전인 ≪주례≫의 토대 위에서 ≪조선경국전(朝鮮經國典)≫을 썼습니다. 그리고 조선왕조는 시간이 지나면서 내용을 수정 보완해서 ≪경국대전(經國大典)≫을 만듭니다. 여기에서 조선의 권력구조, 행정 체계의 원칙을 세웠습니다.

연구에 의하면 ≪경국대전≫은 ≪주례≫의 6관 체제가 당나라의 3성 6부로 발전되고 고려시대 역시 3성 6부의 체제로 정치구조를 편제하였는데, 이 구조의 폐단을 조선왕조가 개혁하여 새로운 권력구조를 만들었다고 하였습니다. 조선시대는 3성 6부가 아니라 왕을 정점으로 의정부와 6조를 편제하고 있습니다.

6조 각 부서의 역할에 대해서는 ≪경국대전≫에 잘 나와 있습니다. 우리는 이보다는 의정부와 6조 제도에 어떠한 정치철학이 깔려 있는가에 관심을 가져 보기로 합시다. ≪주례≫에는 이·호·예·병·형·공의 6부가 아니라 천(天)·지(地)·춘(春)·하(夏)·추(秋)·동(冬)의 6관의 명칭이 보입니다. 이는 자연의 움직임에 순응하는 정치를 하겠다는 의미를 시사하고 있는 것입니다. 또 중국에 정승 혹은 재상이 있다면 조선에는 의정부 3정승이 있습니다. 세 사람이 모여서 의사를 결정하는 합의기구입니다. 최고 합의기구로 고려시대 말에는 도평의사사(都評議使司)가

서거정이 1469년 9월 지어올린 ≪경국대전≫ 서문이다. 이를 만들게 된 배경과 그 의의가 ≪경국대전≫을 조선왕조의 성헌(成憲)으로 삼아 왕업이 영원하길 바라는 데 있음을 알게 된다.

예로부터 제왕들이 천하와 국가를 소유함에, 창업한 임금은 초창기에 경륜하느라 전고(典故)를 돌볼 겨를이 없고 수성하는 임금은 옛 법을 준수하기 때문에 또 제작하는 것을 일삼지 않는다. [중략] 공손히 생각하건대, 세조께서 서부(瑞符)를 잡고 중흥하시니, 공이 창업과 수성을 겸하시어 문으로 밝히고 무로 정하였으며 예가 갖추어지고 악이 일어났는데도 오히려 부지런히 선치를 꾀하시고 제작을 넓히어 일찍이 신하들에게 말씀하시길, "우리 조종의 순후한 인덕과 크고 아름다운 규범이 훌륭한 전장에 퍼져 있으니 이는 ≪경제육전≫의 〈원전(元典)〉·〈속전(續典)〉이며, 또 여러 번 내리신 교지가 있어 법이 아름답지 않은 것이 아니지만 관리들이 용렬하고 어리석어 제대로 받들어 행하지 못한다. 이는 진실로 법의 과목이 너무 번거롭고 앞뒤가 모순되어 하나로 크게 정해지지 않은 때문이다. 이제 손익을 짐작하고 내용을 잘 정리하여 만대의 성법(成法)을 만들고자 한다." 하시고 영성부원군 최항, 우의정 김국광, 서평군 한계희, 우찬성 노사신, 형조판서 강희맹, 좌참찬 임원준, 우참찬 홍응, 동지중추부사 성임 및 신 거정에게 명령하시어 여러 조목들을 한데 모아 상세히 채택한 다음, 편찬해서 책을 만들되, 번잡한 것을 버리고 되도록 정밀하고 간단하게 하였으며, 모든 조치는 다 임금의 재결을 받도록 하였다. [중략] 책이 완성되자 나누어 6권으로 만들어 바치니 '경국대전(經國大典)'이라 이름을 내리셨다. [중략] 이른바 육전(六典)이란 곧 주나라의 육경(六卿)이며, 그 좋은 법과 아름다운 뜻은 곧 주나라의 〈관저(關雎)〉·〈인지(麟趾)〉로서 문과 질을 알맞게 손익하여 찬란하게 빛내니 누가 우리 ≪경국대전≫의 제작이 주관(周官)·≪주례(周禮)≫와 함께 서로 표리가 되지 않는다고 말하겠는가? 천지·사시에 맞추어도 어그러지지 않고 전대의 성인에 고증하여도 틀리지 않으며 백세 이후 성인이 다시 나온다 하여도 자신이 있음을 알 수 있다. 지금으로부터 성스러운 자손이 모두 이룩된 헌장을 따라 그르치지 않고 잊지 않는다면 곧 우리 국가의 문명한 다스림이 어찌 한갓 주나라의 융성함에만 비할 뿐이겠는가? 억만년 무궁한 왕업이 마땅히 더욱 유구하고 장원해질 것이다.

있었습니다. 70~80인의 거대한 합의체 기구로 국정 관리에서 비효율적 구성의 모습을 보이고 있었습니다.

조선 초기 왕과 의정부 간의 관계를 어떻게 설정할 것인가를 두고 상당한 논란이 있었습니다. 이미 잘 알려진 바대로, 정도전은 의정부의 실체를 강조하면서 왕은 상징적인 존재이어야 한다고 보았습니다.

그런데 왕실과 관료 사이의 정쟁이 일어나면서 다른 분위기가 조성됩니다. 이른바 제1, 2차 왕자의 난에서 정도전을 중심으로 한 관료세력이 오히려 왕실에 의해 제거되면서, 조선 초기는 왕실이 모든 정치권력을 장악하는 형식이 되었습니다. 그래서 태종은 왕권을 강화하는 여러 가지 조치를 취하였습니다. 왕실을 중심으로 정치질서, 권력구조를 만들었습니다. 심지어 의정부까지 무시하면서 6조 직계제를 실시하였습니다. 6조가 직접 왕에게 보고하는 형태입니다. 왕 한 사람에게 국가의 모든 권한이 집결되면서 결국은 비서실 체제인 승정원이 강화됩니다.

승정원에는 도승지, 좌승지, 우승지, 좌부승지, 우부승지, 동부승지 등으로 6명의 승지(즉, 비서)가 있습니다. 6부에서 올라온 의견이 여기에서 정리되어 국왕에게 보고되고 있었습니다. 모든 사안은 승정원에 보고되었고, 승정원에서 이를 정리하여 왕에게 보고할 것이냐 말 것이냐를 결정하고 보고하였던 것입니다. 이 구조는 조선왕조가 멸망할 때까지 계속되었습니다.

관료제의 상징인 품계제도

다음 살펴볼 것은 관료들의 상하관계를 설정하고 있는 품계입니다. 조선의 양반 관료는 한 품계에 정(正)·종(從)으로 나누어 정 1품에서부터 종 9품에까지 18단계의 품계가 있습니다. 이들 품계는 다시 몇 개의 커다란 그룹으로 나누어집니다. 정 3품 이상의 당상관 그룹은 국가의 주요 정책을 결정하는 고급 관리입니다.

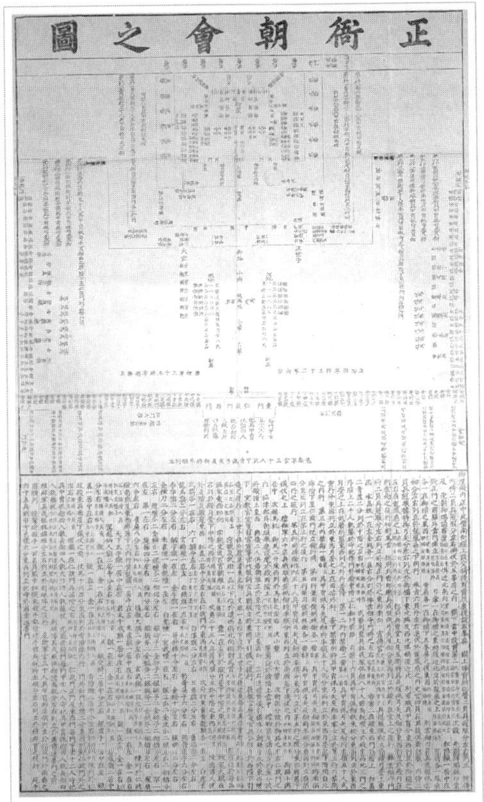

18세기 후반 정아 조회 지도. 창덕궁 인정전에서의 의례 때 문무백관 및 의장기 등에 품계 지위와 순서에 따른 배치를 표시하고 있다.(규장각 소장)

좁은 의미의 양반은 당상관과 관련된 가문을 말하기도 합니다. 정·종 3품에서 정·종 6품까지는 참상관으로 정책을 집행하는 그룹이었습니다. 참하관은 7품에서 9품까지의 관료들로 대민 창구에서 행정을 담당하는 실무층이라고 할 수 있습니다.

품계의 명칭에서 크게 차별되는 것은 문반(文班)의 동반직(東班職)에서는 종 4품까지는 대부, 정 5품부터 종 9품까지는 랑, 무반(武班)의 서반직(西班職)에서는 정 3품부터 종 4품까지는 장군, 정 5품에서 종 6품까지는 교위, 정 7품에서 종 9품까지는 부위라고 호칭을 붙였습니다.

품계로 차별되는 관료 그룹들은 다시 그룹 간에 장벽을 세워 사회 신분층을 형성하였습니다. 당상관과 참상관을 배출하는 신분층은 곧 조선의 양반층이라 할 수 있으며 일반 평민이나 중인들은 능력이 있다 하더라도 7품 이상으로는 승진이 제한되는 것을 의미합니다. 이러한 품계 자체에는 신분제적 한계가 있었다는 점입니다.

집현전 설치와 홍문관

조선왕조에서는 유교 경전의 원칙에 맞게 정치를 운영하고 기구를 편제하고자 하였습니다. 또한 국가 의례를 정비하는 데에는 중국 명나라와의 관계 설정 및 고제(古制), 고려왕조의 전례 및 조선왕조의 현실 등을 검토 분석하여 합리적으로 정리할 필요가 있었습니다. 이를 위해서는 전문적 연구기관이 필요하였는데 가령 태종 대에 운영된 의례상정소를 들 수 있습니다만 한시적이었습니다.

집현전은 세종 대에 여러 저명한 학자 관료들이 연구하는 곳이었습니다. 왕도정치를 구현하기 위한 구체적인 사안을 만들고 연구 실천하고자 하였습니다. 이밖에도 집현전이 가지고 있던 기능이 많았습니다. 언관(言官)의 기능이 있어 정치를 감시하고 비판하며, 외교 문서를 작성하고 최고의 교육자도 배출하였습니다. 이런 역할을 모두 집중시켰기 때문에 정치적인 비중도 컸습니다. 심지어 시강원(侍講院)에서 행한 세자의 교육도 맡았었습니다.

무소불위의 권력 속성을 가진 기관은 정치적 기구가 될 수밖에 없고, 이런 기관은 부패와 연계되거나 정치적 탄압을 받게 됩니다. 결국 세조 대 왕실이 관료들을 제압하려 하였을 때 세조 암살과 단종 복위 음모는 큰 계기가 되었습니다. 문제는 이 때의 주역들 대부분이 집현전에서 성장한 관료들이

경복궁 경회루 앞쪽에 위치한 수정전 건물. 조선 세종 때 집현전 터 위에 세워진 것이다.

라는 점이었습니다. 이들의 주장은 세조의 집권 부당성을 지적하는 한편으로 모든 권력이 왕실에게 지나치게 집중되는 것은 문제가 있다는 시각을 가지고 있었습니다. 세조는 이런 주장을 분쇄하고자 하여 가장 핵심적인 기관인 집현전을 해체시켰던 것입니다.

세조는 집권하면서 집현전 기능을 나누었습니다. 정치적 자문을 위한 기능은 홍문관(弘文館)에 이전시킵니다. 책을 만드는 일은 교서관(校書館)에 이임하였습니다. 외교 문서 작성을 위한 기능은 승문원(承文院), 실록 편찬은 춘추관(春秋館), 임금의 칙령과 교명 기록은 예문관(藝文館) 등으로 나누어졌습니다.

이처럼 집현전은 세종의 치세가 끝난 후 참여 관리들이 정치에 직접 관여하면서 지속되지 못하고 결국 폐지됩니다. 집현전이 가지고 있던 가장 큰 기능인 연구와 유교 정치의 자문은 홍문관으로 옮겨졌습니다. ≪경국대전≫에서는 홍문관을 조선왕조에서 유교 정치의 학문 분야를 담당하는 가장 중요한 핵심 기관으로 정리하고 있습니다. 후대에 가면 홍문관을 옥당(玉堂)이라고 합니다. 홍문관 관원이 되는 것은 상당한 영예입니다. 뿐만 아니라 홍문관 관원의 후보에 오르는 것도 상당한 영예입니다. 이처럼 조선시대에는 유교 경전에 대한 연구와 이를 정치 일선에서 구현하는 문제를 제도적으로 확립하였다는 점을 주목할 수 있습니다.

3장

왕도정치의 실현을 위한 제도 짜기

지방 행정구역에 수령 파견

조선시대에서 유념해야 할 것은 모든 행정력이 중앙정부에 집중되었다는 점입니다. 고려시대에는 지방적 토대가 상당히 강하였는데, 조선시대에 오면 지방의 토대를 약화시키고 중앙권력을 강화하였다고 하겠습니다.

고려시대 지방의 단위 행정구역은 약 520개입니다. 이것이 조선 초에 오면 360개로 재조정됩니다. 행정구역의 단순화는 지방 통치 조직이 정비되고 있다는 것을 뜻합니다. 지방의 행정구역 모두에 수령을 파견하고 있다는 점도 주목해야 합니다. 고려시대 군현에는 지방관이 모두 파견되지 않았습니다. 고려시대에 520개의 행정구역이 있다고 하였는데 약 130개의 군현에만 수령이 파견되고 나머지는 파견된 수령에 의해 간접통치가 이루어졌습니다. 이와 같은 고려 군현 통치의 기반 위에 조선시대에는 왕에 의해 임명된 관리가 지방의 수장으로 파견되어 왕의 정치적 의지를 지방에 직접 전달하는 체제를 갖추었다는 것입니다.

지방 군현의 수령이 모두 같은 권한을 가졌는가 하면 그렇지는 않았습니다. 대체로 네 개의 그룹이 있었습니다. 부·목·군·현입니다. 4등차의 군현에 파견되는 수령은 각기 품계의 차이가 있고, 그 군현에는 땅 면적과 인구의 차이가 있습니다. 물론 팔도(八道)라는 행정구역이 있습니다만, 도는 사실 행정단위라고 할 수 없습니다. 도는 부·목·군·현을 감독하는 느슨한 행정단위로 도의 관찰사는 글자 그대로 감사의 기능을 하고 있다고 하겠습니다. 이것이 조선시대의 권력구조에서 나타나는 일반적인 골격입니다.

수령칠사

수령의 치적을 평가하는 척도가 몇 가지 있습니다. 감사에 의하여 수령들은 매년 근무평가를 6월 15일과 12월 15일 이렇게 두 차례 받았습니다. 높은 점수를 받은 수령들은 품계를 높이고 그렇지 못한 수령은 파직하였습니다. 임의적으로 평가가 된 것이 아니라 기준이 있습니다. 고려시대에는 토지 개간의 정도를 묻는 전야벽(田野闢), 인구의 증가를 가늠하는 호구증(戶口增), 부역 부과가 공평하였는가를 평가하는 부역균(賦役均), 소송의 일을 간편하게 하였는가와 관련된 사송간(詞訟簡), 도적들은 없어졌는가를 묻는 도적식(盜賊息) 등 다섯 가지가 있었습니다.

조선시대에는 수령칠사(守令七事)라고 하여 7가지가 있습니다. 하나하나 살펴보겠습니다. 첫째, 농상성(農桑盛)은 농업 생산과 옷감 생산을 많이 하였는가 하는 것입니다. 이를 위해 수령은 논과 밭의 개간을 장려하고 수로를 정비하는 한편 부역은 농사철을 고려하면서 조치하였습니다. 또한 뽕나무 재배를 권장하고 그 묘목 수를 관리하기도 하였습니다. 이처럼 수령은 민력을 다하여 농상의 이익을 극대화시킬 수 있도록 정책적으로 권농의 노력을 기울였던 것입니다.

둘째, 학교흥(學校興)은 지방 교화의 산실이라 할 관내의 학교를 보호, 육성하였는가 하는 것입니다. 지방의 학교에는 어떤 것이 있습니까? 조선 전기만 말한다면 서당과 향교 등이 학교에 해당할 것이고 중기 이후로 본다면 여기에 서원(書院)이 추가될 수 있습니다. 향교는 공자와 그 제자 72현, 그리고 선현의 위패를 봉안하고 제사하는 문묘(文廟)로서 대성전(大成殿)과 동무(東廡), 서무(西廡)가 있고, 유생들이 공부하는 명륜당(明倫堂)을 중심으로 기숙사격인 동재(東齋)와 서재(西齋)로 구성되었습니다.

여기에서 공부할 수 있는 유생, 즉 교생의 정원은 정해져 있었습니다. 조선 초기의 정원은 부(府) · 대도호부(大都護府) · 목(牧)에 50명, 도호부에 40명, 군(郡)에 30명, 현(縣)에 15명으로 배당되었다가 ≪경국대전≫에 이르러서는 각각 90명 · 70명 · 50명 · 30명으로 증원되었습니다. 학교흥이라는 수령의 행정업무의 하나에 대한 구체적 평가는 교생들의 학업 이수 과정에 대한 감독과, 생원 · 진사시와 대과 등의 과거에 몇 명의 급제자를 배출하였는가가 그 대상이 될 수 있을 것입니다.

셋째는 사송간(詞訟簡)입니다. 조선시대에는 지방의 수령에게 죄의 유무를 판단하고 그 형량을 결정할 수 있는 사법권을 주었습니다. 어떻게 보면 현재의 지방자치제도보다도 더 지방자치제가 제도화되어 있었다고도 할 수 있는 면입니다. 어쨌든 이 사법권을 운용함에 있어 송사를 길게 한다거나 자주 송사를 벌여 백성들을 번거롭게 하지 말고 재판을 간결하게 하여 송사를 줄이도록 한 것을 말하는 것입니다. 그러면서도 재판은 공정하게 행하여 억울하게 죄수가 되거나 형량을 과도하게 언도받는 일이 없도록 하고 신문 과정에서 가혹한 혹형을 행하지 않도록 하여야 하였습니다.

넷째, 군정수(軍政修), 군정이 잘 다스려졌는가의 항목입니다. 관내에 치안 · 방어 문제와 군역의 부과가 균등하게 수행되고 있는가 하는 것입니다. 조선시대에는 16세 이상 60세 미만의 성인남자를 정(丁)으로 하여 이들에게 병농일치제의 원칙에 따라 군역을 부과하였습니다. 이를 위해 6년에 한 차례 병적 등록을 실시하여 상세하게 파악하였고, 번상병 즉 현역병의 경비를 남아 있는 정이 대납하였습니다. 그런데 실시 과정 중 번상병이든 남아서 그 경비를 대는 보(保)든 그 역과 비용을 지기 어려워 도망하는 경우가 있어 결과적으로 주민으로 남아 있는 사람들에게 그 부담이 집중되는 경우가 생기게 됩니다. 따라서 이를 막고 군역을 균형 있게 조정하는 것이 수령의 큰 임무였던 것입니다.

다섯째, 인구다(人口多), 즉 인구가 증가하였는지 감소하였는지의 평가입니다. 여기에는 함축적인 의미가 있습니다. 전근대사회에서는 인구가 수세의 대상입니다. 오늘날에도 주민세를 냅니다. 인구가 많을수록 세금총량이 많아집니다. 그래서 수세액이 많을수록 수령을 높이 평가하게 됩니다. 그러나 실제로는 인구가 늘어도 수령들은 인구가 늘었다고 보고하기를 상당히 꺼려합니다. 왜 그런가 하면, 실상대로 보고하면 늘어난 인구수만큼 더 세금을 거두어야 하기 때문입니다.

여섯째, 부역균(賦役均)으로 역, 즉 노동력의 부과가 고르게 되었는가 하는 것입니다. 사실 지방 수령의 기능 중 가장 중요한 것은 조세를 효과적으로 징수하고 중앙정부에 올려 보내는 것입니다. 조세란 전세(田稅)를 얘기합니다. 전근대 재정의 기반은 조용조(租庸調)로 되어 있는데 조(租)는 전세를 지칭하는 것입니다. 수령은 이런 직무를 수행하기 위해 중앙에서 파견된 외지인입니다. 그는 그 지방의 사정을 잘 아는 향리(鄕吏)들의 도움을 받아 세금을 걷었는데 중앙정부는 수령에 대해 재정을 충실하게 하는 능력 여부를 판단하였다고 하겠습니다.

일곱째, 간활식(奸猾息)으로 간사하고 교활한 행위를 그치게 한다는 것입니다. 지방 군현에 부임한 수령은 외지인으로 이 일을 집행하기란 쉬운 일이 아닙니다. 현지에서 수령을 보좌하는 사람들이 이 일을 돕게 됩니다. 바로 향리들입니다. 향리는 군현의 업무를 이·호·예·병·형·공의 6방으로 나누어 각각의 업무를 담당합니다. 조선시대에 들어오면 향리역을 정해놓고 그 이외의 일은 수행하지 못하도록 고정해 놓았습니다. 향리층을 중인으로 고착시켜 수령을 보좌하도록 하였습니다. 중인은 신분 상승이 제약되었습니다. 그래서 이른바 조선시대 중인 신분의 상당수가 향리였습니다. 그들은 지방 조직에서 수령을 보좌하면서 부를 축적하였습니다. 사실 향리 직역을 수행하는 데 대한 정부로부터의 반대급부는 없었습니다. 그래서 자기 맘대로 법을 어기면서 현지민에 대한 착취를 범하게 됩니다. 수령의 눈을 속이고 백성을 착취하여 막대한 이익을 챙기려는 아전들이 없게 해야 한다는 것은 바로 지방 사회의 동요를 막는 수령의 임무였던 것입니다.

유향소제도

그런데 여기서 또 한 가지 얘기될 수 있는 것은 지방에 거주하는 중앙 관직에서 은퇴한 양반들입니다. 예를 들어 해남에선 윤선도가, 광주 부근에는 이익 등과 같이 중앙 고위직에서 은퇴하고 지방으로 내려온 사람들이 있습니다. 현직 관리가 아니더라도 고위직을 역임한 사람은 현직에 있던 당시 품계의 예우를 받고 있었습니다. 그래서 수령들은 이들과 의논하면서 협력을 받아야 합니다. 바로 이들로 구성된 조직이 유향소(留鄕所), 즉 향청(鄕廳)입니다.

향청에는 좌수(座首)와 별감(別監)의 직책이 있어서 수령을 보좌하고 지방 풍속을 바로잡으며 향리들을 감독하는 직무가 있습니다. 그래서 ≪동국여지승람(東國輿地勝覽)≫을 보면 지방에 거주하는 재향품관(在鄕品官)들의 성씨, 유명한 문인과 관련된 유적들을 기록하고 있습니다. 이를테면 충신의 비각, 열녀 및 효자의 정려(旌閭)가 표시됩니다. 이것은 유교 국가인 조선왕조가 지방을 통치하는 데 있어서 중앙의 관리를 역임한 인물들로 하여금 지방 수령과 협력하면서 지방민을 통솔하고 있었다는 사실을 반증합니다.

국민개병 · 병농일치 원칙, 오위체제

군사제도에 대하여 개략적이나마 얘기를 해야겠습니다. 유교 문화권에서 군사는 국민개병제, 병농일치적 요소가 있습니다. 물론 핵심적인 전투 부대와 왕실 경호에는 전문적인 군사와 부대가 있지만, 양민들이 생산 활동과 군역을 동시에 감당한다는 국민개병제를 운영하고 있음을 유의해야 합니다. 이를테면 16세부터 60세까지의 양인 남자는 군역의 의무를 가졌고, 이들을 대상으로 군대 편성이 이루어집니다. 그래서 평시에는 자기 생업을 수행하고, 1년에 일정한 기간 동안 군사훈련을 받고 군에 편입되어 국방의 의무를 수행하는 것입니다. 그래서 아예 호적에도 군정에 해당하는 직역이 표시됩니다. 이를테면 정병이나 수군 등과 같은 직역이자 병종을 표시하도록 호적에 등재하고 있습니다. 이 점은 상당히 주목해야 합니다.

이것은 민의 입장에서 본 것이고, 중앙에서 군 병력의 자원을 어떻게 통제, 통솔하였는가를 봅시다. 고려 말 조선 초에는 고위직 관리들이 사병을 많이 거느렸습니다. 각 권력자들이 별도로 군사를 육성하였던 것입니다. 이러한 사병에 의해서 정치적 권력을 장악하였었는데, 조선왕조가 정립되면서 태조는 사병을 해체시키고 중앙정부에 병권을 집중시켰습니다. 이런 결과로 만들어지는 것이 오위도총부(五衛都摠府)이고 이를 통해 오위체제가 이루어집니다.

오위란 다섯 부대 — 중위, 좌위, 우위, 전위, 후위 — 를 지칭합니다. 서울을 중심으로 해서 각 방위를 책임지는 방위체제입니다. 1년 내내 군대가 소집되는 것이 아니라 평소에는 농사를 짓다가 농한기에 훈련을 받았습니다. 전근대사회에서는 전쟁도 대개 농한기인 겨울에 주로 하였고 여름에 하는 법은 없습니다. 곡식을 재배해야 하니까요. 이것이 일반적인 모습이었습니다.

오위 중에는 전문적인 군인이 있습니다. 갑사(甲士)라는 숙련된 정병이 있습니다. 그리고 앞서 얘기한 대로 농사를 짓다가 의무적으로 동원된 군사가 배속됩니다.

그런데 기초생활 단위인 가족을 지칭하는 호라는 법제를 유념할 필요가 있습니다. 법제호, 자연호로 구분하고도 있으나 기본적으로 우리는 부모, 자녀, 노비 등으로 가족 구성을 상정할 수 있습니다. 조선시대의 일반적인 가족 구성에 대한 얘기는 나중에 하기로 하고 우선 국가가 파악하고 있는 남자(16~60세)가 한 가족 내에서 몇이나 있는가를 생각할 수 있을 것입니다. 이런 문제가 생길 수 있습니다. 만약 장정이 하나인데 군역에 징집된다면 어떻게 되겠습니까? 생계를 이어갈 방법이 없게 됩니다. 여기에서 보법(保法)을 만들어 3명의 장정을 한 조로 하되 한 명의 장정을 군역에 응하도록 하고 나머지 두 명은 보인이 되어 역을 담당한 사람의 생활을 도와주게 한 것입니다.

지역방위체제, 진관체제

조선 초기의 경우 함경도나 평안도의 변경 지대와 남해 연안 지대, 그리고 내륙 지방의 군사방위 체계는 각각이 유기적으로 연결되지 못하였습니다. 함경도나 평안도는 군익도체제(軍翼道體制)로써 방어에 임하였고, 남해 연안은 영진군(營鎭軍)과 기선군(騎船軍)을 두어 대비하였습니다. 한편 내륙 지방은 수령으로 하여금 병마직을 겸하게 하여 치안 등에 대비하게 하였습니다. 그렇지만 내륙의 경우 군사훈련 등이 제대로 이루어지지 않아 취약하였고 변경이 무너질 경우 속수무책으로 당할 우려가 컸습니다. 따라서 세종 대에 이르면 분산된 군사방어체제를 일원화할 필요성이 강력하게 제기되었고, 그 해결책으로 진관체제가 제시되었습니다.

진관체제는 각 도의 주요 군사 요충지에 주진(主鎭)을 두고 그 아래 몇 개의 거진(巨鎭), 다시 그 아래에 제진(諸鎭)을 두는 군사방어체제였습니다. 경기도를 예를 들면, 주진이 한성이고 거진은 광주・수원・양주・장단・월곶, 제진은 여주・이천・양근・부평 등 38개의 지역에 설치되었습니다. 주진에는 병마절도사나 수군절도사, 거진에는 첨절제사, 제진에는 절제도위(節制都尉)나 만호(萬戶) 등이 맡았습니다. 거진의 경우에는 부윤이나 목사, 부사 등이 첨절제사를 겸하였고 군수・현감・현령이 절제도위 등을 겸하는 체제였으며, 변경의 특수지역은 만호를 두어 운영하도록 하였습니다.

하지만 일견 완벽한 것처럼 보이는 진관체제 역시 모순점을 안고 있었습니다. 첫 번째는 대상 방어지역이 전국에 걸쳐 있어 실질적 군사 운용이 어려웠다는 점이고, 두 번째는 지방 행정관이 군직을 겸함으로써 군사 운용이 서투르게 되었다는 점, 세 번째는 진관체제만의 문제가 아닌 본질적 문제로서 진관의 정병이 군역만이 아닌 요역을 져야 해서 군역으로부터 이탈하려는 경우가 점차 늘었다는 점입니다.

미래에 대한 투자, 학교 교육

조선의 관료체제를 지탱하는 교육 및 과거 제도에 관한 얘기를 하겠습니다. 유교 문화 아래에서 교육은 가장 기본적인 정치적인 과제입니다. 공자는 교육의 문제를 중요하게 취급하였고, 교육에 관해서 좋은 얘기도 많이 하였습니다. 유교를 근본 이념으로 한 조선왕조는 교육에 많은 투자를 하였습니다. 그래서 전국 각 지역에 학교를 세우고 교육을 위한 여러 가지 정책 지원을 하였습니다. 정책의 내용을 말하기 전에 우리는 실제 교육의 투자회수가 상당한 시간을 요하는 것임을 전제하면서 조선 사회가 추진한 교육 제도와 정책을

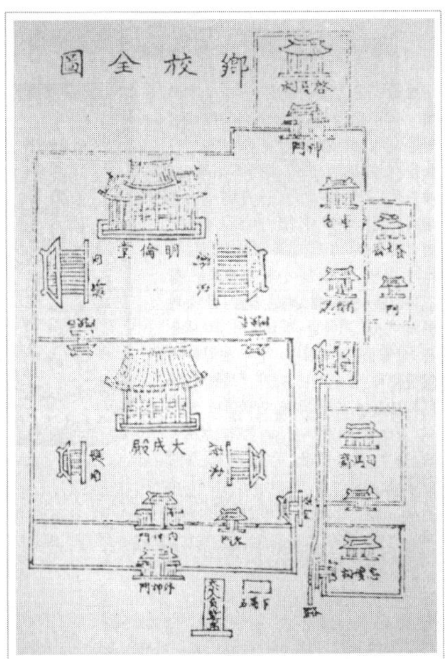

조선시대 대표적 관립 교육기관의 하나인 향교의 모습을 그린 그림. 그림의 향교는 나주 향교이다.

이해하여야 할 것입니다.

조선시대에는 남자가 7, 8세가 되면 교육에 입문하도록 종용하였습니다. 공식적인 제도가 아니라 사적인 제도에 의해서 먼저 실시됩니다. 서당에서 문자 교육부터 시작되는 것을 알 수 있습니다. 이 같은 교육은 공식적으로 사회적으로 공인되어 일정한 사회적 권위를 부여하거나 부여받는 것은 아니었습니다. 그리고 15세가 되면 공식적으로 관립 학교인 향교에 입학하거나 서울의 경우엔 4부학당 입학이 인정되었습니다.

그런데 여기에서 유념할 것은 모든 행정 단위마다 관립 학교인 향교가 있었다는 것입니다. 다만 서울인 한성에는 5부의 행정구역에 학당을 두었습니다. 하지만 4부학당만이 있고 5부 중 북부에는 북학이 없습니다. 왜냐하면 양반 집촌인 북부에는 양반들이 관립 학교를 운영하지 않고, 나중에 설명하겠지만 직접 성균관 또는 사적 교육의 기회를 택하였기 때문입니다.

지방의 경우 인구가 많고 적은 것에 따라 지방 행정단위가 부·목·군·현으로 분별되었다고 하였을 때 향교의 정원 또한 이에 따라 정해졌습니다.

향교 정원은 4부학당이 각 100명, 부에 해당하는 향교는 90명, 목은 70명, 군은 50명, 현은 30명입니다. 교육을 시킨 후에는 과거 시험을 통해서 국가의 인재로 등용하여 활용합니다. 향교나 4학에는 기숙사가 각각 있습니다. 이것을 재(齋)라고 합니다. '집 재'자를 씁니다. 여기서 재워 주고 먹여 주었습니다. 각 향교에는 문묘와 명륜당이라는 공간이 있습니다. 문묘는 현판에 대성전(大成殿)이라고 되어 있습니다. 바로 문선왕(文宣王) 공자의 위패와 유학 발전에 공헌한 유자들의 위패가 모셔져 있습니다. 명륜당은 강의실입니다. 4학의 경우엔 문묘가 없습니다. 왜냐하면 서울에는 성균관의 문묘가 있기 때문입니다. 유학자와 정치인들은 이곳에 가서 공자와 그 제자들께 제향(祭享)하게 되는 것입니다.

관학 향교와 학당에서는 유교 경전과 역사를 가르칩니다. 자학(字學)과 초급 과정의 경전인 ≪소학≫과 ≪주자가례≫ 등의 도덕 교양서, 4서5경과 역사서 ≪통감절요≫ 등이 교과서가 됩니다. 절요라는 것은 요점을 간추렸다는 것입니다. 이를 통해 유교 이념과 윤리를 교육하였습니다.

물론 여기에는 국가가 책을 발간, 보급하고 교사도 파견합니다. 두 직급의 관료가 파견됩니다. 교수(教授)와 훈도(訓導)입니다. 교수는 종6품의 관원이고 훈도는 종 9품에 해당하였습니다만, 교수관의 충원에 어려움을 겪으면서 재지 신분의 생원 진사 중에서 교도직(教導職) 또는 학장을 뽑아 대신하게 하였습니다. 규모가 큰 도호부 이상의 고을 향교에는 성균관이나 교서관, 승정원의 권지(權知) 이상의 교수관 파견을 원칙으로 하였습니다만 실제로는 이들이 부임을 꺼렸습니다. 가장 큰 이유는 지방의 교수직에 매력이 없었다는 것이고, 다분히 중앙으로의 진출을 희망하는 경향이 강하였기 때문이었다고 생각합니다.

김생원, 이진사가 되기 위한 소과

향교와 4부학당에서 배운 사람들에 대해 과거제를 통해서 인재를 선발하였습니다. 두 가지의 코스가 있습니다. 1차 코스는 소과(小科)라고 해서 생원과(生員科)와 진사과(進

兵曹參判許琮
宗簿寺正李均
兵曹正郎南世凞
禮曹佐郎韓亨允
司憲府監察李坤

弘治九年丙辰閏三月初三日生員榜
一等五人
幼學金克成 成之 居保寧
父進士 孟權
幼學尹倬 彥明 居京
父通訓大夫行谷城縣監 師殷
幼學金碗 堅仲 居京
父通訓大夫行平壤庶尹 順誠
幼學李希輔 伯益 居京
父奉訓大夫行司饔院奉事 克文

조선시대 생원 진사시 급제자의 이름을 모아 놓은 생원진사과 방목. 홍치 9년(1556) 명종 11년에 실시된 과거의 방목이다.

士科)가 있습니다. 합격자는 생원일 수도 있고 진사일 수도 있습니다. 그 다음 대과(大科)는 생원이나 진사의 자격을 가진 유자들이 다시 시험을 보는 것입니다. 이들은 합격과 동시에 관료가 됩니다. 합격하기가 보통 힘든 것이 아닙니다.

소과의 경우도 그렇고 대과의 경우도 기본적으로 두 차례의 시험을 봅니다. 일차로는 향시(鄕試)라고 해서 각 지역별, 즉 도별로 나누어서 시험을 봅니다. 각 지역마다 인구에 따른 합격자의 수가 정해져 있습니다. 그래서 생원 진사가 되기 위한 1차 시험인 초시(初試)에서 생원 700명, 진사 700명이 선발됩니다. 서울은 1,400명 중에 400명이고, 나머지 1,000명이 8도에 배정됩니다. 그리고 1,400명에 대해 2차 시험인 복시(覆試)에서 생원 100명, 진사 100명이 선발됩니다. 이 때는 지역별 안배가 고려되지 않습니다.

생원 진사를 뽑는 시험이 매년 있는 것이 아니고 3년마다 한 번씩 있습니다. 그것을 식년시(式年試)라고 부릅니다. 간지(干支)에서 자(子)·오(午)·묘(卯)·유(酉)가 들어가는 해가 식년이 되고, 이 때가 되면 정기적으로 시험을 실시하는 것입니다. 이러한 정기시험 외에도 별도로 보는 시험인 별시가 있지만 지방 유생들에게는 그 기회가 많지 않았습니다. 예를 든다면 다음과 같습니다. 국왕의 등극과 같은 경사가 있을 때 보는 증광시(增廣試), 국왕이 지방에 행차하거나 민심 안정 차원에서 특별히 이루어지는 외방별시(外方別試), 일년간의 성적 우수자에게 시행한 통독(通讀), 각 도별로 시행되는 공도회(公都會)가 그것입니다.

식년시에서 진사 생원 200명 내에 선발되기는 보통 힘든 것이 아닙니다. 조선시대 군현이 360개인데, 한 군현에서 한 명씩 해도 360명이지 않습니까? 그러니까 한 군현에서 한 명의 합격자도 배출하기 어렵다는 것입니다. 희소가치가 대단합니다. 그렇기 때문에 생원 진사는 조선시대 지식인으로서의 자격을 받고 사회적 예우를 받을 수 있었던 것입니다. 합격 이후 국가로부터 받는 반대급부는 없습니다. 그러나 이들에게는 성균관에 들어가서 공부할 수 있는 기회가 주어집니다.

조선 최고의 교육기관, 성균관

성균관은 국가가 관리하는 최고의 교육기관입니다. 조선시대 성균관은 처음 세워진 때부터 지금까지 그 위치에 그대로 세워져 있습니다. 대학 창립으로만 본다면 가히 세계 최고(最古)의 국립대학이라 할 수 있을 것입니다. 성균관대학교에서는 건학 600주년이 넘어서고 있음을 자랑하기도 합니다. 지금은 혜화동 안쪽 성균관대학교 정문 바로 오른쪽에 큰 은행나무와 함께 위치하고 있습니다. 바로 옆으로는 창경궁이 자리하여 유생들이 몰래 월담하여 궁녀들을 보기도 하였다는 기사가 조선왕조실록에 심심찮게 기록되기도 하였으니 혈기왕성한 젊은 혈기의 호기심을 참지 못한 때문이었을 것입니다.

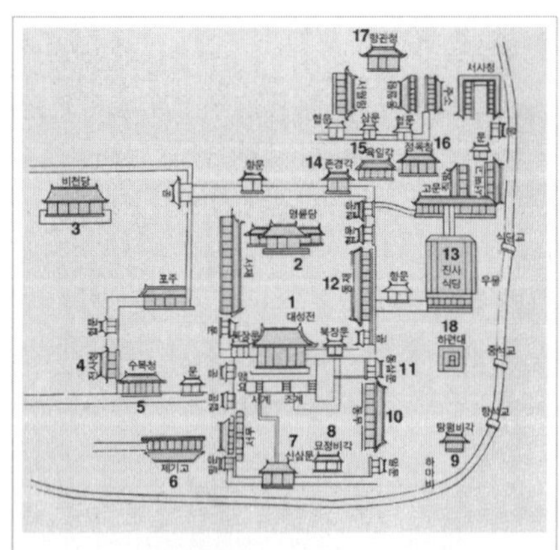

세계에서 가장 오래된 조선시대 국립 대학인 성균관 건물의 배치도. 현재 서울 성균관대학교 정문 우측에 있다.

성균관에 소속된 관원들은 물론 당대 최고의 지식인층이라 할 수 있는 사람들로 구성됩니다. ≪경국대전≫에 따르면 지사(知事 : 정 2품, 겸관) 1인, 동지사(同知事 : 종 2품, 겸관) 2인, 대사성(大司成 : 정 3품) 1인, 사성(司成 : 종 3품) 2인, 사예(司藝 : 정 4품) 3인, 직강(直講 : 정 5품) 4인, 전적(典籍 : 정 6품) 13인, 박사(博士 : 정 7품) 3인, 학정(學正 : 정 8품) 3인, 학록(學錄 : 정 9품) 3인, 학유(學諭 : 종 9품) 3인을 두고, 서리(書吏) 10인이 성균관에 소속되었습니다. 이들 중 일부는 종실 자제의 교육기관인 종학(宗學)과 4학(四學)의 교관을 겸하기도 하였습니다.

이처럼 성균관에는 여러 직함을 갖는 교수가 있습니다. 오늘날과 달리 당시의 박사는 그렇게 높은 직책은 아닙니다. 훌륭한 학자들과 학자가 아니더라도 다른 곳에 종사하는 관료 중 학문적으로 우수한 사람은 성균관 교관으로 겸직하였습니다. 겸직제는 조선시대 관료제 운영의 특징 중의 하나입니다.

성균관에는 문묘인 대성전과 명륜당이 있고 기숙사인 동재와 서재가 있어서 학생들이 방 하나씩을 사용합니다. 이렇게 보면 성균관이 대단히 활성화된 것처럼 보이지만 생각보다 그렇지는 않았습니다. 오히려 등교해서 공부하는 사람이 많지가 않아서 여러 문제가 노출되었습니다.

이 문제를 해결하기 위해 출석을 관리하여 원점(圓點)으로 표시하는 방법 등으로 유생들의 학교 생활을 관리하였습니다. 즉, 식당에 유생들의 명부가 비치되고 유생들이 아침·저녁 식당에 들어갈 때마다 반드시 서명(署名)하도록 한 것입니다. 아침·저녁 두 번 식당에 들어가 서명해야 원점 1점을 얻게 됩니다. 원칙적으로 300점 이상 받아야 과거에 응시하도록 규정하고 있습니다. 이를 식당도기(食堂到記)라고도 하였는데 원점이 50점 이상의 유생들을 대상으로 하는 별시(別試)로 춘도기(春到記)와 추도기(秋到記)의 시험을 행하여 출석과 교육을 권장하기도 하였습니다.

성균관에서는 제도적으로 전국에서 선발된 생원과 진사를 입학시켜서 최고의 학자들로 하여금 교육시켰습니다. 그리고 이들에게 대과시험을 보게 합니다. 이 때에는 성균관의 학생만 보게 한 것은 아닙니다. 전국적으로 대과를 위한 예비시험을 치르도록 합니다. 1차 시험인 초시(初試 : 館試 50 · 漢城試 40 · 鄕試 150)에서 240명을 뽑습니다. 각 지역별로 배려합니다. 2차 시험인 복시(覆試 : 會試)에서는 33명을 뽑습니다. 대과의 경우에는 3차 시험인 전시(殿試)가 있습니다. 전시를 주재하는 것은 임금입니다. 3차 시험에서는 당락을 결정하는 것이 아니라 갑, 을, 병 등으로 등급을 정합니다. 그래서 합격자들은 갑과(甲科) 3명, 을과(乙科) 7명, 병과(丙科) 23명으로 나누어집니다. 장원 급제자는 갑과제일인(甲科第一人)이라 불렀습니다. 대단한 영광이 주어지게 됩니다. 갑류에 해당하는 사람은 합격과 동시에 현직에 발령됩니다.

33명이란 숫자는 대단히 적은 숫자입니다. 앞서 생원 진사에 합격한 200명도 적다고 하였습니다만 향교나 4부 학당의 총 정원 약 14,500명 내외 중 33명이 뽑힌 것이니까 그야말로 가문의 영광이라 할 수 있겠습니다.

장원 급제자의 특권 삼일유가.(기산 김준근 ≪풍속도첩≫ 중)

엄격한 시험의 문

여기서 한 가지 유념할 것은 과거 응시원서에 응시자의 신분을 밝히도록 한 것입니다. 본래 조선시대의 과거 응시자격은 천민이 아니면 결격 사유가 없는 한 누구나 응시할 수 있도록 하였습니다. 그렇다면 어떤 사람들이 시험을 볼 수 없었을까요? 조선왕조에서는 다음의 경우 응시자격을 주지 않았습니다. 대역죄

▌강상죄 윤리도덕 등 인륜의 도를 저버린 죄.
▌인신위조죄 도장 등을 위조한 죄.
▌영불서용 영원히 관원으로 등용하지 않음.

(大逆罪)나 강상죄(綱常罪)■, 인신위조죄(印信僞造罪)■ 등 중죄를 저지른 자의 자손과 영불서용(永不敍用)■의 죄를 지은 자, 그리고 재가녀(再嫁女) 및 실행부녀(失行婦女)의 자손, 서얼(庶孼) 등은 시험을 볼 수조차 없었던 것입니다. 가족 윤리와 부녀의 정절을 중요시한 대목이 엿보입니다.

그러면 이러한 응시자격을 어떻게 확인하였을까요? 조선시대 과거 시험을 위한 절차를 보면 그 답이 나옵니다. 요즘의 경우와 비슷합니다. 즉, 시험을 위한 시험 신청 과정이 있습니다. 이를 맡은 관청이 녹명소(錄名所)였고 수험생은 여기에 이름을 기입하여야 하였습니다. 복시(覆試)의 경우 녹명하기 전에 반드시 경전을 암송하는 고강(考講), 즉 조흘강(照訖講)을 행하였는데 소과는 ≪소학≫과 ≪가례≫를, 대과는 ≪경국대전≫과 ≪가례≫에 대해 시험을 보았습니다. 여기에 합격해야만 응시가 가능합니다.

그 후 수험생들은 녹명소에 먼저 자신의 성명 · 본관 · 거주, 그리고 사조(四祖)인 아버지, 할아버지, 증조할아버지, 외할아버지의 관직과 성명 · 본관을 기록한 4조단자(四祖單子)와 6품 이상 조관(朝官)이 서압(署押), 즉 사인한 일종의 신원보증서인 보단자(保單子)를 제출하여야 합니다. 이를 통해 본인의 혈통을 밝히는 것입니다. 동일한 신분층에서 혼인하여 출생한 자만을 인정한다는 것을 의미합니다.

이것은 수험생이 과거 시험장에 들어가 시험지 머리에 본인의 관직 · 성명 · 연령 · 본관 · 거주, 사조의 관직과 성명, 본관을 다섯줄로 쓰고 그 위를 종이로 붙여 봉하도록 한 것으로도 알 수 있습니다. 이렇게 하면 신분 확인도 되고 또 채점할 때 누구의 시험지인지 알 수 없게 되니 정실 부정 채점이 줄어들 수 있습니다. 조선시대에는 이를 봉미법(封彌法)이라 하였습니다. 요즘 우리 학생들도 시험을 볼 때 시험지 위에 자기 성명과 소속 등을 표기하고 있습니다. 그리고 시험지를 철할 때 그것이 안 보이도록 하는 것을 원칙으로 합니다. 시험 평가의 공정성을 위해서는 반드시 필요한 것이라 하겠습니다.

사지선다형 없는 논술 과목들

수험생들은 시험 당일 새벽에 입장합니다. 입문관(入門官)이 녹명책을 가지고 호명하면 자리에 들어가 앉습니다. 그리고 시험 시간은 저녁 인정(人定) 때인 9시 무렵까지 계속되었습니다. 그래서 시험을 다 치르려면 엄청난 정력이 필요합니다.

우리가 과거 시험을 생각할 때 유교 경전을 교육시키고 그 이해 정도를 평가한다는 의미도 있지만, 국가의 입장에서는 국가 관료 예비군을 국가가 의도하는 가치관을 갖도록 교육시키는 것입니다. 여기서 잠시 과거 시험 과목과 과정을 보도록 하겠습니다.

생원시(生員試)는 향시(鄕試)의 경우 초시(初試) 제술(製述) 시험에 4서5경에서 뜻이나 문제점을, 2차 시험인 복시(覆試)에서도 4서5경에서 출제 제술하도록 하였습니다. 진사시(進士試)에서 향시 초시는 부(賦) 한 편, 고시(古詩)·명(銘)·잠(箴) 중에서 한 편을 제술하고 2차 시험에서도 향시와 같이 출제하였습니다. 대과인 문과 시험 향시에서는 제술로는 초장에서 4서5경의 의(疑)·의(義)·논(論)을, 중장에서 부(賦)·송(頌)·명(銘)·잠(箴)·기(記) 중에서 한 편, 표(表)·전(箋)에서 한 편, 그리고 종장에서 책문(策問) 한 편 지은 것을 평가하여 합격 여부를 정하였습니다.

수험생들은 시험 볼 때 유의 사항으로, 즉 책을 가지고 입장한다든가, 노장(老莊) 및 불가(佛家)의 문자나 그 내용을 인용한다든가, 현 임금과 역대 임금의 이름을 쓴다든가, 이상한 글자를 쓴다든가 하면 처벌을 받습니다. 물론 남의 답을 훔쳐보는 것도 안 되었습니다. 책문의 경우는 반드시 시험문제를 그대로 옮겨 적은 뒤 신이 삼가 읽었다고 하는 신복독(臣伏讀)의 세 글자를 써야만 하였습니다.

수험생들이 제술한 답안지는 수권소(收卷所)에서 거두어 100장씩 묶어 책을 만들고 봉미법에 의해 가려진 피봉 부분과 제술한 문장 부분을 나눕니다. 이를 그대로 채점하는 것이 아니라 다시 글씨를 베껴 쓰는 서리에게 붉은 글씨로 다시 옮기게 하였는데 이것이 역서(易書)입니다. 역서 후에는 당연히 본 시험지와 베낀 시험지인 주초(朱草)를 대조하여 확인하고 시관에게는 주초만 넘겨줍니다. 합격자 명단은 반드시 임금에게 보고하고 발표하는데 출방(出榜) 혹은 방방(放榜)이라고도 하였습니다. 생원 진사과는 합격이라 하고 합격자에게는 백패(白牌)라는 합격증서를 교부하였습니다. 문·무과는 급제 또는 출신(出身)이라 하였고, 특히 전시(殿試) 합격자에게는 홍패(紅牌)가 주어져 영예로운 합격증으로 받아들여졌습니다.

무과의 이론 및 실기 시험 과목

문과만이 관료 등용 통로는 아닙니다. 무과도 있습니다. 육군사관학교와 같이 장교, 즉 무인을 양성하는 학교는 없었던 것 같습니다. 무과에는 소과는 없고 대과만 있는데, 정기 1차 시험에서 190명, 2차 시험에서 28명을 뽑았습니다.

이렇게 보면 무과가 열세로 보이지만 임진왜란 이후 국가의 어려운 시기에는 상당히 많은 수를 뽑았습니다. 수백 명을 뽑기도 하였습니다. 그렇지만 무과는 문과보다 여러 가지 면에서 열등한 국가의 대우를 받았습니다.

무과에도 초시에는 향시와 훈련원시(訓練院試 : 원시라고도 하였음)가 있었습니다. 전국에서 지역별로 1차 예비 합격자의 인원을 배정하고 2차 시험에서 28명을 선발하였습니다. 임금이 친히 나와 보는 전시에서는 문과 전시의 예에서와 같이 갑·을·병 각 3인, 5인, 20인으로 합격자의 성적을 분류하였습니다. 전시에서는 낙방자는 없고 그 성적만으로 등위를 나누었던 것입니다.

무과에서도 시험 과목은 정해져 있습니다. 먼저 무경 7서를 강론해야 합니다. 무경 7서는 중국의 대표적인 고대 병서 7종을 말합니다. 주나라 손무(孫武)가 쓴 ≪손자(孫子)≫, 전국시대 위나라 오기(吳起)의 ≪오자(吳子)≫, 제나라 사마양저(司馬穰苴)의 ≪사마법(司馬法)≫, 주나라 울료(尉繚)의 ≪울료자(尉繚子)≫, 당나라 이정(李靖)의 ≪이위공문대(李衛公問對)≫, 한나라 황석공(黃石公)의 ≪삼략(三略)≫, 주나라 여망(呂望)의 ≪육도(六韜)≫를 말합니다. 그리고 4서5경 중 한 책, ≪통감≫·≪병요≫·≪박의≫·≪무경≫·≪소학≫ 중에서 한 책, 그리고 ≪경국대전≫을 강하도록 하고 있습니다. 실기로는 활쏘기, 말 타고 활쏘기, 말 타고 창던지기, 격구 등으로 평가하였습니다.

중인층의 출세길인 잡과

조선시대 양반제는 문·무과를 중심으로 운영되었지만, 조선시대 정치는 문관 우위의 정치였고, 여러 가지 혜택이 문과 출신에게 주어졌다고 할 수 있습니다. 문과나 무과 출신자는 당상관, 적어도 참상관의 직위에 나아가서 국가의 정책 결정이나 수행의 책임자 역할을 하였습니다.

그러나 실무 역할을 담당하였던 것은 중인층이었습니다. 잡학은 각 분야에 따라 역학(중국어, 여진어, 일본어, 몽골어 통역관), 음양학(천문학), 율학, 산학, 의학(醫學)으로 나뉘어졌고 그에 따라 해당 관청은 각각의 전문분야를 교육시켰습니다. 사역원(司譯院)은 역학, 관상감(觀象監)은 음양학을, 형조(刑曹)는 율학을, 호조(戶曹)는 산학, 전의감(典醫監)은 의학을 담당하였습니다. 이것을 잡학(雜學)이라고 하였습니다.

이들을 선발하는 것을 잡과라고도 하였지만 사실은 취재시(取才試)라고 해서 재주 있는 사람들을 뽑는다고 하였습니다. 시험 과목은 전문서와 함께 4서5경, 그리고 ≪경국대전≫ 등이었습니다. 역과 초시에서는 57명, 의과 초시에서는 18명, 음양과 초시 18명, 율과 초시 18명 총 111명이 뽑혔으며, 복시에서는 각각 19명, 9명, 9명, 9명 등 총 46명이 뽑혔습니다. 최종 합격자에게는 본래 홍패가 주어졌지만 예조의 도장, 즉 예조인(禮曹印)이 찍힌 백패로 바뀌게 됩니다.

신분제와 교육 불평등

이러한 교육제도 바탕에는 신분제도가 있습니다. 모든 사람이 교육을 받았던 것은 아니었습니다. 최고의 지배층은 양반, 다음은 중인, 그 다음은 평민인 양인, 마지막엔 인간이면서도 천시된 천민이라는 노비층이 있었습니다. 천민은 인격적인 대우를 받지 못하였습니다. 대개 양인 이상이 교육기관에 들어가서 공부하고 과거제를 통해 관리가 될 수 있었다는 것이 조선시대 정치구조의 특징이라고 볼 수 있습니다.

신라 골품제의 경우에도 최고의 지위에 올라갈 수 있는 것은 진골이었던 것처럼, 정 3품 당상관까지 올라갈 수 있기 위해선 부모가 모두 양반 신분이어야 하고 기술관인 중인은 정 3품 당하관까지 승진할 수 있었습니다. 그밖에 향리, 서리들은 7품 선에 머물렀습니다. 이것이 ≪경국대전≫ 체제입니다. 그러나 이 체제는 조선 중기에 이르면 도전을 받게 됩니다.

과전 수여의 원칙과 개요

다음 우리가 생각할 수 있는 것은 경제구조입니다. 조선의 경제는 농업경제를 축으로 짠 과전법 체제로 편제하였다고 하겠습니다. 과전법에서 추적할 쟁점은 생산과 분배 면에서 유지하려는 원칙이 무엇인가를 생각하면서 제도의 내용에 접근하는 것입니다. 유교 이념 하에서 왕정은 농업 생산을 위하여 일차적으로 전지(田地)를 농민에게 균분하도록 선언하고 있습니다. 그러나 현실적으로 이미 전지는 불균등하게 점유되고 있어 이를 근본적으로 개혁할 수는 없고 다만 수세 과정에서 공정성을 유지하는 차원의 개혁을 시도하게 된 것이 과전법에서 추구한 분배의 요점입니다.

고려의 전시과 체제의 모순을 개혁한 후 만든 과전법의 원칙은 경기 지역에서만 과전(科田)을 문무 양반에게 분급(分給)하여 수조(收租)하도록 한 것입니다. 조선은 전국의 전토(田土)를 국가재정의 용도에 따라 각 기관과 관인에게 수조권을 분급하여 국가 기능과 지배층의 신분을 유지하도록 한 것입니다. 전직 관리를 포함하여 직사(職事) 우선의 원칙 아래 수조권(收租權)을 분급한 과전법은 세조 대에 가면 혁파되고 현직 관원 위주로 분급의 기준이 바뀌게 됩니다. 국가가 장악한 수조권만을 조정하는 것으로 농업 생산에 종사한 농민의 불만을 해소하는 선에서 조선왕조는 유교의 균분 이념을 구현하려 하였다고 볼 수 있습니다.

새로운 제도를 위한 토지조사

조선시대 산업의 주요 생산 품목은 곡물과 면포였습니다. 농산물은 쌀과 콩이 주곡입니다. 이런 곡물 수확량이 경제의 지표가 됩니다. 이에 따라 국가재정이 결정됩니다. 그런데 이러한 곡물을 중심으로 한 조선 초기 경제 생산성에 대한 규명 노력은 부진한 실정입니다. 대신 분배의 원칙과 수세(收稅) 파악에 집중되어 있습니다. 그 중심에 있었던 것이 과전법입니다.

개혁론자들은 과전법 체제를 통해 세율과 수조권으로 고려 말 농업 문제를 해결하고자 하였습니다. 그래서 일차적으로 공양왕 3년에 공사

전적 토지문서를 불사르고 새롭게 세율과 수조권 분배를 위한 양전(量田)을 하게 됩니다. 양전은 글자 그대로 토지를 측량하는 것입니다. 전토(田土)의 전품(田品) 등급, 넓이, 주인, 수조자(收租者), 경작자(소유자)를 조사하여 토지대장을 작성하는 작업을 말합니다. 개혁 정부는 1388~1389년 사이에 완성된 양전으로 경작 중인 토지 623,097결(結)과 휴한지로 경작되지 않은 토지 175,030결의 토지를 장악하게 된 것입니다.

과전을 통한 수조권의 재분배

토지의 수조율은 결당 1/10로 하고 모든 전토는 공전(公田)으로 파악하여 국가가 수조(收租)하도록 하였습니다. 여기서 공전으로 하였다는 것은 우리들이 생각하는 공유 개념과는 다르다는 사실을 유념할 필요가 있습니다. 즉, 전토의 소유권 여부에 따라 공사(公私)로 분별되는 것이 아니라 수조권의 향배에 따라 공사를 분별하고 있다는 것에서 차이가 있습니다.

새 정부의 과전법이라는 것은 고려시대의 전시과 체제의 모순을 개선한다는 의시가 구현된 것이므로 관료에게 분급될 수조권을 재조정하는 것에서 그 특징을 찾아야 할 것입니다. 조선왕조는 양반 관료에게 분급(分給)하는 과전지의 대상을 경기로 국한하고 그 외의 전국 토지의 조세는 국가재정으로 통합한다는 원칙을 확정하였습니다. 동시에 새 왕조는 고려왕조에서 지나치게 높았던 수조율을 조정하여 결당 1/10인 30두(斗)로 하였고 수조권자는 결당 2두로 정하였습니다. 조세(租稅)로 구분하여 수조하였지만 후대로 가면서 세는 없어지고 조로 통합, 조세가 되었습니다. 또한 수조율만으로 해결한 것이 아니라 전국 농지의 비옥도에 따른 전품(田品)과 해마다의 풍흉(豊凶)을 배려하는 연등(年等)의 다른 세율 정책을 정하였습니다.

조선왕조는 관료로 재직하였던 사람들에게 경기 지역의 전토에 한

하여 품계에 따라 차등을 두어 수조권을 위임하였습니다. 정 1품에게는 150결을, 최하 9품의 관료에게는 10결의 수조권을 분급하였습니다. 이들에게 분급된 수조권으로 수세된 조세 곡물은 결국 국가가 아닌 개인에게 귀속되기 때문에 이를 사전(私田)이라고 하였습니다. 따라서 과전은 사전이 되는 것입니다. 그 밖의 전토는 공전이 되어 국가가 조세를 받아서 국가재정 수요에 충당하였습니다. 국가 운영을 위해 농민으로부터 조를 거둔 것입니다.

과전법에서 과전의 실시 대상지역을 경기로 한정한 것은 중앙정부가 수조권을 위임받은 양반 관료들이 정해진 법 이외로 농민들로부터 착취하는 것을 막을 수 있는 한성 지역의 근접지로서 농민 보호를 직접 관찰할 수 있기 때문입니다. 이를 테면, 전라도나 경상도 지역의 전토에서 과전의 조세를 받게 하면 세율보다 더 높게 양반이 자의적으로 횡령할 가능성이 있으므로, 이를 배제하려고 과전 지역을 경기로 제한한 것입니다.

여기에는 경영상의 문제도 있습니다. 실제로 농사를 지어본 사람은 알겠지만 양반 지주들 자신이 직접 농업경영에 참여하기보다는 농민에게 경영을 위임하고 일정 부분을 조세로 거두는 것이 더 편리하고 효과적이라고 판단한 것입니다. 따라서 실제로 농업경영의 자율성이 농민에게 부여되었을 때에는 그 수확량의 1/10만 지주, 즉 수조권자인 국가나 관료들에게 주는 것입니다. 생산량의 9/10를 차지할 수 있는 전토의 소유권(경영권)에 관한 사회문제가 조성될 여지가 없다고 전제되는 상황에서 일단 과전법 체제는 새 왕조에서 농업경제의 모순을 개선하였다고 하겠습니다.

현재 우리 사회의 경우 현직에 종사하는 당직자들만 급여를 받는 것으로 알고 있습니다. 물론 정년으로 퇴직한 이들에게는 연금이라는 급여가 있습니다. 연금제도가 없던 조선시대에는 퇴직한 관료들에게는 일정 기간 과전을 보유하게 하고, 당사자가 죽어도 부인이 살아 있으면 수신전(守信田)이라고 해서 수조권을 유지하게 하였습니다. 자식이 어리면 휼양전(恤養田)이라고 해서 계속 유지하도록 하였습니다. 그래서 양반 사대부들의 경우 현직에서 물러나도 실질적으로 계속 과전을 소유하게 됩니다.

그러나 시간이 지나면서 과전법 체제는 또다시 개선을 요구하는 문제점을 드러내기 시작하였습니다. 경기로 한정된 과전 분급지는 곧 새로운 관료들의 수요를 감당할 수 없게 되었습니다. 땅은 한정되어 있고 관료는 계속 늘어나게 되자 이를 극복하려는 제도 운영의 개선이 있게 된 것입니다. 이 때문에 분급 대상 지역을 충청도·전라도·경상도 등 하삼도로 이동시키는 조치를 취하고 동시에 현직자에게만 지급하는 직전법(職田法)으로 개정하여 문제를 해결하고자 하였습니다. 그리고 다시 관수관급제(官收官給制)라는 제도로 개선이 이루어지게 됩니다.

직전법이란 현직 관료에게만 수조권을 주는 것입니다. 직전법에서는 원래 10월 말일 이전에 관직을 받은 자에게 당해 수조권을 주고 과전에서 주었던 수신전, 휼양전은 없앴습니다. 이러다 보니까 현직에 있을 때 많이 거두려는 부작용이 생겼습니다. 그래서 이러한 모순을 해결하고자 국가가 직접 농민으로부터 모든 조를 거두어서 관리에게 나누어주는 제도를 만들었습니다. 성종 대의 관수관급제가 그것입니다. 관이 거두어 관이 공급한다는 뜻입니다.

하지만 직전세가 녹봉에 붙여 주는 정도의 비중을 갖게 되고 16세기에 전세 부과의 세율 기준이 연분등제(年分等制)의 하하년(下下年)이 되면서 그 양이 매우 적어져 유명무실한 단계에 이르게 되었습니다. 이렇게 되자 마침내 명종 대에 가서는 수조권을 기준으로 과전제에 의해 양반 관료 등에 지급하여 대우하는 관수관급제마저 완전히 폐지되었습니다.

지주와 농민의 농업경영

과전체제가 변화하는 데에는 농업 생산력의 향상과 그에 따른 농업경영에 대한 양반 관리들의 관심이 중요한 요인으로 작용하였습니다. 농업의 생산성이 크게 향상되면서 양반이 전토에 대한 소유권에 주목하는 것이었습니다. 과전법상 양반 지주들이 수조권만으로 농업경영에 참여하는 것은 한계가 있다는 것을 인식하기 시작하였다는 것입니다. 이 과정에서 관료들 스스로가 수조권을 통해 전토를 장악하기보다 토지를 직접 경영하여 전토의 생산성 증대로 얻어지는 잉여생산을 차지하려는 변화를 겪게 되었다는 것입니다.

그래서 수조권자들이 지주가 되어 지주제 경영에 참여하는 것이 일반화되어 갔습니다. 양반 지주든 실제 경작자이든 이들이 적극적으로 농지 개발과 농업경영에 참여하면서 농업 생산성이 높아지게 되었습니다. 농업 생산성의 향상으로 인하여 농토에 대한 관심이 증대하면서 많은 양반층이 지주로서 농지 경영에 참여하여 농지의 수확물 분배에서 보다 많은 몫을 차지하게 되었습니다. 조선 초기 세율이 1/10이었을 때에는 사회가 안정되었다가 양반의 지주제 경영이 심화되면서 생산에 종사하였던 농민들이 토지와 유리되는 사회 현상이 나타나게 됩니다.

이처럼 조선시대에 농업 생산성이 증대되면서 양반들은 농업경영에 적극 참여합니다. 그래서 지주제 경영이 심화됩니다. 실제로 농업에 종사하는 사람들이 양반 지주의 경작인으로 전락되어 갔습니다. 이런 과정에서 병작반수(竝作半收)라는 형태의 경영이 나타나고 있었습니다. 토지 소유자인 지주와 경작 농민이 함께 경작을 한 후 지주와 농민이 각기 그 생산물의 반을 거두어 간다는 것입니다. 이러한 병작반수라는 경영 방식은 조선 사회에서 큰 문제가 되기도 하였습니다.

앞에서 조선왕조의 과전법이 토지제도를 통해 고려 말기 일부 관료들에게 편중되어 있었던 토지의 소유구조를 어떻게 개혁하였는가를 얘기하였습니다. 그러나 결국 고려시대의 토지 분배원칙인 전시과의 대원칙은 그대로 계승되었습니다. 즉, 수조권을 주었다는 점에서 같습니다. 물론 다소의 차이는 있습니다. 그것은 경기라는 제한적인 지역을 통해서 수조권을 지배 관리들에게 허용하여 이들의 자의적인 농민 수탈을 감시하고 조정하려는 노력이 있었다는 것입니다. 그러나 이런 노력도 과전체제 자체가 수조권의 분배라는 한계를 갖기 때문에 이후에 직전법으로, 또 관수관급제로 변하였고, 동시에 지배층은 국가로부터 분배된 수조권을 받는 데에 만족하지 않고 직접 토지 경영에 참여하였음을 보게 됩니다. 즉, 조선 중기 이후 만연되는 지주 경영으로 양반 사대부들은 토지 생산성 향상에 적극적으로 개입하게 되었고 직접 경영에 관심을 높여 갔던 것입니다.

4장

세상보기의 틀

사대교린의 외교 원칙 선언

조선왕조는 건국 후 동아시아 주변국과의 관계 설정에 이른바 '사대교린(事大交隣)'이라는 외교 원칙을 선언하였습니다. 이는 고려시대의 역사적 경험과 조선왕조의 국제정치에 대한 안목에서 추출된 결정이라고 보고 싶습니다.

고려왕조는 후반 100여 년간 원에 부마국으로 예속되어 원 간섭이라는 주권국으로서 외교상 손상을 경험하게 됩니다. 원·명 교체기인 고려말에는 그 회복을 위해 노력하였습니다. 신흥사대부와 무인 등 새로운 정치 세력이 등장하면서 원에 직접 지배를 받았던 철령 이북의 땅을 회복하였으며 나아가 요동까지 영역을 회복하려는 의욕을 보여주었습니다.

조선의 건국 과정에서 요동 정벌은 취소되었으나 세종 대에 이르러 압록강변의 4군과 두만강변에 6진을 두어 영토를 개척하고 국방에 대한 인식을 새롭게 하였습니다. 동시에 외교적 조처로 명과는 사대(事大)로, 여진·일본·유구〔오키나와〕 등 군소 국가들과는 교린(交隣)이라는 새로운 형태의 외교 관행을 설정하였습니다. 이는 조선왕조가 도달한 문화와 정치의식 면에 기초하여 정리된 내용으로, 결국 당시의 세계관에서 도출된 외교적 원칙이라고 보아야 할 것입니다.

칙사 영접. 영조 대에 청의 사신을 맞이하는 장면.

사대교린은 초강대국인 명과의 외교적 관계 개선, 그리고 주변의 여진·몽골·일본·오키나와(琉球) 등과 평화적 관계를 설정하여 운영하려는 조선 초기의 정치권에서 창출한 외교정책이라고 하겠습니다. 독립된 주권을 유지하면서 정치적 간섭을 배제하기 위한 방법을 명과의 사대로 입장 정리하였다면, 여진·몽골·일본·오키나와(琉球) 등과는 노략질이나 국지적 전쟁, 국경 안으로의 귀화 등 귀찮은 관계를 벗어나기 위해 노력하였습니다. 그것이 교린이라는 호혜의 원칙을 정하여 이를 유지하면서, 그들이 요구하는 물품을 교역하는 방법을 택하였다고 하겠습니다.

여진족을 토벌하는 모습을 그린 〈장양공정토시전부호도〉. (육사박물관 소장)

실질적 외교 관계 유지 노력

명과의 사대 관계를 유지하기 위해 조선은 이를 전담하는 부서로서 예조는 물론이고 문서응봉사(文書應俸司)라는 관청을 두었다가 태종 대에는 사대문서를 제술하고 이를 관장하는 승문원(承文院)으로 바꾸었습니다.

그리고 종이 및 각종 수공예품, 금·은, 양마(良馬) 등을 동지(冬至), 정조(正朝), 황제 및 황후의 탄일 등에 보냈으며, 왕과 왕후, 세자 책봉에 대한 국제적 인정, 그리고 돌아간 왕과 왕후의 시호를 정해 줄 것을 청해 받았습니다. 요즘 경우에 비교한다면 새로운 대통령이 취임한 후 미국이나 일본, 유럽 여러 나라 등으로 순방하여 외교적 명분을 획득하는 것과 같다 하겠습니다. 그러니까 조선시대에도 왕통의 정통성과 명분을 다른 어느 나라보다도 명에서 얻는 것을 우선시하였다고 여겨집니다.

이러한 사대의 목적이 국제적 긴장 관계의 해소와 평화라는 데 있었기 때문에 일정한 물자, 즉 공물을 보내고 명의 외교적 요청을 수용하였지만 그것이 절대적 원칙만은 아니었습니다. 예컨대 명이 군사를 동원하여 조선을 치고자 할 경우 이에 대한 대응책을 마련하고자 하였습니다. 태종 14년의 기사에, 다음과 같은 말이 나옵니다.

근래 황제(皇帝)가 북정(北征)하였다는 말을 들었는데, 그것은 곧 문정(門庭)의 적이라 하니, 일은 부득이한 데에서 나온 것이다. 지난번 안남(安南)에 출정한 것은 황제의 실책이었다. 스스로 우리 동방(東方)을 생각하면, 땅은 메마르며 백성은 가난하고 국경이 중국(中國)과 연접하였으므로, 진실로 마음을 다하여 사대하여 한 나라를 보전하는 것이 마땅하다. 만약 피할 수 없는 경우이면, 곡식을 축적하고 병사를 훈련하여 봉강(封疆)을 고수(固守)함이 마땅하다. 그러나 내가 가만히 생각해 보니, 황제가 나를 대우함이 심히 두터운데, 또 남정북벌(南征北伐)하여

진실로 편안한 해가 없으니, 다만 전쟁에 피폐(疲弊)한 백성이 우리 강토에 뛰어들어서 신축년 홍건적의 침입처럼 될까 두려울 뿐이다.

— ≪태종실록≫ 권 27, 태종 14년 6월 신유(20)

이를 통해 보면 자주국방을 유지하면서 명과의 충돌을 피하기 위한 평화적 외교 관계 개선이 사대의 명분이었음을 더욱 명확하게 알 수 있습니다.

한편 교린이 호혜의 기조 위에 설정된 원칙이었음을 앞에서 말하였습니다. 국제 외교의 원칙이 자국의 이익을 최우선으로 하면서 상호 호혜적 내용을 취해야 한다는 것은 삼척동자도 아는 내용입니다. 원칙은 원칙이지만 그를 둘러싼 변수는 무한히 많습니다. 일본이나 유구, 여진 같은 나라들과의 교류에서는 의외의 변수가 언제 일어날지 예상하기 어렵습니다.

조선에서는 그들의 요구에 대해 후하게 대접하면서 대장경이나 책, 호피, 식량 등을 주기는 하지만 더 많은 것을 요구하거나 난동을 부리는 등의 경우가 자주 발생하였습니다. 그것은 다분히 국지전적 성격을 띠게 마련인데, 조선 왕실에서는 이러한 문제에 대해 일차적으로 경위를 파악하고 엄격하게 처리하였습니다. 더 나아가서는 여진 정벌인 북정(北征)이나 왜구 소탕을 위한 대마도 정벌 등도 단행하였습니다.

사신 접대의 의례

한편 이러한 국제 관계, 국제 질서에 대한 깊은 이해를 통해 외교적 격식을 달리하였습니다. 고려시대와 마찬가지로 조선왕조에서도 오례(五禮)라고 하는 왕실을 중심으로 한 국가 의례를 일찍이 갖추었습니다. 오례는 길례(吉禮)·흉례(凶禮)·군례(軍禮)·가례(嘉禮)·빈례(賓禮)로 구성이 되어, 천지인(天地人)에 대한 제사와 왕실의 질서, 군 통수권의 확인, 왕실의 경사, 사신의 접대와 파견 등으로 이루어집니다.

그 가운데서도 빈례는 외교와 관련한 의전의 내용을 갖춘 것입니다. 남대문, 즉 숭례문(崇禮門) 안 황화방(皇華坊) 지금은 아마도 중구 태평로의 대한상공회의소 부근이 될 것입니다만 바로 여기에 중국 명나라의 사신이 묵는 숙소인 태평관이 있었습니다. 태평로라는 거리 이름은 태평관에서 비롯된 것입니다. 어쨌든 명의 사신은 이곳과 궁궐에서 연조정사의(宴朝廷使儀)를 받았던 반면에 교린의 상대국인 일본이나 유구, 여진은 그러하질 못하였습니다.

조선은 이러한 사대교린의 원칙을 원활하게 운영하기 위하여 예법에 맞게 빈례를 정한 것은 물론이고 언어를 통하기 위하여 전문 언어 교육을 실시하고 통역사를 양성하고 있었습니다. 일정한 상호 교류로 인적, 물적 교류가 있었던 것은 물론이고 문화적 교류와 전파도 있었다고 보입니다. 조선 초기 왕조가 설정한 사대교린 정책은 성공적이어서 200년간 평화기를 유지하였다고 보겠습니다. 이러한 장기간의 평화가 지속될 수 있었던 데에는 주변 각 나라 간 힘의 균형이 전제되고 있었다는 사실 또한 유념할 내용입니다. 명을 중심으로 조선과 여진, 일본, 유구가 평화적 국제 질서를 유지한 것입니다.

우리는 이러한 역사적 사실을 기초로 하여 사대교린이라는 역사 용어를 이해해야 합니다. 그럼에도 불구하고 사대라는 외교 용어에 대한 자기비하(自己卑下) 의식에 사로잡혀, 문화적 용어로까지 전이되어 사대문화를 들먹이며 어쩔 수 없는 사대성(事大性)이라고까지 하면서 민족성까지 거론하게 되었습니다. 명과의 외교 관행인 조공과 빈례에서 표면적으로 드러나는 고하 차별 속에 비굴하기까지 한 외교 의례의 내용이 사대라는 것에 부합한다고 보는 시각도 있습니다.

그러나 유교 사상 체계 안에서 얘기되는 사대라는 것이 상하의 윤리

질서라고 인식되는 예절임을, 그리고 그것이 상호 존중을 전제로 하는 덕목이라는 것을 우선 알아야 합니다. 주권 국가로서 기본적 권리와 의연함을 보존하고 이를 상호 인정하려는 질서 체계가 유교적 예제라고 하였을 때 사대는 비굴한 것이 아닙니다. 역으로 사대를 한다고 소국을 예속시키고 우리가 아는 식민화 정책 또는 의식이 아니었다는 것을 알 필요가 있습니다.

비유를 하자면 부모형제 관계에서 효도와 우애 정신으로 어른을 공경하고 형을 섬긴다는 윤리에 대해 우리는 이를 복종과 비굴로 인식하고 있질 않습니다. 국가 간의 관계 설정에서도 이와 유사한 유교적 윤리 정신이 밑바탕이 된 것이라고 보겠습니다. 다만 국가 간의 관계가 오랫동안 지속되었을 때 매너리즘에 빠지지 않고 각 국가가 갖는 정체성 속에서 자국의 위상을 강화 발전시키려는 노력이 있으면서 역사의 변화에 대응해야 한다는 각성이 요구되는 것입니다. 바로 이 점에서 사대교린이라는 조선 초기의 외교정책 기조가 갖는 역사적 의미는 평가받을 수 있다고 보는 것입니다.

현재 우리는 멀리로는 미국과 러시아, 가까이로는 중국과 일본으로 둘러싸여 있습니다. 국제사회에서 그 위상이 강대국의 위치에 있는 이들과의 관계를 평화적으로 유지하면서 국익을 도모하는 데에는 어려움이 있을 수 있습니다. 하지만 우리 조상들의 사대교린의 정책 원리를 통해 평화를 원칙으로 하면서도 자주국방의 태세를 갖추었던 경험을 우리는 소중히 여기고 반면교사로 삼을 필요가 있으리라 생각합니다.

지리지와 《동국여지승람》

《세종실록》 〈지리지〉는 《고려사》 〈지리지〉에서 이미 만들어진 전국의 지지를 토대로 하고 조선 초기 수집된 새로운 정보를 정리한 것입니다. 《팔도지리지》가 있고 그 후에 만들어진 대표적인 지리지로 ≪동국여지승람≫이 있습니다. 이것은 ≪세종실록≫ 〈지리지〉와는 완연히 다른 편집을 하고 있습니다. ≪동국여지승람≫은 토지의 결수나 특산물 등의 얘기보다는 각 지역이 가지고 있는 문화적 특이성을 강조합니다. 지역마다 어느 고적이 있고, 어떤 사적이 가치가 있는지를 꼼꼼히 기록하고 있으며, 각 지역의 풍속과 사회적 상황이 자세히 나옵니다. 지역의 학교나 효자·열녀·충신·학자 인물이 등재되어 있습니다. 유명한 문학작품의 일부도 나옵니다. 이것은 곧 조선시대 지방 거주 지식인들이 중앙정부에 상응하는 자기 지역에 대한 긍지 또는 문화적 토대를 가지고 있었다는 점을 반영하는 것입니다. ≪동국여지승람≫이 일차적으로 정리된 것은 성종 때이고, 그 이후 사림이 사회적으로 영향력을 확장하던 시기에 ≪신증동국여지승람≫이 발간됩니다.

≪동국여지승람≫ 편찬기에 오면 정치·경제·군사 정보 및 인물, 즉 성공한 인물이나 시인 등이 조사됩니다. 같은 시기에 만들어진 ≪동문선(東文選)≫의 경우도 재지 사림들의 문학적 역량을 기록하고 보존하려는 역사의식의 한 부분입니다. ≪동문선≫은 동국의 문선이라는 뜻입니다. 동국은 중국에 대해서 우리나라를 가리키는 말입니다. 우리 역사에서 남긴 좋은 문장을 선별하여 편찬한 문학 선집입니다.

지도 제작과 동국지도

한편 조선시대의 지도는 각 지방의 형세를 그림으로 그린 것입니다. 전통 사회의 지도라고 하면 김정호의 ≪대동여지도(大東輿地圖)≫를 떠올리게 됩니다. 그러나 실제로 조선 초기부터 지도가 그려졌습니다. 태종 2년에 권근 등이 만든 〈혼일강리역대국도지도(混一疆理歷代國都之圖)〉가 그 대표적인 지도입니다. 이 지도는 조선시대의 지도로 현전하는 가장 오래된 세계지도입니다만 유감스럽게도 우리나라에 있지 않고 일본 용곡대학(龍谷大學)에 소장되어 있습니다. 규장각에는 그 모사본이 소장되어 있습니다. 실제 측량에 의해 그려졌다기보다는 명과 조선, 그리고 일본의 지도를 종합하여 만든 것이라고 보는 것이 정확할 듯합니다.

〈혼일강리역대국도지도〉를 통해 우리가 지금 얘기하고 싶은 것은 국가가 그림으로써 자신들이 살고 있는 지역의 중요한 정보를 간략하게 정리하고 있었다는 점입니다. 중국, 일본, 세계의 정보가 자세히 나옵니다. 특히 대마도가 우리나라에 포함되어 있습니다. 그러니까 조선 초기에도 대마도가 우리 땅이라는 의식이 있었던 것 같다는 점입니다. 대마도에 있는 사람들도 조선과 관련된 정치, 문화의식을 가졌다고 보입니다. 지금도 대마도에 가본 사람의 얘기를 들어보면 문화적으로 조선과 밀접하다는 것입니다.

세종 대에 와서 실제로 측량을 하여 정확한 지도를 만들려는 시도가 있었습니다. 조선 초기 새롭게 행정구역에 포함된 함경도와 평안도 지역, 국경지대의 전진기지가 된 압록강변의 4군과 두만강의 6진 등 이 지역에 대한 자세한 지도가 규장각에 보존되어 있습니다. 현재 만주와 북한 땅과 크게 다르지 않고 개천 하나를 두고 경계를 둘 뿐입니다. 이곳을 지키기 위해 설정한 것이 회령과 부령 등을 포

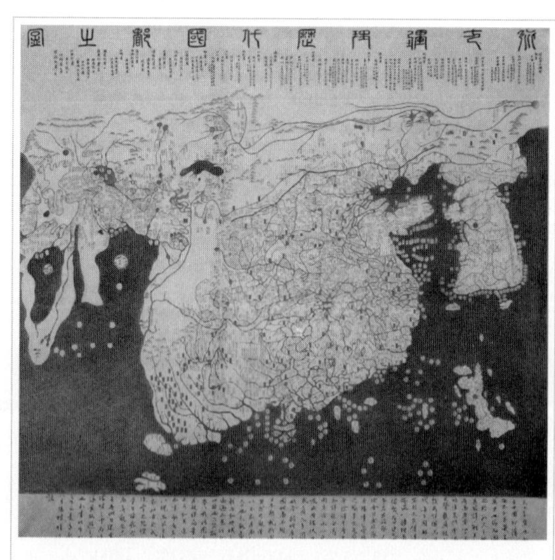

우리나라의 현전하는 가장 오래된 세계지도인 〈혼일강리역대국도지도〉.(일본 용곡대학 소장)

함한 6진입니다. 이런 지역을 자세하게 그림·지도로 확인하기 시작하였다는 것입니다.

정척(鄭陟)은 조선 초기 국가 질서를 수립하는 데 공로가 많았던 사람입니다. 세종 때부터 입사하여 성종 때까지 조정에서 활약하였습니다. 세종은 집권 18년 때 정척에게 지관(地官)과 화공(畵工)을 대동해서 함경도와 평안도를 돌아다니며 산천 형세를 그려오도록 명합니다. 고려시대에는 5도 양계라고 해서 북쪽이 희미하였는데, 이 때를 기점으로 4군과 6진의 정보가 명확해지고 압록강과 두만강 유역의 지형이 밝혀졌습니다. 그 다음 문종 대에 가면 보다 자세한 정보를 보고하도록 지시가 있었습니다. 정보가 정확하지 못하면 국경을 수비하는 데 애로가 생기기 때문입니다.

조선시대 고지도는 국가의 1급 정보입니다. 그런데 통치자의 입장에선 1급 정보가 그림으로 처리되기를 원하였다는 것입니다. 이런 정보를 가지고 조선왕조는 통치를 하였던 것입니다. 결국 세종 때 시작한 작업이 문종을 거쳐서 단종, 세조 때에 가서 거의 정리됩니다. 정척이 세종의 명을 받아 북쪽 산천 형태를 살피기 시작한 지 27년 만에 〈동국지도〉를 만듭니다. 정척과 〈동국지도〉를 함께 만든 인물은 눌재 양성지(梁誠之)입니다. 학자이며 정치가로 조선 초기의 실학자입니다.

붓으로 그려진 각종 지도들

조선 전기에 만든 〈동국지도〉는 현존하지 않지만 이 지도의 계통을 이은 것으로 〈조선방역지도(朝鮮方域之圖)〉가 있습니다. 국보 제248호입니다. 전체 지도 크기가 가로 62cm, 세로 132cm입니다. 우리나라에서 현존하는 가장 오래된 지도로 명종 12, 3년간에 제작되었습니다. 임진왜란 때 왜군에 약탈되어서 일본에 의해 사용되었던 것으로도 알려졌습니다. 그러다가 1930년대에 대마도 종가문서가 조선사편수회에 기증되면서 같이 들어왔습니다. 지금은 국사편찬위원회 사료관에 소장되어 있습니다.

≪동국여지승람≫에도 지도가 삽도로 처리되어 있습니다. 우리나라 전도의 윤곽이 미흡하게나마 그려져 있습니다. 목판본의 판화 기술로 그려진 지도입니다. 그것이 〈팔도총도(八道總圖)〉입니다. 양성지가 그린 것입니다.

그리고 경성도, 즉 지금의 서울 지도가 그려집니다. 경성도이긴 한데 명칭은 수선도(首善圖)라고 되어 있습니다. 수선이란 가장 먼저 솔선수범하는, 으뜸이라는 뜻으로, 왕이 사는 경성을 수선이라 한 것입니다. 단종 2년에 수양대군이 정척, 강희안, 양성지를 대동하고 삼각산에 올라가서 도성의 수맥, 형태를 살펴서 제작하였습니다. 정척은 산천 형세를 잘 알고, 강희안은 그림을 잘 그렸습니다. 양성지는 지도 제작에 식

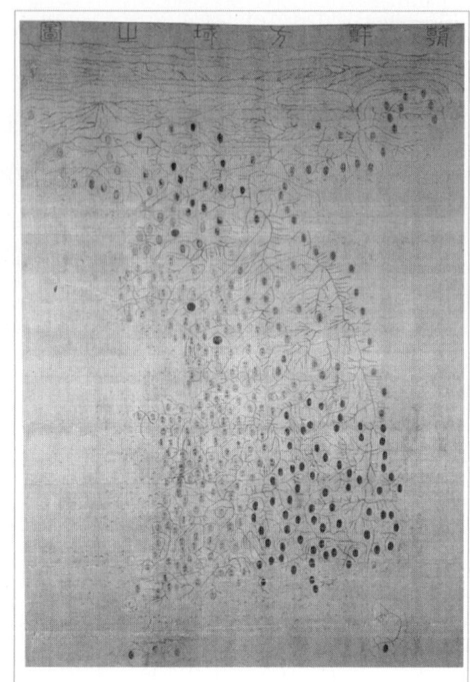

우리나라에서 현존하는 가장 오래된 지도인 〈조선방역지도〉.(과천시 국사편찬위원회 사료관 소장)

조선 전기에 그려진 〈팔도총도〉로 ≪동국여지승람≫에 있다.

견이 있었습니다. 그리고 풍수지리와 수학에 능한 사람을 대동하였습니다.

각 지역별로 경상도, 전라도, 충청도 지도가 그려지고 각 읍지가 만들어지고 각 관내마다 지도가 만들어집니다. 그래서 근래에는 규장각에서 각 지역별로 만든 지도가 복사되고 영인되어서 보급되고 있습니다. 물론 각 지역별 현존 지도는 조선 초기의 것은 없고 후기에 제작한 한 장으로 만들어진 것입니다. 채색이 화려합니다. 지도라기보다는 그림입니다. 예컨대 전주 지도를 보면, 산천을 그리면서 성곽과 관아, 창고, 학교, 그 주변 배경 등이 그려집니다. 오늘날과 비교하면 조금 다르지만, 정확하지 않다고 할 수는 없습니다. 자기들이 필요하지 않은 부분은 생략합니다. 그래서 오늘날의 경우에도 길을 찾아간다든가 고적답사를 할 때는 오히려 이 시대에 만들어진 지지나 지도를 가지고 길을 찾아가는 것이 더 편할 수 있습니다.

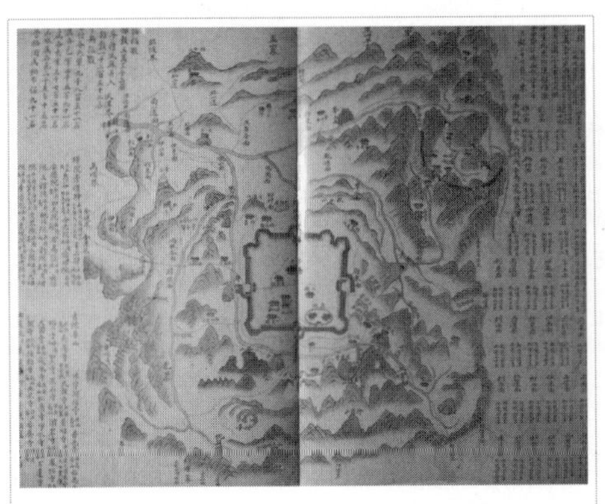
화려한 채색 및 비교적 명확한 지형 표시가 보이는 전주부지도.(서울대학교 도서관 소장)

한성부의 도로와 청계천

전체적으로 볼 때 고려의 수도 개성과 조선의 수도 한양은 한반도의 중심에 위치해 있습니다. 수도는 나라의 정치·경제·문화 등의 중심지이기 때문에 교통로 역시 수도를 중심으로 조성될 수밖에 없습니다. 그것은 이념적으로도 임금의 교화가 궁궐로부터 동심원처럼 천하에 널리 퍼져나가는 것과 연결됩니다.

먼저 한성의 도로망에 대해 얘기해 보겠습니다. 도성 안의 도로망은 대중소로 나누어졌습니다. 먼저 세종 8년의 기록을 보면 중로의 경우 수레 2궤가 다닐 수 있고, 소로는 수레 1궤가 다닐 수 있는 길로 하고 양 옆의 수구는 포함시키지 않는다 하여 아직 도로의 너비에 대한 정확한 기준이 마련되지 않았음을 알 수 있습니다. 그러나 ≪경국대전≫의 공전(工典)을 보면 대로의 경우 너비 56척, 중로는 16척, 소로는 11척으로 하며, 도로 양 옆에는 배수를 위해 각 2척 넓이의 수구를 팠다고 기록되어 있습니다. 오늘날의 도로 규정에 나타나는 것과 비슷한 기준 체계를 가지고 있습니다.

도성 내 도로 관리는 한성부에서 하고 공조와 병조가 함께 관여합니다. 오늘날에는 국토해양부와 서울시, 한국도로공사 등에서 하고 있습니다. 도로 보수에는 한성부 주민들이 동원됩니다. 도로나 다리가 파손되면 즉시 보수하였습니다. 육로는 넓이가 대로는 12보, 중로는 9보, 소로는 6보로 규정되어 있으나 길의 폭이 아주 좁고 대체로 경사가 급해서 수레의 통행은 힘들었고 사람이 간신히 다닐 정도였습니다. 수레의 이용은 아무래도 어려웠던 듯합니다. 조선 후기의 실학자로 유명한 박지원(朴趾源)이 쓴 ≪열하일기(熱河日記)≫에 수레의 이용을 주장하며 서술한 부분이 이를 말해줍니다.

> 우리 조선에도 수레가 전혀 없는 것은 아니다. 그러나 그 바퀴가 완전히 둥글지 못하고, 바퀴 자국이 궤도에 들지도 못한다. 그러므로 수레가 없는 것과 마찬가지이다. 어떤 사람들은 우리 조선은 산과 계곡이 많아 수레를 쓰기에 적당하지 못하다고 한다. 이런 얼토당토 않는 소리가 어디 있는가? 나라에서 수레를 이용하지 않고 보니 길을 닦지 않는 것이요, 수레만 쓰게 된다면 길은 저절로 닦일 것이 아닌가? 거리가 비좁고 산마루들이 험준하다는 것은 아무 쓸데없는 걱정이다.

길의 원근을 나타내는 도리(道里)는 서울과 지방이 그 기준이 다릅니다. 물론 거리마다 이정표가 설치되어 있습니다. 5리마다 정자를 세워서 오리정(五里亭)이라 하였습니다. 오리정이 있고, 또 장승이 있어서 거리를 표시합니다. 도성의 경우는 그 기준점을 궁궐문으로 하였습니다. 경복궁의 광화문과 창덕궁의 돈화문입니다. 각 지방과의 도리 기준점은 이와 달리 4대문인 숭례문(崇禮門 : 남대문)·흥인지문(興仁之門 : 동대문)·돈의문(敦義門 : 서대문)이 됩니다만 주로 숭례문과 흥인지문이 그 기점의 기준이 됩니다.

이를 구체적으로 정리하면 다음과 같습니다.

첫째, 서북 방면은 숭례문－기영(畿營 : 京畿監營)－영은문(迎恩門)－무악재〔毋岳峴〕－홍제원(弘濟院)으로 이어집니다.

둘째, 남쪽 방면은 숭례문－이문동－청파역(青坡驛)－와요현(瓦窯峴)－동작진(銅雀津) 방면, 숭례문－이문동－남묘(南廟)－이태원(梨泰院)－서빙고나루〔西氷庫津〕 방면, 숭례문－이문동－청파역－당고개〔堂峴〕－습진터〔習陣基〕－노량진으로 이어졌습니다.

셋째, 서쪽 방면은 숭례문－약전현(藥田峴)－아현(阿峴)－노고산(老姑山)－창천(倉川)－양화도 방면, 숭례문－만리재〔萬里峴〕－마포나루 방면, 숭례문－약전현－아현－노고산－창천－광흥창(廣興倉)－서강나루－밤섬〔栗島〕－여의도－영등포로 이어집니다.

넷째, 동쪽 방면은 흥인지문－동묘(東廟)－안암동천(安巖洞川)－제기현(祭基峴)－북바위〔鼓巖〕－무너미고개〔水踰峴〕 방면, 흥인지문－동묘－안암동천－제기현－북바위－안락재〔安樂峴〕－중량포(中梁浦) 방면, 흥인지문－동묘－영도교(永渡橋)－왕심리(旺深里)－차현(車峴)－살곶이〔箭串〕－송파 방면으로 이어졌습니다.

참고로 말하자면, 대한제국기의 경우 지금의 세종로 네거리 교보빌딩 앞에 있는 고종 칭경각 앞에 도로원표가 세워져 있는데 이것이 전국 도로의 기준점 역할을 하였습니다. 어쨌든 조선시대 전체를 놓고 본다면 창덕궁의 돈화문이 전국 도로의 기점이 되었다고 할 수 있겠습니다.

서울시 종로구 세종로 네거리에 만들어져 있는 도로원표. 도로 원표는 도로가 시작되고 있음을 알려 준다.

한양의 도로망으로는 대로(大路)가 셋이 있고 중로(中路)는 여섯으로 되어 있습니다.

대로는 광화문 네거리에서 경복궁 앞에 이르는 길이고, 그 옆에는 6조와 사헌부가 자리하고 있었습니다. 다음 또 하나의 대로는 흥인지문에서 광화문 네거리를 거쳐서 경희궁까지입니다. 지금 서울시 역사박물관 자리입니다. 동서(東西)를 관통하는 길이 됩니다. 오늘날 종로거리가 여기에 연결되는 것입니다. 다음은 숭례문에서 보신각 앞에 이르는 길입니다. 보신각은 보통 종각이라고도 합니다. 이렇게 본다면 도성 내 대로의 경우 광화문 네거리를 중심으로 십자로를 형성합니다.

그밖에 중로 여섯은 종로 3가에서 창덕궁 돈화문에 이르는 길, 종로 4가에서 창경궁 혜화문에 이르는 길, 을지로 입구에서 광화문에 이르는 길, 충무로 입구에서 광희문에 이르는 길, 사직단 입구에서 경복궁을 거쳐서 보신각에 이르는 길, 덕수궁 대한문에서 서대문에 이르는 길로 나뉩니다.

도심 가운데에는 청계천이 있습니다. 청계천은 본래 청와대 뒷산인 북악산과 경복궁의 우백호에 해당하는 인왕산 부근에서 발원하여 중랑천으로 흘러들어 한강으로 합쳐지는 서울의 대표적 하천입니다. 상류는 경복궁 서북쪽 백운동 부근을 흐른 청풍계천(淸風溪川)이며 여기에 지류인 옥류동천(玉流洞川)·누각동천(樓閣洞川)과 남산에서 발원하는 3개의 지류가 합쳐져 청계천을 이룬 것입니다. 도심을 흐르기 때문에 청계천에는 24개에 이르는 많은 다리가 있었습니다. 수표교나 광통교, 관수교, 오간수교 등이 대표적입니다. 근 50여 년간 복개되어 그 모습을 감추었던 청계천이 2005년 10월 1일을 기해 그 물길이 다시 복원되고 새롭게 조형되었습니다. 앞으로 청계천의 기능은 단순한 하천을 넘어설 것으로 보입니다.

중외의 연결선인 간선도로

우리는 현재 무수히 많은 고속국도, 일반국도, 특별광역시도, 지방도로, 군도, 시도 등의 도로 위를 달리고 있습니다. 물론 도로에는 모두 번호가 매겨져 있어 식별하는 데 도움을 주고 있습니다. 조선시대의 경우는 어떠하였을까요?

≪경국대전≫에서는 지방 간선로를 대로와 중로로 크게 구분하고 있습니다. 대로는 네 개가 있는데, 서울－개성, 서울－포천, 서울－죽산, 서울－직산 도로가 그것입니다. 중로는 이 대로의 순서에 따라 각각 개성－중화, 포천－회양, 죽산－상주와 진천－황간－상주, 직산－공주－전주 등으로 나누어지고 지방의 각 도로는 이 지방 간선로에 연결되었던 것입니다.

이외에 중앙과 전국의 연결선인 도로망을 구체적으로 알려주는 자료로 ≪증보문헌비고≫가 있습니다. 조선 말기의 자료이기 때문에 조선 전기의 모습을 살펴보는 데는 한계가 있습니다. 하지만 조선시대의 도로망이 크게 바뀌거나 하지 않았기 때문에 전체적으로는 비슷하다고 할 수 있습니다. 따라서 이를 통해 조선시대의 전국 도로망을 살펴보는 데는 무리가 없다고 생각됩니다.

앞서 말한 바와 같이 경복궁 광화문과 창덕궁 돈화문 앞을 기점으로 전국적인 도로망이 짜였다는 점을 염두에 둘 필요가 있습니다. 이를 기초로 하면서 ≪증보문헌비고≫에서는 9대로, ≪대동지지≫에서는 10대 간선도로 등으로 나누어 소개한 바 있습니다. 9대로를 정리하면 다음과 같습니다.

제1로(서울의주로) : 서울－고양－파주－장단－개성－금천－평산－서흥－봉산－황주－중화－평양－순안－숙천－안주－가산－정주－곽산－선천－철산－용천－의주로 이어지는 길로, 중국과의 사신 왕래길이기도 합니다. 연행로(燕行路)나 사행로(使行路)로도 불렸기 때문에 도로가 잘 정비되어 있고 숙박 시설도 다른 도로들에 비해 잘 갖추어져 있었습니다.

제2로(서울경흥로 혹은 관북로) : 서울－다락원〔樓院〕－만세교(萬歲橋)－김화－금성－회양－철령－안변－원산－문천－고원－영흥－정평－함흥－함관령(咸關嶺)－홍원－북청－이성(利城)－마운령－마천령－길주－명천－경성－부령－무산－회령－종성－온성－경원－경흥－서수라로 이어지는 길로 두만강으로 연결됩니다. 특히 함흥이나 경흥의 태조본궁과 연결되기도 하여 중시되었습니다. 관북로(關北路)라고도 하였습니다.

제3로(관동로) : 서울－망우리－평구역－양근－지평－원주－안흥역(安興驛)－방림역(芳林驛)－진부역－횡계역－대관령－강릉－삼척－울진(蔚珍)－평해로 이어지는 노선으로 서울에서 동해안을 연결하는 도로라 할 수 있습니다. 그렇기 때문에 관동로(關東路)라고도 불렀습니다.

제4로(좌로 혹은 중로) : 서울－한강－판교－용인－양지－광암－달내〔達川〕－충주－조령－문경－유곡역(幽谷驛)－낙원역(洛原驛)－낙동진(洛東津)－대구－청도－밀양－황산역(黃山驛)－양산－동래－부산으로 연결되는 도로망으로 좌로(左路) 혹은 중로(中路)라고도 합니다. 이 길은 일본 사신의 행차로이기도 하고, 낙동강과 한강을 이용할 수도 있어 편리합니다. 현재의 경부고속도로가 놓이기 전에 대구, 경북, 부산 지역의 사람들은 거의 이

길을 이용하였습니다.

제5로(서울통영로) : 서울로부터 문경의 유곡역까지는 제4로인 좌로와 같습니다만 유곡역에서부터 길이 나누어집니다. 따라서, 이 도로는 서울 – 제4로 – 유곡역 – 함창 – 상주 – 성주 – 현풍 – 상포진(上浦津) – 칠원 – 함안 – 진해 – 고성 – 통영으로 연결되는 것입니다. 제4로와 제5로의 경우 이처럼 문경에서 합쳐지기 때문에 아시다시피 문경의 제1관문, 제2관문, 제3관문 그리고 충주로 이어지는 길이 매우 중요시되었습니다. 임진왜란 당시 가장 치열하였던 격전지로서 신립 장군이 전사한 탄금대 전투 유적지가 충주에 있다는 것은 일본 사절단의 왕래와 연결시켜 이해할 수 있습니다.

제6로 : 서울 – 동작나루 – 과천 – 유천(柳川) – 청호역(菁好驛 : 수원) – 진위 – 성환역(成歡驛) – 천안 – 차령 – 공주 – 노성 – 은진 – 여산 – 삼례 – 전주 – 오수역(獒樹驛) – 남원 – 운봉 – 함양 – 진주 – 사천 – 고성 – 통영으로 연결되는 길로 제5로에서와 같이 통영이 종점이 되고 있습니다. 다만 제5로가 제4로의 도로선을 연결하고 있다면 제6로는 완전히 다른 길, 즉 현재의 충청남도와 전라북도, 경상남도로 이어지고 있다는 점에서 차이가 있습니다. 영남우도와 기호지방을 연결하는 선으로 볼 수 있습니다.

제7로(우로) : 도로망을 보면 삼례역까지는 제6로와 같이 갑니다. 따라서 그 노정을 보면, 서울 – 제6로 – 삼례역 – 금구 – 태인 – 정읍 – 장성 – 나주 – 영암 – 해남 – 관두량(館頭梁) – (水路) – 제주로 이어집니다. 이 도로는 우측으로 충청도와 전라도를 통과하기 때문에 우로(右路)라고 불렀습니다. 기호지방을 연결하는 도로망이라 할 수도 있습니다. 다산 정약용이나 추사 김정희 등이 해남이나 제주로 유배를 갈 때 아마도 이 길이 이용되었으리라 생각됩니다.

제8로(서울충청수영로) : 서울 – 제6로 – 소사 – 평택 – 요로원(要路院) – 곡교천(曲橋川) – 신창 – 신례원(新禮院) – 충청 수영을 연결하는 간선도로입니다. 우로를 따라 진위 – 소사까지는 그대로 이어지다가 평택에서 나누어지는 길입니다. 충청 수영은 현재 충남의 천수만 방향 오천에 있었습니다.

제9로(서울강화로) : 제9로는 서울과 강화를 연결하는 간선도로입니다. 그 노정을 보면 서울－양화도－양천－김포－통진－강화입니다. 현재의 서울과 강화를 연결하는 도로도 이 길 위에 놓인 것이라 할 수 있습니다.

조운 중심의 수로

지금이야 전국 각지를 거미줄 같은 도로로 연결하고 있지만 조선시대의 경우 그러한 육로와 함께 수로도 상당히 정비되어 있었습니다. 다만 전체적으로 볼 때 그 용도가 사람의 왕래를 위한 것보다는 세곡의 운반 등을 위해 운영하는 조운(漕運)의 성격이 짙었습니다. 세조 대 이후 병선과 세곡선이 일원화되는 것은 이 조운의 성격이 감안된 면이 높습니다. 그래서 이러한 체계를 관선조운 체계라고도 합니다.

조운의 경우도 강과 하천을 이용하는 수운(水運) 그리고 바다를 이용하는 해운(海運)으로 나뉩니다. 이에 따라 ≪경국대전≫ 이후로는 해운창 4개와 수운창 5개가 설치되기도 하였습니다. 중요한 조세창을 보면 경기와 강원도는 경창(京倉), 충청도의 전세는 공세곶창(貢稅串倉)에서, 충청도 일부와 경상도의 전세는 가흥창(可興倉)에서, 전라도의 전세는 함열(咸悅)의 덕성창(德城倉)과 영광(靈光)의 법성창(法聖倉) 그리고 나주의 영산창(榮山倉)에서 전세를 보관하고 서울로 이송하였습니다. 원주의 흥원창(興原倉)과 춘천의 소양강창(昭陽江倉)은 강원도의 것을 거두었고, 배천(白川)의 금곡포창(金谷浦倉)과 강음의 조읍포창(助邑浦倉)은 황해도의 전세를 거두었다 하였습니다.

이러한 조창은 결국 강과 바다의 주요 지점에 설치되었던 것으로 조운은 첩첩산중의 지형에서 찾을 수 있는 육로를 대신한 훌륭한 교통로의 역할을 하였던 것입니다.

5장

산업 생산과 물품 교환

무본억말론에 따른 산업구조

조선왕조를 세운 정치인들은 대개 유학자이고, 유학의 산업에 대한 기본적인 발상은 무본억말(務本抑末)입니다. 1차 산업인 농업을 생산의 근본으로 삼아 장려하고 상업을 말업으로 보아 억제하는 정책을 유지하였습니다. 상업은 물품을 생산하는 것은 아니고 장소를 이동하거나 시차를 이용하는 과정에서 이윤을 창출하는 것입니다. 1차 산업의 체계와 상업의 가치 창출 체계는 다릅니다. 유교 가치 체계에서는 무에서 유를 창출하는 것을 생산의 개념으로 인정하였습니다. 상업의 경우엔 그렇지 않습니다. 이것이 조선 초기 정치인들이 가진 기본적인 산업에 대한 인식입니다.

조선은 유교 이념에 의해서 1차 산업인 농업 위주의 사회체제로 정착시키려는 입장이 강하였습니다. 생산과 연계된 산업관, 직업과 연결된 신분관으로 농업을 본업으로 하고 공·상업을 말업으로 인식하면서 귀천을 정하고 있었습니다. 고려시대에는 개성을 중심으로 상업적 분위기가 성행하였지만, 조선 집권층은 수도를 한양으로 옮기면서 정치적으로 이런 분위기를 억제하였습니다.

조선시대에 농업만을 근본 산업으로 하고 취약한 수공업이나 광업은 소수 인구에게 의존하였으며 상업을 말업으로 여겨 그 종사자들을 일종의 천인처럼 대우하였습니다. 상업 인구가 늘어나면 농업 인구가 줄어들고, 이것은 국가재정을 약화시키므로, 정책 당국자는 농업 중심의 산업구조가 변화하는 것을 극도로 제약하는 정책을 실시하였다는 것입니다.

반면 전업 상인은 육성하였습니다. 농업의 상업화는 억제하지만 전업 상인은 육성한 것입니다. 도시를 운영하기 위해선 상인이 필요하기 때문에 어쩔 수 없는 것입니다. 도시 한성부의 생활을 위하여 점포를 만들고 생활필수품을 공급해야 하는 정부는 상인에게 이 임무를 위임하였습니다. 물론 지방의 경우 유통의 필요를 위하여 행상을 허용하였지만 기본적으로는 전업 상인을 인정하고 있었습니다. 상업 활동은 전업 상인에게만 허용하고 농민의 상행위는 금지하고 있습니다. 농민은 토지에 묶어 농업 생산의 차질을 막고 농업만을 독려하였다고 하겠습니다.

그리고 또 한 가지 이 시기에 중요한 정책의 지표로서 이권(利權)은 상층부에 있다는 인식을 지배층이 갖고 있었습니다. 상업의 이윤도 양반층이 점유해야 한다는 인식에서 무역·시전·행상에서의 이권을 국가가 장악한다는 정책을 만들었습니다. 국가와 군주가 의존하는 사회적 신분으로 사(士)가 있습니다. 이권은 그들에게 있어야 하고, 양반 지주의 이권이 인정되어야 한다는 이념적 틀이 있었다는 것입니다. 오늘날은 모든 이윤이 국민에게 있어야 한다, 주식회사의 이윤이 주주들에게 있어야 한다는 대의명분이 있지 않습니까?

조선왕조가 성립되었을 때 당시 정치가들은 ≪경국대전≫에 그 기본 틀을 마련하였습니다. 조선왕조는 ≪경국대전≫을 통해 전 백성에게 해야 할 임무를 부여하고 있습니다. 사 · 농 · 공 · 상이 그 대강입니다. 관료층에게는 유교의 덕목 공부와 관인의 임무를 맡기고, 양민에게는 농업 노동을 맡겼습니다. 한편 공인에게는 기구를 제작하는 기술업에 종사하도록 하고 유통업을 담당하는 상인에게는 점포를 경영하도록 하였습니다. 이를 의무로 하여 왕조 수요의 인력과 물품을 조달하는 산업구조 전반을 편성한 것입니다.

산업구조론의 변화

결국 이런 흐름은 정치적인 문제와 연관해 보아야 합니다. 16세기에 들어오면 사림 세력이 새롭게 등장하는데 이들은 사실 순수한 유학자들입니다. 이들은 상업주의적 경향에 대해서 반대의 입장을 취하였습니다. 오히려 훈구 세력들은 상업적 흐름을 타고 자기 재산을 늘려나가는 경향을 보이고 있습니다. 사림 세력은 무본억말의 정치적 색깔을 가지고 있었고, 훈구 세력과 정치적인 충돌까지 이어졌습니다. 그래서 사림 세력은 중의경리(重義輕利)라는 말을 합니다. 의를 중시하고 이익을 가볍게 여긴다는 것입니다.

국부는 제한되어 있는데 국력을 소비시킨다는 인식으로 사치하거나 경비를 낭비하는 풍조를 비판합니다. 이는 재용(財用)을 절감해야 한다는 논리와도 연결됩니다. 재부민산(財富民散)을 강조하였습니다. 재산과 부를 백성에게 흩어지게 하라는 것입니다. 이런 정치 상황이 전개되고 경제문제와 연결되면서 왕실과 훈구 세력은 부를 증가시키고, 반대편의 사림 세력들은 성리학에서 얘기하는 농업을 중시하고 상업을 보조수단으로 하자는 얘기를 하게 되는 것입니다.

그러나 16세기 후반에 가면 사림계열의 정치인층은 산업구조론에 대한 이해를 달리하게 됩니다. 이른바 이말보본론(以末補本論)을 제기합니다. 말업으로서 본업을 보충한다는 것입니다. 농업 위주의 사회를 상업으로 보충한다는 것입니다. 상업도 활성화시켜서 농업 문제를 돕자는 것입니다. 그래서 이런 부문을 연구하는 학자들이 선조, 광해군 대를 이어서 나타납니다. 임진왜란은 조선왕조의 기본적인 사회정책을 혼란시켰지만, 한편으로는 폐쇄적인 사회를 개방적인 사회로 만드는 계기가 되었다고 볼 수 있습니다. 그래서 초기에는 금하였던 장시를 긍정적으로 인정하기 시작하였습니다. 16세기 후반에 들어가면 이말보본론이 정식으로 대두되어 유자나 관인들은 상업에 대한 인식의 전환을 꾀하는 경우가 있었습니다.

거시적으로 본다면 조선 초기의 기본적인 상업관은 억말책으로 시작되었지만, 상업이 점차 발전하였고, 이는 지주·대농·소농의 경제 속에서 서로 연관되어 발전하여, 15세기 후반과 16세기에 들어서면서 더욱 활성화되었다는 것입니다. 조선시대를 보통 농업사회라고 하지만 16세기에 들어서면 상업의 구조와 정책이 상당히 활성화되었다는 점을 유념할 필요가 있습니다. 단지 한성의 육의전 문제에 머무는 것이 아니라 전국적이고도 국제적인 흐름과 관계를 맺어 국제무역 문제와도 연계되고 있었습니다.

호구조사와 인구센서스

조선시대의 통계자료는 전혀 없는 것은 아니지만 그렇게 많은 것도 아니어서, 그 신뢰도는 사료 비판에 따라 극히 조심스러운 해석을 해야 할 만큼 사용이 제한되어 있습니다. 조선 초기 인구, 토지의 경작면적에 대한 자료는 우리가 원하는 만큼 정확하지 않기 때문입니다. 그 이유는 조선시대 인구와 토지가 부세의 가장 기초 자료이기 때문이라는 역설적인 이유에서 찾아지게 됩니다.

양전 또는 호구 조사에 의해서 정확히 통계가 나와야 경제의 기초를 신뢰하게 되는데, 정확하지 않습니다. 왜냐하면 관리들이 정확한 자료를 기피하였기 때문입니다. 현재도 사실 정확한 자료를 얻는다는 것은 힘든 일입니다. 현재 중국의 경우 인구가 14억인데, 자료를 조사하는 시점은 몰라도 그 조사가 끝나는 시점에 이르면 그 산출 자료에 오차가 발생합니다. 오늘날 한일 어업 협정 과정에서 우리 어업에 종사하는 사람들이 실제 어획량을 얘기하지 않았습니다. 그러니 전근대사회에는 말할 것도 없지 않겠습니까?

전근대사회에선 이런 일이 비일비재합니다. 예를 들어 농경지가 실제 100결이다 하면 그에 해당하는 부세가, 그리고 인구가 1,000명이다 하면 그에 해당하는 부세가 있게 되는 것을 생각할 수 있는 것입니다. 일반적으로 자연재해가 없다면 인구는 크게 보면 증가하지만 여러 가지 요인에 의해 감소될 수도 있는 것입니다. 그런데 정부 당국은 인구 감소를 용납하지 않습니다. 그래서 이를 사실대로 보고할 수가 없습니다. 정부는 늘어나는 비율 추세에 따라서 부세액이 가중되므로 실제 행정 관리는 이를 감당할 수가 없어 거짓 보고하게 되고 그 나머지 부분은 자신만이 아는 예비 재원으로 책정합니다. 이와 같은 상황이 결국 근거 자료의 정확도를 떨어뜨리고 자료의 부족에 따른 불공정의 부세를 낳는 원인인 것입니다.

조선 초기 ≪세종실록≫ 〈지리지〉에는 인구수가 나옵니다. 토지 전결의 통계도 있습니다. ≪태종실록≫에는 태종 대 자료도 있습니다. 그런데 이 자료가 얼마만큼 정확한가 하는 점은 논란의 여지가 있습니다. 자료의 객관적인 신뢰도는 빈약하지만 연구자들은 각자의 연구 조건을 감안해서 농업경제의 실상을 추적하고 있는 것입니다.

조선 전기 한성부 4대문 안의 인구는 겨우 10만 여 명을 유지하고 있었습니다. 세종 10년의 인구통계에 따르면 성중 5부의 호수가 16,921호, 인구는 103,328명이었습니다. 그런데 조선 후기에 해당하는 현종 10년(1669)의 통계를 보면 23,899호 194,030명으로 현저한 증가를 보였습니다. 20만 명을 넘는 것은 조선 후기에 와서 이루어진 것입니다. 태조 4년(1395)의 경우 서울의 인구를 제외한 8도의 호구수는 153,403호, 인구수는 322,746명으로 나타났습니다. 여기에 세종 대 서울의 인구수를 합치더라도 겨우 42만 명 안팎에 불과합니다. 물론 세종 14년(1432)에 조사된 것을 보면 호구수 226,320호, 인구수 766,582명이 됩니다.

태조 대의 기록이나 세종 14년의 수치만을 볼 때 한 가지 의심되는 것은 전국적 인구가 100만도 채 안 된다는 점입니다. 그런데 중종 38년(1543)의 기록을 보면 호구수 836,669에 인구수 4,162,021명이나 됩니다. 불과 백년 사이에 300만 명이 넘는 인구 증가를 보였다는 것입니다. 단지 수치가 보여주는 것만을 볼 때는 그렇다는 것입니다.

앞서 언급하였지만 오늘날의 인구센서스 조사와 옛날의 조사 기준은 달랐습니다. 오늘날은 그야말로 그 나라 국민이라면 자연인 모두라는 차원에서 파악하고 있습니다. 그렇지만 전근대사회에서는 다릅니다. 옛날에는 주로 국역을 질 수 있는 정(丁)의 파악이 우선시되었다는 점이고, 또 가장이든 실제 각 읍의 수령이든 인구를 정확하게 파악하여 보고하기보다는 줄여서 보고하는 경우가 많았다는 것입니다. 그것은 과세의 기준이 되기 때문이었습니다. 그래서 태조나 세종의 인구수는 실제 인구수라기보다는 정(丁)의 수라고 보이며, 중종 대의 기록이 실제적인 인구수를 보여주는 것이라 할 수 있을 것입니다. 물론 이것도 정확하다고는 할 수 없습니다. 노비나 천인, 여자, 승려의 경우 등이 조사에서 누락될 수도 있었기 때문입니다.

토지 측량과 양안

토지의 넓이를 계량하는 전결의 총량을 살피는 데에는 양전(量田)으로 정리된 양안(量案)이 토대가 됩니다. 대체로 양전은 20년을 기준으로 조사가 이루어졌습니다. 그 이유는 토지의 비옥도 차등과 자연환경에 따른 지형 변화 등으로 재조사의 필요가 생기고 또 그 바뀐 내용에 대한 반영 때문이었습니다. 이렇게 작성된 양안은 호조(戶曹)와 각 도 및 각 읍에 1부씩 모두 3부가 작성 보관됩니다. 양안에 기록할 때는 해당 토지의 소유자와 결수를 5결 단위로 하여 천자문(千字文)의 순서대로 기록하였습니다. 여기에 반드시 토지의 사방 영역, 즉 사표(四標)를 기록하여 그 위치를 표시하였습니다.

양전은 조선 건국 전후에 한 차례 실시되면서 조사된 것이 일차적 기준이 되었습니다. 예컨대 토지제도의 개혁을 위한 기초 사업으로 1389년에 양전 사업이 실시되어 1390년에 끝났습니다. 이 때는 평안도와 함경도가 제외된 채 6개 도에 걸쳐 시행되었습니다만 파악된 토지 결수는 798,116결이었습니다. 그러다가 대규모 양전을 통해 전국적 결수가 파악되었을 때인 ≪세종실록≫ 〈지리지〉에서는 171만여 결에 이르게 됩니다.

토지의 농업 생산성

삼국, 고려, 조선시대로 넘어오면서 한 사람이 경작할 수 있는 토지의 면적이 어떻게 변화하였다고 생각합니까? 많아졌다고 좁아졌다고 생각합니까? 현재는 어떻습니까?

식량 생산을 하는 농업을 대상으로 본다면 삼국시대나 고려시대에는 사실 한 사람이 경작하는 토지가 굉장히 넓습니다. 이것은 결국 인구수에 비해 땅이 넓었다는 것을 말해줍니다. 이러한 상황에서 유추될 수 있는 것은 조방농업이 가능하였다는 것입니다. 동시에 농업기술이 조선시대에 비해 뒤떨어져 좁은 땅에서 다량을 수확하는 것이 아니라 넓은 땅에서 소량을 수확하는 것인 셈입니다. 현재는 트랙터 같은 기계가 있어서 한 사람이 경작할 수 있는 토지 면적이 커졌습니다. 그러나 한편으로 작물의 종류에 따라 조방농업 대신 집약농업으로 단위면적당 생산성을 극히 높이고 있습니다.

어느 학자는 15세기에서 16세기 전반에서 1인당 경작지를 100으로 보았을 때 실제 경작 면적지수를 세종 연간은 143.4로 보고, 앞선 초기는 135.8로 봅니다. 그리고 8, 9세기는 509.2, 고려시대는 727.6이라는 것입니다. 8, 9세기는 통일신라기입니다. 결국 1444년부터 1543년까지를 100으로 볼 때, 8, 9세기 신라는 다섯 배가 넘는 토지를 경작하였다는 얘기가 되니까 그만큼 생산성이 떨어진 조방적 농지 경작을 하였다는 해석을 하고 있는 것입니다.

그러다가 17세기 전반기에 가면 다시 떨어집니다. 임진왜란이 일어났기 때문입니다. 111.2가 되고, 18세기 전반기에 가면 경작 면적지수가 82.2가 됩니다. 18세기 후반기에는 81.6으로, 19세기 전반기에는 80.0으로 산출 추정하고 있습니다.

토지 생산성 지수로 본 것은 이렇습니다. 앞서의 기준 시기를 100으로 보면, 앞선 시기는 75, 세종 연간은 72.4, 조선 초기 94.0, 고려 16.0, 신라 11.4입니다. 신라에서부터 토지 생산성은 꾸준히 상승곡선을 그렸습니다. 그러다가 17세기 전반에 난리를 겪은 후에는 뚝 떨어집니다. 75입니다. 18세기는 영·정조 대로, 조선 후기 문예부흥기, 실학의 시대라고 하는데, 18세기 전반기의 수치가 119.7이고, 18세기 후반 125.9, 19세기 전반 142.5까지 올라갑니다.

농업 생산성 향상과 농서

통계적 추정 지수가 이렇다고 볼 때 농업 생산성 향상 요인은 무엇이냐 하는 점입니다. 농학(農學)의 발달을 지적할 수 있는 것입니다. 이것은 정치적으로 농업에 대한 관심이 높았다는 것을 뜻합니다.

대략의 내용을 정리하면, 지방 군현에 권농관(勸農官)을 파견하고 지방관 및 농업 전문가로 하여금 기술 교육을 실시하고 특히 조선 전기에는 앞서 말하였듯이 농서를 편찬하고 보급하였습니다. 조선 초기에는 중국의 농서를 수입하여 초기에는 이두로, 한글이 만들어진 다음에는 한글로 번역해서 농업기술을 확산시켰고, 이 과정에서 우리나라에 적합한 농서를 직접 편찬합니다. 그래서 16세기에 들어서면 이러한 농서의 보급이 농업의 발전에 중요한 영향을 미칩니다.

이 내용을 좀 더 구체적으로 살펴보겠습니다.

고려시대에는 한두 해 농사를 지으면 어느 정도 땅을 묵혀 지력을 회복한 후 경작을 하는 휴한농법(休閑農法)이나 매년 경작을 하는 상경농법(常耕農法)이 적용되고 있었습니다. 하지만 고려 말 조선 초가 되면 거의 매년 경작을 하는 상경농법 단계에 들어서게 됩니다. 땅에 거름을 주는 시비법(施肥法)의 개발이 이와 관련 있습니다. 병충해로부터 피해를 최소화하기 위해 단작농업이 아니라 다작농법을 이용하기도 합니다. 한 가지 농작물만 재배하는 것이 아니라 여러 작물을 재배함으로써 병충해도 막고 지력을 향상시키는 효과를 얻을 수 있습니다. 가뭄을 극복하기 위한 방법으로 개천을 막아 논에 물을 대기도 하였습니다. 뿐만 아니라 잡초를 적게 나게 하거나 제거하는 일을 연구하고 있었습니다.

정초 등이 찬한 ≪농사직설≫의 서문. 여기에 농사는 천하국가의 대본이라고 쓰여 있다.

이런 것이 농법 상에서 자주 거론되어 이를 농서로 정리하게 되는 것입니다. 세종 때 만들어진 ≪농사직설(農事直說)≫이 그것입니다.

≪농사직설≫이 나오기 전까지의 고려 및 조선의 농서란 중국에서 나온 것이 전부였습니다. 고려 후기의 경우 중국 원나라에서 당시 중국의 농업기술을 집대성하였다고 평가받은 원나라 대사농사(大司農司) 찬(撰)의 ≪농상집요(農桑輯要)≫를 수용하였습니다. 그리고 합

천의 지방관이던 강시(姜蓍 ; 1339~1400)는 이 ≪농상집요≫를 간행하여 보급하였습니다. 이와 함께 누에치기 기술을 담은 ≪잠서(蠶書)≫도 향언으로 번역되어 보급된 적이 있으나 유감스럽게도 그 책은 남아 있지 않습니다.

조선 초기에는 중국의 농서에 실린 농업기술이 조선의 농업 현실에 그대로 적용하기 어렵다는 이해가 나오기 시작하였습니다. 기후나 토질, 농기구 등 차이가 있었다는 것입니다. 따라서 조선에 맞는 농업기술을 개발 보급할 필요성을 느끼게 되었습니다. 이는 크게 세 가지 방향으로 전개됩니다. 첫 번째는 중국 농서 중 우리 농업에 맞는 것을 골라 수록하는 것이고, 두 번째는 농서의 내용을 조선의 현실에 맞게 향언 즉 이두문자로 번역하는 것이었습니다. 세 번째는 물론 우리 농업기술을 채집 수록하여 보급하는 것이었습니다.

≪농사직설≫의 서문에 의하면 "유신들에게 명하여 옛 농서에서의 우리 농업에 적용시킬 필요 부분만을 골라 향언(鄕言)으로 주를 달아 판각 배포하도록 하였다."고 하였습니다. 이를 본다면 이미 태종 대에는 세 가지 방향 중 첫 번째와 두 번째 방향이 동시에 추진된 것을 알 수 있습니다. 태종 대 이러한 노력의 결과로 나온 것이 ≪촬요신서(撮要新書)≫와 ≪양잠경험촬요(養蠶經驗撮要)≫, 그리고 ≪농서집요(農書輯要)≫ 등이었다고 생각됩니다. ≪농서집요≫는 뒤에 중종 13년 안동부사인 이우(李堣)에 의해 다시 간행되기도 하였습니다.

그러다가 세종 10년(1428) 7월, 세종은 충청・전라도 감사에게 "평안도・함길도는 농사에 몹시 서툴러 땅의 생산력을 다하지 못하고 있으니, 이제 가히 행할 만한 농사법을 채택하여, 그들로 하여금 배워 익히고자 하니, 무릇 오곡(五穀)이 토양의 성질에 적합함과, 갈고 씨 뿌리고, 김매고 거두는 법과, 잡곡을 번갈아 심는〔交種〕 방법을 모두 각 고을 노농(老農)에게 물어서 요점을 모아 책을 만들어 올리도록 하라."는 명을 내립니다.

그리고 그 내용을 모으고 정리하는 작업을 정초(鄭招)와 변효문(卞孝文)에게 맡겼고 마침내 세종 12년(1430)에 ≪농사직설≫로 완성되었던 것입니다. ≪농사직설≫은 현재 그 내용이 전하고 있습니다.

물론 ≪농사직설≫의 농법에는 중국의 농서가 토대가 됩니다. 그러나 다른 것은 조선 각 지역 노농(老農)들에게서 정보를 수집하여 싣고 있다는 것입니다. 뿐만 아니라 세종 대를 중심으로 여러 유학자들이 자기 고향에서 농업기술에 대한 정보를 수집하고 기록하는 관행이 있게 되었습니다. 성종 대의 강희맹(姜希孟)이 경기도 과천 지역의 농사 정보를 모아 편찬한 ≪금양잡록(衿陽雜錄)≫이 대표적인 농서입니다. 강희맹의 형 강희안(姜希顔)은 농서는 아니더라도 우리나라 최초의 화훼 전문서라 할 ≪양화소록(養花小錄)≫을 저술하기도 하였습니다. 이런 모든 정보와 자료는 결국 조선 초기 농업 생산성을 향상시키는 밑거름이 되었습니다.

강희맹은 ≪금양잡록≫을 저술하는 한편 월령식 농서에도 관심을 가졌던 것으로 보입니다. 중국 당나라 때 사람인 한아(韓鄂)이 지은 ≪사시찬요(四時纂要)≫가 조선시대에도 참고가 되고 있었는데 강희맹은 이 농서 가운데 조선의 실정에 적용할 수 있는 내용을 뽑아 정리하였습니다. 바로 이것이 ≪사시찬요초(四時撰要抄)≫라는 농서라고 생각됩니다. 월별로 농사짓는 농작물 정보를 정리한 것입니다. ≪농가월령가(農家月令歌)≫가 이것과 관련됩니다. 월령이란, 사실은 유교 경전의 하나인 ≪예기≫의 한 편명입니다. 월령은 도덕적인 규범으로 편성한 농민이 연중 지켜야 할 내용을 월별로

衿陽雜錄
農家一
詩曰好是稼穡力民代食稼穡維寶代食維
好書曰若農服田力穡乃亦有秋孟子曰百
畝之田勿奪其時數口之家可以無飢矣管
子曰人生在勤勤則不匱荀子曰農夫不以
水旱輟耕夫士得志則享有萬鍾不得則食
其力而已食力者捨農無以自給人若不給
四維有所不張稼穡之為寶也不亦重乎然
食祿者無賴於此多忽於耕農非務本之意

강희맹이 지금의 과천 지방에 해당하는 금양 지방에서의 농사 경험을 기록한 농서인 ≪금양잡록≫.

나누어 실천할 덕목을 기록한 것입니다. 여기에 덧붙여서, 노래를 만들어 〈농가월령가〉라고 한 것입니다. 농가를 통해서 농민들로 하여금 반드시 해야 하는 일들을 일깨우고 있는 것입니다.

논농사에 적용된 이앙법

농사의 종류는 크게 수전농업과 한전농업으로 나뉘는데, 수전농업이란 논농사입니다. 논농사는 밭농사보다 수확량이 훨씬 많습니다. 이는 적은 종자를 가지고 많은 수확물을 얻을 수 있기 때문입니다.

논농사에서 수확량 증대를 가져오는 하나의 계기는, 습지대를 수전으로 전환해서 농경지를 만드는 것입니다. 조선에는 사실 습지대의 형태로 이용되지 않는 황무지가 상당히 많았습니다. 물론 논농사라고 해서 항상 논에 물이 있어서는 안 됩니다. 필요에 따라 논에서 물을 빼기도 합니다. 벼는 물을 좋아하지만, 나중에 수확할 때에는 물을 빼야 합니다.

벼라고 해서 항상 수전농업만 가능한 것은 아닙니다. 밭에서도 벼를 재배하는 것이 가능합니다. 육도(陸稻)라고 해서 밭에 재배하는 벼가 있는데 논에서 재배하는 수도보다는 수확량이 상당히 떨어집니다.

파종하기 전 밭을 갈고 고르는 장면.(김홍도 그림)

조선 초기에는 아직 이앙법(移秧法), 즉 모내기가 전국적으로 확산되지 않았습니다. 이앙법은 모판에 볍씨를 뿌려서 모를 기르고, 한 30일 후에 20cm 정도 성장한 모를 모판에서 뽑아 논에 옮겨 심는 것입니다.

어린모를 옮겨 심을 때에는 반드시

논에 물이 많이 필요합니다. 그러나 우리나라 기후에서 이앙할 시기인 5월 중 대부분에는 비가 오지 않습니다. 그 시기가 지나야만 비가 옵니다. 이앙의 시기를 놓치면 벼의 수확량이 감소하게 됩니다. 가장 중요한 것은 이앙기에 물을 얼마나 확보하느냐 입니다. 이앙법 보급의 전제조건은 물의 확보입니다. 그래서 이앙법의 확대와 함께 관개시설인 보(洑)나 천방(川防)의 문제가 많이 거론되는 것입니다. 보는 규모가 작은 저수지라고 이해할 수가 있는 것이고 천방이란 내를 막아서 물을 저장하고 하류에 있는 논에 물을 유도하여 이앙을 가능하게 하는 것입니다.

이앙법의 보급에서 강조되는 효과 중의 하나가 잡초를 뽑는 작업, 즉 제초의 효율성입니다. 이앙을 이용할 경우 보다 효과적으로 제초할 수 있게 됩니다. 즉, 모가 일정하게 자란 다음에 옮겨 심는 것이기 때문에 성장 과정에서 잡초는 경쟁이 안 됩니다. 그리고 그 다음에 자라는 잡초는 농부들이 두 번 정도 제거합니다. 그래서 사반공배(事半功倍)란 말이 나옵니다. 일은 반인데 공은 배가 된다는 것입니다. 노동력은 반인데 결과는 배가 된다는 것입니다.

밭농사와 거름 만들기

다음 벼농사뿐만 아니라 밭농사에 있어서도 조선 초기에 일정한 변화가 있었습니다. 밭농사를 한전농업이라고 합니다. 대개 우리나라는 봄부터 가을까지 밭농사를 짓는데, 일년에 한 작물만 짓는 것도 있지만 같은 밭에 두 가지 작물을 심기도 합니다. 한 가지 예를 들면 보리를 수확한 후 그 곳에 콩을 심습니다. 이것이 그루갈이〔根耕〕입니다. 가을에 콩을 수확합니다. 콩은 이른 봄에 심지 않고 초여름에 보리를 수확한 다음 콩을 심거나 벼를 이앙하거나 또 한여름에 참외나 오이를 심고 그것을 거둔 후, 배추나 무를 파종합니다.

밭농사의 경우 농작물의 종류에 따라 시기적으로 연이어서 심는 경우가 있고 혹은 밭고랑을 달리 해서 여러 작물을 함께 심기도 하면서 서로 보완 작용을 하도록 하기도 합니다. 이런 농법이 바로 조선 초기에 보급 확대되었다는 것입니다. 동일 작물을 같은 밭에 오랫동안 심으면 지력에 좋지 않을 뿐더러 작물의 성장에 지장을 준다고 알고 있습니다. 그래서 작물을 바꿔가면서 심게 됩니다. 금년에 고추를 심었다고 하면 다음해에는 다른 작물을 재배하여 작물이 갖는 병충해에 대한 내성을 갖도록 합니다.

효과적인 밭농사를 위해 18세기부터 견종법(畎種法)이 보급됩니다. 조와 보리 등 주곡 재배를 위하여 농지를 밭고랑〔畎〕과 밭이랑〔畝〕으로 만들어 파종을 밭고랑에 하는 농법입니다. 이는 노동력을 절약하고 소출을 증대한다고 이해되었던 것입니다.

우리나라 밭농사에서 기본적으로 많이 얘기되는 곡식은 기장입니다. 기장〔黍〕은 현재는 잘 먹지 않지만 피(稷)와 상당히 유사한 곡식입니다. 다음으로 조는 지금도 시장에서 잘 보이는 곡식입니다. 차조와 메조가 있습니다. 보리·콩·팥·피·밀 등과 함께 밭에서 생산되는 주곡입니다.

시비법은 지력을 보강하기 위한 방법입니다. 우리는 밭이 무한한 생산력을 지니고 있다고 생각하지만, 실은 땅 자체도 일정한 영양분의 한계가 있습니다. 여기에 농부가 인위적으로 땅의 지력을 보태주는 것을 거름이라고 합니다. 경작할 농지를 늘리면 좋지만, 사실 어느 정도 수준에 가면 더 이상 개간할 수 있는 땅, 경작할 수 있는 땅이 늘어나지 않습니다. 그래서 현재 우리는 땅의 한계를 극복하기 위해서 고층 아파트를 짓고 있고, 농지의 경우에는 제한된 경지를 최대한 활용하기 위해서 시비법을 개발하고 있는 것입니다. 최근에는 화학비료를 만들기도 합니다.

전근대사회에서는 화학비료가 없으니까 대부분의 비료가 유기질 비료입니다. 짐승의 똥, 오줌, 재, 나뭇잎, 풀 등을 섞어서 썩힌 것을 시비로 사용하였습니다. 그리고 소나 말의 힘을 빌려서 농지를 뒤집는 방법을 권장하였습니다. 이런 시비법과 밭갈이를 통한 생산성 향상이 결국은 조선 초기부터 개발 보급되었다는 것입니다.

시비법의 내용은 16세기에는 ≪농서집요≫라는 책에서, 17세기에는 ≪농가월령가≫라는 자료에서 추적해 볼 수 있습니다. 가을에 추수를 해서 알곡을 빼내고 남은 부분이 있지 않습니까? 짚이나 콩깍지 같은 것입니다. 이 중 거칠고 딱딱한 것은 땔감으로 아궁이에 넣고 부드러운 것은 외양간에 넣어서 가축의 자리를 만들어주고 거기에 분뇨가 쌓이고 짚과 섞여지게 한 뒤 그것을 일정 기간 썩게 하였다가 거름으로 쓰는 것으로 되어 있습니다. 물론 인분도 거름의 재료로 이용됩니다. 그래서 변소를 만들어서 여기서 나온 인분을 모아서 썩히는 과정을 거칩니다. 썩힌다는 것은 자연 상태에서 분해시킨다는 것입니다. 인분이 완전히 분해되도록 더욱 썩히는 과정을 거치게 됩니다. 부작용을 없애기 위해서입니다.

옛날 시골에는 들판 가운데 큰 똥통이 있었습니다. 거기에 부어놓으면 시간이 지나면서 썩는데, 겨울이 되어 눈이 쌓이면 똥통인 줄 모르고 지나가다가 빠져 망신당하는 일도 있었습니다. 문학작품에서도 이런 점을 주목하여 소재로 쓰는 것을 볼 수 있습니다. ≪양반전≫을 보면 양반이 밭 가운데 똥통에 빠져서 혼나는 얘기가 나오지 않습니까?

농기구의 보급

농업 생산성의 향상은 생산수단의 발달이라는 측면에서 접근될 수도 있습니다. 가장 중요한 것은 축력(畜力)의 이용입니다. 말은 별로 안 쓰였고 대개 소를 씁니다. 그리고 농기구입니다.

15세기의 ≪농사직설≫에서는 이미 두 마리의 소가 쟁기를 끌고 땅을 가는 모습이 묘사됩니다. 소는 가장 중요한 농업 생산의 에너지원입니다. 소가 있느냐 없느냐에 따라서 부농이냐 빈농이냐가 구분되기도 합니다. ≪금양잡록≫에 의하면 과천의 100호 가운데 소가 서너 마리밖에 없었다고 합니다. 가난하였다는 것입니다. 서너 마리의 소가 100호의 농경지를 경작하는 중요한 에너지원이었다는 것입니다. 소가 있느냐 없느냐에 따라서 농사를 효율적으로 할 수 있는지의 여부도 달려 있습니다. 농사철이 시작되는 봄에 건실한 소를 얻기 위하여 겨울 내내 소를 잘 먹입니다. 소를 얼마나 잘 먹이느냐가 바로 다음해 농사를 잘 지을 것이냐의 예비 지표가 될 정도였습니다. 뿐만 아니라 소의 사육에서 얻는 부산물, 즉 분뇨도 있습니다. 사실 이 시대에는 소를 함부로 잡을 수 없었습니다. 그래서 식용으로 소고기를 사용한다는 것은 드문 일로 여겼습니다.

그런데 근래에는 소가 동력으로 존재하는 것이 아니라 고기로 기여하게 되었습니다. 동력은 트랙터, 콤바인 같은 동력기계가 대신합니다. 전근대사회에서는 축력의 문제가 상당히 중요하였고, 축력은 주로 소를 이용하였다는 것이 농서에 얘기되고 있습니다.

다음은 농기구입니다. 농기구가 개량되고, 철제 농기구가 보급되었습니다. 농기구에도 여러 종류가 있습니다. 요즈음은 자동차의 마력수가 높으면 배기통을 한꺼번에 서너 개 다는 것도 있습니다. 그만큼 힘이 좋다는 것입니다. 마찬가지로 소 두 마리가 쟁기를 끌면 한 마리가 끄는 것보다 훨씬 밭갈이가 손쉽습니다. 그런데 조선시대에는 소가 흔치 않으니까 사람이 직접 끌기도 하였습니다. 사람이 밭을 가니까 깊게 하지 못하고 얕게 갈아엎습니다. 농사를 잘 짓기 위해선 흙이 숨을 쉴 수 있도록 여러 차례 갈아엎어야 지력이 보강됩니다. 쟁기 또는 삽이나 가래를 이용합니다. 가래는 삽과는 달리 여러 사람이 공동으로 땅을 파서 엎는 농기구입니다.

이처럼 쟁기, 가래, 삽 등의 효과적인 농기구가 소개 보급되어 땅을 부드럽게 하고 살아 숨쉬게 도와주어 농업 생산력에 도움을 주었다는 것입니다. 크게 보아서 땅을 갈아엎을 때에 나오는 큰 흙덩이를 잘게 부수어서 산소를 접할 수 있는 면적을 더 크게 하는 겁니다. 또한 추수 이후에도 땅을 갈아엎습니다. 그래서 추경(秋耕)이란 말도 나옵니다.

경외공장제 운영

국가적으로 보았을 때 전문적인 공장제 공업은 아니라고 하더라도 수공업 단계의 공업 생산이 이루어지고 있습니다. ≪경국대전≫에는 이러한 국가 단위의 생산 문제가 정리되어 있습니다. 국가가 필요로 하는 수공업 제품을 일정하게 전문 생산업자에게 위촉하거나 종용하여 공업 제품을 획득하는 체제가 조선 초기에 마련되어 있는 것입니다.

이런 전업 수공업자를 법적으로 규정하고 있는 것이 공장안(工匠案)입니다. 공장이란 전문 기술자를 가리키는 것입니다. 공장에는 관공장(官工匠)과 사공장(私工匠)이 있습니다. 관공장은 크게 경외공장(京外工匠)으로 나누어지는데, 서울에 있는 공장은 경공장, 지방에 있는 공장은 외공장이라고 합니다. ≪경국대전≫에 정리되고 있는 경공장은 모두 2,841명이고 외공장은 3,656명으로, 종이를 만드는 지장(紙匠)이나 자기를 만드는 자기장(磁器匠), 쇠를 다루는 야장(冶匠) 등이었습니다. 바로 이들의 명부가 공장안이라고 할 수 있는 것입니다. 이 공장안은 공조와 해당 관청, 각 도 및 각 읍에서 관리되었습니다.

이들은 여러 가지 제품을 만듭니다. 병기·그릇·옷감·모자·종이·화약 등과 같이 국가가 필요로 하는 제품을 만듭니다. 그러나 이러한 물품을 만들어 공급하는 공장들에 대한 처우는 매우 빈약하였습니다. 역(役)으로 징발될 때 그들의 임금은 하루에 쌀 1.15되에서 1.25되, 콩

0.25되에서 0.5되 정도에 불과하였고, 또 역에 해당하지 않는 경우에는 장인세라 하여 매달 저화 3장에서 9장까지를 납부해야 하였습니다. 더구나 신분상으로도 천하게 여겨져 장인층의 수효는 줄어들 수밖에 없는 구조였다고 할 수 있습니다.

지방 명품 특산품의 탄생

그래서 국가는 공장으로 하여금 국가가 요구하는 만큼의 물량을 만들고 나머지는 시장에 팔 수 있도록 허용하였습니다. 관영 수공업자들인 공장들은 전문적 기술을 갖고 있었습니다. 그러다 보니 그들의 손길이 닿은 물품은 자연스레 명품으로 상품 가치를 인정받았습니다. 한편으론 이렇게 국가가 직접 생산을 관리하는 구조가 있었으나 점진적으로 조선 사회는 시장에서 이런 제품을 공급받는 시장구조로 전환되고 있었습니다.

예를 들면 통영에는 갓이 유명하고 한산에는 모시, 남원이나 전주 지역에는 종이와 같은 물품이 생산되어 공급된 것입니다. 경기도 광주나 이천에 가면 도자기 산업이 지금도 활발하게 이루어지고 있음을 알 수 있습니다. 여기에는 조선시대에 이 지역에서 많은 옹기, 도자기를 국가의 요구에 의해 생산하였던 것이 현재 이곳 도자기 생산의 배경이 되고 있는 것입니다. 물론 여기에는 공노비를 통해서 생산하는 방법도 있었겠지만 일반민도 참여시켰습니다. 그러나 점차 수요자가 확대되고 생산기술이 변화되면서 이런 관주도의 생산체제가 변질되어 시장에 의한 수요공급 체제로 바뀌기 시작한 것입니다.

국가 지정 육의전과 시장 통제

조선시대에는 국가가 상업을 직접 관리하고 통제하였습니다. 그래서 상업의 이권을 국가가 장악합니다.

이런 생각을 가지고 조선 정부는 한양을 도읍으로 정하고 시전을 세웁니다. 국가가 상가를 세우는 것입니다. 지금의 종각을 중심으로 해서 동대문 쪽으로, 남대문 쪽으로 상가를 세웁니다. 이를 통해 전체적인 유통업을 통제합니다. 물론 여기에서는 도성민의 일상적인 생필품 조달이나 국가가 필요로 하는 물품을 공급받습니다. 그래서 아예 길옆의 점포를 국가 차원에서 지은 것입니다. 태종 연간에 점포를 지은 것으로 되어 있습니다. 처음에는 개경의 시전 상인을 강제로 이전시켰습니다. 대상인들을 이주시킨 것입니다. 그리고 물건에 따라서 일정한 구역을 배치하고, 철물점 또는 목화점 등의 식으로 여러 가지 생필품 상점이 등장하였습니다. 이런 생활필수품 중심으로 시전이 존재하였습니다.

시전인 점포를 세워주는 대신 국가가 필요로 하는 일정한 경비를 시전 상인에게 책임지도록 하였습니다. 한양의 시전 점포를 상징하는 말로 육의전(六矣廛)이라고 해서 여섯 개의 시전 상인이라고 하였습니다. 여섯 개로 지정되었다고 보기는 힘들고 물품의 종류에 따라서 늘어나기도 합니다. 대표적인 것이 여섯 가지라고 해서 육의전이라고 한 것입니다.

이런 독점 상인의 상점에서 나오는 이윤은 국가가 회수하였습니다. 그래서 육의전 사람들에게는 몇 가지 의무 조항이 있습니다. 상세, 책판, 잡역 등 ≪경국대전≫에 규정된 상세는 시전의 등급에 따라 냅니다. 돈으로 책정된 것인데, 특별히 설명할 여지가 없습니다. 오직 상행위의 이윤 일부를 세금으로 거두었다는 것입니다.

우리가 관심을 갖는 것은 책판(責辦)이라는 것입니다. '책'은 책임을 진다는 것이고 '판'은 갖춘다는 얘깁니다. 국가가 필요로 하는 일정한 물품의 공급을 책임진다는 것입니다. 이를테면 외국 사신에게 보내는 물품을 조달한다든가, 그들과 무역에 응해야 할 때 필요로 하는 교역 물품을 시전 상인들이 책임지고 구비해야 하였다는 것입니다. 요즘의 상황과 연결하면, 수해가 일어난다든가 지진이 일어났을 때, 어느 회사에서 얼마를 헌납하라고 하지 않습니까? 이것은 일종의 간접세입니다. 내지 않을 수가 없습니다. 이것은 자유의사에 맡기는 것처럼 보이지만 반강제적인 것입니다. 이것보다 더 강력하게 국가는 시전 상인으로 하여금 필요 물품을 완납하도록 하였다는 것입니다. 이런 일들이 시전 상인이 져야 하는 책판입니다.

다음은 잡역입니다. 이들은 서울에 살기 때문에 국가 행사에 잘 동원됩니다. 특히 국왕과 왕비, 세자 등의 국상(國喪)을 처리하고, 산릉 즉 왕릉을 조성하는 데 역을 져야 합니다. 국가가 이들을 부리기만 하는 것은 아닙니다. 이들을 육성하기 위한 보호책도 강구합니다. 그래서 상행위에 독점권을 부여한다든지, 유통 과정이나 국가 조달 과정에서 남는 것을 처분하는 과정에서 이들에게도 일정한 이윤을 소유하도록 한 것입니다.

도성의 상행위를 감독하는 부서는 경시서(京市署)입니다. 조선시대에는 대개 상행위를 압박하였다고 하지만, 이런 억제책만 있었던 것은 아니고 이를 적절히 유지 또는 조절시키기 위한 기관도 있었다는 것입니다. 감독할 사항은 시전 상인들의 도량형 사기, 물가 조정, 억매매 등 불법적인 상행위 등이었습니다. 조선시대에는 시전 상인과 소상인이 함께 존재하였습니다. 그러나 시간이 지나면서 난전이라고 하는 소상인들이 시전 상인을 위협하게 되자, 시전 상인들에게 금난전권(禁亂廛權)을 주기도 합니다. 금난전권이란 바로 국가로부터 허가를 받지 않은 난전 상인들을 금지시킬 수 있는 권한을 말합니다.

시전이 정리되면서 시전 상인의 조직도 만들어집니다. 서양의 경우에는 길드라고 해서 중세의 동업조합의 형태가 나타났습니다. 조선시대에도 시전 상인들의 조직이 상권 보호와 더불어 국가에 대한 부담을 조정하기 위하여 만들어졌습니다. 이들 조직의 대표자를 좌주(座主)라고 합니다. 서양의 길드는 마스터가 대표자입니다. 요즈음은 흔히 총무라고 합니다만 실질적으로 일을 담당하는 실무 책임자를 유사(有司)라고 하였습니다. 이들은 정부가 요구하는 물품을 공급하고 일반적인 물품도 시장에 공급합니다. 뿐만 아니라 전국에 걸친 상행위를 조절해 가면서 상행위의 범위를 국내외로 넓혀갔습니다.

시전 상업이 발달되고 이들의 이윤이 커지면서 정부는 이들에 대한 부담을 늘렸습니다. 특히 책판과 잡역 부담을 늘렸습니다. 국상을 당하였거나 국가에서 특별의식이 있거나 사신이 왔을 때 등에 필요한 물품을 결국 국가가 시전 상인에게 강제로 책임을 맡게 한 것입니다. 사상인(私商人)들의 활동과 시전 상인들의 과중한 의무로 임진왜란 시기를 전후로 시전 상인들은 파산에 이르기까지 합니다.

주로 도성 안에서는 국가가 지정한 상인들의 행위가 있었으나, 반면 지정받지 않은 노점상 비슷한 영세 소상인들이 시전체제 외곽에서 활동하였습니다. 도성민들이 먹고 사는 데 필요한 것은 소상인들의 활동 내용이었습니다. 건국 초에는 이것이 문제가 되지 않았습니다. 그러나 도성 인구가 증가하고 상업 규모가 증가하면서 비(非) 시전 상인, 즉 사상인들이 크게 성장하자 새로운 양상이 일어났습니다. 이를테면 난전 상인들의 상행위입니다. 국가가 공인한 시전 상인을 위협할 정도로 난전 상인들이 거상이라 할 수 있는 부상대고(富商大賈)로 등장하였다는 것입니다. 이들은 대규모 자본과 조직을 가지고 전국을 상권으로 해서 상품 교역에 나섰습니다. 그래서 국가가 허락한 독점 상인과 갈등이 야기되었습니다.

이들은 상행위 과정에서 시전 상인들과 경쟁하는데, 정부 당국자의 입장에서는 시전 상인을 두둔할 수밖에 없었습니다. 난전을 통해 부상대고가 된 사람을 두둔할 수는 없는 것입니다. 그래서 시전 상인들의 역 부담을 줄이고 존립을 보장해 줍니다. 그리고 국가가 아주 긴급한 사항이 아닌 경우에는 책판을 없애고, 또 난전을 금지하는 독점권을 줍니다. 또 도성으로 들어오는 물품을 외곽에서 매점하는 것을 금지합니다. 매점매석으로 외곽에서 들여오는 물품을 앞서 다 사두어 나가지 못하게 하면서 가격을 올리기 때문이었습니다. 그래서 임진왜란 후에는 국가가 난전 세력을 조정해야 한다는 얘기가 나옵니다.

조선시대에는 바로 이런 원초적인 형태의 제품 제조와 상행위에 있어서 독점권이 인정되었습니다. 그 대신 시전 상인들은 국가에 일정한 상세에 해당하는 국가 부담을 수행하였습니다. 그리고 상행위의 독점권을 통해 이윤을 보았습니다. 이런 체제가 대개 조선 전기의 상황입니다.

지방의 상업과 운송

국가적인 체계와 함께 지방의 상업 문제는 주로 행상(行商)으로 이루어집니다. 행상은 인민의 생활필수품을 유통시키는 역할을 합니다. 또 수송 형태에 따라서 선상(船商)과 육상(陸商)이 있습니다. 선상은 많은 물품을 한꺼번에 나를 수 있고, 물류비도 육로 수송에 비해서 적게 듭니다. 선상들은 양반 지주들과 연계되면서 상행위를 합니다. 육상은 육지를 통해 움직이는 상인인데, 선상에 비해 대조적으로 가볍고 싼 물품을 소량으로 유통시켰습니다. 이들은 대체로 농촌 사회의 필수품을 공급합니다.

지역적으로 상인 집단이 밀집되었던 곳은 지금 서울인 한성부와 개성입니다. 개성은 고려의 수도이면서 무역의 중심지였습니다. 그러나 조선시대에 오면 정치가들이 유교 이념에 기초한 무본억말책과 한양 천도와 함께 개성상인을 이주시킴으로써 개성은 위축되어 갔습니다. 그러나 개성은 고려 이래의 상업 전통에 기반하고 있어서 상공업 면에서 한성부와 함께 국내외 교역 활동을 발전시켜 전국 각지에 송방(松房)이라는 상업망을 구축하였으며 한성부에는 경상인들이 전국을 무대로 활동하였습니다.

대부분 지방 상인들은 자기 지역 내에서 활동하였습니다. 실제로 조선 후기에 와서도 장돌뱅이로 알려진 보부 상인들은 일정한 지역을 순회하면서 지방 상행위를 하였습니다. 대상 취급 품목은 바로 곡물, 수산물, 소금입니다. 처음에는 국가가 소금을 전매하였지만 후에 해제하였습니다. 후기에는 보부상이 등장하면서 그들이 대표적으로 취급하였던 물품이 소금이기에 옛이야기에 소금 장수에 대한 얘기가 많이 전해지고 있는 것입니다. 이는 소금을 지고 벽촌 구석구석을 돌아다니면서 보고 듣고, 경험한 일들이 자연스레 발생하였기 때문이라 봅니다.

선상들은 원격지 교역에 따른 이익을 얻었던 것으로 보입니다. 이들의 교역 수단은 미포(米布 : 쌀과 옷감)였습니다. 포는 초창기에는 마포였지만 목면이 일반화되면서는 면포 위주가 됩니다. 면포가 화폐의 기능을 대신합니다. 쌀은 근자에까지도 교환적 기능을 하였습니다. 그래서 사실 모든 세금도 미포로 거두어들였던 것입니다. 물론 조선 초기에 저화라는 종이돈이 있었습니다. 하지만 실용적인 기능을 갖지 못하였으며 오히려 미포가 화폐로서의 기능도 있었고, 상품가치도 있었습니다.

육로 상인들은 행상단(行商團)을 조직해서 움직였습니다. 대개 16세기 후반에 가면 도둑이 생겨서 길목마다 지키면서 행상단을 약탈하곤 하였습니다. 그래서 행상단도 점점 규모가 커지면서 자위단을 조직합니다. 어느 길목에 가면 100명이 있어야 한다, 혹은 200명이 있어야 한다는 식으로 속설이 생기기도 하였습니다. 지금 김포 비행장에서 강화 넘어가는 곳에 천둥고개가 있습니다. 지금은 6차선 도로가 놓인 이곳은 100명 이상이 모여서 고개를 넘어야 한다는 속설이 전설로 남아 있습니다.

그리고 지방 육상의 판매 고객은 농민이고, 이들 중 대상인들 특히 양계(평안도와 함경도)의 대상인들은 회환(回換)이라는 상행위를 하였습니다. 회환이란 변방의 군량미 납입을 장사꾼이 대행해 주는 것입니다.

상인이 일정한 곡물을 사서 관에 바친 후 그 영수증인 환이라는 수표를 받아 서울에 와서 내면 같은 양의 곡물을 내어 줍니다. 그러면 이 장사꾼들은 가격 차이만큼의 이익을 보고 정부는 곡물 수송비를 절감할 수 있었습니다. 앞서 얘기한 책판이나 회환은 조선 초기 상행위에서 눈여겨 보아야 할 용어입니다.

대개 선상이라는 대상인들의 상품은 곡물입니다. 곡물은 무겁고 양이 많습니다. 지주제가 상당히 발달해서 지주 자본에 의한 증식이 선상의 활동에 기폭제가 되었다고 할 수 있습니다. 15세기 후반에 가면 전국적인 곡물 교역망이 정비됩니다. 이후 정부는 행장(行狀)을 발급하고 행상세를 거둡니다. 행장을 통해서 행상을 통제하고, 상세를 통해서 그 이익의 일부를 국가에서 거두어들이는 정책적 변화가 있었다는 것입니다. 우리가 유념해야 할 것은 이것이 억말책이라는 기저 위에서 운영되었다는 사실입니다.

다음은 지방 장시를 통한 교역에 대해 살펴보겠습니다. 특히 평안도 해안 포구에 근거하여 등장한 상인으로 무곡(貿穀) 상인이 있습니다. 곡물을 무역하는 중간 상인으로서, 생산자로부터 곡물을 수집해서 대상인에게 공급하는 역할을 하는 것입니다. 이것을 이른바 '주인(主人)'이라고 합니다. 그래서 15세기 후반에 가면 서해 남북해로가 교역로로서, 한양 도성을 중심으로 한 교역이 활발해졌습니다. 한성부가 상업도시화하자 일반 생활필수품이 집산되고 대상인이 출현하였던 것입니다.

15세기 후반에는 서해 남북해로를 통해서 도성 인구 증가에 따라 곡물 소비가 증가하자 지방과 지방을 연결하는 곡물 교역망이 형성되었던 것입니다. 그래서 삼남 지방의 곡물이 한강을 통해 유입되는 것뿐만 아니라 황해도와 평안도 곡물까지 반입되고 있었습니다. 이런 곡물 교역의 주체는 상인만이 아니라 왕실, 양반 등 특권 세력이 상인들과 합세하여 활동하였던 것으로 보는 것입니다. 이들은 자신들의 사회적 특권을 이용하여 상행위를 하였던 것입니다. 조선시대 한성의 쌀값 차액을 통해서 곡물 장사에 참여하였습니다. 이들은 지방에서 강제적으로 쌀을 값싸게 사고 서울에 비싸게 파는 형태를 취하였습니다. 대상인들은 특권층과 결탁하면서 시세 차액을 얻었습니다. 이른바 매점매석의 투기 방법도 잘 이용되었습니다. 정치권과 상업권의 결탁입니다.

소금 매매

다음은 소금의 문제입니다. 조선 초기 정부는 소금 전매제를 혁파하고, 개별적인 소금 교역을 민간에 허용합니다. 원칙적으로는 권세가들의 염전 소유를 금지하고, 고려조 이래의 염간이라고 하였던 소금 생산자를 정해서 염전 지역에 소속시켜서 일정 기간 신역으로 봉사하게 하였습니다.

전매제는 폐지하였지만 소금은 민생의 필수품이기 때문에 소금에 대한 정부의 관심은 컸습니다. 이 중에서 수군, 즉 현재의 해군이 소금을 만들었습니다. 오늘날은 염전을 두어서 소금물을 햇볕으로 말리면서 소금을 얻어내는데, 조선시대에는 바닷물을 강제로 끓여서 소금을 얻었습니다. 중국이나 유럽의 내륙 지방에서는 소금을 산에서도 캐냅니다. 소금 광산에서 소금을 공급하였습니다.

조선왕조의 무본억말책으로 상업 활동을 억제하고는 있으나 시대가 지나면서 상품 교역 범위가 확대, 발전되는 추세를 막을 수 없었습니다. 이렇게 되기까지는 지주제 경영, 농업경제에 있어서의 생산성 향상, 상업의 활성화와 상호 연관되는 것입니다. 그래서 당시 지배층은 이런 상행위를 통해서 자기의 부를 점점 늘려갑니다. 조선시대도 나름대로 정경 유착의 형태가 있었다고 할 수 있겠습니다.

15, 16세기를 거치면서 인구가 점점 많아지자 먹는 소금인 식염의 수효가 증대되어서 그 생산과 교역이 늘어났습니다. 바닷가에서 소금을

굽는 직업인들, 즉 염호들을 후원하는 사람들이 있는데, 왕실이나 양반 사대부들이 바로 그런 사람들이고 이들이 여기에서 나오는 이윤을 획득하였습니다. 사실 이들은 조선 초기 교역에서 중요한 부분을 차지하였습니다.

교환 수단

교환의 매체로서 화폐를 생각할 수 있지만, 사실은 오늘날 우리가 쓰는 화폐와 같은 용도로 쓰인 화폐는 아닌 것 같습니다. 조선 초기 저화(楮貨)라고 해서 명목상의 화폐는 있었습니다. 조선통보(朝鮮通寶)라고 하는 금속화폐도 있었습니다만, 이런 것들보다는 미(米) · 포(布)가 중요한 교환 수단으로 화폐의 기능을 하였습니다.

쌀이 가지고 있는 화폐로서의 기능은 오늘날 비중이 그리 높지는 않지만 얼마 전까지만 해도 상당히 중요하였습니다. 식량인 쌀은 노동 임금의 기준치 역할을 하고 있습니다. 이를테면 시골에서 농사에 종사하는 고용 농부라 할 수 있는 고공(雇工)의 연봉을 보통 쌀 6가마 혹은 8가마로 정하고 있었습니다. 그리고 1년에 솜바지 저고리 한 벌에 홑바지 저고리 한 벌 이렇게 옷 두 벌이 주어집니다. 이처럼 쌀이 역의 기준이었습니다. 쌀을 시장에 팔아서 그 이익으로 농기구나 여러 물품을 샀습니다. 그 쌀과 함께 면포가 이런 기능을 하였습니다.

6장

태어나면서 정해진 신분과 가족

신분의 굴레

조선 사회는 신분제에 의해 구조화되어 사회질서가 유지되었습니다. 신분제란 사회 구성원들을 계층으로 편제하고 계층을 단위로 지배질서를 구조화하는 것입니다. 사람들은 태어나면서부터 혈연적 배경에 따라 일정한 계층에 속하게 됩니다. 아버지가 양반이면 자식도 양반, 아버지가 왕족이면 자식들도 왕족이라는 것입니다.

이와 같이 태생적으로 법제적 혜택과 규제가 자손 대대로 상속되는 것이 신분제 사회에서 읽을 수 있는 현상입니다. 신분제는 우리나라뿐만 아니라 세계적으로 고대나 중세가 가진 역사시대의 공통적인 특성이라고 하겠습니다. 즉, 혈연은 사회계층 형성의 가장 중요한 요인이라 할 수 있습니다.

≪경국대전≫에서는 이렇게 규정합니다. '모든 양인은 국가에 의무를 진다. 그리고 법제적으로 양인과 천인은 구분된다.'고 하였습니다.

천인은 이미 법제적으로 범법자 혹은 인격적 대우를 받지 못하는 계층이라는 판단이 내려진 사람입니다. 이들을 제외한 모든 사람은 국가에 대한 의무(국역의 의무)를 갖는다고 규정합니다. 그래서 이들은 국가가 위기에 있을 때는 국방의 의무를 지고, 평시에는 국가 재원 마련을 위해 노동을 해야 하는 것으로 되어 있습니다.

이런 대전제와 더불어 또 한 가지의 원칙은 유교의 원칙에서 기원하는 것으로 인간이 가진 재능에 따라서 자기 역할 분담이 이루어져야 한다고 보는 것입니다. 인간의 분별을 기본으로 하는 것이 예법의 정치철학임을 유념하여 ≪경국대전≫을 편찬하고 그것에 의하여 양반을 최고 신분으로 하고 다음을 중인, 그리고 평민으로 하는 모든 양인에게 국방과 조세의 의무를 갖도록 하였지만 각자의 능력에 따라서 역할이 다르다는 점을 강조합니다. 남자를 우위로 하는 남녀 불평등을 당연시하면서 여자는 여자대로 남자는 남자대로 역할이 따로 있다고 보는 것입니다. 가정뿐만 아니라 사회 전체에서도 계층 면에서 역할 분담을 강조하였습니다.

≪맹자≫에서는 노심자(勞心者)와 노력자(勞力者)로 인간을 구분합니다. 노심자란 정신노동을 하는 사람이고 노력자란 육체노동을 하는 사람입니다. 정신노동을 하는 사람이란 소위 사(士 : 士大夫)로 불리는 지식인, 학자입니다. 경전을 읽고 철학을 하고 문자를 이해하고 문학을 할 수 있는 능력을 가진 사람들을 정치 지배층으로 인지한 것입니다. 이들에게 맞는 사회적 역할을 맡겨야 한다는 것이 바로 유교의 사회 신분론입니다.

이렇게 자기 재능에 맞게 역할 분담을 하였을 때 사회는 전체적으로 균형이 잡히고 안정된다는 것입니다. 노래 잘하는 사람, 그림 잘 그리는 사람, 농사 잘 짓는 사람, 글 잘 쓰는 사람 등 각각 다른 직업의 분화를 강조하고 분별하면서 차별하자는 것이 유교 철학이 지배하는 사회입니다.

양반

정치권에 이미 참여한 지배층을 양인 중에서도 양반이라고 하겠습니다. 이들은 자기 자신들의 기득권을 보존하고, 여기에서 발생할 수 있는 사회 전체의 불만 요인을 방지하기 위해 여러 가지 시책을 제안하였습니다. 우리는 앞에서 ≪경국대전≫을 국가 운영의 기초로 삼았다고 하였는데, 신분 문제도 법적 차원에서 정리하고 있다는 점을 우리는 유념해야겠습니다. 조선왕조에서 많은 권리와 혜택을 받은 양반은 어떤 존재인가 하는 점을 생각해 보아야 합니다.

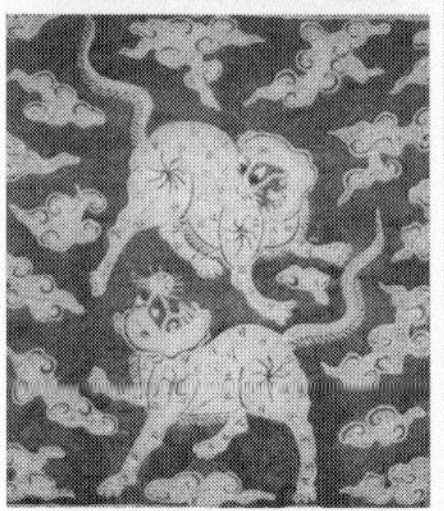

관복의 앞과 뒤(흉배)의 무늬(문관은 학, 무관은 호랑이) 장식으로 관품의 고하를 표시하는 표지이다.

조선시대 관료가 되기 위해서는 위와 같은 사회 이념의 기초 위에서 교육을 받고, 시험에도 합격해야 합니다. 그러나 문제는 시험 과정에서 개인의 자질뿐만 아니라 부모로부터의 혈연적 요인이 개인의 정치, 사회 활동에 중요한 제약 조건으로 항시 검증받는 절차가 있었다는 것을 알아야 할 것입니다. 부모 모두가 양반이어야 자손도 양반 신분으로 현직 관료에 진입할 수 있다는 것입니다. 물론 여기서 만일 개인이 학문적 능력이 낮으면 관료군 진입에 실패합니다. 양반 신분층이라고 해도 4대조 안에 현직 관리가 없다면 양반으로서 사회적 예우를 받지 못하였습니다. 4대조 안의 현직 관리라는 것은 아버지, 할아버지, 증조, 고조 대에서 9품 이상의 품관이 있어야 한다는 것입니다. 이것은 조선의 양반 관료 체제의 품계 정 1품부터 종 9품까지 중에서 9품 이상의 실직에 봉사하였던 조상이 없으면 사회적으로 양반으로 인정받지 못하였다는 것을 말해줍니다.

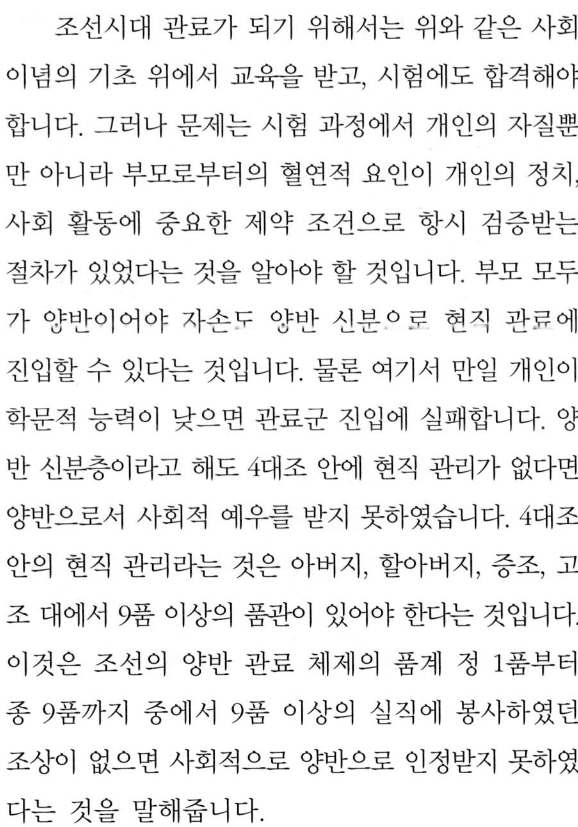

이 같은 논리는 왕족의 경우에도 마찬가지입니다. 왕족으로 예우받는 종친의 법제적 보호는 본인으로부터 4대가 지나면 끊깁니다. 이를 이른바 대수(代數)가 다 되었다는 의미인 '친진(親盡)'이라고 합니다. 왕족으로 가졌던 여러 가지 예우가 박탈됩니다. 일반인과 똑같이 다시 경쟁사회에 참여하여 시험을 보고 관계(官界)에 진출하여 사회생활을 하게 되는 것입니다.

이들이 어떤 특혜와 인정을 받았는가 하면 먼저 관리 진출의 혜택이 부여됩니다. 과거 시험을 볼 수 있고, 문음의 기회가 주어집니다. 문음이란 자기 가문의 음택, 즉 가문의 배경이 있으면 관리에 진출하는 것입니다. 이처럼 조상에 높은 직책을 가진 사람이 있었으면 음직을 받을 수 있었습니다. 그런데 음직을 받는 것은 그렇게 당당하지는 않습니다. 그래서 조상의 배경으로 관직에 나아간 사람도 나중에는 시험을 보아서 자격을 더욱 공고하게 합니다.

조선시대 관료의 숫자는 생각보다 그리 많지 않습니다. 고려시대의 경우 관원의 숫자를 ≪고려사≫ 백관지를 통해 유추하면 고려의 가장 전성기라 할 수 있는 문종을 기준으로 동반(東班 : 문관)의 경우 532명이고 서반(西班 : 무관)은 3,867명으로 도합 4,399명입니다. 조선시대도 이와 비교해서 크게 차이가 나지 않습니다. ≪경국대전≫에서의 중앙 관청은 70여 개 정도이고, 여기에 동반은 1,779명, 서반은 3,826명으로 도합 5,605명으로 계산됩니다. 현재 우리나라의 공무원 수가 2005년 기준으로 931,025명인 것과 비교하면 굉장히 적은 숫자입니다.

이 적은 숫자에 참여한다는 것이 사실 힘듭니다. 따라서 양반의 자제들만이 관직에 오를 자격을 가지게 됩니다. 관직에 진출하는 기회를 얻기 위해서는 교육을 받는 것이 상당히 중요합니다. 요즈음은 많은 사람들이 고등교육을 받고 있지만, 먹고살기 힘든 사람은 공부하기도 힘듭니다. 공장에 나가서 일을 하거나 시장에 가서 장사라도 해야 합니다.

교육을 받는다는 것은 상당한 특혜입니다. 공부에는 많은 시간을 투자해야 합니다. 많은 시간을 투자할 수 있다는 것은 부모의 혜택을 받았다는 것을 말합니다. 양반은 자연스럽게 그 혜택을 받아왔다는 것입니다.

양반들은 고급 관직을 독점합니다. 이른바 '한품서용제(限品叙用制)'라는 것을 통해서 자격의 순수성을 강조하면서 중인이나 일반 양인의 승진을 제한시킵니다. 양인 신분의 인사가 과거로 입사(入仕)하였다고 하여 아무런 장애 없이 당상관으로 승진하는 것이 아닙니다. 여러 가지 이유를 들어 브레이크를 겁니다. 이것이 한품서용제라는 것입니다. 이것을 통해서 양반 중의 양반이라고 하는 사람만이 '당상관(堂上官)'에 승진할 수 있게 한 것입니다.

당상관에 오를 수 있는 사람은 몇 안 됩니다. 극히 소수입니다. 일반 양인 출신이나 중인 또는 서얼 출신들은 당상관에 오를 수 없습니다. 현재 군인들의 경우도 장군이 되기 위해선 소위로부터 시작한 장교 집단에 소속된 군인만이 될 수 있습니다. 이등병으로부터 시작해서 장군이 된다는 것은 아주 힘든 일입니다. 물론 예외적인 일은 있지만 그것은 한두 명이고, 일반적으로 육군 병장은 제일 높이 올라가야 상사, 준위밖에 될 수 없습니다. 이런 것도 사실 전근대 관료 시스템에서 연원하는 것으로 볼 수 있습니다.

양반 고급 관료는 군역의 혜택(면제)를 받았습니다. 그런데 여기서 한 가지 유념하여야 할 것은 군역의 혜택을 받는 층으로 관료 예비군에 속한 사람들이 있습니다. 바로 학생입니다. 요즘에도 학생들은 사실 학교에 있는 동안은 군역을 연기할 수 있습니다. 조선시대 학생들도 관료는 아닙니다. 생원·진사는 엄연히 관료는 아닙니다. 하지만 이들에게 군역을 면제해 주고 있습니다. 단 이들은 학생 신분을 계속 유지하여야 한다는 조건이 있기는 합니다. 학생으로서 공부하지 않고 공부를 수행할만한 능력이 없으면 군역을 이행하도록 분류하고 있습니다. 그 기준은 공부할 능력을 검증하는 시험, 즉 '고강(考講)'을 통과하는 것입니다. 사실 시험이란 동서고금을 막론하고 골치 아픈 것인데, 더욱이 시험에 떨어지면 군역을 지도록 규정하고 있었으니 매우 부담이 되었던 것이라 하겠습니다. 고강에 낙방한 사람의 명단이 고문서로 일부 지금까지 남아 있습니다.

한편 시험〔고강(考講)〕을 면제해 주는 경우가 있었습니다. 시험기간에 마침 부모상을 당하였다든가, 혹은 다른 명분이 있으면 면제해 주고 있어 학생 신분을 유지하도록 하였습니다. 또 하나는 법적으로 몇 년 동안 시험을 보지 않아도 학생 신분을 유지하게 해주는 예외 규정이 있는데, 임진왜란 이후에 생긴 하나의 사회적 관행으로 면강첩(免講帖)이라는 증서가 그것입니다. '교생면강첩'이라는 것입니다. 기간은 10년, 15년으로 되어 있습니다. 이 기간은 면강이 된다는 뜻입니다. 그래서 어떤 사람은 40세까지 면강을 받는 사람도 있었습니다. 이렇듯이 합법을 빙자한 면역의 경우가 비일 비재한 사회에서 양반 신분층은 군역을 피하면서 양인들의 군역 부담을 가중시키고 있었던 것입니다.

양반 자제들이 받는 또 하나의 혜택으로 특수군 부대를 들 수가 있습니다. 조선시대 문무 양반의 자리는 극히 적었다고 말하였습니다. 통계를 보면 5,605자리〔職巢〕가 있었다고 합니다. 그 중에서 466개의 자리가 요직으로 되어 있습니다. 이런 자리를 양반의 자제라고 하는 사람들이 독점한 것입니다. 그러니까 일반 양민들과 함께 군역을 수행하지 않도록 특수 군부대를 만들어서 양반 자제를 참여시키고 일정한 봉록을 주도록 하였습니다. 말하자면 조선왕조는 양반 신분층에게는 적극적인 혜택을 베풀고 그들의 지지를 받음으로써 체제를 유지하고 있었다고 하겠습니다.

활쏘기 연습.(김홍도 그림)

그리고 또 하나의 부수적인 일은 양반들에

게 이런 관직 참여의 기회를 많이 주어서 경제적인 활동에 참여할 수 있도록 한 것입니다. 경제 활동을 보장하기 위해서 비경제적 논리로 이들을 지원해 주었습니다. 말하자면 국가는 이들이 대토지의 농장을 소유할 수 있도록 배려해 주고 있습니다. 이것은 양반의 경제적 특권이라고 볼 수 있습니다.

중인층

앞서 우리는 조선왕조가 유교 이념에 기초한 사회적 역할 분담의 대원칙에 따라 양반, 양인, 중인, 천민으로 구분하고 이러한 신분층 테두리에 따른 사회 참여와 생산 활동을 종용하였다는 얘기를 하였습니다. ≪경국대전≫을 보면 양반의 경우에도 당상관, 당하관, 참상관, 참하관이라고 해서 나름대로 계층 분류를 하였습니다. 정책을 결정하는 그룹, 정책을 수행하는 계층, 창구에서 백성들과 부딪히면서 업무를 수행하는 그룹으로 나누어 역할 분담을 해놓은 것입니다.

그 과정에서 생긴 중간층이 바로 '중인(中人)'입니다. ≪경국대전≫에는 최고 정책 결정은 양반이 담당하고, 그 다음에는 중인이라고 하는 실무층이 있어 정책을 시행하는 시스템으로 짜여 있습니다. 중인이 실무자들이라고 한다면 실무 담당을 위한 전문적인 지식이 전제가 됩니다. 구체적으로 얘기하자면 통역관, 의사, 서기, 기술자, 계산하는 사람 등입니다. 이런 사람들이 자기 영역을 구축하면서 사회에 기여하고 참여하였던 것입니다.

이런 계층에는 대개 양반층 자손 중 서얼이 속하고 있습니다. 아버지는 양반인데 양인 내지 천인 신분의 어머니 사이에서 출생한 자손이 서얼입니다.

조선 사회에서는 윤리적으로 정상적인 인격자로 인정받으려면 ≪주자가례(朱子家禮)≫의 관혼상제 과정을 거쳐야 한다는 인식이 있었습니다. 관혼상제의 통과의례를 거친 사람이어야만 정상적 대우를 받는다는 것입니다. 그래서 15살 전후가 되면 관례를 치릅니다. 관례를 치른다는 것은 자기의 언행에 대해서 책임을 진다는 것입니다. 다음 혼례를 치릅니다. 남녀가 만나서 살 수는 있지만, 사회적으로 인정받기 위해선 정식으로 혼례를 하여야 한다는 것입니다. 그런 절차를 거치지 않은 상태에서 결합한 부부의 자녀들은 도덕적으로 인정받지 못하는 것입니다. 이런 상태에서 태어난 자식을 바로 서얼이라고 합니다. 아버지가 아무리 훌륭한 재상이라고 해도 혼례 없이 부부 사이에서 태어난 자손은 양반으로 인정받지 못하고 중인 그룹에 속하게 됩니다.

중인층이 만들어진 배경에는 이러한 통과의례의 문제가 있었다고 볼 수 있는 것입니다. 이러한 도덕적 구조가 만연한 사회가 바로 조선사회였던 것입니다. 또 상례, 제례도 마찬가지입니다. 이것을 제대로 하지 않으면 사회로부터 매장당하는 것입니다. 전근대사회에서는 이러한 요소들이 사회질서를 유지시키고 있는데, 현대의 사회에서는 무엇이 이 역할을 대신 하느냐 하는 것은 상당히 의문을 가질 수밖에 없습니다.

중인들은 전문적인 지식을 가지고 실무를 담당하면서 사회생활을 하는 과정에서 실리를 챙겼습니다. 어떻게 보면, 양반 신분층의 정치적 압력을 중인층이 완충작용을 하였기 때문에 평민층의 반발이 둔화되었다고 하겠습니다.

결국 양반의 존재가 조선왕조 전체를 통해서 상당히 선망의 대상으로 되는 것입니다. 양반이 되어야겠다는 열망이 전 백성에게 있게 되는 것입니다. 양반이 되려면 어떻게 해야 됩니까? 우선 공부를 하는 것입니다. 유교 사회의 교육열은 이와 같은 역사적 동기를 가지고 있다고 볼 수 있습니다.

양인

그러면 고려시대에서 조선시대로 전환되는 과정에서 평민, 즉 양인층인 사회계층의 실체가 무엇인가를 봅시다. 크게 양인과 천인으로 양분하는 정치적 노력이 있었다고 하겠습니다. '양(良)'이라는 것은 건실하다는 뜻입니다. 양인(良人)이란 자유민입니다. 개인의 자유의지에 의해 활동할 수 있는 사람들을 양인이라고 하였습니다.

고대나 중세 사회에서 인간으로서 삶의 가치를 향유하고, 자기 시대의 모든 문화 가치를 향유하는 사람은 극소수였습니다. 이유는 생산성이 극히 낮아서, 제한된 경제력으로 당시대의 문화적 가치를 향유하는 사람이 적을 수밖에 없었기 때문입니다. 고대의 경우엔 왕실만이 그런 생활을 할 수 있었고, 중세에 오면 보다 확대된 지배층으로 봉건 귀족, 관료층만이 문화를 향유할 수 있게 됩니다. 현대에는 노동자들도 다양한 문화를 향유할 수 있는 경제적 여건이 갖추어졌습니다. 결국 시대를 소급해 올라갈 때 사회 전체의 생산성이 작을 경우 소수의 제한된 계층만이 문화생활을 할 수 있다는 것을 이해해야 할 것입니다. 반대로 생산성의 증대는 문화생활의 참여 계층을 확대시킨다는 것을 의미합니다.

양인의 범주는 천인을 제외한 자유인에 해당하지만, 고려 말 이래 조선시대에 들어서 새로운 왕조를 건립한 정치권은 양인의 범주를 확대시켰습니다. 그렇지만 자신들이 독점하고 있는 기득권마저 완전 개방한 것은 아니었습니다. 여기서 기득권의 범주란 정치적 권리를 행사할 수 있는 계층에 들어올 수 있는 법적 기회라고 할 수 있습니다. 즉, 제도적으로는 관료 집단에 참여할 수 있는 기회를 열어놓았다 하더라도 현실적으로는 여러 제약을 두고 있었다는 점입니다.

사실 대부분의 백성들은 '양인'입니다. 이들 양인은 생산 활동에 종사하는 사람입니다. 대부분이 농민입니다. 그러나 농민 이외에도 상인,

공장(工匠)이 있습니다. 이들은 곡물을 유통시키고, 물건을 만드는 과정에서 세금을 냅니다. 조세, 상세, 또 일반적인 부역을 통해서 국가에 기여합니다. 이들은 법적으로는 과거 시험을 볼 수 있었습니다. 그러나 이들은 자신들의 자제에게 교육을 시킬만한 경제적인 여력이 없었습니다. 온 식구가 매달려서 경제 활동을 하더라도 국가에 세금을 물고 나면 교육에 투자할 여유가 없었기 때문입니다. 한 사람이 벌어서 여섯 식구를 먹여 살리고 대학을 보내고 하는 시대가 아니라는 의미입니다.

현대에도 후진국에선 소년 노동자가 많지 않습니까? 10살이 채 못 되는 소년도 일을 해야 합니다. 그래야 먹고 살 수 있는 것입니다. 그래서 영국 프리미어 리그의 박지성이 차는 축구공을 만드는 것이 인도나 파키스탄 같은 나라의 어린 소년들이라는 것 아닙니까? 사실 영국의 산업혁명 과정에서도 10대 전후의 소년 노동자들이 생산 활동에 많이 참여하였습니다. 갱도를 팔 때 몸이 작으면 작을수록 유리합니다. 그래서 몸이 작은 어린 소년들을 고용하고 또 저임금으로 이용하기도 하였습니다. 이를테면 당시 경제구조로는 일반 평민들은 온 식구가 경제 활동에 참여해야 연명할 수 있었던 것입니다. 그런데 이런 상황에서 어떻게 자식들에게 공부를 시킵니까?

양반 지주들은 자금의 여력이 있으니까 땅을 사서 그리고 그 땅을 농민에게 경작을 시키고 임대료를 받는 이른바 지주 경영을 하였습니다. 즉, 조선시대 양반 지주들은 토지를 대부분 점유하고 농장 경영을 통해서 자영 농민의 입지를 약화시키고 마침내는 농토로부터 유리시키고 있었습니다. 그래서 많은 농민들은 농토로부터 떠나 도적으로 투신하기도 합니다. 결국 이렇게 되면 사회가 불안해지게 됩니다.

이처럼 소수 양반이 많은 토지를 점유하면서 양인인 농민들의 경제 활동을 위축시켰습니다. 조선왕조는 이 같은 경제적 폐단을 인식하고 이상적인 경제구조로서 일반 양인을 주축으로 하는 자영농을 육성하여 농민의 안정과 왕조 재정 확보를 위해 배려하였던 것입니다. 따라서 다양한 경제 활동에 보다 많은 사람들이 참여하는 것이 국가 경제를 건전하게 만든다고 하는 경제관이 조선 정부가 이해한 유교 경제 이념이라고 이해할 수 있습니다.

양인층의 역 부담

최고의 특권층인 양반층이 되는가 안 되는가 하는 문제보다 실제로 심각하였던 문제는 양인층과 천민층 사이에서 신분층의 변별이 사회문제로 등장하였다는 점입니다. 양인층은 법제적으로 양반층으로 상승할 수 있는 기회를 부여받은 것으로 이해됩니다. 양인은 자기가 능력이 있으면 과거 시험을 보고 승진할 수 있는 기회는 있습니다. 그러나 천인층은 그렇지 않았습니다.

그런데 양인층과 천인층은 법제적으론 분명히 구분되지만, 실제로는 어지럽게 혼재되어 있었습니다. 오히려 어떤 경우엔 양인들이 자기들이 가지고 있는 권리를 포기하기도 합니다.

잎서 얘기한 대로 양인 이상 신분층은 국가에 대해서 자유인으로 향유하는 권리에 대한 반대 급부로 무거운 세금을 내야 합니다. 후에도 얘기되겠지만, 이들의 의무란 조・용・조라고 하는 것입니다.

토지 경작을 통해 발생되는 수확물에 대한 조(租), 노동력의 형태로 제공하는 역(役)이 용(庸)입니다. 호(戶) 단위에 대하여 지역에서 생산하는 물품을 대상으로 부과하는 전근대의 세의 형태로 지역의 생산품을 국가에 납부하는 것을 조(調)라고 합니다. 소위 공물(貢物)이라는 명칭으로 분류되고 있는 것입니다. 구체적 예를 들면 한산 지역의 모시, 강화도의 화문석, 백두산 근처의 호랑이 가죽과 같이 국가가 필요로 하는 지역 특산물이 공물로 지정되고 그 지역 인민들은 이를 세로 납부하도록 한 것입니다. 양인들은 이러한 조・용・조의 의무를 수행하기 힘들면 자신의 신분을 포기하고 양반 부호의 농장에 들어가 사민(私民)이 되기도 하였습니다.

조선 사회에서는 국가로부터 혹은 양반층으로부터 가혹한 수취를 감당할 수 없을 때에 농민들은 그 사회를 이탈하고 공민권을 포기하는 경우가 있습니다. 양반들은 이런 양인들을 사노비화하여 세를 불리기도 합니다. 고려 말부터 조선 초기에는 이런 사회 혼란이 있었습니다.

조선 건국 초기에는 이런 문제를 방지하기 위해 노비변정도감(奴婢辨定都監)을 만듭니다. 노비가 원래 조상부터 노비였느냐 아니면 양인이었는데 노비가 되었는가 하는 양천에 대한 신분 심사를 하는 관청입니다. 양인으로 판정되었을 때엔 일정한 경제적 토대나 기회를 보장해 준다는 당근을 내놓기도 합니다. 이러한 과정을 토대로 조선왕조 건립의 주체들은 많은 양인들로부터 지지를 받게 됩니다.

천인

이에 반해 천인들이란 자유가 제한된 사람입니다. 조선시대의 경우 천인(賤人)은 주로 노비(奴婢)를 말합니다. 물론 신분은 양인이지만 천인으로 분류되는 사람들도 있습니다. 이들을 '신량역천(身良役賤)'이라 하였습니다. 분명 천인은 아닙니다. 이들은 그 사회에서 천시를 받는 계층이었습니다. 백정, 광대, 무당, 기녀들이 그렇습니다.

이들은 인격적인 대우를 받지 못합니다. 천인이란 범법자로만 얘기할 수는 없지만, 범법자로부터 시작된 사람들로 구성된 것만은 확실합니다. 반역이나 적진으로의 투항, 길 안내 등과 같은 이적 행위 등을 저지른 범죄자는 천인으로 신분이 하락되어 여러 가지 사회적 제약을 받았습니다. 고대사회에서는 전쟁에서 패전한 국가의 백성들이 노예, 즉 천인으로 강등되었습니다. 이들은 매매의 대상으로 전승 국민의 재산이 되었던

천인들로 보이는 사람들.(땔나무를 하다 쉬는 모습일까?)

것입니다. 또한 먹고살기 힘들어 노비로 투신한다거나 매매에 의한다거나, 어린 아이를 유괴한다거나 하여 노비로 삼는 경우도 있었습니다.

이들은 당사자로 끝나는 것이 아니라 자자손손 혈통으로 천민의 지위가 유지됩니다. 그래서 부모 중 한 사람이라도 천인이면 자식도 천인이 됩니다. 양반인 남자와 천인인 여자 사이에서 태어난 자식은 천인입니다. 아버지와는 상관이 없습니다. 이러한 유전적 구조와 상속·매매·증여 등에 의해 노비는 규제가 없는 한은 늘어나게 됩니다. 그것은 이들이 재산으로 취급되기 때문이었습니다. 그렇기 때문에 불법이 많이 저질러지기도 하였고, 소유권을 둘러싼 소송도 끊이지 않았던 것입니다. 이 때문에 태종 대에는 노비 관련 소송을 해결하기 위해 원고지와 피고지의 소송을 해결하기 어려운 경우 노비를 반으로 나누도록 하는 '노비중분법(奴婢中分法)'을 입안하여 시행키도 하였습니다.

고려 말이나 조선 초를 보면 많은 종류의 노비들이 존재합니다. 노비는 크게는 국가 소유인 공노비와 개인 소유인 사노비로 나뉩니다. ≪태종실록≫이나 ≪세종실록≫을 보면 이러한 노비에 대한 용어로 등장하는 것이 '원속노비(元屬奴婢)·난신노비(亂臣奴婢)·법손노비(法孫奴婢)·공신노비(功臣奴婢)·별사노비(別賜奴婢)·사환노비(使喚奴婢)·속공노비(屬公奴婢)·합집노비(合執奴婢)·잉집노비(仍執奴婢)·거집노비(據執奴婢)·왜인노비(倭人奴婢)·수양노비(收養奴婢)·시양노비(侍養奴婢)·전운노비(轉運奴婢)·급주노비(急走奴婢)' 등등입니다.

여기에는 그 소속이나 역할, 소송 관련 사항 등이 나옵니다.

조선 초의 노비들은 어떻게 불렸을까요? 차의가(車衣加)나 대화상(大和尙), 개덕(蓋德)이, 근금(斤金)이, 무작지(無作只), 매읍토이(每邑吐伊), 동을구리(冬乙仇里), 진내(陳乃), 근내(斤乃), 석이(石伊), 돌구지(石仇知), 도지(都知) 등으로 이들 이름을 보면 말 그대로 불리는 이름이지 오늘날 우리가 쓰는 그런 이름은 쓰이지 않았습니다. 마당쇠나 돌쇠, 촉새 등도 그렇습니다. 마치 짐승에게 붙이는 이름 같기도 하였던 것입니다. 그래서 기록을 보면 노비들은 성씨가 없고 이름만 있다 하였고, 그 모습에 대해서는 남자는 머리를 깎고, 여자는 짧은 치마를 입었다고 하였습니다. 그래서 이를 한마디로 머리가 짧고 맨발임을 뜻하는 '창두적각(蒼頭赤脚)'이라 하였던 것입니다. 노비를 달리 표현할 때 창적(蒼赤)이라 한 것은 여기서 나온 말입니다.

조선 초기 이들 노비의 수는 어느 정도나 되었을까요? 사실 이와 관련해서는 정확히 알 수 없습니다만 태조나 태종은 고려 말까지 누적되어 늘어나고 있던 사노비 등에 대해 노비변정도감을 설치하고 노비에 대한 변정 사업을 해나갔습니다. 목적은 사노비를 줄이고 공노비를 확보하여 국가재정의 기반으로 삼으려는 데 있었습니다. 절에 소속되어 있던 노비를 공노비로 돌리는 과정에서 노비 3만 여 구가 확보되기도 하였습니다.

본래 천인, 즉 노비들의 경우도 혼인을 하게 됩니다. 너무나도 당연한 것인데 노비의 경우는 재산으로 취급되기 때문에 뉘앙스가 이상합니다. 어쨌든 고려시대 이래로 천인들의 혼인은 동색혼(同色婚)을 원칙으로 하였습니다. 즉, 같은 천인층끼리의 혼인이라는 말입니다. 그렇지만 때때로 양인과 천인의 혼인, 즉 양천교혼(良賤交婚)이 있게 됩니다. ≪홍길동전≫에 나오듯이 홍 정승과 노비의 결합 등을 말합니다. 이럴 경우 그 자식의 신분은 어떻게 되는가 하는 것입니다. 지금까지는 '일천즉천(一賤

則賤)', '천자수모(賤子隨母)', '노비종모(奴婢從母)', 즉 모계에 따라 자식의 신분이 정해져 양산되는 구조였습니다. 이러한 노비법에 대해 조선 초기인 태종 대에는 일시적이나마 '노비종부(奴婢從父)', 즉 부계에 따라 그 자식의 신분을 정하는 법제를 시행하기도 하였습니다.

어쨌든 이러한 작업을 거쳐 태종 6년(1406)에는 사사노비 8만여 구가 속공, 즉 공노비로 되었고, 태종 17년에는 공노비만 119,602구(노 59,585구, 비 60,017구)로 조사된 바 있습니다. 세종 21년에는 21만여 구, 성종 15년(1484)에는 352,565구로 밝혀지기도 하였습니다. 성종 15년 때의 전국 호구는 100만 호에 340만 명으로 조사되어 있는데, 당시 한명회는 미처 추쇄되지 않은 자가 10여만 구, 도망해 숨어사는 자가 100만 구라 한 바 있습니다. 이렇게 본다면 성종 대 전체 인구를 400~500만으로 추정할 때 공사노비는 150만이 됩니다. 전체 인구의 3분의 1이나 되는 것입니다.(≪한국민족문화대백과사전≫ 노비 조항 자료 참조)

노비의 매매가나 양인으로 신분을 바꾸기 위한 종량(從良)의 가격은 얼마나 하였을까요? 물론 시대에 따라 그 시세가 다릅니다만 소나 말의 가격을 계산하는 것이나 다를 바가 없습니다. 고려 말에는 말 1필 값이 노비 2, 3구에 해당하였고, 조선 건국 직전인 1398년에는 15세에서 40세 이하는 5승포 400필, 14세 이하 41세 이상은 300필 정도였습니다. ≪경국대전≫에서는 16세 이상 50세 이하 노비는 저화 4,000장, 그 외는 저화 3,000장으로 규정하여 상등의 말값 4,000장과 비슷해졌습니다. 종량하는 가격은 정확하지는 않더라도 성종 대의 기록을 따르면 진천에 살던 사노비 임복(林福)은 아들 넷을 종량하는 데에 2천여 석을 납곡하였고, 남평에 살던 가동(家同)도 아들을 위해 2천 석을 납곡하였다고 합니다. 노비가 재산을 이렇게 축적할 수 있었다는 사실도 놀랍지만 종량하는 액수도 실로 엄청났다고 할 수밖에 없습니다.

결국 노비는 노동력을 제공하는 한편으로 자식을 낳아 그 수가 늘어난다는 점 등으로 인하여 큰 재산가치가 있었던 것입니다. 그러니까 당시 사람들이 다양한 방법으로 노비를 확보하기 위해 노력한 것은 이러한 이유가 있어서였다고 하겠습니다.

부부의 형태

조선시대 가족제도에 대해 얘기해 보겠습니다. 가족의 출발은 부부입니다. 남녀가 맺어져서 자식을 낳고 그 자식들이 다시 자식을 낳고 하면서 가족이라는 틀이 자연스레 만들어집니다. 가족의 구성과 그 유지를 위해서는 가족질서와 유대의식이 필요합니다. 이를 자연스레 제공하는 것이 혼인과 제사, 그리고 재산의 상속입니다. 여기서는 바로 이 점을 중심으로 설명하도록 하겠습니다.

앞에서도 언급하였지만 가족의 출발은 부부라고 하였습니다. 부부라는 용어에 대해 잠시 생각한다면 고려시대나 조선시대의 경우 공식적으로는 부부가 아닌 부처(夫妻)가 쓰였습니다. 부와 처가 어떻게 맺어졌는가라고 하는 문제는 달리 부처 형태 즉 부부의 형태라는 말로 정리됩니다. 그렇다면 고려시대의 경우는 이 부처 형태가 어떠하였을까요? 정리하자면 일부일처제가 원칙이며 여기에 양첩 혹은 천첩이 있었다고 얘기가 됩니다. 원 간섭기에는 일시적으로 일부다처제, 즉 남편 1인에 공식적 부인을 여럿 두는 형태가 있었다고 전해집니다. 이를 중혼(重婚)이라고도 합니다. 그러나 공식적으로는 일부일처제가 원칙이었습니다.

이렇게 얘기하면 대부분의 남자들은 당시의 분위기를 부러워하며 호기심을 갖습니다. 그런데 원 간섭기, 그 중에서도 충렬왕 대에 이런 얘기가 나온 데에는 이유가 있었습니다. 오늘날 저출산에 따른 인구 감소에 직면하고 있는 우리 사회의 분위기와도 비슷한 면이 있습니다. 충렬왕대의 재상 박유(朴褕)나 김혼(金琿)의 열전에 보면 다처제를 권장하면서 "호구가 날로 줄어들고 있다."라고 하였습니다. 또 원나라의 다처제 때문에 고려의 여인들이 빠져나가고 있다고도 하였습니다. 이를 해결하기 위해서는 오늘날처럼 출산 장려를 해야 하지만 또 한편으로 고려인들도 부인을 여럿 둠으로써 출산율이 높아질 수도 있다고 본 것입니다.

예컨대 조선의 태조를 보면 쉽게 알 수 있습니다. 태조는 선처(先妻)로 정종이나 태종의 친어머니가 되는 신의왕후 한씨가 있었습니다. 그는 개경 생활 속에서 후처라 할 신덕왕후 강씨를 다시 맞이하였습니다. 그러니까 선처와 후처가 있는 중혼을 한 것입니다.

사실 ≪경국대전≫ 체제가 마련되기 전까지 ≪태종실록≫의 기록을 보면 태종 13년과 14년에 처가 있으면서 처를 취하는 자에 대한 정리가 이루어져 중혼은 엄히 다스려야 한다는 입장을 취하였습니다. 물론 그 전에 이루어진 처들의 경우는 먼저 취한 처를 적처로 볼 것인가, 은의(恩義)의 많고 적음과 동거 여부 등을 가려서 정할 것인가를 살펴 정하였습니다. 결국 이는 적어도 태종 대까지도 일부다처의 중혼 풍습이 상당 부분 있었다는 것을 보여줍니다. 그러다가 결국 ≪경국대전≫에서는 남자의 중혼을 규제하는 한편 축첩제도를 합법화하고 부녀의 재가 금지 및 품행이 부정하거나 세 번 시집가는 여자들의 명단을 적은 자녀안(恣女案)을 만들어 통제하기에 이르렀던 것입니다.

그렇지만 부인들의 입장에서는 절대 이것은 받아들이기 힘든 일이었습니다. 첩을 두는 것도 모자라서 부인을 더 둔다는 것은 있을 수 없다고 여겼고 강력한 항의를 하였습니다. 극히 일부의 경우 처를 둘씩 두는 경우는 있었습니다만 사회적으로는 이를 잘못된 것으로 보는 시각이 많았습니다. 부인들은 남편이 지방관으로 나갈 경우 따라가지 못하였을 때 남편이 관기(官妓)나 양첩, 천첩을 두는 것까지는 허용하였습니다. 원 간섭기가 끝나고 조선이 건국되고 유교적 가족 윤리가 완전히 정착되면서는 원칙적으로 일부일처제가 공식화되고 처는 부의 종속된 존재로 여겨지게 됩니다.

처가살이와 시집살이

여기서 부부가 맺어지는 의식, 즉 혼례 후 신랑과 신부는 어디서 신혼살림을 차렸는가를 살펴보겠습니다. 흔히 결혼(結婚)이라는 말을 많이 쓰는데 사실은 혼인(婚姻)이라는 용어를 사용해야 합니다. 결혼은 우리 용어가 아니라 일본식 용어입니다.

결혼식, 즉 혼인 의례는 지방마다 차이가 있습니다. 신부 쪽에서 올리는 경우나 신랑 쪽에서 올리는 경우, 혹은 양쪽에 다 올려서 결국 두 번의 혼례를 올리는 경우 등이 있습니다. 두 차례의 혼례는 사실 특수한 경우입니다. 양가의 집이 서울과 제주도 혹은 서울과 진주 등처럼 너무 멀다거나 혹은 양가의 어른들이 혼례에 대해 서로 합의를 못하고 각자 주장을 할 때 발생하기도 합니다.

우리의 전통 혼례 풍습에서 혼례와 혼인 첫날밤 등은 주로 신부 쪽에서 이루어졌습니다. 신랑이 신부를 맞이하여 혼례를 올리는 중국적 혼인례 중의 하나인 친영(親迎)이 이루어지지 않았기 때문입니다. 매파를 놓고 혼인을 의논하고, 사주팔자와 폐백 등을 주고받은 뒤 비로소 결정이 되면 혼례를 올렸는데 그것이 신부 쪽을 중심으로 이루어진 것입니다. 사실 이는 처음으로 새로운 얼굴인 신랑을 맞고, 또 첫날밤을 치러야 하는 신부의 심신 안정을 위해 필요한 조치였습니다. 그 후에 신부가 시부모에게 가서 인사를 올리게 되는 것이었습니다.

현재 우리의 혼인 문화는 신혼살림을 시가나 처가가 아닌 직장 인근에서 따로 차리는 것이 일반화되고 있습니다. 그렇지만 대개의 경우는 시집살이라는 말에서 나타나는 바와 같이 신부가 시댁에 들어가 시부모 및 시댁 식구들과 함께 생활하여 왔습니다. 그리고 이러한 시집살이 풍속이 마치 우리의 전통적 풍속인양 여기어 온 것이 사실입니다. 속담에서도 '처가와 화장실은 멀수록 좋다.'라고 하였습니다. '귀머거리 3년, 벙어리 3년'이라는 속담에서 말하고자 한 것은 여자가 시집가서 지켜야 하는 자세였습니다.

시집살이 풍습은 사실 그리 오래된 풍습은 아닙니다. 중국적 가족제도와 혼인율을 담고 있는 ≪주자가례(朱子家禮)≫가 사회에 정착되면서 시집살이가 본격적으로 시작된 것입니다. 그러면 고려시대에서 조선시대로 넘어오는 시기의 사회에서는 어떠하였을까요? 우리들의 관념적인 가족 구성과는 달리 오히려 자연스럽게 사위와 함께 많이 살았습니다. 물론 전적으로 딸과 살았다는 것이 아니라 전반적으로 아들과 딸을 그리 구분하지 않았다는 것입니다.

그래서 특히 고려시대 가족 형태는 조선시대에서와 같이 부계 중심, 즉 부계 편중적이지는 않았습니다. 부계적 가부장제가 확산되고는 있었지만 그것보다는 모계와 처계가 중요시되는 양측적(兩側的)이고 쌍계적(雙系的) 가족제도가 일반적이었습니다.

가령 고려시대나 조선 전기만 하더라도 일정 기간 동안 처가에서 살았습니다. 이것을 서류부가(壻留婦家) 혹은 남귀여가(男歸女家)라고 하였습니다. 요즘 우리말로는 처가살이라 하겠습니다. 사위가 처가에 오랫동안 머무른다는 뜻입니다. 아이를 낳아서 성장할 때까지 머문다는 것입니다. 조선왕조 초기 기록에도 이런 자료가 많이 나옵니다. 심지어 20년 이상 처가에서 사는 경우도 있습니다. 처가의 재산과 가옥을 상속받아 아예 그 집을 종가집으로 삼는 경우도 있었습니다. 그래서 오히려 부계 친족보다는 사위가 처부모에 대해서, 손자의 입장에서는 외조부모에 대한 관계가 상당히 친밀합니다.

현재는 어떻습니까? 모든 가정에서 계속 외아들이거나 무남독녀인 경우에 이모, 고모, 당숙, 당질의 존재와 명칭에 대한 이해를 할 수 없다는 것입니다. 이런 친척의 호칭을 찾기가 힘들어집니다. 자매나 형제만 있을 경우에도 친속관계가 한쪽으로만 형성되기 때문에 호칭을 제대로 모르는 경우가 많습니다.

재산 상속

재산에는 유무형의 것이 있습니다만 여기서는 유형의 것을 말합니다. 오늘날에야 무기명 채권이니 통장, 증권 등 다양한 유가 화폐 형태의 것들도 있습니다만 옛날에는 토지와 노비, 가옥 등이 주된 재산의 내용이었습니다. 재산은 당연한 것이지만 가족 구성원 특히 부모가 노력하여 형성한 재화입니다. 재산은 가족이 공동으로 가지고 있습니다만 그 소유권은 특정인에게 있습니다. 국가에서도 이를 중심으로 세금을 거두는 것이라 하겠습니다.

재산은 자기 의지에 의해 소유권이 이전되기도 하고 혹은 법에 의해 강제되어 이전되기도 합니다. 그러나 중요한 것은 상속과 관련한 기본적인 인식은 상속을 통해 안전하게 부를 유지하거나 늘려야 한다는 것입니다. 따라서 가족의 구성은 상속에 의해 영향을 받을 수 있게 됩니다. 가족의 유대와 지속을 위한 동력이자 자원이기 때문입니다. 그렇다면 가족 유대의 유형적 자원인 재산의 상속은 어떻게 이루어졌는가를 살펴보겠습니다.

재산의 상속과 관련하여 우리는 크게 네 가지 유형으로 나눌 수 있습니다. 자녀 균분 상속, 자녀 차등 상속, 적장자 상속, 사회 환원 등입니다.

법정 상속분은 자녀 균분 상속을 원칙으로 합니다. 조선시대의 경우도 ≪경국대전≫에서는 균분 상속을 원칙으로 제시하였습니다. 예컨대 율곡 가문의 상속 문서인 분재기(分財記)를 살펴보면, 땅과 노비 등을 자녀들에게 골고루 나누어준 내용을 확인할 수 있습니다.

일반 상속 관행도 이와 크게 다르지 않았습니다만 서서히 변화가 눈에 띄게 나타납니다. 남귀여가혼에 따른 서류부가가 점차 친영과 시집살이로 바뀌고, ≪주자가례≫의 실천에 따라 가묘(家廟)의 설치와 적장자를 중심으로 하는 제사 계승권이 주장되기 시작합니다. 고려시대의 경우에도 재산이 아닌 지위의 상속과 관련해서는 적처 소생 장자, 즉 적장자가 그 상속에서 우선권을 가지고 있었습니다만 이 내용이 이제는 가족 내 나아가 친족 내에서의 중심축으로 자리하게 된 것입니다. 가문의 대를 이어야 한다는 것, 계승자 즉 종자(宗子)를 중심으로 제사가 치러져야 한다는 생각이 자리 잡기 시작하였던 것입니다.

광해군 원년의 기록이지만 부안 김씨 가문의 전후문서(傳後文書)의 내용은 이를 알게 해줍니다. 이 문서에서 세간의 양반가에서는 제사를 사위들에게 윤행시키고 있으나 친부가 아니어서 빠뜨리는 경우가 많으며, 제물이나 예가 정성과 공경함이 없으므로 가문의 후손들은 제사를 돌려 행하지 말 것이며, 이와 상관하여 딸에게는 아들에게 상속되는 양의 3분의 1을 주도록 할 것을 가훈으로 정하였습니다. 따라서 이를 본다면 제사를 모시는 일이 매우 중요한 계기가 되고 있다는 것이며 상당히 많은 사대부가에서도 부안 김씨 가문과 같은 이해를 지니고 있었던 것으로 보입니다.

제사 관행의 변화

위에서 언급한 바처럼 가족의 유대를 형성하는 또 하나의 요소는 조상에 대한 제사입니다. 오늘날에도 제사 때가 되면 직계가족이 모두 모여 제사 음식을 준비한 뒤 상을 차리고 예전에는 밤늦게 혹은 꼭두새벽에 제사를 지냈습니다. 7, 8살의 어린 아이들의 경우 밤늦도록 자지 않고 버티거나 자다가 일어난다는 것은 대단한 일이었습니다. 그러다 보니 제사 지내는 도중 절하다가 그냥 일어나지 못하는 일도 많았습니다. 요즘은 제사도 일찍 간편하게 지내는 것이 하나의 풍습이 되어 그러한 일은 줄었습니다.

보통 우리가 조상 제사인 기제(忌祭)를 지낼 때는 직계가족과 친지들이 둘러 모이면 앞에 나아가 먼저 향을 피우고 절을 하는 사람이 있습니다.

대개 누가 그 역할을 하느냐 하면 집안의 최연장자나 항렬이 높은 사람이 아니라 집안의 큰아들이 합니다. 종가집인 경우는 종손이라 부르고 그렇지 않은 경우는 대개 큰집 장손이라 부릅니다. 할머니나 할아버지는 특히 이 장손 혹은 종손을 지극히 아꼈고 집안의 모든 일에 앞서 장손을 내세웠습니다.

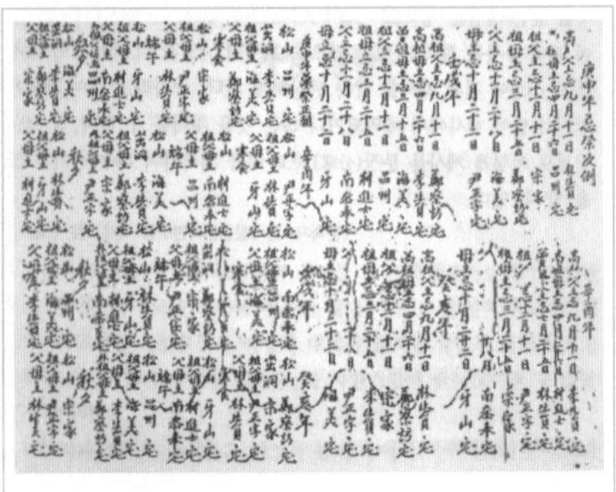

윤회봉사 자료(윤선도가). 조선시대 조상 제사를 번갈아가며 모시고 있었음을 보여준다.

제사를 지내는 공간도 큰집의 안방 혹은 종가집인 경우는 사당에서 올리게 됩니다. 이 때의 사당을 가묘(家廟)라고 부릅니다. 가묘에는 조상의 신주가 모셔져 집안의 가장 중요한 곳으로 여겨집니다. 가묘와 신주를 잘 모시고 집안의 대소사에 대해 고하는 사람이 바로 종손이고, 종손이 죽으면 그의 큰아들이 대를 잇게 됩니다. 종법(宗法)에 의한 적장자 계승이란 바로 이러한 계승을 두고 말하는 것입니다.

그러면 이렇게 사당을 두고 장손이자 종손이 대를 잇는다는 의식은 언제부터 나온 것일까요? 사실 고려시대나 조선 초까지만 하더라도 가묘라고 하는 사당은 일반화되지 않았습니다. 이에 따라서 적장자가 반드시 대를 이어야 한다는 의식도 그렇게 깊지 않았습니다.

고려시대만 하더라도 불교가 큰 영향력을 발휘하고 있었습니다. 제사의 의식은 불교식이었습니다. 불교식으로 장례를 지내고 나면 빈소를 절에 차리는 경우가 일반적이고 또는 화장을 해서 뼈를 묻고 영정과 위패는 불당에 모셔두는 장례의 절차가 있었습니다. 그런데 뼈를 모아서 장례를 지내는 기간은 일정하지 않았던 것 같습니다. 오늘날 서민들은 돌아가신 날부터 3일되는 날까지 해서 이 기간 동안에 매장을 하거나 화장을 합니다. 소위 삼일장을 치릅니다.

절에 제사를 모시는 경우 그 가족들은 재산을 균분 상속하였기 때문에 그 비용을 균분하여 냈습니다. 이럴 경우 굳이 적장자이니 대를 이어야 한다느니 하는 관념이 깊을 이유가 없습니다. 또 여기서 한 단계 더 나아가 집안에서 제사를 모시는 경우에도 큰아들 집에서 해야만 한다는 인식은 더더욱 약하였습니다. 그래서 균분하여 제사 비용을 냈듯이 자녀들이 돌아가면서 제사를 모셨던 것입니다. 이를 윤회봉사(輪回奉祀)라고 합니다.

윤회봉사는 오늘날의 입장에서 본다면 매우 합리적인 면이 있습니다. 현재의 우리 민법에서 상속에 대해 자녀 균분을 원칙으로 하는 만큼 그에 상응하는 제사를 모시는 것이 옳은 것이라고 할 수 있습니다. 그렇지만 우리의 사회적 관행은 큰아들 집에서 모셔야 한다는 것이기 때문에 아직은 어렵지만 서서히 바뀌어 가리라고 봅니다.

≪경국대전≫ 예전(禮典) 봉사(奉祀)조에 따르면 제사를 받드는 데에는 모든 신분층이 똑같이 행하였던 것만은 아니었습니다. 규정을 보면 문무관 6품 이상은 증조부모까지의 3대를, 7품 이하는 조부까지의 2대를 제사하고, 서민은 단지 부모만을 제사하도록 하였습니다. 그래서 ≪경국대전≫까지의 규정으로만 본다면 현재 우리가 지내는 제사의 상한인 고조부모까지의 제사는 당시에는 치러지지 않았다는 얘기가 됩니다.

요즘은 줄어들었지만 집안의 장손들은 장가들기 힘들다는 얘기가 많았었는데, 그 중요한 이유는 여자의 입장에서는 집안 어른들을 모셔야 한다는 것과 수많은 제사, 그리고 집안의 대소사를 챙겨야 하는 부담이 있어서였습니다. 전통 사회에서의 제사는 기제사(忌祭祀), 시제(時祭), 묘제(墓祭), 차례(茶禮) 등으로 나누어집니다. 요즘의 경우도 제사가 1년에 최소 10번 이상은 됩니다. 큰며느리가 되면 제사 음식 준비와 손님 접대, 그리고 뒷정리까지 해야 됩니다. 따라서 장손과 혼인을 꺼리는 풍속이 생겼던 것입니다.

제사를 지낼 종손은 봉사손(奉祀孫)이라고도 합니다. 앞서 언급하였듯이 윤회봉사가 치러질 경우 이것은 큰 의미가 없습니다만 종손, 즉 적장자 중심으로 제사가 고정될 경우 반드시 적장자가 있어야 한다는 전제가 생기게 됩니다. 일부일처제가 원칙이 되었을 경우 이것은 종종 장애에 부닥치게 됩니다. 딸만 낳고 아들이 없는 경우, 아들이 일찍 병사한 경우, 아예 자식이 없게 되는 경우 등이 그것입니다. 첩의 자식이나 외손, 형제, 조카는 공식적으로 그 역할을 할 수 없도록 정해졌습니다. 이렇게 되자 문서상의 아들을 만들어 해결하고자 하였습니다. 즉, 친혈육은 아니지만 한 항렬 아래 자손들 중 둘째나 셋째 아들을 양자로 들였던 것입니다. 이를 입후(立後)한다고 하였습니다.

≪경국대전≫에서는 입후하는 원칙을 제시하였습니다. 그 규정에서는 "적처와 첩에 모두 아들이 없는 자로 관에 신고하여 동종의 지자(支子)를 세워 뒤를 잇게 한다."고 하였습니다. 관에 신고할 때는 양가의 아버지가 하고, 아버지가 죽었으면 어머니가 신고함으로써 법적 공증을 받았습니다. 다만 존속과 형제 및 손자의 항렬은 입후할 수 없도록 하였습니다.

이렇게 되자 가족질서는 아들 중심이 되었고 여성은 아들을 낳는 존재로 인정을 받을 뿐 사회적 역할을 수행하는 독립적 주체로서 인정받지 못하게 되었습니다. 남녀차별, 남존여비라는 것이 이렇게 가족으로부터 나타나 사회적으로 확대되었다고 할 수 있겠습니다.

복제

유교 의례 과정에서는 상제례(喪祭禮)의 절차를 통해서 사자(死者)와 생자(生者)와의 관계를 상복(喪服)의 종류와 그것을 입는 기간을 설정해서 친소간의 의무와 형식을 갖추도록 유도합니다. 이것을 복제(服制)라고 합니다. 대표적인 것으로 주자(朱子)

의 오복도(五服圖)를 참조할 수 있습니다. 망자와 살아 있는 사람 간의 친밀도를 5단계로 구분하여 생자가 지켜야 할 의무를 규정한 것입니다. 상복을 입느냐 입지 않느냐에 따라 오복과 심상(心喪)으로도 구분합니다. 심상은 상복을 입지 않으나 애도하는 마음을 가지고 화려한 옷이나 연회, 혼인 등을 삼가는 것을 말합니다.

우리는 현재 장례를 대부분 병원 영안실에서 삼일장으로 치르고 있습니다. 또한 상갓집의 식구들은 상주를 비롯하여, 직계가족들이 병원 측에서 지급하는 획일화된 상복과 지팡이를 사용합니다. 그리고 상복을 입는 기간도 별로 상관치 않고 삼우제(三虞祭) 후 탈상하는 삼우탈상, 사십구일 후 탈상하는 사십구일탈상 그리고 백일탈상이라는 의례를 행하고 있습니다.

그렇지만 고려시대 이래로 복제와 그 기간은 부모에 대한 효와 망자와의 친소를 보여주며, 말 그대로 가족 및 친족의 관계를 상징적으로 보여주는 것이었습니다. 사실 고려시대 부모의 상에 대해서는 기본적으로 사대부의 경우 삼년상으로 정하였지만 서민들의 경우는 백일탈상으로 기본 원칙을 삼았습니다만 조선시대에 들어오면서는 보다 세밀하게 나누어집니다. ≪경국대전≫에서의 오복제와 함께 그 대강의 범위를 소개하면 다음과 같습니다.

제일 무거운 것은 망자의 아들이 행하는 참최(斬衰) 3년입니다. 물론 엄밀히 얘기하면 36개월이 아니라 25개월입니다. 즉, 돌아간 달부터 25개월 동안 자식은 참최복을 입고 다른 일은 모두 제쳐두고 돌아간 아버지를 향한 슬픔과 자식으로서의 효도를 실천해야 한다는 규정입니다. 아버지를 위해선 참최복 3년을 입고 어머니를 위해선 재최(齊衰) 또는 자최 3년을 입는다고 되어 있습니다.

참최(斬衰)에서 '참'이란 자른다는 것입니다. 그 상복은 굵고 거친 삼베로 만들며, 허리에 두르는 띠인 요질, 머리에 쓰는 띠인 수질을 착용합니다. 또한 행전을 치고 짚신을 신으며 대나무 지팡이를 짚도록 하였습니다. 다만 옷 끝을 너덜너덜하게 놓아두어 그 슬픔을 표시하였습니다. 재최에서의 상복의 베는 참최와 같습니다만 상복의 밑단을 꿰매며 지팡이는 오동나무나 버드나무로 하여 차이를 두었습니다. 이는 아버지의 상에 비해 덜 무거운 것을 상징합니다.

기년(朞年)의 경우 상기(喪期)는 1년이며, 자최와 그 상복이 같습니다. 그렇지만 경우에 따라 지팡이를 짚는 장기(杖朞)와 짚지 않는 부장기(不杖朞)로 나누어집니다.

대공(大功)은 상기가 9개월이며, 소공(小功)은 상기가 5개월입니다. 대공과 소공의 상복은 자최와 같습니다. 시마(緦麻)는 상기가 3개월로 오복 중 가장 가벼운 복제입니다. 상복은 평상시의 의복에 가까운 베를 사용하여 만들었습니다.

아버지가 죽었을 땐 대나무로 지팡이를 만들고, 어머니가 돌아갔을 땐 오동나무를 네모지게 만듭니다. 둥그런 대나무는 하늘을 상징하고, 네모난 것은 땅을 상징하는 것입니다. 지팡이를 의지할 정도로 깊은 애도를 구현할 것을 요구하는 것이 장기이고, 부장기란 부모상과 비교하여 가볍게 임상할 것을 말하는 것입니다.

이러한 오복제가 미치는 친족의 범위는 ≪경국대전≫ 예전 오복조에 규정되었습니다. 앞서 고려시대나 조선 초만 하더라도 모계 및 처계 친족도 매우 중요시되었다고 하였습니다만, 이 ≪경국대전≫의 단계에 이르러서는 전체적으로는 부계 중심적 논리가 강하게 반영되어 있는 것을 알 수 있습니다.

오복을 입는 친족의 범주를 유복친(有服親)이라고 합니다. 친족의 범주를 크게 본종(本宗), 외친(外親), 처친(妻親), 부족(夫族)으로 나눕니다. 본종이란 부계 친비속으로 직계 친척이라 할 수 있습니다. 외친은 모계 친속, 즉 외가 친속이 됩니다. 처친은 처의 친속을 말합니다. 부족은 남편의 친속입니다. 이를 본다면 조선시대 친족의 범주는 모계와 처계에 이르기까지 망라되어 있다고 할 수 있습니다. 하지만 그 내면을 보면 분명한 차이가 드러납니다.

본종이나 부족의 경우 참최 3년으로부터 시마 3개월에 이르기까지의 오복이 적용되는데, 외친은 소공과 시마로 외조부모에서 외사촌 형제자매에까지만 적용됩니다. 처친은 오직 처부모에 대해서만 시마복을 입도록 규정하고 있습니다. 처친의 나머지 친속에 대한 복제 규정은 없습니다.

정리하면, 조선시대의 오복제도와 유복친의 범주, 즉 법적으로나 관행적 친족의 범주는 본종의 8촌 이내를 중심으로 외가 쪽의 당형제자매, 처친으로는 처부모까지가 됩니다. 물론 현실에서 처가와 외가의 친족으로의 인지 범위는 더 넓었으리라 생각되지만, ≪경국대전≫의 규정에 의한다면 이처럼 친속의 범위는 부계 편중으로 정리되어 갔다고 하겠습니다.

음서제도

음서(蔭敍)는 조상 중에 고위직을 수행한 사람이 있으면 그 권위를 자손이 세습할 수 있도록 하는 것입니다. 그 수혜 대상자로는 아들이 있으면 괜찮지만 없을 경우엔 딸에게 갑니다. 즉, 사위나 외손에게 갑니다. 음서의 관행에서 남녀의 차별이 각별하지 않았다는 것입니다. 어쨌든 음서제도는 음직 전수를 통해 문벌을 형성하고 족당 세력을 만드는 중요한 역할을 함으로써 문벌 귀족사회의 형성 유지에 한 축을 담당한 것으로 알려져 있습니다.

≪경국대전≫ 이전(吏典) 취재(取才) 음자제(蔭子弟)조에서는 음서의 혜택을 받는 승음(承蔭)의 특전 범위가 고려시대보다는 상당히 축소됩니다. 규정을 보면, 공신 및 2품 이상의 자(子)・손(孫)・서(壻)・제(弟)・

질(姪)과 원종 공신의 경우는 자·손, 실직 3품인 자의 자·손, 이조·병조·도총부·사헌부·사간원·홍문관·부장(部將)·선전관(宣傳官)을 거친 자의 아들로서 나이가 20세 이상인 자에게 시험을 보게 하여 서용한다고 정하고 있습니다.

이러한 규정에서 보이는 특징은 승음의 대상이 남계의 자손으로 축소되고 여계 자손은 점차 배제되고 있다는 점입니다. 또한 남계의 자식이 없을 경우에도 생질이나 외손의 승음을 인정하지 않고 있습니다. 이것이 말해주는 것은 여러 차례 언급되고 있지만 모계나 처계와 같은 여계의 친족 범주가 줄어들고 남계 중심, 부계 중심의 사회 편성이라 하겠습니다.

상피제도

또 이와 같은 부계와 모계·처계의 양측적 친속관계가 반영되었던 것으로 상피제도(相避制度)가 있습니다. 상피란 서로 피해야 한다는 것입니다. 가까운 사람끼리는 같은 곳에서 일하지 못하게 하는 제도입니다. 요즘에는 부부가 같은 직장에서 일하는 경우도 있지만, 특히 고려시대에는 친족뿐만 아니라 외척간의 관계가 가까우면 같은 관청에서 근무할 수 없었습니다. 이것은 남자 계통뿐만 아니라 여자를 매개로 하는 사위, 외손, 처가, 외가 등의 용어가 조선 초기까지 상당히 작용하고 있었다는 것입니다.

≪경국대전≫ 이전(吏典) 상피조(相避條)에서는 이를 오복제의 친속 범주를 기준으로 규정하고 있습니다. 즉, 경관과 외관은 본종의 대공이상친(大功以上親) 및 여서(女壻)·손서(孫壻)·자매의 남편으로 하고 외친의 시마(緦麻 : 3개월복) 이상친, 그리고 처친의 부·조부·형제자매의 남편은 모두 상피한다고 정하고 있는 것입니다. 의정부나 의금부, 이조, 병조, 형조, 도총부, 한성부, 사헌부, 승정원, 장예원, 사간원, 종부시

등의 관서와 오위장, 겸사복장, 내금위장, 부장, 사관 등이 이 상피제도에 주로 적용을 받았습니다. 이를 본다면 정치 의결과 인사, 형률, 간관, 역사 기록 등 국정 운영과 관련한 중요 관서와 왕실 숙위와 관련한 장수의 직이 상피제도에 해당되는 것입니다.

근친혼과 동성혼의 금지

사실 동성동본 남녀의 혼인은 바람직한 것이 아닙니다. 생물학적으로도 바람직하지 않습니다. 이성(異姓)끼리 혼인해야 훌륭한 자손을 생산할 수 있습니다. 이것은 신의 섭리인 것 같습니다. 사실 우리가 어떤 것을 버리고 선택하는가의 문제도 있지만, 우리는 모든 현상과 더불어서 살아야 합니다. 바로 이것이 혼인 문제입니다. 물론 부모와의 관계도 중요하지만 먼 장래를 보았을 때에는 이성친과 혼인해서 살아야 합니다.

이러한 면에서 본다면 소위 성씨와 본관이 다른 '이성이본(異姓異本)'의 혼인이 절대적 추세로 여겨집니다. 그러나 과거의 혼인은 결코 이러한 면만 있지는 않았습니다. 즉, 동성동본혼만이 아니라 근친혼도 금기시되지 않았다는 것입니다. 사실 오늘날에도 간혹 뉴스에서 결혼식을 올리지도 못하고 혼인신고도 못한 부부들에게 결혼 및 혼인신고의 기회를 줍니다. 이들의 경우 경제적 사정으로 하지 못한 바도 있지만 그 내면에는 동성동본의 부부였기 때문에 가족 및 친족들에게 인정받지 못한 사람들도 많았던 것입니다.

역사적으로 이를 살펴봅시다. 신라 골품제 사회에서는 같은 골품끼리 혼인이 가능하였지만, 혼인의 범주를 너무 좁히고 있었기 때문에 사실상 골품제 사회가 더 이상 활성화되지 못하고 침체된 것입니다. 더 정확히 얘기하면 근친혼의 활성화로 인하여 골품제가 붕괴된 것입니다. 알다시피 장보고가 나중에 상당한 세력을 얻고 신라 왕실과 혼인하고

자 하였으나 결국 제거되고 말았습니다. 이 정도로 신라 사회는 동급 신분끼리 혼인을 고집하고 있었습니다. 그러나 역사가 발전되면서 점차 상층 신분층의 혼인의 범위가 점차 넓어졌습니다.

고려시대에는 왕실에도 근친혼이 있었습니다. 동성동본의 혼인이 있지만, 실제 기록상에는 성은 같지만 본은 다르게 서류를 꾸미기도 하였습니다. 그러나 고려 후기에는 근친혼과 함께 동성혼을 금지하고 있습니다. 의종 대에 고(姑), 당고(堂姑), 당질녀(堂姪女), 형제의 여와 혼인하는 것이 처음으로 금해졌고 충렬왕 대에는 외가 4촌과의 혼인이 금지되었습니다. 충선왕 대에는 왕실과 양반의 동성불혼에 관한 금령(禁令)의 교(敎)가 내려졌습니다.

이것은 중국의 법제에서 온 영향이라고 볼 수 있으며 조선 초기부터는 금지의 농도가 강화되었습니다. 조선시대에 들어와서는 세종 대에 동성이더라도 본이 다른 동성이본혼(同姓異本婚)까지도 금지하도록 하였다는 것을 본다면, 동성동본은 금혼하였지만 동성이본혼은 있었던 것을 말해줍니다. 세종 대에는 왕실에서부터 본이 다른 이씨 간의 혼인을 금함으로써 모범을 보이고자 하였습니다.

사실 이러한 모습들은 현재에까지 영향을 주고 있습니다. 동성동본혼에 대한 금기시는 이를 반영해줍니다. 그렇지만 동성이본의 경우는 크게 개의치 않고 혼인이 이루어집니다. 당연히 근친혼은 금기시되고 있습니다. 그리고 조선시대에 오면 양반의 성씨 범주가 상호 혼인권으로 확산되었다고 하겠습니다.

족보의 편찬

현재 우리나라 사람들은 거의 모두 성과 본관을 쓰고 있습니다. 현재 성은 250여 종이고 본관은 1,000이 넘는 것으로 알려져 있습니다. 본래 성은 시조를 중심으로 하는 동계

혈족 집단의 명칭을 의미하고, 씨는 같은 성 중에서 지역에 따라 분파된 족속입니다. 그런데 족보라는 것이 만들어지기 위해서는 위에서 언급하였듯이 본관이 있어야 합니다. 우리나라에서 성과 본관이 정해지는 것은 고려 초기 이른바 '토성분정(土姓分定)' 이후라고 할 수 있습니다. 토성분정이란 고려왕조에서 지방의 호족 출신에게 성을 내려주는 사성(賜姓)과 군현제를 조정하면서 군현에 성을 나누어 정한 것을 말합니다. 이 결과로 안동 권씨나 청주 한씨, 경주 김씨 등 지역과 성이 합쳐진 형태의 본관과 성이 완성된 것입니다.

이처럼 혈통의 계보를 시조와 성씨, 본관을 통해 나름대로 정리하였던 것이 고려시대입니다. 이를 족보의 형태로 만들어 가문의 승계 및 계통, 가문의 범위와 가문의식 등을 밝히고자 하여 만들어진 것이 족보라고 할 수 있습니다. 족보의 서문에 편찬 목적을 '존조목족(尊祖睦族)'이라 한 것은 매우 원론적 목적이라 할 수 있는데 소위 명문가임을 차별화하기 위한 것이 반영되었다고 이해됩니다. 이러한 속에서 족보의 편찬이 본격적으로 이루어지기 시작하였습니다. 바로 조선시대 왕실 족보가 편찬되면서 이것이 양반 사회에 파급되었던 것은 이 같은 이해 때문이라고 할 수 있습니다.

왕실의 족보는 일찍부터 만들어졌고 특히 다른 성씨의 족보와는 다르게 '선원보(璿源譜)'라고 하였습니다. 지금 남아 있는 조선 왕실의 ≪선원록(璿源錄)≫은 숙종 때 만들어진 것입니다. 숙종 대에 오면 조선 왕실의 혈손이 적어져 왕실과 종실의 구성원을 확충하기 위해 이를 정리하였기 때문입니다. 그래서 그 윗대 왕실의 혈손들을 정리한 것입니다. 이것이 바로 ≪선원록≫입니다.

일반 양반들은 이를 '족보(族譜)'라고 하였습니다. 대동보(大同譜)도 역시 마찬가지입니다. 현재까지 우리나라의 가장 오래된 족보 그리고 가장 많은 양의 족보를 보관하고 있는 곳이 어디인가 하면 바로 미국

하버드 대학 도서관입니다. 작고한 와그너 교수는 우리나라 족보와 과거 시험 합격자 목록 — 방목(榜目)이라고 하는데 — 을 분석하여 우리나라 양반 사회의 내용을 상당히 재미있게

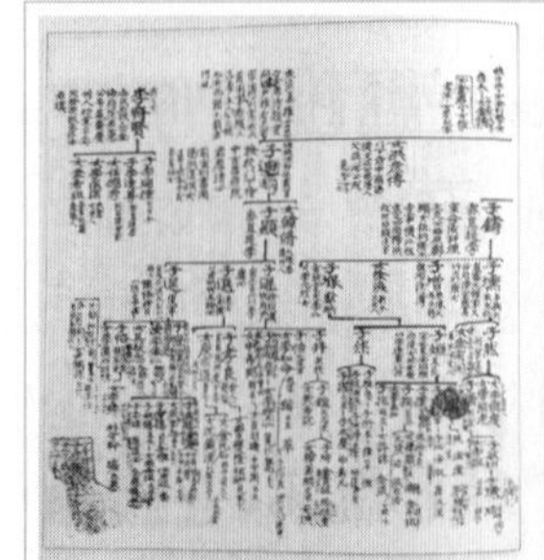
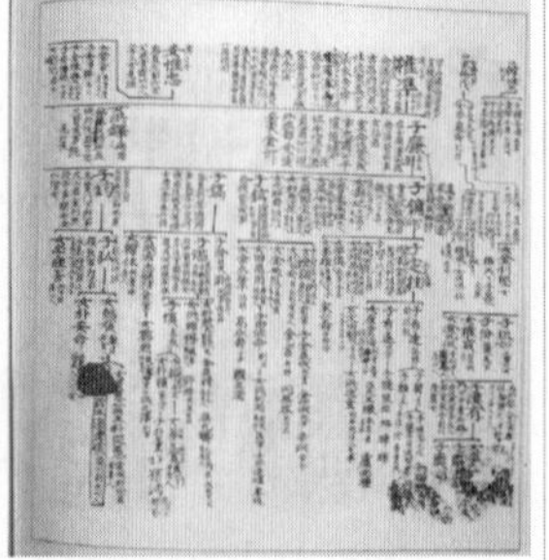
안동 권씨 세계도.(≪씨족원류≫ 중에서)

소개한 바 있습니다. 방목에는 두 가지가 있습니다. ≪문과 방목≫과 ≪사마방목≫입니다. ≪문과 방목≫은 대과에 합격한 사람의 정보를 담고, ≪사마방목≫에는 생원 진사시에 합격한 사람들의 정보를 기록하고 있습니다.

이런 방목과 족보를 많이 수집하였는데, 지금 남아 있는 것 가운데 가장 오래된 것으로 문화 유씨의 ≪영락보(永樂譜)≫가 있습니다. 영락 연간에 만들어졌다는 족보입니다. 1423년에 만들어졌습니다. 그밖에 15세기에 간행된 족보로 안동 권씨 가문의 것이 있습니다(≪안동권씨성화보(安東權氏成化譜)≫). 문화 유씨의 후손에 누가 있는가 하면 안동 하회마을 출신으로 임진왜란 때 재상을 지낸 유성룡이 그 집안입니다.

이러한 초기 족보를 보면 기재 방식에 있어 특징이 나타납니다. 그 기록 방식 등을 보면 시기에 따라 차이를 보입니다. 조선 초기의 족보는 자녀의 출생순으로 기재하고 있었습니다. 첫째가 딸이면 딸부터 적었습니다. 그러나 17세기를 기점으로 해서는 아들을 먼저 기록하고 있습니다. 그리고 여자는 이름도 없습니다. 그냥 아무개 성씨에게 시집갔다고 표현합니다. 조선 초기에는 사위의 성과 이름을 모두 기록하였습니다. 서자의 경우는 뒤에 기록하여 표시하였습니다.

조선 초기 양반 거족으로 알려져 있는 여러 성씨들은 족보를 통해서

자기 성씨의 유대를 강화하였습니다. 족보는 사실 사문서(私文書)입니다. 사회 신분과 연계되는 공식 문서는 호적입니다. 호적은 국가가 관리하고 있는 자료이고, 족보는 자기 성씨 친족 집단의 인적 사항을 배타적으로 정리해 둔 것입니다. 이런 배타적 혼인관계가 조선시대 신분제도의 구조적 특징으로 족보에 남겨져 있는 것입니다. 그런데 앞서 얘기하였듯이 족보도 18세기 이후가 되면 완전히 남자 중심으로 편성하고 입후하는 정보를 싣고 있습니다.

문화 유씨의 족보와 방목을 가지고 연구한 결과, 문화 유씨 족보 안에는 조선 초기 과거에 합격한 사람들의 70%가 등재되어 있었다고 합니다. 즉, 문화 유씨가 혼인한 여러 상대 성씨를 포함한 상류 신분층에서 당시 과거 대과에 합격한 70%가 확인되고 있다는 것입니다. 조선 초기 대과에 합격한 인물의 70%가 문화 유씨와 그 외가 사위, 사돈집에서 합격자를 배출하였다는 것입니다. 문화 유씨 족보에는 외조는 말할 것도 없이 외손까지 기록되어 있습니다. 그러다가 17, 8세기가 되면 완전히 부계 중심의 사회가 됩니다. 결국 조선 양반 신분층에 종법제도(宗法制度)가 정착된 것입니다.

7장

왕실 및 국가 재정

호조 및 각종 재정 관서

재정에 관한 기초 자료 또한 ≪경국대전≫이라 하겠습니다. ≪경국대전≫에 의하면 재정과 관련된 가장 큰 기구는 호조입니다. 국가의 재원을 총괄하는 기구입니다. 그러나 호조 이외 다른 기구들도 있습니다.

≪경국대전≫에 의하면, 호조는 호구(戶口)·공부(貢賦)·양전(量田)·식화(食貨)에 관한 일을 관장하는 것으로 되어 있습니다. 그리고 그 예하에는 작은 부서들이 예속되어 있습니다. 호구란 인구의 동태를 파악하는 것입니다. 호구는 곧 이 시기 국가의 재원입니다. 조선시대의 호구조사란 경제적인 능력을 가진 백성을 파악하는 것이지 자연적인 인구를 파악하는 경우는 거의 없습니다. 공부는 특정 물품을 나라에서 부세하는 것으로 상공(常貢)과 별공(別貢)을 지칭하는 것입니다. 양전은 토지와 조세를 의미하는 것으로 양전과 전세를 관장하는 것입니다. 식화는 산업상의 재화를 의미하는 것으로 농업·수공업·광업·상업 등의

생산 활동을 관장하는 것으로 규정하고 있습니다.

호조가 중심이 되어 국가재정을 관장하지만 이외에도 다른 부서가 있습니다. 이조 소관의 내수사(內需司)로 왕실 살림살이 전반을 관장하는 기구가 있습니다. 호조의 통제 밖에서 왕실의 재정을 담당하였습니다. 이밖에 또 예조 소관의 봉상시·교서감·관상감, 병조의 소관 부서인 군기시, 공조의 소관인 장예원, 지방의 감영과 수영 등이 있습니다. 호조 이외에도 이조, 예조, 병조 등에 부속된 관청도 세금을 거두어들였습니다. ≪경국대전≫에 관할 내용이 자세히 등재되어 있습니다.

이를테면 광흥창이란 관청은 모든 관리의 녹봉을 책임졌습니다. 또 시전을 단속하는 기구로 평시서가 있습니다. 이렇게 구체적인 기능을 표시하고 있는 것이 ≪경국대전≫입니다.

왕조의 재정은 세금의 형태로만 이루어지는 것이 아닙니다. 역의 형태로도 세를 받았습니다. 역은 노동력 수취입니다. 군역이 변하여 재정원으로 됩니다. 뿐만 아니라 요역은 역 그 자체로 국가가 필요로 하는 노동력을 대신하는 것입니다. 역역은 민호를 대상으로 징발합니다. 역에는 기본적으로 신역(身役)이 있고, 노동의 형태인 잡역(雜役)이 있습니다. 전체적인 차원에서 국가재정 관할은 호조를 중심으로 일원화되어 있는 것이 아니라 다분화되어 있었으며, 우리가 여기서 유의할 것은 왕실 재정과 국가재정이 엄격하게 구분되지 않았다는 점입니다.

횡간과 공안

중앙 재정을 어떻게 기안하였는가를 보겠습니다. 현재는 수입 지출 계획인 예산안을 기획재정부에서 짭니다. 즉, 기획재정부에서 다음 해의 재정 규모를 생각하면서 지출을 기획하여 기획안을 짭니다. 그리고 국회에서의 비준을 거치면서 계수 조정이 있게 됩니다. 물론 사용 후에는 예산·결산에 대해 국회의 의결과 감사를 받습니다. 이것이 현재 우리 사회에서의 재정 운영의 큰 시스템이라 할 수 있습니다.

조선시대에는 세입을 먼저 계산하였습니다. 세입 중 가장 비중이 큰 것은 전세 수입입니다. 그리고 신역과 공물입니다. 신역은 신분에 따른 역이고, 공물은 물품 그 자체를 국가 수요에 따라 생산자로부터 수세하는 것입니다. 이것은 전통적인 유교 문화권의 부세 원칙인 조·용·조의 기저 위에서 설정되어 부세된 것으로 볼 수 있습니다. 조선 후기에 가면 환곡이 주요 재원의 항목이 됩니다. 국가가 일반 농민에게 곡물을 대여해 주었다가 이자를 붙여서 거두어들이는 것입니다. 그 이자를 국가 재원으로 썼습니다.

호전에 '모든 경비는 횡간(橫看)과 공안(貢案)을 사용한다.'라고 하여 국용 전반의 세입 세출의 경상비용을 횡간, 즉 중앙 관사의 경상비 명세장부에 의거하도록 하였습니다. 공안은 중앙 경상비 확보를 위해 각 지방으로부터 거두어들이는 공부 세입을 기록한 수입 예산표의 틀을 가리킵니다. 여기에는 전세를 비롯해서 각종 부역, 공물, 진상, 어세, 염세, 선세, 공장세, 심지어 노비신공(奴婢身貢)에 이르기까지 기재되었습니다. 공안의 내용 중에는 공물, 진상, 잡세와 같이 한번 정해지면 액수가 고정되는 것도 있지만, 전세와 같이 연분법에 따라서 수세액이 변화되는 것도 있습니다. 전세는 풍흉에 따라서 가감이 됩니다. 그리고 3년마다 고쳐지는 것도 있습니다. 이를테면 노비신공이나 무격세(巫覡稅 : 무당세)가 그렇습니다.

공안 작성의 중요한 근거는 토지와 인구입니다. 토지는 양안으로 정리되고 20년마다 정리되며, 인구는 호적에 정리되고 3년마다 개정됩니다. 그런데 규정대로 반드시 되는 것이 아닙니다. 즉, 반드시 새로운 근거에 의해 개정되는 것이 아니라 앞선 자료를 그대로 이용하기 때문에 현실과 맞지 않는 부분이 상당히 많아지게 되었습니다. 그래서 결국 국가의 경비는 공안에 측정된 액수의 범위 내에서 결정됩니다.

그런데 점차 공안의 액수가 축소됩니다. 세조 10년에 공안에 대한 개정을 단행해서 크게 삭감하였습니다. 이른바 세조 10년의 세출 예산표라고 하는 횡간(橫看)이 만들어집니다. 이건 상당히 중요한 것입니다. 이 때 경비의 식례가 만들어졌습니다. 다시 말하면 고려시대 이래 조선 초기까지 거두어들이는 규정은 있었으나 세출의 규정이 없었는데, 세조 대에 들어 경상비를 정하고 이것을 토대로 공안을 다시 제정하였고 이후 삭감하는 과정을 거쳤습니다. 이것은 성종 대에 다시 개정됩니다. 실제로 세종 때의 공안을 1로 본다면 세조 때는 2/3로, 성종 때는 1/3로 줄었습니다. 절약된 재정 규모가 연산군 대 다시 증액됩니다. 이것이 조선 후기까지 유지됩니다.

세입과 세출

한편 국가와 왕실의 재정이 어땠는가를 보아야 할 것입니다. 중앙의 세입 재원은 부세(賦稅), 즉 세금입니다. 전세, 역, 공물, 그리고 어염세, 광업세, 임업세, 공상세, 선세 등으로 나누어집니다. 조선 후기에는 환곡이 국가 재원의 일부가 됩니다. 세출은 국용, 녹봉, 군자, 의창, 의료 등이 중요 항목입니다.

세금을 거두는 수세의 시기는 1년에 한 번, 11월 초부터 경창으로 조세곡을 조운에 의해 수송하는데 그 이듬해 6월까지 납부를 마칩니다. 평안, 함경은 그대로 놔두어 군자로 충당하였습니다. 서울의 조세 창고인 경창으로 집결하는 조운에 조세곡의 경우 본세인 전세곡뿐만 아니라 부가되는 세곡이 있습니다. 이것이 만만치가 않습니다. 조운으로 조세곡을 옮기는데 각 지방의 농민들이 요역의 형태로 그 운반에 동원됩니다. 여러 형태의 부가세가 있는데, 조를 부담하는 전객은 실제로 쌀 한 섬, 15두가 아니라 전세곡과 부가세를 합쳐 23두나 24두를 내야 하였습니다.

그래서 1결당 납부액을 계산하면 실제 소요는 30두가 아니라 48두까지 냈다고 하겠습니다.

앞에서 어염세라고 하였는데, 어염세는 어장과 염전에 대한 세금입니다. 어장도 등급을 매겨 세를 거두어서 지방의 경비로 쓰기도 하고, 일정한 기간을 주어서 일반 가난한 백성에게 개방하기도 합니다. 고기를 맘대로 잡아먹으라는 것입니다. 소금도 세를 거두고, 소금을 매각해서 군자에 보충하기도 하였습니다. 당시 소금의 가치는 소금 두 말을 쌀 한 말로 계산하였다는 기록으로도 알 수 있습니다. 광업도 원래는 정부가 경영하였지만, 민간에게도 허가해서 과세하였습니다. 원래 산림은 국가 소유이고 채벌은 원칙적으로 금해졌습니다. 공장세(工匠稅)는 수공업 기술자들의 세를 가리키는 것입니다. 선박에 대한 과세를 선세(船稅) 또는 해세(海稅)라고 해서 양반층이 이권으로 여겼습니다.

그 다음 세출 항목을 봅시다. 국가의 세출로 중요한 것은 녹봉(祿俸), 군자(軍資), 의창(義倉)이고 국용 중의 제사 비용도 상당한 부분을 차지하였습니다. 조선시대에는 의례가 빈번하게 치러졌는데 그 비용이 엄청나게 많았습니다.

우선 녹봉에 대해 알아보면, 녹봉에는 녹, 봉, 료의 구분이 있습니다. 녹은 정월로부터 시작하여 3개월마다 관료에게 주는 급료입니다. 1년이 열 두 달이니 네 번을 주는 것입니다. 봉은 월단위로 주는 것이고, 료는 일당입니다. 녹봉을 받는 경우는 동반직의 경우엔 정직(定職)에는 과록으로 주는 것이 있고, 특이한 것으로 체아직(遞兒職)에는 체아록(遞兒祿)이라는 것이 있습니다. '체아'란 글자 그대로를 해석하면 아이를 교체한다는 것인데, 이를테면 티오라는 것이 있습니다. 어느 직장은 과장이 두 명이다, 대리는 세 명이다 이런 식으로 되어 있습니다. 실제로 이렇게 구성되어 있으면 괜찮은데, 과장 자리는 두 명인데 과장될 사람이 세 명이고 내쫓을 사람이 없으면, 두 명의 월급을 가지고 세 명이 나누어

갖습니다. 근무 월수도 일년 내내 근무하는 것이 아니라 세 명이 나누어 합니다. 그래서 '체아'란 사람을 바꾼다는 것입니다.

원래 녹봉제는 서울, 경관직에만 지급되었습니다. 그런데 조선시대에 적은 재정을 가지고 많은 사람을 쓸 때는 이런 형식으로 교대를 해서 녹봉을 분배하는 경우가 있고, 겸직제도가 있습니다. 즉, 한 사람이 여러 직함을 갖고 봉사를 하도록 하는 것입니다. 이것이 녹봉제에도 반영이 되는데, 이를테면 관찰사는 분명히 지방직입니다만 관찰사에게 녹봉이 지급됩니다. 관찰사는 지방직을 갖지만 한편으로는 중앙직을 겸임하는 겸관직이기 때문에 녹봉을 받는 것입니다.

≪경국대전≫에 보면 정 1품에서 종 9품에 이르기까지 녹봉의 액수가 자세하게 기록되어 있습니다. 앞서 잠시 언급하였지만 녹봉의 재원은 광흥창에서 확보하여 녹봉을 분급하였습니다. 광흥창은 호조의 예속 관청입니다. 그런데 광흥창의 재원이 부족하면 군자곡을 빌려다 녹봉으로 썼습니다. 세종 27년에 이르러서는 각 관청의 독립 운영을 폐지하고 국가 전체의 비용을 한꺼번에 쓰는 국용전제(國用田制)를 이용합니다. 즉, 통합적인 국가재정 체계로 간다는 것입니다.

그 전에는 녹봉을 위해서만 세금을 걷고 그 세금 한도 내에서 녹봉을 지출하고, 또 어떤 곳에서는 국가 제사를 위해 거두어들이는 재원이 있었습니다. 이것은 특수 목적, 이를테면 교육이나 교통을 위한 세금을 거두어서 거기에 썼던 것을 세종 27년에 들어서 각각 나누어져 있는 재원 운영 방식을 철폐하고 통합적인 국가재정 체계로 간 것을 말합니다.

그래서 건국 초 녹봉의 총액은 1년에 10만에서 12만 석으로, 세조·성종 때는 14만 석으로 되어 있습니다. 그런데 성종 때 전세는 26만 석 내지 27만 석으로 집계되어 있는데, 그 중에 14만 석이 녹봉 인건비라고 되어 있습니다. 그밖에 군량미, 즉 군자와 흉년을 대비하기 위한 예비 재원이 있어야 하지 않습니까? 그래서 옛날엔 나라에 3년의 비축이 없으면 나라다운 나라가 아니라는 얘기가 있습니다. 군대와 백성이 먹을 수 있는 재정이 있어야 한다는 것입니다. 그래서 3년 묵은쌀을 먹는 것입니다. 새것은 보관합니다. 옛날엔 부잣집에 가면 썩은 쌀로 밥 해먹고 조석 끼니를 때운다고 하였습니다. 부잣집 하인들은 변질된 곡식을 먹었습니다. 그러나 일반 서민은 햇곡식으로 그때그때 있으면 먹고 없으면 굶고 그랬던 것입니다.

앞에서 얘기하였듯이 군사 비용으로 되어 있는 것이 국용전제 시행 전에는 10만 석이었는데 그 이후에는 모든 재원이 통합됩니다. 통합 과정에서 국가가 사용하다 남은 것은 모두 군자전(軍資田)으로 편입됩니다. 군자의 비축미가 어느 정도냐 하면, 세종 때는 20만 석, 세조 때는 90만 석으로 되고 성종 때는 50만 석을 비축한 것으로 기록되어 있습니다.

한편, 조선 정부는 혜민서·활인서 등의 의료기관을 두어서 궁중 및 민간 의료 업무를 담당하였는데, 그 경비도 국가재정에서 지급합니다. 경비의 대부분은 약재값입니다. 중국에서 수입하는 약재 그리고 향약재는 곡물과 진상으로 충당됩니다. 이러한 국가재정의 공급처가 대략 밝혀져 있는데, 왕실 재정과는 구별이 확실하지 않기 때문에 논란의 여지는 있습니다. 공적인 측면에서 보면 왕실 수조지는 국가재정으로 볼 수 있고, 사적인 측면에서는 왕실이 내수사 장리(長利)를 운영하고 사적인 노비 사역을 하기도 하였습니다.

왕실 재정과 내수사

국가와 왕실의 재정이 혼재되어 있었다는 얘기를 하였습니다. 그러나 세종 27년에 가면 국용전제(國用田制)라고 하는 일대 전환이 있었고, 세조 대에는 횡간(橫看)으로 지출체제가 정리되며, 공안(貢案)이라는 제도에 의해서 국가가 필요로 하는 재원을 한 곳에 모았습니다. 이렇게 하여 성종 대에 가면 건국 초보다 지출이 1/3로 줄어들었다는 얘기를 하였습니다.

조선 전기에는 왕실의 재정을 관리하는 내수사라는 기구가 모든 것을 대변하고 방어벽이 쳐집니다. 다른 기관의 간섭이 배제되는 것입니다. 점차 내수사 점유지가 늘어나고 장리(長利)를 함과 동시에 노비를 투입해서 경영 농지를 넓히는데, 그 수익을 왕자나 공주가 독립할 때 떼어주었습니다. 왕실에서는 불사(佛事)나 하사금 등 특수 비용을 충당할 때 그 재원을 내수사에서 모은 돈으로 하였습니다. 이처럼 왕실 재정이 사적으로 운영되는 면이 많았습니다.

내수사 장리는 조선 중기에 가면 비판의 표적이 되고 있습니다. 어떻게 왕실이 농민을 상대로 이자놀이를 해서 부를 축적하느냐는 것입니다. 양반 관료들은 내수사의 비리에 대해 거침없이 비판을 가합니다. 왕조실록이나 여타 자료에 잘 나타나 있습니다. 결국 중종 이후에는 때때로 내수사 농장이나 장리가 혁파되거나 축소되곤 합니다.

내수사 노비는 왕실에 예속된 노비를 말합니다. 왕실은 내수사의 노비 사역을 통해서 왕실의 사적 재정을 관리하고 증가시켰습니다. 문제는 내수사가 왕실이라는 정치적 배경을 갖고 있어 내수사 소속 노비를 정부가 함부로 통제할 수 없었다는 것입니다. 그렇지만 강력한 양반 관료층의 비판으로 내수사의 활동은 위축되었고 대신 선조 이후 왕실은 궁방전(宮房田) 경영으로 전환하게 됩니다.

지방 재정의 확보

국가재정의 다음 중요한 대목은 지방 재정입니다. 조선시대 지방의 공공기관으로 8도의 감영이 있고, 그 예하에 주・부・군・현이 있었습니다. 각 도에는 병영과 수영이 있습니다. 각 도로와 수로의 요소에 역・진・원・참・도가 있습니다. 역이나

원은 육로에, 참은 요새지이고, 진과 도는 나루입니다. 이런 기구가 조선시대 지방행정을 관장하는 기구인데, 이를 운영하는 데 필요한 재원 마련은 어떻게 하였느냐가 지방 재정의 요점입니다. 여기서도 결국 토지에 의한 재원 마련이 근간이 되고 있습니다.

토지의 명목은 대개 세 가지로 나뉩니다. 첫째가 아록전(衙祿田), 둘째가 공수전(公須田), 세 번째가 관둔전(官屯田)입니다. 물론 이밖에 위전(位田)이 있습니다. 재정 수요를 충당하는 명목의 토지가 이렇게 나뉘어졌다는 것입니다. 지방 관리의 녹봉을 지급하는 토지가 아록전, 손님을 접대하고 공공 비용을 마련하는 판공비를 대는 것이 공수전, 그밖에 지방 관아의 부족한 경비를 대주는 토지가 관둔전입니다. 도나 주 · 부 · 군 · 현에는 위 세 가지의 토지가 지급되고, 역 · 원 · 참 · 진 · 도에는 나름대로 다른 토지가 있는데 대개 공수전이나 관둔전의 범주에 들어가는 토지가 지급되어, 이를 경영하여 나오는 수입으로 경비를 충당하였습니다.

아록전과 공수전은 민전 수세지입니다만 관둔전은 그렇지 않습니다. 민전의 경우 그 토지 소유자는 일반 백성입니다. 관둔전은 해당 관청에서 관노비와 인근 백성의 노동에 의해서 직접 경작하는, 즉 자경무세지(自耕無稅地)입니다.

지방 향리는 봉급을 어떻게 받을까요? 초기에는 인리위전(人吏位田)이라는 것이 지급되었습니다. 위전은 특수 명목의 지출을 위한 재원 마련용 토지입니다. 인리위전은 향리들의 봉급 지출을 위한 토지인데, 세종 27년 국용전제가 되는 과정에서 인리위전이 없어집니다. 공식적으로는 향리에 대한 봉급이 폐지되었습니다. 그래서 향리들은 관청의 권위를 빙자해서 농민을 위협하거나 경리 부정을 통해서 이득을 취한 것으로 나타납니다. 그런데 여기서 특이한 사항이 있는데, 평안도와 함경도에는 향리가 아니라 토관(土官)이라는 관리가 있습니다. 남쪽 6도의 향리와 신분이 유사합니다.

우리가 또 지방 재정 분야에서 알아야 할 것은 '해유(解由)'라고 하는 용어입니다. 수령이 교대하면서 그 고을의 지출 수입 내용을 인수인계하는 것입니다. 창고에 어느 정도의 세곡이 있다, 어느 정도의 특수 물품이 있다 등 물품의 출납 보관 상태를 확인하는 인수인계서라고 하겠습니다.

지방관청의 수입이 되는 공물이 따로 되어 있습니다. 바로 '향공(鄕貢)'입니다. 지방관청에 들이는 생산물입니다. 예를 들면 기름, 꿀, 종이, 땔나무, 꿩, 닭 등이 있습니다. 그밖에 소금세, 어세 등이 지방의 재원입니다.

환곡제도는 조선 후기가 되면 많은 문제를 일으킵니다. 환곡이란 원래 가난한 백성을 돕기 위해 곡식을 빌려주는 의창제도로부터 시작된 것인데 여기에서 발생하는 이자를 지방이나 중앙 관청에서 재정의 수입원으로 만들면서 후기 사회에서 이 부분이 차지하는 비중이 커지자 소위 삼정(三政)의 하나로 등장하게 됩니다.

또 신역 중에는 군역이 있습니다. 군역은 원래 실제로 군사로 복무해야 하지만 중종 이후가 되면 군사로 복무하는 것이 아니라 방군수포라는 형태로 군역에서 풀어주고 대신 신포(身布)를 거둡니다. 군역대신 군포로 대신하는 것을 말합니다. 이 역시 지방의 재원이 됩니다.

사실 중앙정부에서 임명하는 수령의 주요 책무 중의 하나는 부세를 거두어 중앙으로 보내는 것입니다. 수령들은 향리의 도움을 받아서 조세를 중앙에 올려 보냅니다. 북쪽의 함경도와 평안도 경우에는 토관이 이 기능을 하였습니다. 부세곡의 징세를 책임지는 자는 바로 수령들입니다. 수령은 생산 활동을 하는 농민을 독려하여 부세를 수세하는데 여기서 향리의 도움을 받게 됩니다. 수령은 향리들의 협력이 절대적으로 필요하였고 이 과정에서 향리 아전의 비리가 있었습니다.

여기에서 확인되는 것은 조선시대 행정 체계가 원칙적으로는 상당히 균형을 이루었지만 그 안에서 활동하고 있는 관리들의 비리와 탐욕에 의해서 생산을 담당한 농민들의 고통이 상당히 심화될 수 있었다는 것입니다. 여기서 왕조적 지배 체제가 역사적 비판을 받으면서 새로운 변화를 맞게 되는 배경이 되었다고 보게 됩니다.

공전과 사전

현재 우리 세대에서도 국가가 세금 수취를 공정하게 운영하는가에 따라서 사회적 불만을 조정할 수 있습니다. 현재에는 돈 많은 사람에게는 세금을 많이, 적은 사람에게는 세금을 적게 매깁니다. 없는 사람은 세금을 내지 않을 뿐만 아니라 국가로부터 도움을 받기까지 합니다.

조선시대에는 토지에 대한 조세가 부세의 기본이 됩니다. 그 중 조와 세를 구분하고 있다는 점이 특이합니다. 사실 농업 생산은 일년에 한 번 수확할 뿐이고, 그 수확량은 풍흉에 따라서 달라질 수 있습니다. 국가가 그 변수를 어떻게 집계하였고 대응하였는가가 세제 운영의 중요한 대목이 됩니다.

우선 과전법에서는 조세의 귀속에 따라 공전(公田)과 사전(私田)으로 나눕니다. 공전과 사전의 개념은 이렇습니다. 과전법 하에서 공전은 토지의 소유권적 개념이 아니라 토지의 조와 세가 국가로 귀속되는 토지입니다. 토지의 조세가 개인에게 돌아가는 것이 사전입니다. 이를테면 일반 관리에게 지급된 토지인 과전은 사전입니다. 이처럼 그 조세가 국가의 창고로 가느냐 개인의 창고에 가느냐에 따라서 공사전으로 구분됩니다. 그런데 세를 물지 않는 곳이 있습니다. 공신전(功臣田), 공해전(公廨田), 능침전(陵寢田), 창고전(倉庫田)입니다.

공사전을 막론하고 수조자에게 바치는 조는 수전(水田 : 논)이면 1결당 쌀 30두로 되어 있습니다. 한전〔밭〕은 잡곡 30두입니다. 그리고 공사전을 막론하고 세를 국가에 바치는데 논이면 1결당 백미 2두를, 밭이면 황두〔콩〕 2두입니다. 백미는 벼의 껍질을 제거한 쌀입니다.

조선시대에는 풍년과 흉년을 10등급으로 나누어서 벼의 수확이 1/10로 감소되면 조도 1/10로 감소시켰습니다. 수확이 8/10로 감소되면 조세를 면제합니다. 이러한 풍흉에 따른 작황을 가늠하는 기준이 있어야 하지 않습니까? 그 핵심적인 기능을 수행하는 사람이 수령입니다. 수령이 일일이 전지의 부세액을 정하게 됩니다.

임의성 짙은 답험손실

공전은 수령이 검사하고 사전은 전주(田主)가 합니다. 전주가 누군가 하면, 과전법에서는 과전을 받는 사람이 전주가 되고 전지에서 농사를 짓는 사람을 전객(佃客)이라 합니다. 전주에 의해서 당해 년의 풍흉이 결정됩니다. 이른바 답험손실법(踏驗損失法)입니다. 국가의 예외적인 일, 예를 들어 군사 행위를 해야 할 경우 군량미가 더 필요하게 되면 앞의 규정을 무시하고 일정한 임시 조치에 의해서 더 징수합니다.

답험손실법과 관련하여 좀 더 정리해 보겠습니다. 앞서 말하였듯이 답험손실이란 전토를 실제 답사해서 작황을 증명하는 것입니다. 우리가 수령이라고 칩시다. 이것은 쉬운 일이 아닙니다. 토지대장의 것과 현 상황을 맞추면서 해야 할 것 아닙니까? 간단치 않습니다. 누가 이 작업을 도와주겠습니까? 그걸 향리가 합니다. 그래서 향리한테 잘못 보이면 토지 주인을 바꾸어서 얘기할 수 있지 않겠습니까? 답험손실법에서는 이러한 향리의 농간뿐만 아니라 문서화 과정에서 소농민에게 많은 세금을 부담하도록 하는 또 다른 부조리가 있을 수 있습니다. 혹은 조세 대장에서 고의로 누락시킵니다. 이처럼 조세 대장에서 빠지는 토지를 은결(隱結)이라고 합니다. 향리들의 부패 현상의 하나라 하겠습니다.

답험손실법에서는 관리들의 자의적인 판단이 개입될 소지가 많았습니다. 또 농민들은 답험관들이 오면 식사 대접을 해야 하였습니다. 현재 세무 관리들이 혹 인정과세를 하는 것에서 그 유형을 볼 수 있습니다. 전근대사회에서도 마찬가지입니다. 이것이 큰 피해를 주게 되자, 이를 극복하기 위해서 세종 26년(1444)에 공법으로의 개혁이 이루어집니다.

객관적 기준 적용을 위한 공법

조선 초의 조세 수취 기준이 관리의 임의적인 판단에 맡겨진 것이었다면 세종 때의 공법(貢法)은 일정한 합의 하에 부세의 원칙이 세워지게 된 것입니다. 우리가 잘 아는 연분(年分) 9등, 전분(田分) 6등법에 의하여 부세가 이루어지게 되는 것입니다. 답험손실법에서 많은 수령과 향리들이 정하는 임의적인 평가를 국가가 공식적인 평가를 통해 연분으로 '올해는 상상년(上上年)이다, 하하년(下下年)이다, 전분으로 1등이다, 3등이다'라고 판단을 내립니다. 이것이 일차적으로 부세에 반영되고 그 다음 당해 년과 지역의 실상을 참고하여 부세를 확정하는 것으로 된 것입니다.

공법이란 관리가 자의적으로 세율을 정하는 것이 아니라 고정된 기준을 적용함으로써 횡포를 방지하기 위해 고안된 것입니다. 결당 30두라는 세율에 대해 봅시다. 결당 수확량은 대개 300두로 추정하고 있습니다. 그러면 30두라는 것은 바로 수확량의 1/10입니다. 세율이 1/10이 되면 이상시대라 할 수 있는 요순시대의 세율입니다.

그런데 현실은 그렇지 않습니다. 조선 초기는 세율이 1/10, 그래서 1결의 수확량은 300두라고 보는 것입니다. 두는 말이고, 그 위의 단위는 석(石)이라고 되어 있는데 섬입니다. 1섬은 30두입니다. 1말은 10되, 1되는 10홉이 됩니다. 1섬은 2가마입니다. 우리가 흔히 쓰는 가마라는 것은 일제 때 만들어진 것입니다. 그 전에는 큰 단위의 벼를 섬이라고 짚으로

엮어 만든 용기에 담았습니다. 공전에서는 1결당 30두를, 사전에서는 전주가 전객으로부터 조를 결당 30두를 받아서 자신의 몫으로 하도록 하였습니다.

여기서 우리가 주목할 것은 공법 개혁이 결정되기까지의 과정입니다. 세종대왕은 충청·전라·경상도에서 두 고을씩을 선택하여 시범을 해봅니다. 그래서 무슨 문제점이 나오는가를 관찰합니다. 세종 32년에는 전라도에, 세조 7년은 경기도, 8년은 충청도, 9년은 경상도, 성종 2년은 황해도, 6년 강원도, 17년 평안도, 20년 영안도(함경도)의 순서로 장기간에 걸쳐 이루어졌습니다. 이처럼 성종 대에 가서 그 문제점 등을 해결하여 비로소 전국적인 공법에 의한 세제 운영이 이루어졌습니다. 여기서 얻어지는 교훈은 우리에게 시사점을 줍니다.

공법에서의 전분 6등법을 보면, 전결제(田結制)가 그 기준 단위가 됩니다. 전결제는 넓이 개념이 아니라 수확량의 개념에 기초하는 것이어서 우리가 쉽게 이해하기 힘든 부분이 있습니다. 곧 면적과 토지 수확량을 이중적으로 표시하는 계량법이 전결제입니다. 문제는 공법제 하에서 이중적인 기준이 등장하면 상당히 복잡해집니다. 기준이 여러 가지가 되면 비리가 많이 생기게 됩니다. 이것을 단순화시킬 필요가 생깁니다.

공법제 하에서 전분 6등법은 '수등이척지척(隨等異尺指尺)'이라 해서 등급에 따라서 자의 길이가 다른 지척에서, '수등이척주척(隨等異尺周尺)', 즉 등급에 따라서 자의 길이가 다른 주척이 됩니다. 지척은 농부의 손가락 마디를 단위로 한 자입니다. 즉, 지역에 따라 자의 길이가 달랐다는 것입니다. 주척이란 중국의 기준자를 빌려온 것입니다. 오늘날 우리가 쓰는 미터법도 프랑스의 도량형 기준을 빌려 쓰는 것이지 않습니까? 주척은 중국에서 이미 공인한 자입니다. 즉, 주척이 새로운 기준이 되었습니다.

다음은 연분 9등의 세율인데, 평년작은 1결의 세액이 20두로 시작해서 하하년은 4두로 정해집니다. 연분은 각 도 단위로 의정부와 6조가 의논해서 등급을 정하는데, 중앙정부의 관리가 각 도에 파견됩니다. 이 때 심사하여 각 도별로 연분 등제율에 따라 결정하는 것입니다. 그런데 한 도라고 해서 모두 같은 단위를 만든다는 것은 무리가 있지 않겠습니까? 그래서 다시 5등급으로 나누는 것으로 하였습니다.

앞에서 공법은 답험손실법의 폐해를 막기 위한 것이라고 하였는데, 그 저변에는 농업 생산력의 발전이 고려되었습니다. 결국 농업 생산력의 발전이 공법을 가능하게 하였다는 것입니다. 즉, 농업 생산력이 발전되면서 공법제라는 일정한 기준을 설정할 수 있었다는 것입니다.

그런데 공법이 만들어졌다 해서 부세가 공정하고 공법의 원칙이 잘 지켜졌는가 하는 것은 또 별개의 문제입니다. 조세의 납부가 제대로 되었는가의 여부는 조선왕조의 행정 능력 및 납세자들의 사회의식과 관련이 있습니다. 공법제 자체는 진전된 형태이지만 이것 자체가 조선 사회를 태평성대의 시대로 이끌었다고 보기는 힘듭니다. 세제 자체가 합리적이고 여러 가지 장점을 가지고 있다고 평가할 수 있다 하더라도, 세도 사세만으로 조신 진기의 사회가 인정적이고 공정한 시회였다고 보기는 어렵습니다.

조선 초기 전결의 총계

전결제(田結制)는 토지 넓이의 단위로 그 넓이를 보면 1등전은 평수로 2,754평에서부터 점점 넓어져서, 6등전이 되면 11,036평이 됩니다. 개연적인 개념이 대개 이렇고, 그 넓이에 대한 연구에는 물론 논란의 여지가 있습니다. 토지의 등급이 낮을수록 그 넓이가 증가하는 데에는 어떤 의미가 있습니다. 원칙적으로 전결제는 수확량을 기본으로 하여 일정한 수확을 담보하는 토지를 1결로 정하고 있기 때문에 비옥한 토지는 그 단위 넓이가 작고, 척박한 토지일수록

넓게 되는 것입니다.

부세의 공정성을 기하기 위해 일차적으로 토지에 '양전'이라고 하는 측량 과정이 있었습니다. 양안 상에는 토지에 대한 모든 정보가 자료로 기록됩니다. 그래서 고려 말기 공양왕 2년에, 조선왕조를 설립할 때 그 주축 세력들은 양전부터 실시합니다. 실제 토지 결수가 전국적으로 623,097결로 집계됩니다.

조선 건국 후 태종 4년 통계를 보면 총 931,835결로 되어 있습니다. 이 통계는 ≪태종실록≫에 나오는 내용입니다. 또 다른 통계로는 ≪세종실록≫ 〈지리지〉의 자료입니다. 여기에선 1,632,006결로 나타나고 있습니다. 그러니까 태종 대에 비해서 70만여 결이 늘어난 것입니다. 연구자들에 의하면 함경도·평안도에 대한 과다한 집계 때문에 지나친 증가 부분이 나타났다고 해석하고 있습니다.

그리고 다음 자료는 연산군 7년(1501)에 경기와 평안도·함경도를 제외한 5도의 전결수가 나오는데, 100만 결이 조금 넘습니다. 평안도와 함경도가 제외된 이유는 앞서 말하였듯이 현지에서 거두어 현지에서 쓰기 때문입니다. 그래서 국가 수세의 대상지가 안 됩니다. ≪세종실록≫ 〈지리지〉의 전결수와 비교해 보면 충청·경상·황해도의 전결은 별로 증감이 없고, 강원도는 1/2로 줄었고, 전라도는 많이 늘어난 것으로 되어 있습니다. 강원도의 전결수가 준 것은 공법 이전의 양전에서 지나치게 많이 파악되었다는 것을 말해줍니다. 공법 이후의 양전에서는 화전(火田)이 파악되지 않았다는 문제가 있습니다. 전라도의 증가는 그 지역 논의 증가와 간석지를 막아 만든 경작지인 언전(堰田)의 개발이 주요 원인이라고 분석되고 있습니다.

그래서 대개 조선 초기의 통계는 내내 큰 변동이 없습니다. 조선왕조가 재정의 기반으로 쓸 수 있는 전결수는 100만 결에서 더 증가하지 않습니다. 물론 임진왜란 이후 조금 주는 경향이 있지만, 다시 이것이

복구되어도 조선 초기 세종 때만큼은 복구되지 않았습니다.

대개 수령들은 실제로 자신의 영내에서 경작지를 확장하였더라도 경작하는 토지 넓이를 사실대로 보고하지 않습니다. 사실대로 보고하면 자기가 세수를 늘려야 하기 때문입니다. 때문에 이를 감추어 둠으로써 현실적으로 많이 경작되는 만큼의 차액을 착복할 수 있고, 이러한 부패의 여지가 그 실상을 왜곡하는 데 원인이 됩니다. 이를테면 은결이 많아진다는 것입니다. 조선 중기 이후에도 수령과 향리들은 은결을 매개로 부패의 연결고리를 이루게 됩니다.

우리 농산물의 대표 원조, 공물

다음에 우리가 살펴볼 것은 공물(貢物)입니다. 공물은 각 지방에서 생산되는 특산 물품을 부세의 대상으로 하여 수세하는 것을 가리킵니다. 이것은 호를 대상으로 부과합니다. 호는 가족입니다. 공물은 국가에서 군현 단위로 현물 액수를 정합니다. 물론 군현의 경제적 상태, 즉 토지의 넓이와 인구의 수에 따라서 액수를 정합니다. 그래서 이것을 다시 각 호로 배징하는 것입니다. 각 민호로부터 거두어들인 공물은 모아서 중앙에 바칩니다. 중앙에는 공물을 받는 관청이 여러 개 있습니다. 중앙관서뿐만 아니라 관찰사가 있는 감영, 수군·병마절도사가 있는 병영과 수영, 각 군현에서도 공물을 징수합니다.

공물에 대해서는 ≪세종실록≫ 〈지리지〉에 자세한 내용이 남아 있습니다. 그 품목은 농업 생산물이 중심이 되지만, 가내 수공업품으로 의료·식료·문구류·가구·염료·연료·건축자재·병기·수공업 원료와 해산물, 과실류, 광물, 조수류(鳥獸類 : 꿩·닭류), 그리고 천연산물 등 국가에서 필요로 하는 물품입니다.

매년 일정 품목을 요구하는 것을 상공(常貢)이라 하고 정부에서 불시로 필요한 품목을 요구하는 것을 별공(別貢)이라 합니다. 매년 바치는 것은 공안에 기록되어 있습니다. 상공은 가감이 있을 수 없습니다. 공물은 한 번 배정되어 공안에 올라가면 감면될 수 없습니다. 이를테면 곡식은 풍흉에 따라 등급이 정해져 가감이 가능하였지만, 공물은 그렇지 않았다는 것입니다.

공물은 앞서 얘기한 대로 지방 군현 단위로 책정되고 징수되는데, 대부분이 농민들에게 부담되지만 때로는 지방 관부에서 부담하는 경우도 있습니다. 예컨대 화살촉, 닥나무, 과일, 약재 등 지방관청이 재배해서 바치는 것도 있습니다. 그래서 옻나무 등은 특정 군현이 재배해서 바치는 것으로 되어 있습니다.

공물은 원래 당해 지역에서 생산되는 토산물입니다. 그러나 생산되지 않는 것도 있습니다. 그렇다고 해서 상납하지 않는 것은 아닙니다. 그래서 백성들은 이것을 고가로 구입해서 상납하게 됩니다. 토산물이 아닌 경우에는 이를 얻기 위한 노력이 필요합니다. 원래 토산물이어야 하는데 생산처가 바뀌는 경우에 해당됩니다. 40년 전만 해도 사과하면 대구, 연평도하면 조기였는데, 요사이에 연평도에 조기 많이 잡힙니까? 오히려 꽃게가 많이 잡힙니다. 이런 식으로 어느 한 곳에서 생산되던 것이 환경의 변화에 따라 바뀌게 됩니다. 그렇다고 해도 연산군 대에 만들어진 조선시대 상공의 품목은 그 이후에도 계속 변화되지 않았습니다. 이 때문에 바로 누군가가 대신 납부하고 그 대가를 내는 방납(防納)의 현상이 등장하여 사회문제가 되었습니다.

공물 방납제와 폐단

대개 15세기 전반에는 양반, 승려, 상인들이 대개 청부업을 맡아서 공물을 상납합니다. 물론 이것은 증명서를 발급받은 사람만이 권리를 행사할 수 있습니다. 증명서를 발급하는 데에는 뇌물이 오갔으며, 이것은 지방관청의 수입으로 인정되었다고 기록되고 있습니다. 그 비용은 결국 민호가 부담하게 되어 있습니다.

초기에는 대납 형태가 금지되었지만, 결국 공식화되었습니다. 15세기 후반에는 완전히 공식화되어서 현물로서 납입하고자 해도 안 되는 상황에 이르게 됩니다. 대신 지방관은 민호에게 현물을 대신해서 포를 받습니다. 이것이 결국은 대동법으로 귀착이 됩니다. 부패의 여지를 축소하기 위해 공물에 해당하는 대금 부분을 토지를 대상으로 부과하여 이른바 대동미(大同米)·포(布)라 하는데, 평야지대는 쌀로, 산간지대는 포로서 환산해서 세를 걷고 국가가 필요로 하는 물품을 구매해서 쓰도록 하였습니다. 중간 단계인 공인 및 그들과 연결된 양반 관료들의 수입원을 제거하고, 백성들에 대한 횡포의 근원을 제거하는 방향으로 정리가 된 것입니다. 민호들이 경작하는 전지에 공물의 세액을 환산해서 세금으로 정리한 것입니다. 이와 같은 작업의 최초 형태는 율곡 이이가 시작하고, 이어서 김육 등에 의해서 합리적으로 조정되어 전국적인 시행을 하게 됩니다.

보릿고개 넘는 방책, 환곡

우리가 주목할 수 있는 것은 환곡입니다. 환곡(還穀)은 원래 의창제도에서부터 유래한 것입니다. 말하자면 어려운 상황의 농민에게 곡식을 빌려주고 그것을 회수하는 제도입니다. 관의 곡식을 백성에게 빌려주는 제도입니다.

그 초기 형태는 의창이라고 해서 봄에, 이른바 보릿고개라고 해서 농민들이 비축된 곡식이 없는 상태에서 새로운 곡식이 나오기 전에 국가의 곡식을 농민에게 빌려주었다가, 추수 후에 다시 이자곡과 함께 회수하는 제도입니다. 시원은 삼국시대 고구려부터 있었고, 고려의 의창제도가 있습니다. 초기에는 이자 없이 빌려주고 원곡만을 환수하였습니다. 그런데 돈을 빌려주고 회수할 수 있으면 괜찮은데 회수하지 못할 위험성이 항상 있습니다. 현재도 돈 갚을 능력이 낮은 곳에 돈을 빌려줄 때에는 이자율이 높습니다. 처음에는 재산 있는 사람들에게도 곡식을 빌려주고 원곡만 회수하였었습니다. 그러다 보니 원곡이 모두 없어집니다. 그리하여 원곡을 보존하기 위해 이자곡을 받게 된 것입니다.

그런데 문제는 대부분의 농민들이 환곡 없이는 살아가기 힘든 보릿고개를 맞이한다는 현실입니다. 의창의 재원을 마련하기 위해서 이자를 계속 붙여서 회수하는 제도를 마련하고 있었던 것입니다. 나중에 문제가 된 것은 국가가 일종의 금리인 이자곡을 국가재정으로 이용하게 되었다는 것입니다. 바로 이 이자곡을 모곡(耗穀)이라고 합니다.

처음에는 한 섬에 세 되의 모곡을 부과하였습니다. 아주 적은 양입니다. 한 섬이란 1석인데, 1석은 30두입니다. 1두는 10승이니까, 30두의 3승이니까 약 1/100 정도의 이율이니 아주 저렴합니다. 초창기엔 이랬다가 후대에 가서는 1/10로 갑니다. 대개 명종조 이후가 되면 원곡의 1/10, 1할 이자가 거의 법제화됩니다. 이것이 결국은 국가재정의 큰 몫을 담당하고 후기에 가면 삼정의 하나가 되는 것입니다. 물론 삼정의 문란도 야기됩니다만.

요사이 흔히 얘기하는 은행권에서는 자기 자본 비율을 어느 정도로 해야 한다는 규정을 두고 있지 않습니까? 환곡에서도 모곡의 1/3은 관아의 재정비용으로 쓰고, 1/3은 관아의 접대비용으로, 1/3은 창고의 여분으로 둔다는 규정을 둡니다. 환곡의 기본적인 자산을 가지고 봄에 농민에게 빌려주었다가 가을에 거두는데, 여기에 원곡에 1/10의 모곡을 붙여서, 그 이자 중에 1/3씩을 각 항목에 쓰도록 하는 기본 규정을 두었다는 것입니다.

그런데 이렇게 원칙대로만 이행되면 괜찮은데, 썩은 곡식에 엉터리 계량을 하고, 받을 때는 더 후하게 받습니다. 이렇게 주고받는 과정에서 사회문제가 발생한 것입니다. 환곡의 과정에서 여러 가지 부정이 있었습니다. 당장 먹어야 하고, 봄에는 종자곡도 있어야 하지 않습니까? 국가는 환곡을 가지고 대다수 농민들에게 영농자금으로 빌려주고 가을에 가서 회수하고 그 이윤 중 상당 부분을 지방관청의 운영비로 썼다는 것입니다. 이 과정에서 지방 관리들의 공정치 못한 행위가 있었고, 이것이 조선 중기 이후에 가면 삼정 문란의 하나인 환곡의 폐단이 되었다는 것입니다. 그러나 원칙에 있어서는 우리가 앞서 얘기하였던 전세의 형태로 국가재정 부분을 담당한 것이 환곡이라고 한 것을 유념하여야 하겠습니다.

노동력의 국가 수취

다음은 역입니다. 노동력입니다. 국가가 인민■으로부터 노동력을 징발하는 것입니다. 현재에도 자원봉사라는 미명 하에 노임을 거의 안 주거나 주어도 아주 형식적인 수준의 대가를 지불하는 것으로 알고 있습니다. 전통시대부터 있어 온 관행의 문화라고 볼 수 있겠습니다. 이것은 소극적인 노동 착취이고, 조선과 같이 전근대적인 국가에서는 백성들의 노동력을 적극적으로 수취하고 있는 것입니다.

■**인민** 조선시대에는 '인민'이라는 말보다 '민인'이라는 말을 많이 썼음.

노동력은 두 가지 형태가 있습니다. 하나는 국역(國役)이고 다른 하나는 요역(徭役)입니다. 국역은 주로 군역을, 요역은 잡역을 얘기합니다. 국역은 양역〔身役〕으로 조성됩니다. 국가에서 백성을 개별적으로 부리는 것을 신역이라고 합니다. 가족 단위로 부과하는 것을 호역(戶役)이라고 합니다. 그래서 국역은 신역이고 요역은 호역이 되는 겁니다. 요역은 부역(賦役)이란 말을 많이 씁니다. 지역 단위에서 길이나 교량을 수리하거나 하였을 때 '각 집에서 한 명씩 나오시오.' 하는 것을 호역이라고 합니다. 그리고 그것은 내용이 여러 가지 역이므로 잡역입니다.

호역의 부과를 위해서는 조선 초기에 자주 보이듯이 인정(人丁)의 다과뿐만 아니라 농경지(전지)를 어느 정도 보유한 가호(家戶) 등을 등재한 호적이 있어야만 합니다. 다른 말로 하면 경제적인 능력이 있어야 한다는 것입니다. 경제적인 능력이 없으면 호적에 오르지 못하고, 국가가 파악하는 대상자가 되지 못합니다. 원칙상 요역은 양반 신분으로부터 서민에 이르기까지 호를 구성하는 모든 국민이 부담하도록 되어 있습니다. 여기서 인정의 수〔계정법〕, 보유 토지의 규모〔계전법〕가 동시에 기준이 됩니다.

원론적인 얘기를 한다면 계정법의 대상은 16세에서 60세까지입니다. 호적에는 호주가 있고, 호주의 출생년월일, 호주의 신역이 명기됩니다. 양반의 경우에는 호주, 즉 세대주의 신역, 예를 들면 정 3품 통정(通政) 등으로 적습니다. 직역의 품계가 적혀집니다. 호주의 4조(四祖)로 증조, 조, 부, 외조가 기록됩니다. 우리는 4조하면 고조부터로 알고 있지만 고조는 여기에 포함되지 않습니다. 부계 쪽으로는 증조부터 아버지까지, 모계 쪽으로는 외조를 기록하여 신분의 변별을 파악하고 있습니다. 4조의 직함과 이름이 기재됩니다. 호주의 조상들의 신분이 기재되는 것입니다. 그것도 없으면 정군, 수군으로 직역을 표시하고 있습니다.

호적은 3년에 한 번씩 만들어집니다. 현재 임진왜란 전후의 호적으로 경상도 산청의 호적이 남아 있습니다. 이를 단성호적(丹城戶籍)이라 합니다. 그래서 약 150년 동안 이 지역 사람들의 신분이 어떻게 변하였는지를 파악할 수 있는 자료가 되고 있습니다.

여기서 한 가지 알아두어야 할 것은 사람 수가 많다고 해서 국가가 그 집을 대가(大家)로 본 것이 아니라 보유 토지가 어느 정도 있어야 인정 수에 따른 대호로 파악한다는 것입니다. 그래서 토지가 없는 사람은 아예 호적에 오르지도 못합니다. 당시 국가는 적어도 토지를 가진 자영농을 백성으로 보았다는 것입니다. 그리고 한성에서는 집의 크기를 기준하여서 대호, 중호 등으로 변별하였다고 하겠습니다. 그래서 약 40칸 이상은 대호로 삼는 등 5등급으로 나누어서 요역의 자료로 삼았다는 《세종실록》 기록이 있습니다.

요역은 1년에 며칠이냐 하면 평년은 20일입니다. 또 풍년에는 10일 늘려서 30일, 흉년에는 10일을 감하여 10일로 하였습니다. 그리고 대체로 10월부터 부역이 부과됩니다. 봄철에는 부르지 않습니다. 봄철에는 각자가 자기 농사를 해야 하기 때문입니다. 그리고 성종 대에는 8결작부라고 해서 토지 8결마다 한 사람을 징발하는 제도가 정착되었습니다. 사역을 6일로 잡았습니다. 기간이 줄어든 것입니다. 그러나 6일은 지켜지지 않았던 것으로 되어 있습니다.

원래 요역에 징발되었을 때 자기 먹을 것과 입을 것은 자기가 부담하도록 되어 있습니다. 물론 농번기에는 식량을 나누어주기도 합니다. 그런데 요역에 동원되었을 때에는 몸뿐만 아니라 도구도 지참해야 합니다. 경기에 사는 사람이 제일 고통이 많았습니다. 왜냐하면 왕릉이 거의 모두 경기에 위치하고 있어서 부역 기간이 상당히 많아진다는 것입니다. 그리고 각 지역 관청이 위치한 읍내에 거주하는 사람들은 공공역에 징발당하는 시일이 많았다고 하겠습니다.

양반 사대부의 신역

다음은 신역(身役)입니다. 신역은 신분에 따라서 국가에 봉사하는 노동력을 말하는 것입니다. 그 신분이 양인이면 양역이고, 천인이면 천역이 됩니다. 양역 중에서 가장 핵심적인 것은 군역입니다. 일생동안 16세에서 60세까지 이 역을 집니다. 향리는 향리로서의 역, 즉 향역(鄕役)을 집니다. 그러면 양반은 양반의 직책 자체가 역으로 간주됩니다. 현직 관료는 관료 그 자체가 신역으로 이해되는 것입니다.

관료가 되기 위해서 학업에 종사하는, 성균관이나 향교 학생도 역을 면해줍니다. 요즘에도 학생들에게는 군역을 연기시켜줍니다. 더 확대시켜 보면 육사에 다니는 사람들은 별도로 군역을 지는 것이 아니라 학교에 다니는 것 자체를 군역으로 대체시키는 것과 같이 양반도 이런 대우를 받습니다. 조선은 양반으로부터 천인에 이르기까지 역을 져야 하지만 그 내부로 들어가 보면 양반의 경우엔 그 자체가 역으로 인정되어 고생스러운 신역을 면하게 한 것입니다.

그러면 모든 양반들이 현직에 있을 정도로 관직이 많은가 하면 그렇지 않습니다. 여기에서 항상 현실적인 문제가 발생하고, 그래서 양반을 대상으로 한 군부대가 별도로 편성됩니다. 이것은 우리나라뿐만 아니라 서양 사회에서도 그랬던 것 같습니다. 그래서 장교와 사병의 변별은 신분으로부터 연원하는 것입니다. 우리는 장교를 학력이 우수하고 능력이 우수한 사람으로 선발한다고 알고 있지만, 사실은 사회적 신분에서 연원한다는 것입니다. 현재 장교는 학력을 바탕으로 하여 시험 과정을 통해 선발합니다. 물론 무학자는 장교가 되지 못합니다. 그러면 대학을 졸업하면 사병으로 입대를 못하느냐 하면 그렇지는 않습니다. 반드시 학력으로 규정되는 것은 아닙니다. 그러나 전근대사회에서는 양반을 대상으로 한 특수부대가 설정되었다는 것은 유념할 만합니다.

8장 재편된 정치권력 구조와 사림 세력의 성장기

16세기 정치사 스케치

조선왕조는 양반 관료에 의해서 운영되었습니다. 그래서 양반 관료와 왕실 간의 관계 설정에 있어서 왕실이 어떻게 양반 관료를 조정하면서 자신의 정치적 역할을 항상 유지하려고 하였느냐 이러한 점을 유념해야 할 것입니다.

고대의 경우에는 왕실이 측근 귀족들의 생활 보장을 해주고, 정치적 권위도 왕에 의해서 부여되고 있었습니다. 영국 왕실 같은 경우에는 현대에도 귀족이 있어 작위를 수여하는 의식이 있습니다. 마찬가지로 고려시대나 조선시대 경우에도 작위 수여의 형식, 즉 의례 과정인 봉작(封爵)을 통해서 왕 자신의 정치적 입장을 보호 유지하고 있었습니다. 또 왕실은 왕실 나름대로의 정치력을 계속 유지하기 위해서, 작위 수여만이 아니라 제도적 또는 정치적으로 관료의 구성원들에게 일정하게 상호견제와 협력을 통해서 국가를 운영하였다고 볼 수 있습니다.

조선 근세사의 정치적 특징은 붕당정치입니다. 다른 말로 하면 당파,

당색 간의 정치적 대립과 갈등이 전개된 것입니다. 앞서 왕권의 계승과 연관해서 왕실의 문제를 아주 개괄적으로 보았으나 이제 우리는 왕권과 양반 관료들이 정치적 유대를 어떻게 하였는가를 보아야 할 것입니다. 붕당 속의 정치 관료들이 어떻게 이합집산하며 당색으로 탄생하게 되었고, 그들의 정치 활동이 어떻게 활성화되었는가, 또 이 때 왕실은 어떤 입장을 취하였는가 하는 점 등을 살펴볼 것입니다.

조선시대의 붕당정치, 또는 당색과 왕실과의 관계를 이해하기 위해서는 몇 가지 전제되는 정보가 필요합니다. 방금 전에 얘기하였듯이 조선시대는 이른바 양반 관료 사회라고 이해할 수 있습니다. 양반은 이른바 동반, 서반으로 구분되는데, 달리 표현하면 문반・무반입니다. 동반은 문반이 되고 서반은 무반이 됩니다. 군인의 집단과 문인의 집단을 말합니다. 동양 정치의 경우에는 대체적으로 문반이 무반보다 우위를 점하고 문반 위주의 정치, 즉 문반의 정치라고 일반적으로 규정하고 있습니다.

조선시대의 경우도 양반 정치라고 하는 두 개의 축, 기둥에 의해서 움직여지는 정치 운영 방식이었습니다. 그 가운데서도 주로 문반을 우위에 두는 문인 정치였고, 나아가 전반적으로 우리나라 역사에서의 정치적인 큰 흐름은 문인 위주의 정치라고 할 수 있겠습니다.

여기서 우리가 주목하고자 하는 것은 문반 관료들이 왜 왕과 대결하고 또 왕과 협력하였느냐 하는 것입니다. 고려 말 조선 초기가 되면 왕의 절대적인 정치적 입장이 사실 상당히 약화됩니다. 우리가 흔히 얘기하기를 전제 왕권 시대라고 얘기하지만 고려 말 조선 초의 시점에 이르면 왕의 절대적 권위는 양반 사대부의 정치 세력들에 의해서 견제되고 감시되는 것이 실상이었습니다. 사대부 관료들에 의해서 왕실의 절대적 정치력은 허용되지 않았다는 것입니다.

조선시대에 들어서는 양반 신료들에 의해서 왕위가 위협당하고,

중종반정의 주역 박원종의 묘소 전경(좌)과 신도비(우).

왕이 교체되는 사태가 일어납니다. 연산군이 중종반정에 의해서 물러나게 됩니다. 중종반정이라는 명칭은 중종에 의한 정치적 쿠데타라는 뜻을 갖고 있지만 실제 중종반정을 일으킨 주축 세력은 역시 양반 사대부들입니다. 조선 왕실은 이 때 양반 관료에 의해 타격을 받은 것입니다. 그래서 조선 왕실은 상당히 위축되게 됩니다. 중종은 비록 왕위에 있었지만 중종반정 후 약 10년 동안에는 반정공신에 의해서 위축되어 있었습니다. 왕실은 반정공신의 눈치를 보아야 하였습니다.

반정공신은 연산군을 내쫓고 중종을 왕으로 추대한 다음 모든 인사권을 장악해서 자기들이 맘대로 주물렀습니다. 그리고 명종, 선조를 지나서 광해군이 또다시 인조반정(仁祖反正)으로 물러나게 됩니다. 인조반정도 마찬가지입니다. 인조도 이씨 왕실의 후손이지만 서인(西人)이라는 정치 세력에 의해서 추대되어 왕위에 올랐던 것입니다. 그래서 인조는 왕위에 오른 다음에 서인들의 정치적 조정을 받을 수밖에 없는 상황이 된 것입니다.

중종반정이라든가, 인조반정이라고 하는 형태를 통해서 왕실이 양반 관료들에게 견제되었다고 하지만 사실상 조선 초기부터도 왕실에 대한 양반 사림의 견제 조짐은 있었습니다. 태종은 왕실을 위협하는 많은 정치 세력을 숙청하였습니다. 그 배경은 왕의 외척 세력, 개국공신

세력을 견제하기 위한 것이었습니다. 사실 외척이나 공신 세력들은 항상 왕실 주위에 포진하고 있었습니다. 이들의 권력이 왕실을 위협할 지경에 이르자 이들을 제거한 것이 태종의 결단이었습니다. 그러나 15세기에 들어서면서 왕실은 양반 관료들에 의해서 규제되고, 왕실은 이들을 조정하고 왕실과 양반 관료가 협력하는 정치권을 만들게 됩니다.

훈구와 사림의 정치적 발언권

조선왕조의 양반 관료들은 진전된 역사 속에서 왕실을 견제하는 논리를 정립하였습니다. 여기서 또 하나의 새로운 정치 세력들이 부상하고 있다는 것을 유념해야 될 것입니다.

조선 초기 왕실은 때로는 협력하면서 때로는 견제 세력으로서 존재하였던 양반 관료들의 양태로 구분하여 본다면 친왕 세력으로 훈구(勳舊) 세력과 재야 양반 세력이 있었다고 하겠습니다.

주로 훈구 세력에는 조선왕조를 건국하는 데 공로를 세우고, 조선왕조의 정치권에 들어가 일정한 정치적 이권을 확보하고 자기 세력을 부식한 사람들이 주축을 이루었습니다.

한편 조선의 건국에 대해 대의 명분상 옳지 않으며, 따라서 명분상 조선왕조의 성립이라고 하는 것은 문제가 있다 이렇게 비판적인 입장을 세운 고려 말기의 지식인들이 있었습니다. 성리학의 명분을 정몽주와 같이 하는 지식인들입니다. 이들을 중심으로 하는 유자들을 우리는 사림(士林)이라 부르고 그들은 점차 조선 초기 이래 성장하면서 지방 사림 사족으로 정착하게 됩니다. 재야 지식인들을 중심으로 해서 형성된 하나의 정치 세력은 그들 나름대로의 학문적 논리를 갖추면서 자기 세력을 성장시키고 활성화시켰습니다.

여기서 정치 세력이라고 하는 것은 그들이 조선의 정치적 결정권에 영향을 주고 참여한 세력이라는 것을 말합니다. 결국 정치 무대에서 발언권이 있다는 것을 말하는 것입니다. 사실 정치적인 발언권을 가지려면 현재는 국회라는 제도권 안에 들어가야 합니다. 요즈음 시민연대라는 임의기구가 발언권이 있는 듯하지만 시민연대의 발언권이라고 하는 것은 극히 제한적입니다. 역시 정치적 발언과 정치적 결정 단계에서 결정적인 영향력을 가지려면 국회에 들어가야 합니다. 같은 맥락으로 조선의 정치 무대에서 정치적 발언권을 갖기 위해서는 과거제도를 통해 관료사회에 입문해야 합니다.

앞서 얘기한 바처럼 지방에 거주하면서 학문을 사숙한 유학자들이 성종조 이후 과거라는 통로를 통해서 중앙 정치 무대에 진출하는 정치적 기반을 만들었습니다. 이러한 재야의 지식인들이 중앙 정치 무대에 들어가면서 새로운 비판세력으로 성장하고, 기성 정치 세력과 대결하는 구도가 갖추어졌습니다. 그러면 새로운 정치 세력의 대두에 대해 기성 정치 세력은 어떤 대응을 하였는가라는 시각을 가지고 이 시기 정치적 긴장관계를 보도록 하겠습니다.

사림의 화(禍)

새로운 정치 세력의 대두에 대응한 기성 정치 세력인 훈구 세력과의 정치적 대결이 정치적 사건으로 드러납니다. 그 충돌의 결과가 사화(士禍)입니다. 네 차례의 사화가 있게 됩니다. 처음은 연산군 시절 ≪성종실록≫ 편찬을 위한 사초(史草)를 검토하는 과정에서 훈구 세력이 사림을 공격하는 사건을 만들었습니다. 훈구 세력 관료에게 불리한 기록을 두고 일어난 치열한 정쟁이 무오사화(戊午史禍)입니다. 그 다음에 갑자사화(甲子士禍), 기묘사화(己卯士禍), 을사사화(乙巳士禍) 등으로 이어져 정치 세력 간에 치열한 숙청 사건이 있었음을 알 수 있습니다. 연산군 때 두 번, 중종 때 한 번, 명종 때 한 번 일어났습니다. 이들 4대 사화는 한마디로 유학을 공부하는 사림 정치인들에 대한 정치적 박해 사건이라 볼 수 있습니다.

무오사화(戊午史禍)는 1498년(연산군 4)에 사초(史草)를 발단으로 해서 일어난 사건입니다. 무오사화의 사화에는 특별히 역사를 뜻하는 '사(史)'자를 씁니다. 왜냐하면 역사 기록의 초기 형태인 사초에 의해 생긴 사건이기 때문입니다.

그 내용을 살펴보면 다음과 같습니다. 훈구파 일원을 비난한 사초를 실록 편찬 과정에서 발견한 실록청 당상관이 이를 교정하려는 협상안을 거부한 사림파 사관에 의해 만들어진 조의제문(弔義帝文)을 빌미로 하여 사건을 만든 것입니다. 재야 지식인들은 세조가 단종을 폐위시키고 즉위한 것에 대해 비판적 안목으로 조의제문을 남깁니다. 이는 김종직이 세조의 왕위 찬탈을 풍자한 글로 초(楚)나라 회왕(懷王)을 죽인 항우(項羽)를 비유하여 만든 것으로 알려져 있습니다. 이를 빌미로 연산군을 부추겨 훈구파들이 조의제문을 만든 김종직 문하의 사림파 인사들을 박해한 사건입니다.

이어 연산군의 어머니 폐비 윤씨의 사사(賜死) 사건과 관련하여 많은 재야 사림과 동시에 훈구 세력들이 정계에서 쫓겨나게 됩니다. 이것이 갑자사화입니다. 이렇게 되니까 군주인 연산군은 유자인 사림들과 적대적 긴장 관계가 됩니다. 마침내 중종반정에 의해 연산군이 왕위에서 쫓겨나게 되는 것입니다. 이것은 양반 사대부로부터 태조에 의해서 세워진 조선 왕실의 권위가 정면으로 도전을 받게 되는 사실로 이해되는 것입니다. 그러나 아직은 왕실의 혈통만큼은 교체할 수 없다, 조선 왕실 자체를 부정할 만큼 커다란 정치적 명분이 성립될 수 없었다는 한계점을 보여주는 것이 중종반정이라 할 수 있습니다.

그러나 중종반정 직후에 왕실은 상당히 위축됩니다. 양반 사림들에 의해서 왕권이 좌지우지 당하였습니다. 이 때 신진 기예로서 조광조라고 하는 30대의 유교 정치가가 등장합니다. 반정공신들에 의한 지나친 정치

경기도 용인시 수지면 상현리에 있는 조광조 묘소(좌)와 조광조의 위패를 모시고 제향하는 심곡서원(우).

행위 등은 새로운 신진 정객들을 대표하는 조광조에 의해서 비판되고 공격을 받습니다. 그 중 대표적인 것이 위훈삭제 사건입니다. 중종반정에서의 거짓 공훈을 삭제해야 한다는 주장이 신진 세력에 의해 주장된 것입니다.

조선시대 공신은 특별한 예우를 받습니다. 중종반정 때 공신으로 책봉된 공신 그룹 가운데는 공신으로 인정할 수 없는 사람들도 많았습니다. 공신으로 예우받을 수 없는 사람들을 공신에서 제외시키는 것이 명부 사회를 지향하는 정치사회에서 정당하다는 주장이었습니다. 신진 사림들은 위훈을 꾀한 공신들을 비판하고 나왔습니다. 이들은 신진 정치 세력으로 공신들을 비판하고 왕실의 복권을 꾀하였습니다. 조광조는 중종의 신임을 토대로 이를 진행하였던 것입니다. 30대의 정치가 조광조는 당시 혼돈된 중종의 위상을 다시 세우고 도학적 정치로 조선의 정치를 일신하려는 정치개혁을 추진하게 됩니다.

이러한 기묘 사림들의 사상적 특징은 도학을 숭상하고 인심을 바르게 하며 성현을 본받고 지치를 일으킬 것〔崇道學 正人心 法聖賢 興至治〕을 주창한 조광조의 주장에서 잘 나타나고 있습니다. 조광조 등 기묘 사림이 주장한 개혁안은 군주의 협조와 훈구파의 척결로서 이루어질 수 있는 성격의 것들이었습니다. 당시 이들이 주창하였던 개혁안은 이후 사림 세력의 성장 동력이 되고 있다는 점에서 매우 중요한 의미를 갖고 있습니다. 이를 정리하면 다음과 같습니다.

기묘 사림들의 생애를 기록한 ≪기묘명현전≫.

먼저 민의가 상달되는 통로로서의 언로(言路)의 개방과 이를 위한 언관(言官)의 활동 보장, 그리고 군주가 신하들의 간언을 받아들일 것〔납간(納諫)〕과 기강 및 정책의 수립이 있었습니다. 사림들은 언론·공론이 곧 민의로서 이것이 상달되고 그에 따른 조처가 바르게 이루어져야 한다고 본 것입니다. 경연은 군주와 신하가 함께 강학과 시정을 논하는 자리로서 주목되었습니다. 다음은 군주의 정치를 보좌할 수 있는 어진 재상에 대한 대우와 군자(君子)·소인(小人)의 분별을 통해 현인(賢人)의 등용을 권려하는 것이었습니다. 과거(科擧)뿐만이 아니라 현량과(賢良科) 및 천거 등을 통해 재야의 은거한 유덕 유능한 사림을 등용하여 지치(至治)를 실현할 수 있는 인적 기반을 만들고자 한 것입니다.

기묘 사림은 정통(正統)과 명분의 회복에 대해 적극 관심을 기울였습니다. 그것은 의리 명분의 회복을 통해 명분을 바로 세우려는 정명(正命)과도 관계되기 때문이었습니다. 문종의 비이자 단종의 모후인 현덕왕후(顯德王后)를 신원하고자 한 소릉복위론(昭陵復位論)과 노산군(魯山君)·연산군(燕山君)의 대를 잇도록 하려 한 입후론(立後論), 중종의 비로 책봉되었다가 반정공신(反正功臣) 등에 의해 폐출된 폐비 신씨(愼氏)의 복위 노력 등은 이를 말해줍니다.

언해되어 나온 ≪소학≫.

이와 함께 효와 충, 예 등에 기초하는 윤리 질서, 곧 국가사회의 질서 정립을 위해 ≪삼강행실(三綱行實)≫ · ≪이륜행실(二倫行實)≫ · ≪주문공가례(朱文公家禮)≫ · ≪소학≫ 등의 서적을 편찬 교육하였습니다. 특히 이 가운데서도 ≪소학≫은 성리학의 입문서로서 강조되고 그 내용을 실천하고자 하는 '소학실천운동'으로 이어졌습니다. 향촌 사회 질서의 확립과 사풍의 진작을 위해 향약 보급 운동이나 향교 교육 및 서원의 설치 운영, 향사례 · 향음주례의 보급, 유향소 복립 운동 등이 제시되었습니다. 이는 기묘사화 이후 중앙 정치 무대에서 물러난 사림들의 재지 기반으로 기능을 함으로써 향후 사림들의 학문 탐구 및 지치(至治) 실현 노력의 기반이 되었습니다.

기묘 사림의 도학정치 실현이라는 목표는 왕실 및 훈척 세력과 충돌을 빚으면서 좌절되었습니다. 왕실과의 갈등은 궁궐 내 도교적 사전(祀典)을 집행하던 소격서(昭格署) 혁파를 둘러싸고 촉발되었습니다. 여기에 조광조에 대한 중종의 경계가 복잡하게 얽히면서 심화되었습니다. 중종반정 이후 정국공신(靖國功臣)의 책봉을 둘러싼 위훈(僞勳)의 삭제 요구와 훈구파의 대도지 소유 등에 대한 비판 등은 결국 훈구 세력의 결집과 반발을 불러일으켰습니다. 조광조 등 사림들은 이로 인해 사화를 맞게 되었습니다.

> 당초에 남곤이 조광조 등에게 교류를 청하였으나 조광조 등이 허락하지 않자 남곤은 유감을 품고서 조광조 등을 죽이려고 하였다. 이리하여 나뭇잎의 감즙(甘汁)을 갉아먹는 벌레를 잡아 모으고 꿀로 나뭇잎에다 '주초위왕(走肖爲王)' 네 글자를 많이 쓰고서 벌레를 놓아 갉아먹게 하기를 마치 한(漢)나라 공손(公孫)인 병기(病已)의 일처럼 자연적으로 생긴 것같이 하였다. 남곤의 집이 백악산(白岳山) 아래 경복궁 뒤에 있었는데 자기 집에서 벌레가 갉아먹은 나뭇잎을 물에 띄워 대궐 안의 어구(御溝)

에 흘려보내어 중종이 보고 매우 놀라게 하고서 고변(告變)하여 화를 조성하였다.

— ≪선조실록≫ 권2, 선조 1년 9월 21일(정묘)

조광조를 중심으로 정치개혁을 추진한 신진 정치 세력들은 그 후 1519년에 기묘사화로 정치적 박해를 당하게 됩니다. 반정세력에 의한 반동 사건이라고 하겠습니다. 조광조에 의해 일대 정치개혁이 시도되었지만 중종과 구정치인들의 반격에 의해서 많은 신진 정치인들이 죽게 되는 것입니다.

사림정치, 붕당정치의 주요 구성원이 되는 퇴계 이황이라든가, 율곡 이이라든가 조선시대 유명한 학자들은 조광조 등 기묘 사림에 대해 상당한 신뢰를 보냈습니다. 소위 사림들은 고려 말 유자인 포은 정몽주를 성리학의 비조(鼻祖)라 꼽고 성리학 융성의 중간 역할을 한 분으로 조광조로 보고 있습니다.

후에 기묘사화에서 숙청된 기묘 사림들은 명예회복이 되고 정국은 안정되었지만 정국은 또다시 인종과 명종의 왕위 계승 과정에서 왕실 외척과 사림 사이에 긴장 관계가 형성됨으로써 사화의 조짐이 있게 되었습니다. 인종을 지지하는 윤임(尹任)을 중심으로 한 세력을 대윤(大尹)이라 하였습니다. 반면에 어린 명종을 지지하면서 문정왕후의 절대적 지지를 받은 윤원형(尹元衡)의 세력은 소윤(小尹)이라 불렸습니다. 인종의 즉위로 대윤이 정권을 잡는 듯하였지만 인종의 갑작스런 죽음 뒤 명종이 즉위하면서 사정은 완전히 뒤바뀌게 되었고, 소윤은 대대적으로 대윤측 사림을 숙청하였습니다. 이것이 을사사화였습니다.

기묘 사림과 의리의 실천 — 박상의 신비복위소

사림들은 학문과 정치를 혼연 일체로 하여 정치적 결정에 대의명분을 내세우고자 하였습니다. 사림 자신들의 사회 윤리와 도덕이라는 명분을 자신들의 생활뿐만 아니라 왕실에서도 행하여야 하기 때문에 군주도 이를 수용하여야 된다는 인식으로 발전하고 있었습니다.

여기서 얘기하는 사건은 박상(朴祥)이 올린 '신비복위소(愼妃復位疏)'입니다. 박상의 호는 눌재(訥齋)입니다. 신비는 누굴 얘기하느냐 하면 중종의 첫째 부인, 다시 말하면 조강지처이지만 중종반정 후 궁중에서 추방되어 서민으로 되었다가 영조 대에 가서 왕후로 복위가 되는 단경왕후 신씨를 얘기하는 것입니다. 단경왕후 신씨의 복위 상소문은 중종 10년에 중종의 구언교(求言教)■를 계기로 해서 나타나게 됩니다.

■**구언교** 임금이 신하와 백성들에게 시정(時政)에 필요한 의견을 구하는 교서.

중종 10년이라고 하는 시점은 중종이 반정에 의해 즉위를 하자마자 반정공신들에 의해 첫째 부인과 강제 이혼한 후 10년째가 되는 해였습니다. 우연히도 이 때 반정공신 중 실력자인 박원종(朴元宗)·성희안(成希顏)·유순정(柳順汀) 모두가 작고한 시점이었습니다. 반정공신들은 신씨를 죽이지는 않았지만 강제 이혼시켰던 것입니다. 왜 강제 이혼시켰는가 하면은 신씨 집안이 연산군의 처가였기 때문입니다. 그래서 신씨의 친정아버지 신수근(愼守勤)을 중종반정 때 연산군을 내쫓는 과정에서 죽였습니다. 그러니까 신씨가 왕비가 되었으니 자신의 친정아버지를 죽인 사람들에 대해 정치적 보복을 하리라 본 것입니다. 그래서 반정공신 측은 중종에게 이혼할 것을 청한 것입니다. 궁중에서 내쫓겼던 것입니다. 그런데 중종 10년에 중종의 계비 장경왕후(章敬王后) 윤씨가 죽었습니다. 구언교가 있자 왕의 계비가 승하한 것을 계기로 박상이 지방에서 신씨를 왕비로 복위시켜야 한다는 상소문을 쓴 것입니다.

상소문 전문이 ≪중종실록≫에 있습니다. 담양 부사 박상(朴祥)・순창 군수 김정(金淨)이 함께 봉사(封事)를 올렸는데, 그 소(疏)의 내용을 요약해 보면 다음과 같습니다.

부부의 도가 천하 질서의 근본임을 강조하였습니다. 특히 왕조에서 지극히 높이 평가되는 도리가 실려 있는 ≪시경≫・≪주역≫의 내용을 원용해서 왕비의 폐출이 정당한 이유가 없음을 주장하였고, 신비는 조강지처라는 것, 왕과의 정분에서나 왕비로서의 지혜에서 부족함이 없고 조금도 하자가 없음을 주장하고, 나아가 왕실의 부부 화합이 정국의 안정에 도움이 된다는 것을 강조하고 있습니다. 더욱이 중종의 대통 계승은 정당한 것이고 어느 누구의 변론에 의하여 왕위에 오른 것이 아니기 때문에 그 비호 세력을 의식할 필요는 없다고 하였습니다. 그리고 마침 그 중궁 자리가 비게 되었으니 부당하게 폐출된 신비를 복위하는 것은 마땅하며, 마지막으로 이러한 결과를 가져온 중신들의 행위에 대해 법적인 책임을 묻자는 것이 그 요지였습니다.

이 상소문이 올라가자 조정에서는 당사자에 대해 죄를 묻자는 편과 구언 후에 올린 주장이니 자칫 언로가 막혀 민의가 전달되는 구조가 잘못되지 않도록 언론을 위해 용서하고 불문에 부치자는 편으로 갈리었습니다. 결국 신비의 복위는 실현되지 못하고 상소문을 올린 박상과 김정은 지방으로 귀향 가는 것으로 결정되었습니다. 이 결정 직후에도 반론이 잇따라 있었습니다. 결국 이듬해 여름에 가서야 이들은 방면되고 상소자의 명예회복이 이루어졌습니다.

여하튼 신비는 이 때 박탈된 왕비의 지위를 회복하지 못한 채 명종 12년에 71세로 돌아갔습니다. 이 때 조정에서는 1등 예우에 의해서 신비를 장례지냈으나, 복위된 것은 영조 15년에 가서야 있게 됩니다.

중종반정의 삼대신이 모두 죽고 마침 구언교가 중종 10년에 있자 눌재 박상과 중암 김정이 상서하게 된 신비 복위의 문제는 단순히 신비의 복위만을 위한 것이라기보다는 삼공신의 정치 세력을 축출하려는 사림의 정치운동이라고 평가됩니다. 성리학을 공부하고 그 이념을 실현하고자 한 정치를 우리는 사림정치 또는 도학정치라는 정치로 이해하고 있기 때문입니다.

조선시대의 정치에서는 언로라는 것이 상당히 중시되고 있습니다. 현대사회에서 언론은 심지어 삼권에서 하나 더한 사권으로 여겨지고 있습니다. 언론, 매스컴의 존재는 권력구조에서 새로운 균형을 가능하게 해주는 기능을 갖고 정치를 부패하지 않게 하는 중요한 역할을 하고 있습니다. 조광조의 기본 논리는 성리학에서 언로를 개방해야 한다는 치도론(治道論)에 기초한 것이었습니다. 조광조는, 박상의 신비복위소는 구언교에 의해 만들어진 봉사이기 때문에 면책되어야 마땅함에도 불구하고 상소문에 대한 책임을 추궁하도록 한 것은 기본적으로 성리학 치도론에 위배된다고 강조하였습니다. 조광조의 이와 같은 주장은 많은 사림정치인들에게 공감되어 강력한 지지를 받았습니다.

상소문의 내용에서 주목해야 할 것은 부부의 예를 치른 중종의 조강지처의 위치를 복원시키는 것이야말로 구언의 취지에 맞는 것이며 모든 사회 병리현상을 해결할 수 있는 열쇠가 된다고 이해한 것입니다. 왕이 자연의 기본 원칙을 지키는 것은 온 나라의 다른 사람에게 모범을 보인다는 것입니다. 부부지도의 논리적 근거는 혼례의식을 치른 중종과 신비와의 가례가 왕실의 권위와 왕통에서 지켜져야 할 것임을 강조하는 것이었습니다. 즉, 왕실의 정치적 특수성에서 신비와의 별거는 천하질서 기준에서도 부당한 것이며, 그와 같은 왕실의 조처는 가례의 보편적 규범에 위배된다는 것을 지적한 것입니다.

사림들의 성리학적 사고는 왕의 혼인과 부부의 윤리까지도 가례의 실천적 내용에 준해야 할 것을 주장하고 있는 것입니다. 사림이 ≪주자가례≫의 이념을 그토록 수용하여 실천하려고 하는 신념도 의리 사상과 표리관계가 있다고 할 수 있겠습니다. ≪주자가례≫의 의제가 우리나라 사림에게 특별한 철학으로 강조되고 있는 것은 모든 의례가 갖는 내면적인 논리, 즉 의리 정신의 구현이었다는 점과 그것이 정치력과 깊게 연계를 갖고 있다는 것을 주목할 필요가 있습니다.

폐비 신씨의 복위 문제는 박상의 복위소가 있은 후 180년이 지난 숙종 24년에 신규(申奎)라는 사람의 상소에 의해 단종의 복권과 함께 거론되었습니다. 이 때 노산군에서 단종으로의 복권은 이루어졌으나 신비의 복권은 결정되지 못하고 지체되고 있었습니다. 영조 15년에 가서야 신비의 명예회복이 이루어졌습니다.

사화가 남긴 유산

사화를 거치면서 사림들은 중앙 정계로부터 물러나 향촌 사회에 정착하여 지역적 기반을 다졌습니다. 향촌 사회에 대한 교화를 꾀하면서 한편으로는 서원을 건립하고, 유향소 복립을 주장하였습니다. 덕업상권(德業相勸)・과실상규(過失相規)・예속상교(禮俗相交)・환난상휼(患難相恤)을 강령으로 하는 향약(鄕約)을 실시하였습니다. 이른바 ≪주자가례≫나 ≪소학≫의 생활 실천을 통해 향촌 사회를 하나의 이상적 예치 사회로 바꿔보려 하였다고 하겠습니다.

한편 지역적인 기반, 생활 기반을 가진 인재의 양성을 국가 제도와 연관해서도 생각해야 되겠지만, 또 한편으로는 스승과 제자 사이에 있어서의 학통과 가통이라고 하는 또 하나의 사회적 현상을 눈여겨보아야 할 것입니다. 학파 또는 학통이라고 하는 것을 통해 영남학파, 기호학파라고 하는 학파 등이, 학문적 성격을 계통화할 수 있는 전통을 세우게 된 것입니다. 이런 것이 토대가 돼서 선조 이후 명분과 이념을 같이 하는 사람들끼리 결속하고 협력하면서 자신들의 정치적 목적을 달성하려고 노력하게 된 것입니다.

지주 전호제의 토대

사림이라는 개념은 국가에 의해서 형성되었다기보다는 유자들의 재야 활동을 특징으로 하고 있습니다. 조정이 아니라 민간 차원에서 사회 활동을 하고 정치 활동을 할 수 있는 유자이면서 집단을 구성하여 조정에 일정한 영향력을 가진 사회세력이라 하겠습니다. 이 같은 사회세력이 존재할 수 있었던 것은 무엇 때문이었을까요?

우선 고려해야 할 것이 조선 중후기의 지주제입니다. 지주제는 토지경영 활동을 근거로 해서 생활하려는 경제 형태의 하나입니다. 토지경영을 통해서 부를 창출하려는 조선시대 경제 활동인 것입니다. 여기에는 토지에 대한 경영이 상당히 유익하고 이윤이 많다는 인식이 깔려 있는 것입니다. 오늘날 우리들은 돈을 벌려고 주식시장에 많이 투자하고 있습니다. 주식시장은 바로 자본주의를 상징하고 있는 것입니다. 주식시장에서 돈을 번다는 얘기는 사실은 자본주의 사회의 기업 경영이 성장하고 그 기업 경영이 부를 창출한다는 것을 전제하고 있습니다. 만약 우리의 기업이 잘 되고 성장 일변도로 나간다면 투자는 계속 이어질 것입니다.

전근대사회에서 부를 증식하는 것은 더 많은 땅을 사고 농사를 잘 지어 곡식을 더 많이 생산하는 것입니다. 이러한 경제 관행이 조선 사회의 경제를 유지시켰고 이로 인해 나타난 경영 형태가 지주제였던 것입니다. 땅을 소유하고 땅에 투자해서 더 많은 곡식을 생산함으로써 최종적인 이윤을 획득하였던 것입니다. 결국 지주제라 하는 농업경영 방식을 활성화하기 위해 각계 각층이 농업에서의 생산성을 높이기 위한 노력을 하였던 것입니다. 그러한 모든 것이 하나로 종합되어 조선시대의 경제 활동의 상징으로 지주제를 주목할 수 있습니다. 지주 경영을 통해서 지방의 많은 사림 계층은 경제적인 독립과 독자성을 확보하고 이를 기초로 해서 중앙 정계의 진출을 도모하게 됩니다.

한편 지주제적 토지 경영을 이념적으로 보호한 것은 주자 성리학의 경영론이었습니다. 원시 유학의 토지 경영 방식과는 반대되는 것입니다. 지주제 경영의 사회적 폐단이 심화되면서 유자들 중에는 성리학과 지주제 경영을 비판하는 이가 나오기도 하였습니다.

조선 성리학의 요람, 서원

재야의 사림들이 중앙 정계에 참여하기 위해서는 유학이라고 하는 지식을 갖추어야 하였습니다. 유교 학문에 대한 숙지가 필요하였습니다. 이런 공부와 교육이 이루어진 곳이 지방에서는 관학인 향교와 사학인 서원(書院)입니다.

서원은 단순한 교육기관이 아닙니다. 서원에는 강학(講學)하는 곳과 숭배하는 인물의 사당(祠堂)이 함께 있었습니다. 사당은 특정 인물의 위패를 모시는 전당이라고 볼 수 있습니다. 도산서원은 가장 대표적으로 퇴계 이황을 숭모하여 제사를 지내는 곳입니다. 각 서원에는 서원마다 특정 인물을 숭모하여 모시면서 그분의 학문을 계승하고 발전시키려는 것을 강조하고 있는 것입니다. 서원의 전통을 보면, 개인 대 개인으로 이어지는 학통을 쉽게 도식화할 수 있습니다. 스승과 제자로 연결됩니다. 물론 여기에도 혈통을 배제하지는 않습니다. 가학(家學)의 전통으로 할아버지, 아버지, 삼촌으로 학문이 전수되고 자신이 그것을 계승할 수 있었습니다. 그러나 혈통만이 아니라 좀 더 개방적인 형태에서 친족을 넘어서 학통이라는 전통이 이루어지게 됩니다.

백운동서원과 소수서원의 사액.

또 그 지방이 가지고 있는 지방적인 색채와

경상북도 영주시 순흥면에 소재한 소수서원 전경.

공동체적인 성격을 갖고 있기도 하였습니다. 따라서 크게 보면 조선시대의 서원들은 학파를 형성하고 지속시킬 수 있는 뿌리라고 하겠습니다. 영남학파, 기호학파 등이 그것입니다. 영남은 경상도 지역의 학파, 기호는 경기와 호남을 아우르는 학파입니다. 영남학파는 알다시피 퇴계 이황, 남명 조식이 대표적입니다. 이황과 조식은 같은 영남학파이지만 각기 좌도(안동쪽)와, 우도(진주쪽)로 이들 제자들의 성향은 좀 다릅니다. 그리고 서경덕, 이이(파주)는 기호학파의 대표 인물입니다.

조선시대 유학을 교육하려는 정부는 정치인이자 관료를 양성하기 위한 공적인 기구로 관학(官學)을 운영하였습니다. 향교나 학당 등과 서원의 상위 기관으로 성균관(成均館)이 있어 국가가 원하는 인재를 최종적으로 교육하게 됩니다. 성균관은 국가가 경영하는 최고의 학술기관입니다. 지방의 서원에서 배운 사람이나 향교에서 배운 사람들이 과거에서 최종적으로 선발이 되면, 성균관에 입학하여 조선왕조에서 제공하는 최고급 교육을 받게 됩니다.

경기도 남양주시 수석동 한강변에 위치하였던 석실서원에서 지키고자 했던 학규.

서원의 활동이 팽창되다 보니 조선 왕실은 유학 교육을 통제, 조정할 수 없게 되었습니다. 서원의 활동이 독자적으로 활성화되면서 영남지역, 기호지역으로 지역적인 분할을 하고 나름대로 학파를 형성, 학문 그 자체를 심화 발전시키는 새로운 경향을 만들게 되었습니다. 일부는 중앙 정계로 진출하고 일부는 재야에서 학문적인 집단으로 중앙 정치에 그 영향력을 펼치는 단계로까지 변하고 있었습니다.

여기서 한 가지 더 생각할 것이 있습니다. 영남과 기호 지방이라는 것은 신라와 백제 문화의 기반을 가지고 있습니다. 그렇기 때문에 지역적인 풍토가 그 지방 사회가 가지고 있는 문화적인 자존심으로 발현되었다고 볼 수도 있습니다. 또 자기 생활의 근거지에서 독자성을 가졌다는 토호적 성격을 염두에 두어야 할 것입니다. 그리고 이런 것이 유학 공부와 연결되었을 때 보다 결속된 정치 세력으로 활동할 수가 있었다고 하겠습니다.

학파는 그 역사적 경험이 오늘날 우리들에게까지 연결되고 있습니다. 조선시대에는 그러한 지역적인 특성 내지는 학파의 특성에 내재하는 요소가 조선 중기에 오면서 사림이라고 하는 합쳐진 활동의 개체로서 등장을 하게 됩니다. 즉, 조선 사회의 지식인들은 지방 서원에 근거를 두고 독자적으로 자기들의 사회를 진단하고 자신의 행보에서 지표를 설정하고 있었다는 특징이 있습니다. 이것이 사림파 형성의 역사적인 의미라고 하겠습니다.

어떤 공부를 어떻게 하였을까

그런데 여기서 주목해야 할 점은 이들이 지역사회에서 어떤 위치를 확보하고 지역사회의 질서 체계를 유지하기 위해서 어떤 도덕률을 필요로 하였을까 입니다. 이러한 점에 대한 방향을 제시한 책이 ≪주자가례≫입니다. 지역적인 성격을 가졌지만 사회구성원으로서의 권위를 부여해주고 지역사회 단위에서 도덕적으로 보호받고 자기들의 위신을 합리화시켜주고 있는 이론 체계를 ≪주자가례≫를 통해서 확보하였던 것입니다. 사림들은 일차적으로 향촌사회질서의 중요한 논거였던 ≪주자가례≫를 연구하고 실천하였던 것입니다. ≪주자가례≫는 인간으로서 필요한 생활상의 구체적인 의전 절차를 담고 있어 사람답게 살기 위해서는 이를 실천해야 된다는 내용이었습니다.

더불어 ≪소학≫도 강조하였습니다. 사실 성리학을 공부하는 과정에서 가장 기본이 되는 것이 ≪소학≫입니다. ≪대학≫은 군주가 공부하는 교육 과정에서 얘기되는 책이고, ≪소학≫은 사회질서를 위해서 그리고 사회의 건강한 시민을 교육하기 위해서 필요한 책이었습니다. ≪소학≫과 ≪주자가례≫를 공부시키고 공부하는 것이 당시 사림들의 기본적인 교양 과정이었습니다.

16세기에 주로 활동한 사림들은 바로 이러한 사상적 분위기 속에서 ≪소학≫과 ≪주자가례≫에 대한 공부와 실천을 위주로 하면서 입문하였습니다. 그리고 ≪논어≫·≪맹자≫·≪대학≫·≪중용≫의 ≪사서집주(四書集註)≫, ≪성리대전≫·≪주자대전≫·≪심경≫·≪근사록≫ 등의 공부로 이어지게 됩니다.

사서의 공부에 대해 주자는 각각의 독법(讀法)을 제시하였습니다. 예컨대, ≪중용집주(中庸集註)≫의 독중용법(讀中庸法)에서, "독서의 순서는 모름지기 우선 힘을 붙여 ≪대학≫을 보고, 또 힘을 붙여 ≪논어≫를 보고, 또 힘을 붙여 ≪맹자≫를 보는데, 이 세 책을 보고 나면 ≪중용≫은 반절을 모두 마치게 된다."라고 하여 ≪대학≫ → ≪논어≫ → ≪맹자≫ → ≪중용≫으로 이어지는 독서를 말하였습니다. 특히 ≪대학≫에 대해서, "≪대학≫은 이 학문을 하는 강목(綱目)이니 먼저 ≪대학≫을 읽어 강령을 세우면 다른 책은 모두 잡설(雜說)하여 이 속에 들어 있다. ≪대학≫을 통달하고 다른 경서를 보아야 바야흐로 이것이 격물치지(格物致知)의 일이며 이것이 성의정심(誠意正心)의 일이며 이것이 수신(修身)의 일이며, 이것이 제가치국평천하(齊家治國平天下)의 일임을 보게 된다."라 하여 그 공부를 강조하였습니다.

주자 성리학에 심취하였던 사림들이 많았던 이 시기에 이러한 수학 방법론은 추종되었다고 여겨집니다. 이처럼 학문을 닦는 방법은 지경(持敬)에 있다고 보았으며, 이에 따라 위기(爲己)·수기(修己)가 이루어진다 하였습니다. 남명 조식은 '거경집의(居敬集義)'의 실천적 자세와 의리를 중시하고 이로써 '하학이상달(下學而上達)'이 이루어진다 하였습니다. 이와는 달리 퇴계 이황의 경우 '거경궁리(居敬窮理)'의 학문 자세를 견지함으로써 상달(上達)의 학으로서의 이기론(理氣論)과 천도(天道) 등에 침잠하기도 하였습니다.

지경 심신 수양에 있어 경(敬)의 자세를 유지하는 것.

거경집의 마음가짐을 경에 두고 의리를 실천함.

하학이상달 의리 실천의 자세를 이루다보면 저절로 뜻이 통하게 됨.

거경궁리 마음가짐을 경에 두면서도 우주의 진리이자 천하의 도를 추구함.

퇴계는 남명의 실천적 자세와 달리 궁리(窮理)에 집중하였기 때문에 상대적으로 많은 저술을 남기고 동방이학(東方理學)의 으뜸으로까지 평가받았습니다. 남명은 지나치게 천리(天理)를 논하는 데에 대해 비판적 자세를 가졌는데, 그의 저서 ≪남명집(南冥集)≫에서 퇴계에게 보낸 서한에 "요즘 공부하는 자들을 보건대, 손으로 물 뿌리고 비질하는 절도도 모르면서 입으로 천리를 담론하여 헛된 이름이나 훔쳐서 남들을 속이려 하고 있다."고 한 것은 이러한 면에 대한 지적이었습니다.

형성 초기의 영남학파나 기호학파가 서로 따로따로 결속하여 다른 특징이 있는 것이 아니고 사실은 지역적 요소를 표현한 정도에 불과하였습니다. 여기서 영남학파니 기호학파니 하는 것은 국가에서 부여한 호칭이라고 할 수는 없고 자신들의 지연과 학연적 요소를 합작하여 만든

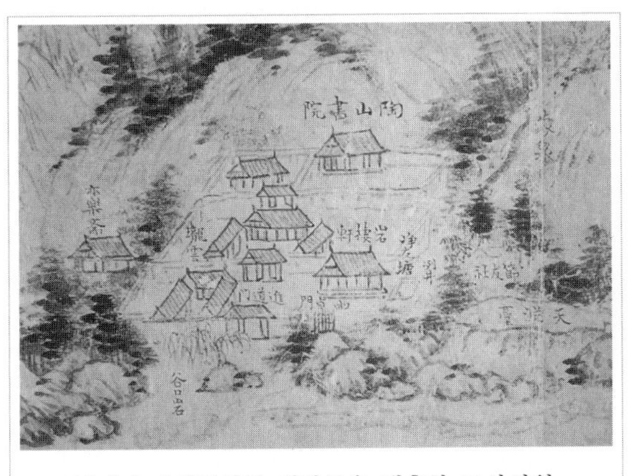

퇴계가 수학하면서 제자들을 배출한 도산서원.

호칭이라 하겠습니다. 사사로이 스승과 제자 사이를 맺어가면서 연구하고 교육하였던 관계 속에서 얻어진 칭호입니다. 당시 학파 간의 교류는 자유로웠으며 출입이 엄금된 것이 아니었습니다. 상호 존중과 협력을 유지하면서 조선시대 성리학은 학문적 발전을 이룩하게 됩니다.

예컨대 영남학파를 이끈 퇴계 이황과 호남학파 고봉 기대승과의 사단칠정(四端七情)에 대한 논의는 조선 성리학의 유명한 테제였습니다. 한 사람은 안동 영남의 거유이고, 다른 한 사람은 호남의 거유입니다. 서신 왕래를 통해서 자신들의 학문적 쟁점을 논의한 것을 보아도 영남학파니 기호학파니 하는 것은 배타적 결속 성격으로서가 아니라 지역에 사는 학자들의 일정한 인적 성향을 지칭한 것으로 인식할 수 있을 것입니다. 이러한 학문적 풍토가 서원의 건립과 활동을 통해서 사승관계로 심화되고 있었다고 하겠습니다.

사림의 꿈, 문묘 배향

조선시대의 사림들이 단지 벼슬을 하기 위해서, 중앙 정치 무대에 진출하기 위해서 성리학을 공부하고 교육하고 연구한 것은 아니었습니다. 그들은 이미 학문적 호기심으로 학문적 즐거움을 얻기 위해서 학문을 연구하고 당대의 사회적 쟁점을 토론하였다고 하겠습니다. 그리고 국정에 참여하게 되면 참여하는 것이었습니다. 따라서 성리학을 공부한 사람들은 모두 중앙 정계에만 있는 것이 아니고 지방에 거주하면서 후진을 양성하고 있었습니다. 이황 · 이언적 · 조식 등은 영남학파의 중요 인물이고, 서경덕 · 이이 · 성혼 등은 기호학파의 주요 인물들입니다.

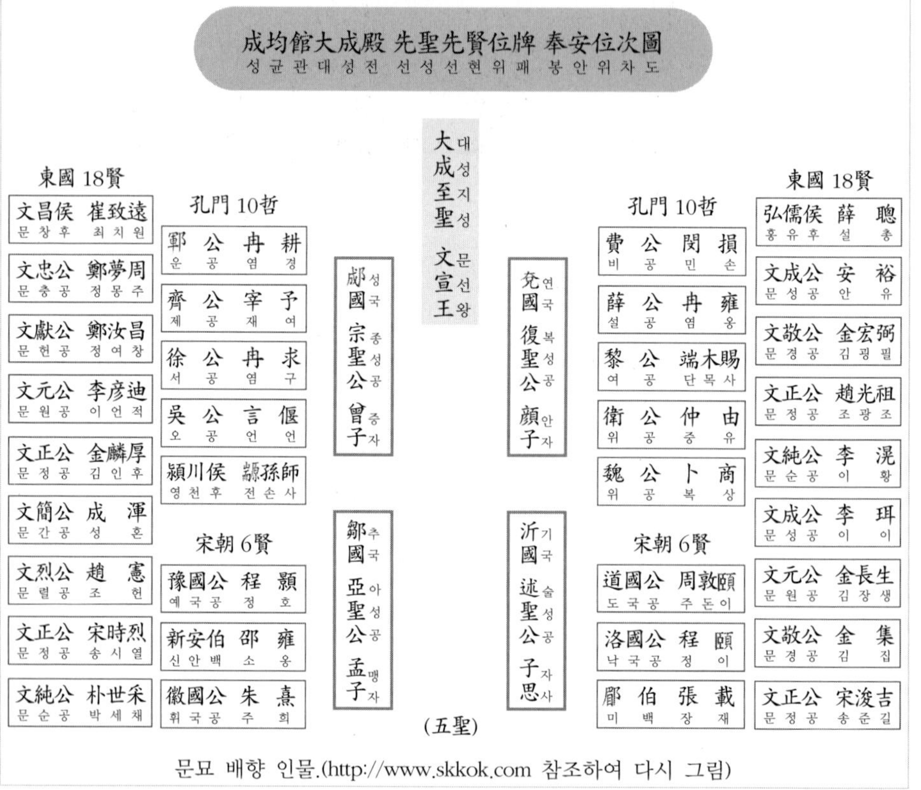

문묘 배향 인물.(http://www.skkok.com 참조하여 다시 그림)

이들은 우선 그들의 생활 기반을 군주에 의존한 것이 아니라 독립적인 자신들의 생활 기반을 경영하고 있었습니다. 이러한 상황 속에서 학문에 정진하고 그 위에서 자기 사회를 비판하고 왕의 정치를 감시하는 기능을 할 수 있었습니다. 그래서 때로 이들은 왕을 대리하여 지방 군현을 통치하는 수령과 협력하고 때로는 견제하기도 하였습니다. 그리고 사림들은 군주와 대응하거나 자신들을 변호할 수 있는 정치 이론과 학문의 체계를 확립해 가고 있었습니다. 즉, 이것이 조선 성리학의 이기론으로 이해되는 것입니다. 이 사림들은 우주, 국가, 인간의 주제에 대하여 보편적인 인식 체계로 국가관, 세계관을 수립하고 있었다 하겠습니다.

조선 사회에서 사림의 위상이 높게 평가되면서 군주와 대비되는 의전상 상징으로 문묘(文廟)의 설치와 제사가 있게 됩니다. 사실 문묘는 문선왕묘(文宣王廟)의 약자입니다. 문선왕은 공자(孔子)를 말합니다. 공자의 위패를 모신 사당이 문묘입니다. 한(漢)대에 오면 정치권에서 공자를 높이면서 문묘를 만들어 공자의 신위를 문묘에 봉안하고 왕의 예우를 하였습니다.

중국의 곡부(曲阜)는 공자의 출생지입니다. 곡부에는 공자 묘가 있는 공림(孔林 : 묘소), 공자의 위패가 봉안되어 있는 사당인 공묘(孔廟) 그리고 관청인 공부(孔府)가 있습니다. 공자를 위해 문선왕의 예우로 공림, 공묘, 공부의 유적을 유지하고 있는 것입니다.

우리나라에서도 공자의 위패를 모신 사당을 국가 차원에서 만들어 문묘라고 하였습니다. 공자의 위패만이 아니라 공자의 사상과 학문을 계승하고 발전시킨 업적이 있는 유학자들의 위패를 배향 봉안하고 있는 곳이 문묘입니다. 문묘에 배향된 유자들은 공자와 같은 권위를 부여받을 수 있습니다. 요즘 스포츠 스타들이 명예의 전당에 헌액되는 것과 유사한 것이라 하겠습니다. 그래서 공자의 학문을 발전시킨 후대 학자 중에서 조야의 합의로 선별하여 문묘에 배향하였습니다.

고려시대에서는 처음 공자의 학문을 소개하고 문화를 발전시키는데 기여한 신라의 설총(薛聰), 최치원(崔致遠) 등을 문묘에 배향하였습니다. 그리고 안향(安珦)을 배향함으로써 고려 문묘에는 이 세 분만이 있게 됩니다. 조선시대에 오면 중종 대에 가서 처음으로 고려의 정몽주(鄭夢

周)를 조선조 문묘에 배향합니다. 중종 대에 와서 포은(圃隱) 정몽주를 문묘에 배향하였다는 것은 조선 왕실이 중종 대부터 사림들에 의해서 약간씩 견제를 받기 시작하였다는 상징적 사건으로도 이해됩니다. 그 후 점차 왕실이 정치적으로 사림에게 밀리면서 문묘에 유학자를 배향하였던 것이라 하겠습니다.

사림들은 정치 활동에서 정치적 결속과 자신들을 보호하기 위한 대의명분을 표방하게 되었는데 그 중요한 행동지침이 '절의(節義)의 고취'였습니다. 사림들은 고려 말 조선 초 사회 전환 속에서 정치적 지조를 지키면서도 끝내 타협하지 않은 포은을 상징적 인물로, 그들 학문의 비조로 선정하고 포은과 같은 정치적 기개를 가져야 되겠다는 논리를 유지하고 그것을 본받고자 하였습니다. 그래서 윤리적인 내용으로 공론의 입장에서 군주에게 충성을 보이는 유자의 덕을 절의 사상으로 표현하고 있습니다. 개인의 욕망을 제거하고 천리(天理)를 보호하는 것이 절의라는 것입니다. 그러한 절의는 성리학의 이념적 기저라고 생각합니다.

모두 18명의 유자들이 고종 때까지 배향됩니다. 중종 12년 정몽주, 광해군 2년 김굉필 · 정여창 · 조광조 · 이언적 · 이황 등 5명, 숙종 7년 성혼과 이이, 영조 32년 김장생 · 송시열 · 송준길, 영조 40년 박세채, 정조 20년 김인후, 고종 20년 조헌 · 김집 등이 배향되었습니다. 이렇게 많은 유자들이 문묘에 배향될 수 있었던 데에는 조선 성리학의 발전이라는 면이 큰 배경이 됩니다. 또 한편으로는 조선시대 붕당이 치열하게 전개되자 왕실에서 이를 조절하는 과정에서 그 노력의 한 형태로 문묘종사(文廟從祀)가 나타난 것으로도 볼 수 있겠습니다.

문묘 배향과 관련하여 앞서 정치적 성향을 강조한 바가 조금은 지나친 면이 있으나 사실 유자의 정치적 성향 때문에 배향되지 못하는 사람이 있다는 사실과 연계하여 본다면 틀린 주장이 아니었다는 것을 알 수 있습니다. 남명(南冥) 조식(曺植)은 조선 유학 발전에 큰 업적이 있음에도 문묘에 배향되지 못하였습니다. 남명과 그의 제자들이 당색으로는 동인(東人)으로 조선 후기 서인계가 계속 집권하기 때문에 문묘에 배향되지 못합니다. 율곡 이이도 서인의 집권과 실세에 따라 문묘에의 배향과 출향이라는 경우가 있었던 것입니다. 율곡과 성혼은 처음 숙종 7년에 배향되었다가 숙종 15년에 출향되었고, 다시 1694년 갑술환국(甲戌換局) 때에 문묘에 종사됩니다.

주자가례의 사회

성리학은 원래 송대의 지주층, 사대부층을 배경으로 성립된 학문 체계입니다. 성리학의 체계를 세운 주자(朱子)의 학문 체계는 지주적 토대 위에서 학자들의 학문과 정치적 성향을 조정하고 체계화한 것입니다. 이러한 송대 주자학의 속성을 받아들여 조선의 사림들은 조선 성리학을 발전시킬 수 있었습니다. 이 토대 위에서 조선의 유자들이 향촌 사회 속에서 중앙 정치와 연계하면서 성리학 연구를 심화시킨 것이 가능하였다는 것입니다.

성리학은 국가 질서, 시역 질서, 가족 질서의 구체적인 모습을 학문 체계 안에서 보이고 있었습니다. 가족, 친족의 윤리로는 ≪주자가례≫가 있고, 지방 사회를 이끄는 향사례(鄕射禮), 향음주례(鄕飮酒禮)가 있었습니다. 향사례는 활을 쏘는 경기 의례입니다. 지방 구성원들의 활쏘기 경기 의례인 것입니다. 이 의례를 통해서 구성원 사이의 친목과 결속을 다졌습니다. 그리고

향사례를 행하는 모습을 그린 것으로 보이는 그림.
(김홍도 작)

향음주례는 지방민들이 술과 음식을 나누어 먹는 의식으로 구성원들 사이의 위계질서와 수평적인 구성원 사이의 결속을 다지는 것을 내용으로 하고 있습니다. 이들 의식을 통하여 향촌 질서를 정립할 수 있다는 인식이 성리학자들 사이에 공감되고 있었습니다.

향음주례를 행하는 모습.

가례(家禮)는 가족질서와 친족 공동체의 질서를 내용으로 하는 의전입니다. 가례의 내용은 관혼상제(冠婚喪祭)로 이루어집니다. 관혼상제 중 관례는 성인식, 혼은 혼례, 상은 죽음의 의식, 제는 제례입니다. 이 의식을 통해서 가족 공동체를 결속하고 그 안정을 추구할 수 있다고 본 것입니다.

가족과 지방 사회의 질서를 근간으로 하는 가례와 함께 국가 질서의 근간을 왕실로 인식하는 오례(五禮), 즉 왕례(王禮)라는 내용이 있습니다. 길례(吉禮)·흉례(凶禮)·가례(嘉禮)·빈례(賓禮)·군례(軍禮) 등 의전을 통해서 왕권을 안정시키고 나아가 국가 사회질서에서 군주를 중시하려는 것이 오례입니다. 오례를 왕조 사회질서의 축으로 인식하면서 이를 가례와 조화 병존시키려는 의식을 당시 유자들은 성리학을 중심으로 심화시키고 있었습니다.

조선 중기 이후 사림들은 그들 스스로 사회의 주역이 되어 향촌 공동체의 안정을 위한 제반 시책을 추진하고 이끌어 나갔습니다. 이러한 중요한 이론 체계를 제공한 서적이 ≪소학≫과 ≪주자가례≫입니다. 가례는 구체적 윤리 내용을 행위로 밝히고, 행동강령은 ≪소학≫에서 제시하였습니다. 예컨대 자녀가 외출할 때 반드시 어디를 갔다오겠다라고 밝히고, 다녀오면 반드시 부모에게 보고하며, 아침에 일어나면 마당

쓸고 청소하고 누구를 만나면 인사하는 이러한 구체적 예절이 지향하는 의미를 ≪소학≫에서 읽을 수 있습니다. 부모한테 효도해야 한다는 원론적인 얘기로 그치는 것이 아니라 효도는 이러이러한 내용의 행위를 하는 것이다 하며 그 사례를 들어가면서 가르쳐주는 책이 ≪소학≫입니다.

사림들은 ≪소학≫을 통해서 윤리 교육을 시키고 향촌 공동체의 구성원들에게 실제로 자신의 실천 행위를 보여주고 따라오도록 하였습니다. 그 중 한 가지 생각나는 내용을 소개한다면 촉한(蜀漢) 유비(劉備)가 남긴 말을 ≪소학≫에서 인용하였는데, "아무리 작은 악이라도 해서는 아니 되고 아무리 적은 덕이라도 가볍게 보아서는 아니 된다."는 내용은 오늘날 우리에게도 공감이 되는 내용이 됩니다. 우리는 친구들 간에 또는 가족 사이에 중요하지도 않은데 "겨우 그걸 가지고."라고 하면서 무시하곤 합니다. 그래서 아무리 작은 악이라도 해서는 아니 된다 강조한 겁니다. 이런 점은 시공을 뛰어넘어 우리에게 공감을 주는 내용입니다.

앞서 밝힌 바처럼 사림들은 주자가례의 실천을 자신들의 과제로 여기고 있었습니다. 그 실천이야말로 이상적 사회 건설의 토대가 된다고 본 것입니다. 그것은 달리 말하면 양반 사림이 농민과 생활하고 있는 향촌의 안정을 최우선으로 해결하여야 한다는 것이기도 하였습니다. 실제로 향약을 실시한다든가 사창제(社倉制)를 운영한다든가 하는 것이 이들의 중요한 활동 내용이었습니다.

향약은 향촌 공동체의 상부상조를 근간으로 하는 공동체의 규약입니다. 향촌 구성원들의 약속에 의해서 만들어진 향촌 공동체의 협업적 약속인 것이죠. 국가를 단위로 해결하는 것이 아니라 지방의 향촌 공동체가 그들 스스로의 문제를 공동체 구성원들 간 협력해서 해결하자는 것입니다. 그 향약의 원형이 송나라의 ≪여씨향약(呂氏鄕約)≫을 모범으로 하고 있기 때문에 향촌 공동체의 안정을 위한 행동의 주역이 양반 사림이 되고 있습니다. 그들이 책임을 지고 도덕적으로 경제적으로 사회적으로

이 향촌 공동체를 성리학적 이상향으로 조성하려는 노력을 하게 되는 것입니다. 그 강령을 본다면 덕업(德業)을 서로 권하고, 과실(過失)을 서로 바로잡으며, 예속(禮俗)으로 서로 사귀고, 환난(患難)을 서로 구제한다는 것입니다〔德業相勸 過失相規 禮俗相交 患難相恤〕.

경제적 측면에서는 사창제를 운영하였습니다. 사창제의 원래 사(社)는 바로 결사의 의미가 있습니다. 공동체를 뜻합니다. 창(倉)은 재원을 구현하는 글자입니다. 따라서 사창은 사적 공동체의 재단(財團)이라 할 수 있습니다. 오늘날 마을금고 같은 성격을 갖는 향촌의 재단입니다. 재화가 부족한 사람에게 돈을 빌려주어 영농이나 생활을 가능하게 하고 생활 자금이 부족할 때 대여하여 공동체를 회생시킨다는 것입니다. 이전 시대에는 고전적으로 그러한 일을 국가가 행하였습니다. 바로 상평창(常平倉)입니다.

9장

붕당론과 세계관의 변화

붕당 인식 전환의 배경

조선 중기 속에서 역사의 운명을 설정하고 좌지우지한 커다란 세력은 왕실과 사림이었습니다. 16세기 후반 이후 왕실과 사림 간의 정치적 긴장과 갈등 속에서 전개된 가장 두드러진 현상을 우린 붕당(朋黨)으로 일단 설정하고자 합니다.

지금까지는 붕당의 현상을 직시하는 것 자체를 상당히 꺼려 왔습니다. 왜냐하면 이 당쟁이라는 주제를 통해서 붕당을 설명하다 보면 근대로 들어오면서 우리 역사의 주권을 완전히 상실하여 식민지가 됐고 그 근원이 당쟁이라고 하는 것에 귀착된다고 여겼기 때문입니다. 이러한 자기비하가 그 요인이 될 수도 있는 것이기 때문에 이 당쟁의 사실을 읽으려 하지 않았던 것입니다.

사실상 이는 자주 얘기되는 식민지 사관과 일제의 식민지 체제 하에서 시도된 일본인들의 고도의 전략에 우리가 휘말린 것입니다. 그리고 당쟁으로 우리는 자주적이며 주체적인 자기 역사 발전의 코스를 밟지 못하고 주권을 상실할 수밖에 없었다는 역사 인식으로 유도되었습니다. 조선은 자기 내부적인 요인에 의해서 주권을 상실하게 된 것이라고 하는 그 식민지 사관적 이해, 역사 인식을 자의반 타의반으로 인정할 수밖에 없었던 것입니다.

일제 식민지 시기 및 해방 이후 우리의 역사 연구가 심화되면서 또 우리의 주체 사관에서 보면 그건 잘못된 것이라는 사실을 인식하게 되어 이 시기의 당쟁에 대한 실질적인 연구가 시작되었습니다. 정말 우리 역사가 당쟁 그 자체로 말미암아 근대화와 근대에 진입하지 못하였는가? 그것이 사실인지 여부를 따져 볼 수가 있었던 것입니다. 그렇기 때문에 실제로 우리가 국권을 상실한 것은 그 당쟁 때문이었는가 하는 자기성찰적 자세를 가질 필요가 있습니다.

우리는 앞에서 이미 당쟁이 일어날 수밖에 없는 정치적인 긴장 관계를 왕실과 사림 간의 관계 속에서 정치·사상적 흐름을 조망하였습니다. 이를 전제로 해서 우선 일차적으로 당쟁이 있었던 역사적인 배경을 살펴보겠습니다.

붕당정치는 달리 말하자면 사림들이 정치력을 발휘하면서 자신들의 정치적 영향력을 극대화하고 공도(公道)의 실현을 이루어가는 과정에서 형성된 것이라 볼 수 있습니다. 기묘 사림들이 꿈꾸었던 도학정치의 이념을, 현실적 정치력을 토대로 학문과 도덕을 겸비한 군자인 사림들이 군주와 더불어 요·순의 정치를 이루기 위한 공도를 논하고 실현할 수 있다고 본 것입니다. 그 과정에서 형성된 것이 붕당이라 하겠습니다.

그러면 실제 붕당이 어떠한 역사적 배경을 갖고 있는가, 그리고 이후 붕당정치에 어떠한 요소가 그 정치를 가능하게 하였는가를 살펴보겠습니다.

사실 어떠한 요소를 붕당 형성의 배경으로 지목할 수 있는가에 대해서는 매우 어려운 면이 있습니다. 그렇다고 하더라도 일차적으로는 사림의 정치적 학문적 성장을 주목할 수 있습니다. 이에 대해선 앞서 설명한 바 있습니다.

사림들은 도덕과 의리 명분의 실천을 강조하는 과정에서 사림은 도덕을 그 주체로 놓음으로써 군자의 도를 강조하게 됩니다. 군자란 사리사욕과 이간, 포악과 모리의 성정을 가진 소인과는 차별되는 존재입니다. 기묘사화나 을사사화를 거치면서 사림들은 군자의 표상을 더욱 강조하면서 도덕적 우위를 강조하는 풍토를 조성하였습니다.

유의할 점이 하나 있습니다. 조광조를 중심으로 한 기묘 사림들이 처벌을 당한 죄목, 즉 죄안(罪案)이 그것입니다. 잠깐 ≪연려실기술≫ 중종조 기사본말 편에 나온 내용을 읽어보겠습니다.

> "조광조, 김정, 김식, 김구 등이 서로 붕당을 지어 자기들과 뜻을 같이 하는 자는 진출시키고 자기들과 뜻을 달리하는 자는 배척하여 성세(聲勢)로 서로 의지하고 중요한 자리에 들어앉아 후진들을 꾀어 속이는 것이 습성이 되어 국론이 전도되고 조정을 날로 글러지게 하므로, 조정에 있는 신하들이 그 세력이 치열한 것을 두려워하여 감히 입을 열지 못하였다. 윤자임・기준(奇遵)・박세희(朴世熹)・박훈(朴薰) 등은 조광조 무리의 궤격한 버릇에 부화뇌동하였다." 하였다. 죄안 가운데 처음에는 '임금을 속이고 사(私)를 행하였다.'는 말이 있었는데, 정광필이 아뢰어 뺐다.

여기에 보듯이 기묘 사림의 죄는 서로 교분을 나누어 붕당을 지어〔交相朋比〕, 국론이 전도되었으며〔國論顚倒〕 임금을 속이고 사사로움을 행하였다〔誣上行私〕라는 것이었습니다. 마지막의 '무상행사'라는 죄목은 빠지기는 하였지만 여기서 보듯 '붕비'하였다는 것이 큰 죄목의 하나로 등장하고 있습니다.

남곤이나 홍경주 등 훈척 세력이 갖다 부친 죄목이기는 하지만 중종 대까지만 하더라도 신료들이 사사로이 무리를 짓는다는 것이 위로 임금을 속이고 자신들의 이익을 취하는 잘못된 것으로 인식되었습니다. 물론 조광조 등의 인식은 이와 달랐습니다. 조광조는 '붕(朋)'과 '당(黨)'을 나누어 군자와 군자는 도를 같이 하여 붕을 이루고, 당은 몸을 위해 꾀를 내고 이익을 도모하는 소인이 서로 모인 것이라고 하여 구별한 바 있습니다. 중국 송나라 때 구양수(歐陽脩)의 진붕론(眞朋論)과 유사한 것이었습니다. 그러나 이러한 조광조의 붕당론은 남곤 등에 의해 오히려 앞서 말한 바처럼 공격의 빌미가 되었습니다. 이러한

구양수 붕당론

신은 붕당(朋黨)이라는 말이 예부터 있다고 들었습니다. 다만 군주가 저들이 군자(君子)인지 소인(小人)인지를 분별하시길 바랄 따름입니다. 무릇 군자는 군자와 더불어 도를 함께 함으로써 붕을 만들며, 소인은 소인과 더불어 이를 함께 함으로써 붕을 만들고 하는데 이는 자연스러운 이치입니다. 그러나 신은 생각건대 소인은 붕이 없고, 오직 군자라야 그것이 있다고 여깁니다. 그 까닭은 소인은 좋아하는 것이 이익과 녹봉이고, 탐하는 것이 재물과 화폐인 때문입니다. 그 이익을 같이 할 때는 잠시 서로 끌어들여 당을 만들어 붕이라고 하니 이는 위선입니다. 그 이익을 보아 앞을 다투고, 간혹 이익이 다하면 사귐이 끊어지고 심하게는 서로를 해치기도 합니다. 비록 그 형제친척이라도 능히 서로 보전하지 못하기도 합니다. 그래서 신은 소인에게는 붕이 없고, 잠시 붕을 삼는 것은 거짓이라 하는 것입니다. 군자는 그렇지 않습니다. 도의를 지키고 정성과 신의를 행하며 명예와 절의를 아낍니다. 이러한 덕목으로 수신하니 도를 같이 할 수 있어 서로에게 도움이 되며 이로써 나라를 섬기니 마음을 함께 하여 서로 다스리게 되어 시종 처음과 같습니다. 이것이 군자의 붕입니다. 그러므로 군주가 된 자가 마땅히 소인의 거짓된 붕을 물리치고 군자의 진정한 붕을 쓴다면 천하가 다스려질 것입니다.[이하 생략]

인식이 이어지면서 선조는 또한 뒤에 신하가 붕당을 지으면 종국에는 반드시 주멸된다고 선언하였습니다.

그렇지만 을사사화 이후 윤원형 등과 같은 훈척 세력이 도태되면서 이러한 붕당에 대한 생각이 바뀌게 됩니다. 선조 5년 영의정을 지낸 이준경(李浚慶)은 임종을 맞으면서 선조에게 4가지 조항에 대한 글을 올립니다. 제왕은 학문을 닦을 것, 위의(威儀)를 가지고 대할 것, 군자와 소인을 분별할 것, 붕당의 사론을 없앨 것 등이 그것입니다.

일견 붕당을 부정한 것 같으나 군자는 함께 어울려도 의심하지 말 것을 말하면서 소인은 그들 무리와 함께 하도록 둘 것을 아뢴 것을 보면 군자진붕(君子眞朋), 소인위붕(小人僞朋)에 따른 인식의 변화를 보여줍니다. 즉, 간사한 자들이 붕당을 만드는 것은 위악(僞惡)이지만 군자가 당을 만들면 선을 행하기 위해서라는 인식이라 하겠습니다. 말하자면 붕당이라는 말 자체조차도 죄악시되던 것이 군자의 당이라면 괜찮다는 혹은 더욱 좋다리는 단계로 바뀌었음을 알 수 있는 것입니다.

군자진붕 군자들이 모여서는 참 정치를 이룰 수 있는 세력이 된다는 것.

소인위붕 군자의 모임같이 보이지만 실제로는 간계로 탐욕을 이루고자 하는 집단이라 여김.

이는 율곡 이이의 ≪성학집요(聖學輯要)≫에서 보다 강하게 나타납니다. 즉, 그는 군자 소인의 변별 위에서 붕당 긍정론을 폈습니다. 잠시 그 내용을 보도록 하겠습니다.

> 신이 살피건대 인신의 죄악으로는 사당(私黨)보다 심한 것이 없고 인군이 미워하는 바는 역시 붕당보다 심한 것이 없다고 하겠습니다. 그러므로 소인이 군자를 모함할 때는 반드시 이것으로 효시를 삼으니 다만 인군이 이를 살피지 못할까 염려됩니다. 〔중략〕 정군치국(正君治國)하려는 선비는 같은 도로써 붕당을 이루어 한마디로 애군하고 한마음으로 나라를 위해 몸을 바치고자 하나니, 이런 붕당이 성할수록 인군은

더욱 성군이 되고 나라는 더욱 편안하게 될 터입니다. 인군은 오히려 그 당이 적을까 두려워해야 하거늘 어찌 그 무리지음을 염려하겠습니까.

여기서 나타나듯 중국 송대 때의 구양수나 주자가 군자소인론에 따른 군자당과 소인당의 구별 속에서 붕당론이 이해되고 있음을 알 수 있습니다. 그래서 율곡은 "붕당이 성할수록 인군은 더욱 성군이 되고 나라는 더욱 편안하게 된다."라고 한 것입니다.

관원의 증가

중종 대에서 명종 대에 걸쳐 기묘사화나 을사사화가 있기는 하였지만 전반적으로 볼 때 많은 과거 급제자가 조정에 진출하게 됩니다. 조선시대 문과 방목을 보면 이러한 상황을 알 수 있습니다. 중종 대 문과 시험은 모두 71회에 걸쳐 시행되어 연평균 1.8회로 집계되며, 명종 대에는 식년시 7회, 동년감시 8회, 동년중시 3회, 증광시 1회, 별시 8회, 알성시 5회, 친시 1회, 정시 1회 등이 기록되어 있습니다. 이렇게 보면 명종 재위 21년간 연평균 1.6회가 실시된 것입니다.

이를 보면, 신진 사류의 과거 급제와 관직 진출을 엿볼 수 있습니다. 여기에 현량과 등을 통해 오른 인물을 고려한다면 더욱 늘어납니다. 조광조나 김식, 김정, 이언적, 이황, 이이, 김효원, 오건, 기대승, 성혼 등 우리가 아는 유명한 성리학자들이 이 때 등장합니다. 그만큼 인재의 진출이 현저하였음을 알 수 있습니다.

이러한 인물들의 등장을 주목함과 함께 또 생각해야 할 것은 그만큼 많은 수의 관원(예비후보)이 늘어났다는 것입니다. 이른바 관직은 제한되어 있는데 이러저러한 과거와 천거제를 통해 관원(예비후보)이 늘어나 결국 교통정리가 필요하게 된 것입니다. 포화 상태에 이르게 되었을 때는 강제적 조정을 피할 수 없습니다. 그러한 현실적 면이 이른바 사화를 맞거나 붕당의 갈등으로 이어졌다고도 볼 수 있기 때문입니다.

아무튼 사림들의 진출이 늘어난 것만은 틀림없는 사실입니다. 이들은 관직에 진출하면서 소위 요직을 맡기를 바라게 됩니다. 조선시대 신진 관료가 희망하는 요직은 이른바 언관(言官) 혹은 낭관(郎官) 중의 전랑(銓郎)이었습니다.

대간권의 형성

언관은 삼사(三司)의 관원으로 왕의 자문이나 기강의 조율, 공론(公論)의 형성과 제기, 간쟁권(諫諍權)■ 등을 행사하였습니다. 대개 사헌부나 사간원, 홍문관이 여기에 해당합니다. 사헌부나 사간원은 양사(兩司)라고도 하였으며 여기에 속한 관원들을 대간(臺諫)이라 불렀습니다. 이들은 강직 청렴함과 곧은 기개, 의리 정신을 가지고 사리사욕을 탐하지 않아야 합니다. 그래서 이들을 청요직(淸要職)이라 부르면서 높였습니다.

▌**간쟁권** 정치적 쟁점과 실정(失政), 정치 방향에 대해 올바른 정치적 도의를 들어 의견을 표현하는 것.

이들은 도덕적 무장과 그 실천을 최고의 가치로 여겼고, 이를 기준으로 그렇지 못한 관료나 제도, 그리고 나아가서는 임금의 언행에 이르기까지 논박하였습니다. 그렇기 때문에 대간들의 위상은 정승 판서 부럽지 않다 할 정도였고, 오히려 정승 판서가 그들에게 인사를 하는 처지였다고도 할 수 있습니다.

더구나 이들에게는 관원 인사에 대한 일종의 심사 거부권이 있었습니다. 바로 서경권(署經權)입니다. 대간의 서경권은 크게 고신서경(告身署經)과 의첩서경(依牒署經)으로 나뉘었습니다. 고신서경이란 문무 관리에 대해 관직을 받는 자에게 발급하는 고신에 대간이 서명하는 것을 말합니다. 의첩서경은 관리 임면 외의 입법이나 개법, 혹은 상중인 관원을 다시 관직으로 불러들이는 기복(起復) 등에 서명하는 것입니다. 고려시대는 모든 관원에 대해 서경권이 적용되지만 조선시대에 들어와서는 약화됩니다. 대체로 5품 이하의 관원에 대한 서경권이 적용됩니다.

서경을 할 때 심사 항목은 따로 서류가 만들어졌습니다. 이것이 해당자의 재행(才行)·현부(賢否) 및 하자 여부, 그리고 자기 자신과 부변(父邊)·모변(母邊)의 4조(四祖), 즉 부·조부·증조부·외조부를 기록한 서경단자(署經單子)입니다. 이에 대한 심사 결과에서 결격 사유가 없으면 심사에 참여한 간관들이 모두 서명하게 됩니다. 결격이 있을 경우 '작불납(作不納)'이라 쓰고 서명하지 않았습니다.

낭관권과 전랑권

이 시기에 우리가 주목할 수 있는 변화가 관료제 안에서 일어나고 있었습니다. 앞에서 대간에 대해 언급하였지만 이들 대간권과 비슷한 일종의 특권이라 할 내용이 6조의 낭관들, 특히 정 5품의 정랑과 정 6품의 좌랑들에 의해 형성되었습니다. 이를 낭관권(郎官權)이라 부릅니다. 낭관권의 가장 큰 특징은 선후배 사이의 유대를 강화할 수 있는 자천제(自薦制)입니다. 자천제란 임기가 찬 현임 낭관이 후임 낭관을 추천하는 일종의 관행으로 이에 대해 이들은 '덕(德)에 의한 인사'라는 미명을 붙였습니다. 이렇게 되자 후임자는 전임자를 '선생(先生)'이라 하여 존경하였습니다. 더구나 6조의 낭관들은 임기가 다되면 더 높은 관직으로 올라가는 승천(陞遷)이 보장되어 있었으니 말 그대로 선생을 따라 후배 낭관은 줄줄이 따라 올라갈 수 있었습니다.

이러한 낭관들 가운데서도 우리가 주목할 관원은 전랑(銓郎)입니다. 전랑은 인사의 실무 책임을 맡은 관원을 말합니다. 조선시대 관료는 크게 문반과 무반으로 나뉩니다. 이들에 대한 인사는 주로 이조와 병조에서 맡게 됩니다. 전랑은 바로 이조와 병조에서 인사를 맡은 관원을 총칭하는 것으로 정 5품 정랑(正郞), 정 6품 좌랑(佐郞)으로 구성됩니다. 이들은 앞서 말한 바대로 낭관이기도 합니다. 그래서 자천제를 행하여 전후임의 관원 인선을 하였습니다.

전랑의 특권은 다른 무엇보다도 인사에 대한 직접적 권한이 있다는 것입니다. 물론 이들에게 임면권이 있다는 것은 아닙니다. 후보 추천권이 이들에게 있었던 것으로 이를 '망(望)' 혹은 '의망(擬望)', '비망(備望)'이라 하였습니다. 그것은 당하관뿐만 아니라 당상관에까지 이를 정도로 폭넓었습니다. 뿐만 아니라 자천제를 행한 홍문관원의 선발인 홍문록(弘文錄)에도 개입하였고, 대간의 의망에도 개입하고 있었습니다. 그렇기 때문에 삼사의 관원과 낭관은 서로 상보의 관계에 있었다 하겠습니다.

이러한 권한을 가지고 있었기 때문에 ≪택리지(擇里志)≫를 쓴 이중환(李重煥)은 다음과 같은 말을 남겼습니다.

> 이조의 정·좌랑은 대간의 권한을 주장하여 삼공과 육경이 지위가 비록 높지만 조금이라도 거슬리는 일이 있으면 전랑은 삼사(三司)를 시켜 탄핵하게 하였다.

왕위 계승의 혼란

중종은 성종의 둘째 아들입니다. 따라서 세자로 책봉될 수 없었으며 연산군 때 진성대군으로 궁 밖에서 살았습니다. 중종반정이 일어나면서 자연스레 추대를 받아 왕위에 올랐습니다. 중종은 장경왕후 윤씨와 문정왕후 윤씨로부터 각기 인종과 명종 두 아들을 두었습니다. 장경왕후가 인종을 낳은 뒤 곧 죽자 인종은 홀로 자라게 됩니다. 그리고 중종은 다시 문정왕후를 왕비로 맞이하여 명종을 낳았습니다.

인종은 적장자로서 세자에 책봉되어 세자 수업을 받습니다. 그러나 인종에게 계모가 되는 문정왕후는 중종에게 자신과 아들의 안위를 보장해 달라는 청을 지속적으로 하였습니다. 그리고 더 나아가서는 자신의 아들 명종을 세자로 앉히길 바랐습니다. 중종이 죽은 뒤 인종은 왕위에 올랐지만 중종의 국장을 지나치게 치르다 병을 얻어 곧 붕어합니다. 그리고 명종이 즉위합니다. 그러나 나이가 어렸기 때문에 문정왕후가 수렴청정을 하였습니다.

문정왕후의 수렴청정은 여왕의 통치라 할 정도였고, 따라서 명종의 왕권은 형식에 불과한 면이 많았습니다. 명종은 세자를 낳긴 하였지만 세자가 장성하지 못하고 죽습니다. 문정왕후가 죽은 뒤 명종은 얼마 안 되어 붕어합니다. 이렇게 되다 보니 성종 이후 왕비 소생이라 할 적통(嫡統)은 한 사람도 남아 있지 않게 됩니다.

중종에게는 단경왕후 신씨(뒤에 신원되어 추존왕비가 됨)와 장경왕후 윤씨, 문정왕후 윤씨 등 왕비 세 분과 후궁으로 창빈 안씨 등이 있었습니다. 이 중 우리가 주목할 분이 창빈 안씨입니다. 창빈 안씨는 덕흥군을 낳았습니다. 그러니까 덕흥군은 인종이나 명종과 배다른 형제가 되는 것입니다. 덕흥군은 아들 셋을 두었습니다. 그 아들 중 셋째인 하성군(河城君)이 바로 선조가 되는 분입니다.

명종이 후사를 완전히 지목하지 못하고 붕어한 관계로 그의 사후 명종의 비 인순왕후 심씨와 대신들은 평소 명종이 왕자 가운데 하성군을 남달리 총애하였다는 것을 들어 그를 계승자로 세웠습니다. 그리고 명종비 심씨의 수렴청정이 얼마간 있었습니다.

이런 과정을 거치면서 선조는 왕위에 오를 수 있었지만 그의 왕권은 적장자로서 왕위에 올랐던 다른 왕들과 그 권위가 다를 수밖에 없었습니다. 따라서 그는 즉위 전후 조정에 있었던 정치 세력의 눈치를 보아야만 하였고, 그것은 결과적으로 선조를 둘러싼 여러 세력의 병립으로 나타나게 됩니다. 이처럼 조선왕조에서 최초로 방계 출신의 군주가 등장하였던 시기가 붕당정치의 시작점과 일치하고 있다는 사실은 가볍게 넘길 수 없는 것이라 하겠습니다.

붕당 발생의 필연성?

예비관원수의 증가와 대간권, 그리고 낭관권 및 전랑권의 형성과 신장은 공론(公論) 혹은 공도(公道)의 인식과 그 실행이라는 긍정적 면을 가져왔습니다. 대간권과 전랑권은 관료 사회를 주도하고 조정하는 나름의 역할을 수행한 것입니다. 그렇지만 인재를 폭넓게 등용하지 못하고 한계에 이르게 되면서 그 역기능이 오히려 두드러질 수 있었습니다. 바로 혈연, 지연, 학연에 얽힌 제한적 인물망(人物網)의 양성화가 그것입니다.

중종 이후 선조 대에 이르는 기간을 주목하였을 때 성리학에 대한 깊은 성찰과 ≪주자가례≫ 및 ≪소학≫의 실천 노력이 있었습니다. 그리고 이를 수학한 사림들은 이언적이나 이황, 서경덕 등 뛰어난 스승을 모시고 서원에서 공부하면서 자연스레 제자 동문으로 이루어지는 학파를 형성하였습니다. 하지만 그에 따라 학문과 도덕, 그리고 실천 면에서 완성된 인간형이라 할 군자와 그렇지 못한 소인에 대한 구별 노력은 사화를 거치면서 더욱 준엄해졌습니다.

사림들이 정치의 중심에 있게 되면서 군주의 도에 대한 강조가 더욱 강해졌습니다. 이를 위한 성학(聖學)이 또한 제시되면서 조광조나 이황, 이이 등은 성학 완성을 위한 방도 등을 저술하기도 하였습니다. 성군(聖君)과 어진 재상의 조화에 따른 이상정치의 실현이 기대될 수 있는 장면이었습니다. 그렇지만 여기에는 현실적 장애물이 있었습니다. 왕조 국가에서 중요한 존재는 군주입니다. 군주는 성학을 배우고 이를 현실 정치에 실현해야 할 책무가 있음에도 불구하고 실제로는 그렇지 못하였습니다. 즉, 중용의 도를 지키면서 지도력을 발휘해야 할 왕권은 왕비의 수렴청정이나 외척의 득세, 방계 출신 임금의 즉위 등으로 군주로서의 역할을 수행하지 못한 면이 있었습니다.

이처럼 이 시기는 매우 위험한 요소를 안고 있었던 것입니다. 결과적으로 본다면 군자·소인 시비와 군주의 능력 부족, 그리고 첨예한 이해관계가 복합되면서 기대하였던 요·순의 정치는 요원해지고 오히려 정쟁적 요소만 커지게 되었습니다. 그 과정은 결국 정치적 결사체인 붕당의 탄생을 불러오게 됩니다.

인물에 대한 시비

붕당이란 일정한 이해관계와 그 실현을 위한 사람들의 모임으로 일반적 성격을 규정지을 수 있습니다. 사람은 붕당의 가장 기본적인 구성소가 됩니다. 앞서 밝혔듯이 이 시기에 군자·소인 시비의 문제는 매우 도덕적 기준에 의해 이루어졌습니다. 소인이라고 지목당하는 사람의 입장에서는 행위의 전말에 대한 사실 해명과 심리적 문제 등을 고려치 않았다는 해명과 변명을 적극적으로 개진하고 오히려 지목한 사람의 부도덕성에 대한 공격도 하게 됩니다. 과연 그럴 만한 자격을 갖고 있는가 하는 것입니다.

선조 대 이후의 붕당 전개 과정 속에서 치열한 공방의 중심에 놓인 것은 바로 이 문제였습니다. 바로 어떤 인물의 옳고 그름을 가리려 하고 그에 대한 해명과 반박, 그리고 이에 대한 동조 등이 그것입니다. 심의겸이나 김효원, 율곡 이이, 송강 정철, 유성룡, 송시열 등의 언행에 대한 상호 논쟁이 중요한 정치적 이슈가 되었습니다. 주로 해당 정치 세력의 중심 인물이라 할 수 있습니다.

사실 이 시기에 이루어지고 있는 심성 수양과 이기 철학의 완성을 위한 거경집의(居敬集義)나 거경궁리(居敬窮理)의 내용은 학문과 사상의 발전에 큰 영향을 미쳤습니다. 그것이 정치 면에서 얘기될 때는 공론(公

論) 또는 공도(公道)로서 얘기가 됩니다. 물론 뒤에는 당론(黨論)이라 부르기도 합니다. 그렇지만 그 이면에서 작용한 지나친 인물에 대한 시비는 결국 인물 대 인물의 대립 갈등에서 학파 대 학파, 지역 대 지역, 정치 세력 대 정치 세력 등으로 그 파문이 확대되어 갑니다. 아이러니한 역사적 사실이라고 할 수밖에 없는 것 같습니다.

그럼 이제 동서붕당과 관련하여 인물의 시비로 가장 먼저 등장하는 주요 인물에 대하여 소개해 보겠습니다.

전랑, 그 자리가 뭐길래

심의겸(沈義謙 ; 1535~1587)은 명종의 왕비인 인순왕후 심씨의 동생입니다. 말하자면 왕실의 외척이 됩니다. 조선시대 역사에서 외척으로 권세를 부린 유명한 인물로 윤원형이 있습니다. 그런데 심의겸은 윤원형과는 달랐습니다. 또한 그는 진사시와 1562년 임술 별시 문과에 을과로 합격한 사림의 일원이기도 하였습니다. 이 때 같이 급제한 인물로 송강 정철이 있습니다. 이를 잘 보여주는 또 하나의 사실은 그가 퇴계 이황의 문하에서 수학한 문인이라는 것입니다.

심의겸의 외숙인 이량(李樑)은 인순왕후의 외숙이 되기도 합니다. 1552년 식년 문과에 급제한 뒤 승승장구한 이량은 명종이 외숙인 윤원형을 견제하는 데 큰 역할을 합니다. 그리하여 명종의 신임을 크게 입게 됩니다. 어느 정도였는가 하면 식년 문과 급제 후 8년 만에 당상관 직에까지 올랐습니다. 정상적으로 승진한다면 수십 년이 걸려야 합니다만 그는 그렇지 않았습니다. 이량은 명종의 신임을 바탕으로 오히려 재산 축적과 권력 농단에 나섰고, 사림들은 그를 탄핵하였습니다. 이량은 기대승, 허엽, 윤두수, 이산해 등 사림들의 탄핵에 대해 거꾸로 이들을 제거하고자 음모를 꾸몄습니다. 이량의 음모를 알아챈 심의겸은 기대항(奇大恒)과 함께 그를 탄핵하였고 이량은 결국 평안도 강계로 귀양을 가게 됩니다.

≪연려실기술≫ 권13, 선조조 고사 본말에 소개된 ≪지천집(遲川集)≫의 심의겸과 김효원의 갈등

동과 서의 틈은 심의겸과 김효원에서 시작되었다. 심의겸이 김효원을 배척하면서 말하기를, "권신(權臣)의 사위〔윤원형(尹元衡)의 사위인 이조민(李肇敏)〕에게 몸을 의탁하였다." 하였으니, 이것은 본래 사실이었다. 김효원은 심의겸을 배척하면서 말하기를, "외척(外戚)으로서 정치에 간여한다." 하였으니, 이것도 역시 사실이었다. 김효원이 처음에는 길을 잘못 들었다가 후에는 절조를 닦았으니 옛사람도 이런 것을 허여한 바이며, 심의겸은 행적은 비록 척리(戚里)이지만 사류(士類)에게 공(功)이 있으니, 역시 군자가 막을 바가 아니다. 그런데 전배(前輩)는 심의겸의 편을 들면서 김효원을 가리켜 안으로 사사로운 유감을 품었다 하고, 후배는 김효원의 편을 들면서 심의겸을 가리켜 궁중의 세력에 의탁한다 하였으나 두 사람 모두 참으로 이런 일이 있었다고는 할 수 없을 것이다. 이것이 이이의 '둘 다 옳고 둘 다 그르다.'는 의논이 나오게 된 근거이다. 오직 심의겸은 붕당이 적고 김효원은 돕는 이가 많았는데, 조급하게 나아가는 무리들이 간혹 그 실정을 생각하지 않고 앞 다투어 실정보다 지나친 의논을 하여 당시에 영합해서 전배 중에 청렴하다는 이름이 있는 이들이 모두 용납되지 못하니, 이이가 힘써 시속의 의논을 구제하여 반복하고 논란하여 마침내 그 한편으로 치우치는 형세를 조화(調和)하여 함께 화합하는 지경으로 돌아가게 하고자 하였다. 한 조각 충성이 단연코 이것 외에 다른 것이 없는데 도리어 시배(時輩)들에게 의심을 받아, 이리저리 서로 공격하여 마침내 '이름을 팔고 나라를 그르친다.'는 등의 말로 죄목을 만들어 함께 일어나서 공격하였다.

여기서 보이듯 외척 이량의 음모로부터 사림들을 구하였다는 점과 퇴계의 문인이라는 점, 효성이 지극하고 검소하였다는 그의 인품 등으로 심의겸은 사림들로부터 외척이지만 괜찮은 사람으로 평가를 받습니다. 왕실의 외척이라고 하는 일견 부정적인 속성을 가지고 있지만 명종 대 후반에 사림정치를 열도록 기여한 공로로 결국 긍정적인 평가를 얻은 것입니다. 따라서 심의겸은 사림 정치인들로부터 신망을 얻게 되었습니다. 그래서인지 그는 대간직과 이조참의, 대사간, 대사헌 등을 역임하기도 하였습니다.

김효원(金孝元 ; 1542~1580)의 가계를 보면 본관은 선산이지만 대대로 경성 즉 한양에서 살았습니다. 건천동(乾川洞)에 그의 집이 있었습니다. 건천동은 지금의 중구 인현동에 해당합니다. 건천동은 충무공 이순신이 태어나 자란 곳이기도 합니다.

그는 학문에 뜻을 둔 뒤 퇴계와 남명 두 사람의 문하에서 수학하였습니다. 그리고 23살의 나이에 진사시에 급제한 뒤 이듬해인 1565년 알성시에 장원급제하여 일약 유명해집니다. 특히 그는 남명 조식의 후원을 받았던 인물로도 알려져 있으며, 또 다른 남명의 문인인 덕계 오건(吳健)과 사우관계가 됩니다. 다시 언급하겠지만 이런 관계로 덕계 오건이 이조정랑의 자리에서 물러날 때 전랑권의 하나인 자천권을 행사하면서 김효원을 추천하게 됩니다.

그는 말년에 안악 군수나 영흥 부사 등 한직과 외직에 주로 봉사하였으며, 당쟁의 화근이 된 자신을 뉘우쳐 시사(時事)에 대해서는 일체 언급하지 않았습니다. 나중에 죽은 뒤에는 이조판서에 추증되었으며 문집으로 ≪성암유고(省菴遺稿)≫를 남겼습니다.

선조 연간 이조전랑의 자리에서 물러나면서 덕계 오건은 김효원을 후임으로 추천하였습니다. 이 추천에 대해서 당시 심의겸이 김효원은 적절치 않다고 반대를 하였습니다. 그가 입사 전에 윤원형의 사랑방에 기거하였던 사실이 빌미가 되어 이조전랑(吏曹銓郞)에 보임되는 추천 과정에서 탈락하게 된 것입니다. 그 당시 공부하는 예비 관료로서 과거 시험을 보려는 수험생들의 기거 관행을 지나치게 해석하여 김효원을 세도가의 집 사랑방에 드나들면서 소위 엽관운동(獵官運動)■ 을 하는 약간 비겁한 사람이다 하는

■ **엽관운동** 여러 방법으로 벼슬 자리를 얻기 위해 노력하는 것.

얘기를 하였던 것입니다.

결과적으로, 나중에 그렇게 갈라지게 되었기 때문에 그런 얘기까지 나온 것이지 처음에는 그렇게 큰 문제가 될 것은 아니었다라는 것을 염두에 두었으면 좋겠습니다. 그 얘기가 여기서 그친 것은 아니고 6, 7년 뒤에 김효원이 이조전랑이 됐습니다. 그때 당시에는 심의겸의 반대로 해서 못됐지만 6, 7년 후에는 된 것입니다. 그런 다음에 김효원이 그만두면서 다음 후계자를 천거하였는데 그때 심의겸의 동생 심충겸이 또 추천의 대상에 올라서게 됐습니다. 그런데 문제는 여기서 김효원이 반대를 합니다. 이조전랑 자리가 어찌 외척들의 자리가 될 수가 있겠느냐라면서 극단의 의사표시를 하게 되었다는 것입니다.

재야의 문인과 정객들 사이에서 이 얘기가 오가면서 김효원의 감정 표현, 심의겸의 감정 표현이 옳다 그르다는 논란이 있게 됩니다. 심의겸 쪽에 동조하는 사람, 김효원 쪽에 동조하는 사람으로 나뉘어진 것입니다. 심의겸 쪽에 동조하는 사람들을 서인이라 하였는데 그 집이 서부 정릉동에 있었기 때문이고, 김효원은 서울의 동부 건천동에 있기 때문에 동인이라는 칭호가 붙여지게 됩니다.

처음에는 엉성하고 느슨한 결집력을 가진 김효원파, 심의겸파로 갈라져 있었는데 붕당의 분립이라고 하는 것은 결국은 바람직하지 못하다 이렇게 판단한 사람이 누구냐 하면 율곡 이이입니다. 율곡이 동서로 분열된 붕당을 화합시키려는 노력을 하게 됩니다. 이 화합 노력이 결국은 성공하지 못하였습니다. 율곡은 결과적으로 서인 쪽으로 기울어지고 그래서 서인의 정객들은 율곡을 대표로 설정하였습니다.

심의겸과 김효원을 둘러싼 논란 과정에서 율곡은 나름대로의 조정 노력을 꾀하게 됩니다. 율곡은 이 두 사람이 조정에 있기 때문에 문제가 더 심각해지는 것으로 이해하고 중앙 정계로부터 지방으로 전보하면 좋겠다라고 선조에게 건의하였습니다. 선조가 어떻게 조치를 하였느냐

하면 김효원을 경흥 부사로 보냈습니다. 함경북도 경흥입니다. 그 다음에 심의겸을 개성 유수로 보냈습니다.

개성 유수하고 함경북도 경흥으로 보낸 것이 공정하다고 생각합니까? 개성은 서울에서 가깝습니다. 경흥은 두만강가에 있는 곳입니다. 이제 둘 다 외관직으로 보내긴 하였지만은 결과는 공정하지 못하다 이런 불만이 내재하게 됩니다. 동인들이 어떻게 생각하였겠습니까? 그래서 누구를 비판하게 되겠습니까? 율곡이 대상으로 되었습니다. 율곡이 그렇게 건의를 하였기 때문에 김효원이 저 국경지대로 내쫓겼다 이렇게 불만이 고조된 것입니다. 이걸 다시 수습해야 되겠다 해서 건의를 올리고 그래서 일단 후속조치가 이루어집니다. 후속 조치로 김효원은 삼척 부사가 되었습니다.

이이에 대한 인물 시비

여기서 우리가 한 가지 유념해야 할 조선시대의 정치적 현상 중 하나가 무엇이냐 하면 관료들 간의 탄핵이 속출한다는 것입니다. 이렇게 탄핵을 받은 당사자들은 그 탄핵 내용의 진의를 가리기 전에 일단 사표를 내고 그 자리에서 떠나야 되었습니다. 탄핵의 진의는 그 다음에 밝혀지는 것이고 나중에 진의가 밝혀져서 사실이 아니다 하면 명예회복이 되는 것입니다. 그것이 조선시대의 정치적 관행이고 도의였던 것입니다.

경기도 파주 소재 율곡을 모신 자운서원.

사망 직전 율곡의 정치적인 판단이 정객들 사이에서 시비가 걸렸습니다. 이것이 나중까지도 이어지면서 율곡을 지지하는 세력과 그를 비판하는 세력으로 크게 갈라지는 원인이 되었습니다. 선조 16년(1583)에 북방지역 변경에서 여진의 침략이 있었습니다. 이 때 율곡은 병조판서로 있었습니다. 북쪽의 여진이 소란을 일으키자 이것을 진압하기 위한 조치가 필요하였습니다.

여진족이 오랫동안 종성(鐘城)을 포위하여 국경에서 급하다고 보고하자 이 때 서울 도성에서 활 잘쏘는 사수를 뽑았는데, 급박한 전장으로 이동할 수단인 전마(戰馬)가 부족하였습니다. 이에 율곡은 말을 헌납하여 출전하는 자들에게 주게 하는 과정에서 임금의 허락을 받지 않고 먼저 영을 내려 모집하였습니다. 이로 인해 전쟁에 나가는 자는 말을 얻어서 다행으로 여기고 남아 있는 자는 전쟁에 가는 일을 면하였다고 기뻐하였습니다.

이 정책 결정 과정에서 율곡이 임금의 허락 없이 정치적인 판단을 하였던 것입니다. 그것이 반대파에게 공격의 단서가 되었습니다. 이를테면 임금에게 오만하였다, 그리고 병권을 전단하였다 한 것입니다. 사실 군사권의 최종적인 지휘권은 옛날이나 지금이나 최고 통치권자에게 있습니다. 그럼에도 불구하고 병조판서인 율곡은 자기 마음대로 결정을 하였다고 해서 이것이 탄핵의 대상이 되었던 것입니다.

또 한 가지는 출근을 하다가 율곡이 어지럼 증상이 있어서 관아에 가서 누워 있다가 보고를 못하고 그냥 퇴근을 한 일이 있었습니다. 그런데 반대파에서는 병조판서가 궁궐 안에 있으면서 왕에게 보고를 안 한 것을 두고 건방지고 돼먹지 못했다 이런 공격을 한 것입니다. 율곡을 지지하는 쪽은 사정이 그렇게 된 것이지 일부러 임금을 능멸한 것이 아니라고 주장합니다.

율곡의 행적에 대한 탄핵이 있자 율곡은 사임을 하였습니다. 탄핵이 들어가면 그 사실 여부를 떠나서 사표를 내고 나와야 합니다. 이렇게 사임을 한 것을 빌미로 반대파에서는 원래 율곡은 순수한

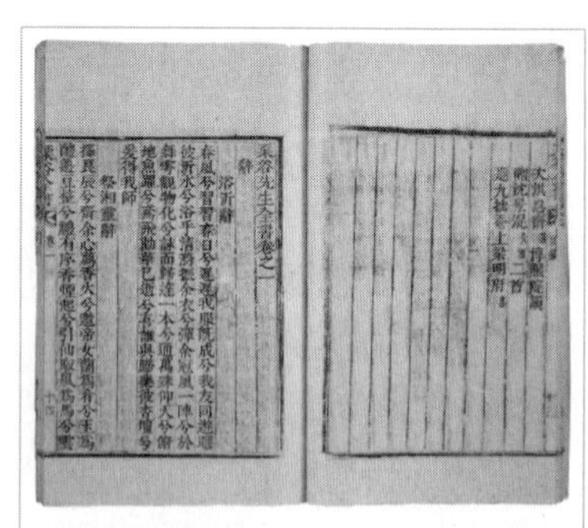
율곡의 생활과 그의 시, 시세관, 정책 등이 담겨져 있는 ≪율곡전서≫.

학자가 아니다, 젊었을 때 금강산에 들어가서 머리 깎고 승려를 하였던 사람이다, 순수하지 못하다 이렇게 공격을 하였습니다. 정객들만이 아니라 당시에 성균관 유생들이 율곡을 옹호해 주는 상서도 올리고, 또 경상도 유생은 율곡을 비판하는 상서로 큰 공방이 있게 됩니다.

이 과정에서 율곡을 비판한 정객의 일부를 선조가 귀향 보내는 사건도 일어나게 됩니다. 이런 사건이 전개되는 과정에서 선조 17년 율곡은 49세 되는 정월에 사망하였습니다.

율곡과 관련한 재미난 이야기가 하나 있습니다. 우리가 알고 있기로 율곡은 퇴계와 쌍벽을 이루는 대단한 학자이자 정치인입니다. 그러나 ≪선조실록≫을 보면 율곡의 졸기는 딱 한 줄로 쓰여 있습니다. "이조판서 이이가 졸하였다."라고 말입니다. 더 이상의 말도 없이 이렇게만 쓰여졌습니다. 졸기란 죽은 뒤 그 인물의 행적과 그에 대한 사관의 평가글이라 할 수 있습니다. 그런데 그것이 몇 자 되지도 않습니다. 그러니까 ≪선조실록≫을 편찬한 당시의 정치인들은 율곡을 학덕 높은 유자로 평가하지 않고 있었다 그런 애기입니다.

그럼 ≪선조실록≫은 누가 만들었느냐. ≪선조실록≫은 광해군 때 만든 것입니다. 광해군 때 ≪선조실록≫을 편찬한 사람은 동인이 주도하였다고 하겠습니다. 동인의 입장에서 보면 서인의 지도자라고 생각하는 율곡을 높게 평가할 리 없을 겁니다.

≪선조실록≫이 이렇게 당쟁적인 편견에 의해서 정리가 됐다 하는 것이 인정되어서 또 다른 하나의 실록이 만들어집니다. ≪선조수정실록≫이 나옵니다. ≪선조수정실록≫에 의하면 율곡의 졸기는 한 페이지 분량으로 늘어납니다. 그러니까 역사의 기록이라고 하는 것은 이렇게 그 당사자들의 관점에 따라서 기록 내용이 달라질 수가 있었습니다. 역사라고 하는 것은 되풀이된다는 애기도 하고 역사는 또 새롭게 쓰인다는 애기도 합니다. 이것이 무엇을 말하는 것이냐 하면 역사가가 관점을

어디다 두느냐 하는 것인데 역사학에 있어서의 관점이라는 것이 얼마나 중요한지 여부가 우리 역사 속에서 이미 사례로 보이고 있다는 겁니다.

이처럼 율곡은 학자적인 측면과 당쟁이라는 정치적 긴장 관계 속에서 서인의 한 일원으로 남을 수밖에 없었다는 것입니다. 율곡은 서인으로 분류가 된 것입니다. 사실 율곡 스스로는 서인으로 자임하였다고 볼 수 없습니다. 율곡의 제자들이 서인의 정치적 그룹을 형성하였기 때문에 율곡은 서인으로 분류가 된 겁니다.

정여립 사건과 송강 정철

선조 22년 황해도 감사는 전주에 사는 정여립(鄭汝立)이 모반을 도모한다는 급조를 조정에 올립니다. 황해도 관찰사 한준(韓準), 재령 군수 박충간(朴忠侃), 안악 군수 이축(李軸), 신천 군수 한응인(韓應寅) 등이 변서(變書)를 올려 '전 수찬 정여립이 모반한다.'고 한 것입니다. 조정에서는 이러한 보고를 접하고 즉시 선전관과 의금부 도사를 황해도와 전라도로 나누어 보냈습니다. 정여립은 진안 죽도로 아들 옥남(玉男)과 함께 피신하였다가 자결을 하였습니다. 그리고 아들 옥남이 잡혔습니다. 모반과 관련된 자들에게 형벌을 행하는데 교수형과 사지를 찢어 죽이는 책형(磔刑)을 행하였습니다. 그리고 이미 죽은 정여립에 대한 형벌 때에는 백관을 도열시킨 뒤 형을 행하여 경각심을 불러일으켰습니다.

이것이 모반 사건으로 처리되어 종결되었어야 하는데, 문제는 정여립이 조정에서 활동한 일이 있어 많은 신료들이 관련되어 있었을 것이라는 점이었습니다. 그래서 정여립을 생포하여 그 협조 여부를 조사하고자 하였던 것입니다. 이처럼 정여립을 생포하였어야 하였는데 죽은 것입니다. 그래서 역모의 내막을 알 길이 없게 됩니다.

이와 관련하여 어떤 정치적 판단이 내려졌냐 하면 서인들은 정여립이가 자살한 것이다 하고, 동인들은 서인들이 동인들 중 정여립과 연루자로 만들려고 입을 막은 것으로 보게 됩니다. 서인이 날조를 하기 위해 정여립을 자결하게 한 것이다라는 주장을 하게 된 것입니다.

여기에 유명한 가사 문학의 대가인 정철이 이 사건 조사를 맡은 위관이 됩니다. 정철이 재판을 하게 되자 가장 두려워한 것은 동인들이었습니다. 서인들은 정여립이 동인들과 많이 인간관계를 맺고 있다는 정보를 제공하였고 정철은 정여립 사건과 연관시켜서 동인들을 많이 죽였습니다. 억울하게 죽은 사람도 많았다는 것은 동서인 모두가 시인하고 있습니다. 이러한 정철의 행위는 정쟁을 심화시켰습니다.

그런데 왜 이렇게 정여립과 역모 연루가 많이 되었냐 하는 것입니다. 옛 지식인들은 서로 편지를 주고받고 하면서 후에 문집 편찬을 위해 이를 보관합니다. 사실 정여립은 과거에 합격한 사람입니다. 선조 3년 경오식년시(庚午式年試)에서 급제하였습니다. 그러니까 정여립은 지인이 많았고 편지를 주고받을 수가 있었습니다. 이 시기에는 보낸 사람도 그렇고 받는 사람도 그렇고 사본을 남겨 두는 것이 관행이었습니다. 그런데 정여립이 역모를 하다 잡혔으니까 연관이 있다 하는 사람들에 대하여 가택 수사를 벌이는데 거기서 편지가 나왔습니다. 모의와 관계없이 정여립의 편지가 나오니까 관련자들은 모면할 길이 없게 됩니다. 이렇게 해서 붕당정치에 있어 피의 역사가 시작되었던 것입니다.

사실은 그 사건의 전모를 조망해 볼 때 선조가 공정치 못한 면이 있었습니다. 선조의 음모라는 것입니다. 선조가 명료한 이성을 가지고 사건을 해결하려고 하지 않고 감정적으로 대응을 하였고 그 과정에서 정철이 또 약간의 붕당적 요소를 가미시켜서 상대방의 일파를 상당수 제거하였다고 하는 데 문제가 있는 것입니다. 그래서 정파 간에 그리고 붕당 간에 감정의 씨가 깊게 자리를 잡았다고 볼 수 있겠습니다.

임진왜란 책임론

1592년 4월 13일 부산 앞바다에 왜구가 침범해 왔다는 기록이 ≪선조실록≫에 쓰여 있습니다. 바로 임진왜란의 시작입니다. 일본에서는 이를 '분로쿠(文祿) · 케이초(慶長)의 역(役)'이라 하고, 중국에서는 '만력(萬曆)의 역(役)'으로 부르는 전쟁이 시작된 것입니다.

임진왜란 직전, 1590년에 일본의 상황을 정탐하기 위해 일본을 갔다 온 두 사람이 있습니다. 통신사로 정사 황윤길(黃允吉 ; 1536~?)과 부사 김성일(金誠一 ; 1538~1593)이 수행원 200여 명과 함께 일본 오사카에 갔다 옵니다. 통신사행의 결과 즉 일본 관백인 도요토미 히데요시(豊臣秀吉)의 성품과 군비 등에 대한 정황 보고를 올렸습니다만 정사와 부사가 엇갈린 견해를 보였습니다.

선조의 어두운 피난길을 예견하고 밤을 밝혀 준 화석정.

황윤길은 왜병이 쳐들어 올 거라고 올립니다. 김성일은 그런 조짐이 안 보인다 합니다. 그리고 또 도요토미 히데요시가 상당히 야심 있는 사람이다라고 한 사람은 황윤길이고 김성일은 도요토미 히데요시는 별로 야심이 없고 졸장부 같다라는 평가를 합니다.

그런데 조정에서는 황윤길의 말이 옳다, 김성일의 말이 옳다 하여 갑론을박의 설전이 계속되었습니다. 황윤길은 서인, 김성일은 동인으로 분류됩니다. 서장관(書狀官)으로 따라갔던 허성(許筬 ; 1548~1612)은 사실 동인의 영수 허엽(許曄 ; 1517~1580)의 아들이었습니다. 우리가 잘 아는 여류 문인 허난설헌(許蘭雪軒)의 오빠이자 허균(許筠)의 형이기

임진왜란 당시 일본군 총사령부가 되었던 오사카 성. 도요토미 히데요시가 여기에서 일본을 통치하였다.

도 합니다. 허성은 동인이었지만 황윤길과 의견을 같이 하였습니다. 같은 동인이면서도 김성일과는 의견이 달랐다는 것에 주목을 해야겠습니다. 이렇게 본다면 김성일의 보고는 사실은 당론이라기보다 나름대로의 자기판단으로 볼 때 일본에 대해 별로 의미가 없다라고 한 것입니다. 황윤길의 침략할 거다라고 하는 보고에 대해서 당색적인 차원에서 반대를 위한 반대를 하였다 하는 얘기는 아니라는 겁니다. 같은 동인도 김성일의 보고는 잘못됐다 내가 보기에도 황윤길의 판단이 정확하다 그런 얘기를 기록에 남기고 있습니다.

이처럼 임진왜란 직전의 정황 보고서를 놓고 우리는 흔히 황윤길이 침략의 조짐이 있다 한 것에 대해 빈대파가 반대를 위한 반대로 당색적인 색깔로 그렇게 보아온 경향이 있는데 사실은 그런 것이 아니라는 점입니다. 나름대로 다른 판단 기준에 의해서 그런 보고를 한 것으로 보아야 할 것입니다.

임진왜란 종전 직전 일본군을 격퇴하는 모습을 그린 〈당포전양승첩도〉.(국립광주박물관 소장)

문제는 임진년 4월에 왜란이 일어났다는 것입니다. 도요토미 히데요시는 병력을 육군과 수군으로 나누고 육군은 총 9번대로 편성하여 총 병력 30만, 출정 병력 20만으로 침공하였습니다. 조선과 힘을 합쳐 명을 치자는 정명가도(征明假道)를 내세우고 조선과의 회담을 명분으로 침략을 시작한 것입니다. 묘하게 나누어진 동인과 서인의 입장 차이가 전쟁 책임론으로 연결되고 붕당의 폐해로 인한 결과로 해석되는 것은 이 시기가 안고 있는 시대 상황에 의한 것이었습니다.

이밖에도 임금인 선조가 도성과 종묘를 버리고 피난을 한 것이 옳은가와 일본과 평화 회담을 해야 하는가 등에 대해서도 논란이 있었습니다만 전반적으로는 전쟁 과정 중이었기 때문에 붕당 간의 갈등 대립은 크지 않았습니다.

광해군의 세자 책봉 논란과 즉위

붕당 간의 갈등은 광해군의 세자 책봉과 왕위 계승의 정당성이라는 논점을 놓고 폭발하게 됩니다. 그것은 신료들 간의 문제만이 아니라 군주의 정통성과 직접 연관되는 문제이기 때문에 그 폭발 가능성은 더욱 높아졌던 것입니다. 광해군과 북인 정권에 대한 평가가 양면적인 성격을 띠는 것은 여기에서 기인하는 바가 크다 하겠습니다.

경기도 남양주시에 있는 광해군 묘.

선조의 왕비로는 의인왕후 박씨와 인목왕후 김씨가 있었습니다만 의인왕후와는 아들이 없었고, 인목왕후로부터는 뒤늦게 아들을 보았습니다. 후궁으로부터는 자손을 많이 낳았습니다. 나중에 영창대군을 인목왕후 김씨로부터 얻었지만 이미 후계는

광해군의 친형이자 선조의 장자였지만 정치적 희생을 당한 임해군의 묘소.(경기도 남양주시)

광해군으로 정해졌었습니다. 또 다른 후궁인 인빈(仁嬪) 김씨로부터는 의안군, 정원군, 신성군, 의창군 등을 낳았습니다. 이밖에도 순빈 민씨, 정빈 민씨, 정빈 홍씨, 온빈 한씨 등으로부터도 자식을 여럿 두었습니다. 이처럼 왕실의 왕자들 가운데서 광해군은 적자도 아니고 장자도 아니었습니다. 종법에 따른 적장자 계승을 종통 계승의 원리로 삼은 조선 왕실의 입장에서 볼 때 곤란한 면이 발생한 것입니다. 이른바 '비적비장(非嫡非長)'론이 이 때문에 나왔습니다.

그럼에도 불구하고 현명하고 덕이 있는 왕자로 평가받은 광해군은 임진왜란 중에 많은 역할을 합니다. 광해군은 정객들로부터 상당히 지지를 받았고 또 국정 수행 능력이 있었습니다. 임진왜란이 일어나자 의주로 피난하기 직전 급박한 상황에서 선조는 만일의 일을 대비해 후계자를 정해야 하였는데, 당시에는 적자가 없었기 때문에 임해군과 광해군이 물망에 올랐지만 언행에 문제가 있던 임해군을 제쳐두고 결국 광해군을 세자로 삼았습니다.

왕권을 상속할 세자를 세워야 할 때 적장자의 경우 아무런 문제가 없습니다. 그러나 적장자가 없을 때는 얘기가 복잡해집니다. 그것이 군주 즉 선조 자신의 의지에 의해서 정해진다면 문제의 소지가 줄어들지만 대신들이 의견을 올리면 세자 책봉 문제는 복잡해지게 됩니다. 더구나 왕 자신이 건강한 성인남자임에도 불구하고 후계자를 정해야만 한다는 데에는 더욱 심사가 뒤틀리게 됩니다.

이런 상황에서 정철이 누구를 지목하지 않고 그냥, "세자를 정하십시오."라고 한 것입니다. 선조는 기분이 나쁜 겁니다. 여기에서 눈치 빠른 정객들이 선조의 심기를 파악해서 광해군을 지목하지 않았습니다. 그리고 정철을 모함하는 사건이 있게 되는 겁니다. 이 때 정철뿐만 아니라 서인들이 선조의 미움을 받아 자리에서 많이 물러나게 되는 겁니다.

선조는 인목왕후에게서 얻은 적자인 영창대군을 자신의 뒤를 이을 후계자로 정하고자 합니다. 선조가 적통이 아니었다는 사실은 적통인 영창대군의 세자 책봉 가능성을 더욱 높였습니다. 문제는 이미 광해군이 세자로서 성실히 수학하고 있다는 점이었습니다. 선조가 비록 적통 계승의 의지를 가지고 있었다고는 하지만 이미 현실은 어렵게 되었습니다. 이러한 상황에 처하여 선조는 결국 결론을 내리지 못한 채 붕어하게 됩니다.

광해군이 즉위하자 결국은 그를 지지하였던 동인에서 갈라진 대북 북인이 정권을 장악하게 됩니다. 여기서 학맥과의 연결을 말해야 되겠는데 앞서 말한 유성룡, 김성일 등은 퇴계의 문인입니다. 퇴계의 문인은 주로 남인과 연결되는 반면 이들과는 입장을 달리하는 정인홍은 남명 조식의 문인입니다. 대개 남명 조식 계통은 북인으로 분류가 되어 있습니다.

광해군은 15년 동안 재위를 합니다. 그런데 이 광해군 정권이 가지고 있는 중요한 약점은 앞에서도 말하였듯이 적자가 아니고 장자도 아니라는 것입니다. 그런 입장에서 왕이 되었기 때문에 대의명분 상 가장 취약한 정치적 입장을 항상 안고 있었습니다.

이 때문에 광해군은 한편으로는 온건한 입장으로 붕당 간의 긴장 대립을 조화하려는 한편, 다른 면으로는 자신의 왕권을 수호하기 위해 집착하였습니다. 광해군 초기엔 원만한 정객들을 정승에 앉혀 사태를 수습하려 하였습니다. 말하자면 이원익이나 한음과 오성으로 많이 알려진 이덕형, 이항복 이런 사람을 정승으로 앉혔습니다. 이러한 면이 광해군의 초기의 입장이었다고 하면, 반대로 자신의 비적비장의 혈통을 극복하기 위해서 광해군은 자신의 즉위에 대하여 적극 반대를 한 사람들이나 그런 반대를 할 수 있는 빌미가 있는 정파, 정객들을 축출하게 되는 겁니다. 자기 형인 임해군이나 또 적장자의 위상을 갖고 태어난 영창대군을 제거하게 되는데 죽이기까지 할 필요는 없지 않느냐 이러한 반대를 한 인사들에 대해서도 엄격한 자세를 가졌습니다. 영창대군의 어머니인 인목대비를 서궁, 즉 지금의 경운궁으로 유폐를 시키기도 하였습니다.

즉위 초 광해군은 재위 2년에 우리가 앞서 말한 대로 조선의 5현을 문묘에 종사하게 하여 유림으로부터 지지와 협조를 얻고자 하였습니다. 5현은 김굉필 · 정여창 · 조광조 · 이황 · 이언적으로 다섯 분이 한꺼번에 문묘에 종사하게 되었습니다. 이 때 북인들은 남인의 스승이라고 하는 퇴계의 문묘종사를 반대하였습니다만 결국은 문묘종사를 허락하게 됩니다. 이는 광해군이 사림들로부터의 공격을 완화하기 위해서 사림의 스승이라고 생각하는 다섯 학자들을 문묘에 종사하도록 허락한 것을 의미하는 겁니다. 하지만 결국은 그 후에 자행된 광해군의 정치적 실수로 서인들에게 정권 탈취의 명분을 주었고 광해군은 인조반정에 의해 쫓겨나게 되는 겁니다. 이 인조반정을 계기로 해서 북인들은 완전히 정치 무대에서 사라지게 됩니다.

인조반정과 그 후의 정국

인조는 선조의 후궁 인빈 김씨의 아들인 정원군의 세 아들 중 장남입니다. 인조는 광해군 15년(1623) 3월 12일 광해군 정권의 폐모살제(廢母殺弟)와 대명 의리, 토목 과다와 수탈 극심을 반정의 명분으로 삼아 군사를 모아 창의문을 통해 창덕궁으로 진입하였습니다. 그리고는 어보 즉 옥새를 찾아 경운궁, 즉 덕수궁에 유폐되어 있던 인목왕후 김씨에게 이를 바쳤습니다. 인목왕후는 교지를 내려 광해군을 서인(庶人)으로 폐하고 능양군을 왕으로 삼는다는 책명

조선왕조 굴욕의 상징물이 되었던 삼전도비. 비문은 모두 마모되있지만 "대청황제공덕비(大淸皇帝功德碑)"라는 글자는 선명하게 남아 있다.

교서를 내림으로써 인조반정의 정당성을 확인해 주었습니다.

인조를 추대하고 인조의 쿠데타에 참여한 사람이 대체적으로 누구냐 하면 율곡 이이의 문인이며 서인 계통의 인사들이 주축을 이루고 있습니다. 인조 즉위 후로는 대체로 서인들이 집권하는 걸로 되어 있습니다. 인조가 쿠데타를 일으키고 즉위하였을 때의 재상은 이원익이 되는데, 이 사람은 남인입니다. 대체적인 세력들은 서인이지만, 남인이나 북인 중에서도 소북(小北)■의 소수가 참여합니다. 그래서 인조 정권이 서인을 주축으로 해서 남인과 소수 북인을 포용한 정권으로 출발하였던 것으로 되어 있습니다. 반정 초에 민심의 불안을 가라앉히기 위해서 인조는 남인의 이원익을 영상으로 맞이하였던 것입니다.

■ **소북** 선조 32년(1599)에 북인에서 갈린 붕당으로 유영경(柳永慶)·김신국(金藎國)·남이공(南以恭) 등이 중심 인물.

인조 이후 서인 정권이 들어서서 서인 세력이 지나치게 비대해졌다고 하는 것은 정치의 독점 요소가 심화되고 있었음을 보여줍니다. 그런 것은 결국 어떤 현상을 보여주는가 하면 판단의 경직성을 가져와 유연성을 파괴하게 되는 것이고 그 사회에 치명적인 피해를 초래하게 된다는 것입니다.

이경석이 비통함을 씹으며 쓴 삼전도비문

"대청(大淸) 숭덕(崇德) 원년 겨울 12월에 황제가 화친을 파괴한 것이 우리들로부터 시작되었으므로 혁연(赫然)히 위무(威武)로 임하여 곧장 공격하여 동으로 향하니 감히 항거하는 자가 없었다. 그때 우리 임금이 남한산성에 깃들어 있으면서 두려워하기를 봄 얼음을 밟듯, 한낮을 기다리는 것같이 한 지가 50여 일이나 되었다. [중략] 황제가 죽이지 않는 것으로 위무를 삼아서 오직 덕을 펴는 것을 앞세웠다. 이에 항복하라는 칙서를 내려 타이르기를, '네가 오면 보전될 것이요, 그렇지 않으면 도륙하리라.' 하여 영아아대(英俄兒代)와 마부대(馬夫大) 등 여러 대장이 황제의 영을 듣고 길에 서로 죽 이어졌다. 이에 우리 임금이 문무 여러 신하를 모아놓고 이르기를, '내가 대국(大國)에 우호를 맺은 지가 이에 10년이 되었다. 내가 혼미하기 때문에 스스로 상국(上國)의 토벌을 불러 백성이 어육이 되었으니, 죄가 나 한 사람에게 있다. 황제가 그래도 차마 도륙하지 않고 이로써 효유하니, 내가 어찌 감히 그 뜻을 공경히 받들어 위로는 종묘사직을 온전히 하고 아래로는 우리 생령(生靈)을 보존하지 않겠는가.' 하니 대신들이 도와서 드디어 수십 기병을 거느리고 군문에 나아가 죄를 청하니, 황제는 이에 예(禮)로써 우대하고 은혜로써 어루만져 한번 보고 마음을 통하여 물품을 하사하는 은택이 시종하는 신하한테까지 골고루 미쳤다. 예가 끝나니 즉시 우리 임금을 도성으로 돌려보내고 남쪽으로 내려간 군사를 당장 소환하여 대오를 정비하여 서쪽으로 돌아가는데, 포학함을 금지하고 농사를 권장하니 원근에 꿩과 새처럼 흩어졌던 자가 모두 제 고장으로 돌아와서 우리나라 수천 리의 산하가 곧바로 옛날과 같이 되었다. [중략] 돌아보건대, 천지의 큼을 모사하고 일월의 밝음을 다해도 그 만분의 일도 방불하기에 부족하므로 겨우 그 대략을 실을 뿐이다." 하였다. 명(銘)에 이르길,

하늘이 서리와 이슬을 내려 죽이기도 하고 생육하기도 한다[天降霜露 載肅載育]
오직 상제의 법칙이 위엄과 은덕을 아울러 펴도다[惟帝之則 竝布威德]

황제가 동으로 정벌하니 그 군사가 10만이로다〔皇帝東征〕
뇌성처럼 소리나고 그 군사가 범과 같고 곰과 같도다〔殷殷轟轟 如虎如貔〕
서번의 궁발과 북락(북쪽 되놈)이〔西番窮髮 暨夫北落〕
창을 잡고 앞으로 내달리니 그 위령이 빛나고 빛나도다〔執殳前驅 厥靈赫赫〕
황제가 지극히 인자하여 은혜의 말을 내리도다〔皇帝孔仁 誕降恩言〕
열 줄의 조서가 밝아 이미 엄숙하고 또 온화하도다〔十行昭回 旣發且溫〕
처음에는 미욱하여 알지 못해서 스스로 재앙을 불렀다〔始迷不知 自貽伊戚〕
황제의 밝은 명령이 있으니 자다가 깬 것 같도다〔帝有明命 如寢之覺〕
우리 임금이 공손히 복종하여 서로 이끌고 귀순함은〔我后祗服 相率而歸〕
위엄을 두려워함일 뿐만 아니라 오직 덕의에 의지함이로다〔匪惟恒威 惟德之依〕
황제께서 가상히 여겨 은택이 흡족하고 예우가 융숭하도다〔皇帝嘉之 澤洽禮優〕
온화한 안색으로 웃으면서 무기를 거두었도다〔載色載笑 爰束戈矛〕
무엇으로 주는가 준마와 가벼운 갖옷이로다〔何以錫之 駿馬輕裘〕
도성의 남녀들이 이에 노래하고 이에 칭송하도다〔都人士女 乃歌乃謳〕
우리 임금이 돌아오게 된 것은 황제의 은덕이로다〔我后言旋 皇帝之斯〕
황제가 회군하니 □□□〔皇帝班師 話□□□〕
우리의 탕잔함을 불쌍히 여겨 우리에게 농사를 권하도다〔哀我蕩析 勸我穡事〕
금 그릇(국가)이 옛날과 같고 푸른 단은 새로 섰도다〔金甌依舊 翠壇維新〕
앙상한 뼈에 다시 살이 붙고 찬 뿌리에 다시 봄이 오도다〔枯骨再肉 寒荄復春〕
우뚝한 돌비석을 큰 강가에 세우니〔有石嵬嵬 大江之頭〕
만세토록 우리 삼한에 황제의 덕이 빛나리라〔萬歲三韓 皇帝之休〕

국제적 상황의 변화를 읽지 못한 경색된 인조 정권은 청나라의 문제를 가볍게 보아 넘기려 하였습니다. 이로써 여진족이 세운 청나라의 침입을 받게 되었다고 봅니다. 그러니까 호란(胡亂)을 맞게 되는 겁니다. 호(胡)라는 것은 여진족, 만주의 여진족을 말하는 것입니다.

다음 우리가 조선 후기 사회에서 하나의 중요한 역사적 현상으로 지적하고 싶은 것은 점차 명분 사회로 심화되었다라는 점입니다. 명분의 논리가 사회 전체의 논리로 되어 갔습니다. 유교의 명분입니다. 유교가 지향하고 있는 가치 체계에 맞는 사회가 되어야 한다는 강한 집착이, 집념이 정계에 풍미하였다는 것입니다.

물론 여기에는 한 개의 노선만이 있는 것이 아니라 여러 개의 다양한 시각의 노선이 공존하고는 있습니다. 그것이 앞에서 우리가 얘기하는 붕당, 당쟁과 연결이 되면서 복잡한 역사 현상으로서 구현되게 됩니다.

우리 속담에 이런 말이 있지 않습니까? '양반은 얼어 죽어도 곁불을 쬐지 않는다.'고 합니다. 이것은 양반이 지켜야 할 생활 자세로써 강한 명분론의 단편적인 예가 되겠는데, 그런 식으로 모든 행동거지가 명분에 맞아야 된다는 것입니다. 효도해야 한다, 충성해야 한다는 것을 강하게 요구하고 있는 것입니다. 이 같은 명분에 맞는 양반이어야 한다, 이런 것이 기초 윤리의 풍토 위에서 정쟁화되어 정계에서 일게 되는 것입니다. 국가에 대한 의무, 신하의 국가에 대한 의무, 왕이 왕으로서 지켜야 할 의무 이런 것이 구체적으로 따져지게 되는 것입니다.

조선 중화주의의 시작점

화이관(華夷觀)이라는 얘기가 자주 나오는데, 한국사에서 화이는 천하관·세계관에 있어서 하나의 화두입니다. 화(華)라는 것은 중화, 중국 문화, 중국 문명이 세계질서의 기준이다 그런 얘기입니다. 그것에 대해 이(夷)는 변두리, 변방 오랑캐라는 미개 문명을 상징하고 있습니다.

그렇지만 이는 맹목적 사대주의(事大主義)와는 다른 개념을 갖습니다. 사대주의는 국제 질서의 현실을 반영하여 이루어진 현실적인 외교 원리라는 점을 앞서 지적하였습니다. 그런 만큼 상호주의의 입장을 갖게 됩니다. 어느 한편의 일방적 강요나 추종에 의한 것이 아니라는 것입니다. 조선의 사대주의는 '화'와 '이'라는 이분법적 세계관과 밀접한 관련을 가지면서도 조선적인 것을 강조합니다. 즉, 조선은 지리적 종족적으로 볼 때 '동이'에 해당하지만 문화적으로는 중화에 필적한다는 인식을 가졌다는 것입니다. 그렇지만 이를 어떻게 자각하고 발전시키느냐 하는 것은 또 다른 내용이 됩니다.

어쨌든 이런 인식을 가지고 있으면서 조선은 중국을 중심으로 한 세계질서 안에서의 변방 국가라는 생각을 가지고 있었다는 겁니다. 그런 것이 조선 후기가 되면 우리나라는 오랑캐 변방에 있는 비문명 국가가 아니라, 명나라가 망한 후에 문명의 중심에 서 있는 문명 국가가 된다는 겁니다. 조선 후기 지식인들은 소중화(小中華)라는 문명 의식을 갖게 됩니다. 작은 중국 문명권의 주역이라는 것이고 이것이 조선이라는 겁니다.

이러한 인식의 변화를 가져온 가장 큰 계기는 중화의 나라였던 명의 멸망과 오랑캐로 인식해왔던 여진의 청나라 건국이라는 명·청 교체였습니다.

청(淸)은 어떤 나라인가

중국 한족(漢族)이 세운 왕조가 명나라입니다. 명나라를 무너뜨리고 그 다음 개창된 왕조가 청나라입니다. 청나라는 어디를 근거로 해서 나라를 세웠냐 하면 중국 동북지역입니다. 만주지역입니다. 동북 삼성(三省)이 이에 해당하는데 흑룡강성·길림성·요녕성 세 개의 행정구역을 대략 말합니다. 청 왕조는 종족으로 말하면 여진족(女眞族)입니다. 여진족은 고려시대부터 만주지역에서 주거한 종족입니다.

아프리카 지역에서는 요사이 정쟁이 심한데, 정쟁이 심한 배경은 부족 간의 갈등이 첨예하기 때문이란 얘기를 자주 듣습니다. 이렇듯이 새로운 종족 집단 단위가 어떤 정치의 단위가 되는 것이 근대 통일국가 이전에는 일반적인 현상으로 나타나는데, 그런 상태의 여진족은 중국 문명의 발생 지역에서 보면 변두리 지역에서 유목 생활도 하고 농경 생활도 하고 있었습니다.

여진족은 17세기 중국 본토의 정치 군사력이 약화되고 국제 정세가 혼돈되는 시점에서 성장하였습니다. 물론 송대 이후부터 이곳에는 요나라, 금나라 같은 왕조가 있었습니다. 몽골족인 원나라가 지배한 다음부터는 만주지역에 정치 세력이 잦아들었다가, 명나라 말기에 다시 여진족이 정치력을 모으게 됩니다. 청 태조 누르하치는 1616년 만주를 통일하고 연호를 '천명(天命)'이라 정하면서 자신감을 갖고 국호를 후금(後金)이라 칭하였습니다. 그리고 청 태종은 1636년 국호를 대청(大淸)이라 고치고 연호를 '숭덕(崇德)'이라 정하였으며 이어 중국 본토에 쳐들어가 명나라를 붕괴시키고 청 왕조를 세우게 되는 것입니다.

종족적인 면에서 청나라의 원뿌리는 만주 여진족입니다. 사실 현재 중국의 엄청난 한족들, 수적으로 보면 거의 지금 중국의 95%가 이 한족입니다. 그 나머지 5%는 55개 종족으로 되어 있습니다. 거기에는 우리 조선족과 함께 서하, 티베트족과 위구르족 등 군소 종족이 있습니다.

그런 배경을 가지고 있기 때문에, 변두리에서 출발한 청나라는 야만이라고 하는, 우리 쪽에서 보면 야만시하는 인식은 일면 바르다고 하겠습니다. 그래서 명이 멸망하자 조선의 지식인들은 중국의 문화 전통을 고스란히 우리들이 계승하였다 하는 문화적 자긍심을 가집니다. 조선은 소중화다, 이제 문명의 핵심은 우리다 하는 자부심을 조선 유학자들은 가지게 된 것입니다.

대청 인식의 두 갈래

후금, 즉 청이 만주 일대에서 세력을 크게 펴고 명을 멸할 때 조선의 조정을 장악하였던 서인 등은 소위 명나라에 대한 '재조지은(再造之恩)'■과 '사대의리(事大義理)'의 명분을 갖고 있었습니다. 이것은 인조반정의 명분 중 하나이기도 하였습니다. 인조 정권의 실세인 서인들은 명나라를 멸망시킨 청나라에 대한 복수를 위해 청나라를 공격하자는 반청북벌론을 제기합니다. 여기에는 청나라에게 삼전도에서 굴욕적인 항복이라는 패배에 대한 복수 차원의 명분이라 하겠습니다. 이것이 전통적 성리학을 공부하는 사림들의 입장이었습니다.

■**재조지은** 임진왜란 당시 명이 원군을 보내 조선을 구원해 주어 조선 왕실이 다시 설 수 있었다는 이해.

명에 대한 의리를 지켜야 한다는 것은 조선 후기 사림들과 왕실의 기본 입장이었습니다. 이를 보여주는 상징적인 장소에는 반청복명의 의지가 담겨져 있으며 그것은 북벌론으로 구체화 단계까지도 갔었습니다. 물론 현실화되지는 않았습니다. 어쨌든 조정과 사림이 갖고 있는 대명 의리의 정신이 조선 후기에 어떻게 나타났는가를 보겠습니다.

조선 후기 산림(山林)■의 대명사 격인 우암 송시열은 명 의종의 친필인 '비례부동(非禮不動)'■이라는 글자를 얻게 됩니다. 송시열은 현종 15년(1674)에 충북 괴산 화양리 절벽에 이를 새기고 그 원본은 운한각(雲漢閣)을 지어 보관하면서 의종에 대한 추모를 하였습니다. 그리고 숙종 15년(1689) 송시열은 사약을 받고 죽을 때 제자인 권상하(權尙夏)에게 신종과 의종의 사당을 지어 제사지낼 것을 유명으로 남깁니다. 권상하는 그 뜻을 받들어 선조의 어필인 '만절필동(萬折必東)'의 뜻을 기리어 사당의 이름을 '만동묘(萬東廟)'라 하였습니다. '만절필동'이란 중국의 황하

■**산림** 조선 후기 사림을 지칭하는 말로 특히 벼슬길에 나서지 않았지만 그 학덕으로 조정으로부터 부름을 받은 재야 성리학자를 일컬음.

■**비례부동** ≪논어≫에 나오는 사물잠(四勿箴)의 하나로 예가 아니면 움직이지 말라는 뜻.

괴산 화양동에 있는 만동묘 전경. 명나라 신종과 의종을 제향하였다.

가 만 번의 굽이굽이를 거쳐 흘러도 결국은 동쪽 황해로 흘러간다는 말로 결국 의리와 명분이라는 대의를 위해 노력해야 한다는 뜻을 담고 있습니다. 물론 선조의 대의란 '사대(事大)'의 의리였습니다. 그 후 명의 신종과 의종에 대한 제사가 매년 봄과 가을에 정기적으로 치러졌습니다.

만동묘가 사림 차원에서 진행된 것이라 한다면 왕실 차원에서도 대명 의리의 상징물 조성이 추진됩니다. 조선에서는 명의 멸망 이후 임진왜란 당시 조선에 원군을 보내준 명 신종의 은혜를 기리기 위해 숙종 30년 창덕궁 금원에 대보단(大報壇)을 쌓고 제향을 올렸습니다. 왕실 차원 혹은 국가 차원에서도 명의 재조지은을 잊어서는 안 되고, 명에 대한 사대의 의리를 다해야 한다는 이지를 표명한 것이라 하겠습니다.

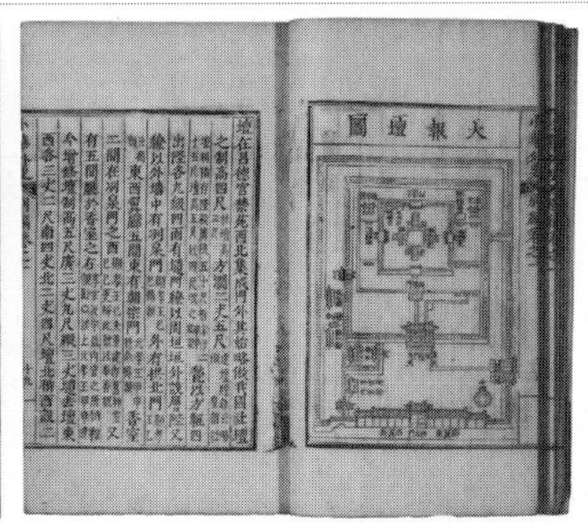

동궐도에 보이는 황단과 오경원이 지은 ≪소화외사≫에 기록된 대보단.

그런데 이러한 상징물을 이용한 대명 의리의 강조와 함께 주목되는 내용이 있습니다. 속담에 호랑이는 죽어서 가죽을 남기고 사람은 이름을 남긴다고 합니다. 물론 유명한 사람이 되어 그 이름을 역사에 남긴다는 의미가 되겠습니다만 이를 좁혀서 얘기하자면 죽은 뒤 그의 생애가 기록으로 남겨진다는 것입니다. 역사서까지는 아니더라도 문집이나 묘지석 등에 남게 됩니다. 문집이나 묘지명 등에 남아 있는 일대기를 보면 당연히 연대 표기가 나오게 됩니다. 조선시대는 대체로 중국의 연호를 이용하여 표시하였습니다. 명의 연호나 청의 연호가 되겠습니다만 조선 후기의 경우 양반 사대부 등 사림은 청의 연호를 쓰지 않았습니다. 대신 '숭정(崇禎)'이라는 명나라 마지막 황제 의종의 연호를 계속해서 사용하였습니다. 이를테면 숭정이라는 연호가 조선 사림들의 가슴속에 하나의 기준이 되었던 것입니다.

이처럼 명에 대한 의리를 강조하고 북벌론으로 대표되는 반청의 정신이 대체로 주류를 이루었지만 현실적인 면에서 청의 중국 지배를 인정하고 나아가 청나라 문물에 대한 가치를 수용해야 한다는 이해도 나오기 시작합니다. 그 대표적 인물이 인조의 장자이자 세자였던 소현세자입니다. 병자호란 이후 청으로 인질로 끌려갔었지만 청나라의 국력을 생생하게 보면서 반청복명이라는 것이 현실성이 없음을 깨달았던 인물로 평가됩니다.

청나라의 존재를 문화적으로 수용하자는 인식도 서서히 확산됩니다. 북학론자들의 북학(北學)은 청나라를 배우자 그런 얘기입니다. 청조 문화를 배우자는 것은 북학론자들의 얘기였습니다. 이른바 실학자들입니다. 전통적 성리학자들과는 입장이 다릅니다. 반청이 아니라 친청의 입장을 갖게 되는 겁니다. 바로 여기서 중국 문화가 곧 한족 문화가 아니라는 인식의 대전환이 있었다는 겁니다. 여기 북학론자들은 한족 문화=중국 문화라는 인식을 넘어, 종족을 떠나서 중국이 가지고 있는 새로운 문화의 수준, 다시 말하면 종족으로 보면 청나라의 여진족은 야만족이었지만, 청나라 문화 자체는 야만이 아니다라는 것입니다. 청의 새로운 문명 이것이 중국 문화라는 겁니다. 문화의 기준에서 보면 청나라도 중화 문화다 그런 얘기가 됩니다. 청나라를 오랑캐라고 하는 시각으로 볼 것이 아니라 청나라도 문명된 국가다 하는 이런 논리를 가지고 북학론자들은 이른바 북학을 해야 하겠다, 청의 문물을 수용해야 하겠다 그런 얘기를 하게 되는 것입니다.

우리나라 실학자들 중에서 대표적인 사람으로 이익(李瀷 ; 1681~1763)이 최초로 북학을 주장하였습니다. 청의 문물을 받아들이자, 여진족이 세운 청나라를 무시할 것이 아니라 중국 본토에 들어가 상당한 문화 수준을 이룩한 청의 문화를 받아들이자라고 이익이 얘기하고 있는 것입니다.

학통으로 연결되지 않지만 적극적인 청 문화에 대한 수용을 주장한 것은 우리가 북학론자로 얘기하고 있는 홍대용(洪大容 ; 1731~1783) · 박지원(朴趾源 ; 1737~1805) · 박제가(朴齊家 ; 1750~1805) · 이덕무(李德懋 ; 1741~1793) 등으로 이런 사람들은 개방적인 세계관을 가졌습니다. 그들은 바로 서양의 과학 기술이 상당히 우수하다는 것을 인정하여 서양 문화 수용을 강조하는 자세를 견지하였습니다. 이것이 바로 실학자들이자 북학자들의 학문의 내용입니다. 이는 현실에 대한 인식의 전환이 이루어지고 있음을 말해줍니다. 바꾸어 말하면 역사관의 전환이라고 할 수 있는 겁니다.

이익의 논리를 계승한 사람이 다산 정약용입니다. 문화적 화이관을 가졌다고 볼 수 있습니다. 한족의 중국 문화를 고집하는 것이 아니라, 종족은 떼어버리고 그 문화 자체, 북경을 중심으로 해서 이룩한 중국 문화 자체, 즉 문화적 화이관, 그래서 청조 문화를 수용하자 하는 입장을 다산 정약용의 학문적 내용으로부터 읽어낼 수가 있습니다.

예컨대 천문 역법, 서양의 과학 기술이 천주교의 전파를 계기로 해서 명대 후반부터 중국에 들어와 상당한 영향력을 끼쳐 중국 문화의 개선에 기여한 것으로 이해하고 있습니다. 서양 문화가 중국 문화 안에 상당히 침투되는 과정을 겪었는데, 그 다음 청나라의 문물이 명대보다 서양적 문화, 문명 요소가 많이 가미된 모습을 갖게 되고, 그러한 청나라 문화 내용을 조선의 학자들이 청나라와 교류하면서 배울 점이 있다 이렇게 생각을 바꾸게 된 것입니다.

청나라에서 우리가 배울 게 많은 이유로는 명말 이후 청조 시기 중국에 들어와 이룩한 서양 문화의 일정한 성과에 주목하였던 것으로 되어 있습니다. 즉, 서양에 대한 인식이 새롭게 시작되었다는 얘기입니다. 다산 정약용은 중국을 통한 서양에 대한 인식뿐만 아니라 일본에 관한 정보도 많이 수용하려는 자세를 보였습니다.

10장

사대부 중심의 사회질서론 확대

예학이란 무엇인가

예는 원시 유학부터 주요한 학문의 주제였습니다. 원시 유학에서 예의 문제는 비교적 가치 규범적 내용을 쟁점으로 다루는 철학적인 물음과 이해에 대한 것이었습니다. 이와 같은 예의 개념에 따른 예의 구조는 시대가 지남에 따라 좀 더 구체화됩니다. 그리고 정치권과 연계되면서 예는 의례(儀禮)의 구성을 통하여 정치세력에 대한 사회적 위상을 규제하고 차별화하는 실체로 기능하게 되었습니다.

≪예기≫의 예기(禮器)편에서 '禮也者 猶體也 體不備 君子謂之 不成人'이라 하여 예는 우리의 몸과 같은 것으로 몸이 갖추어지지 못하였다면 군자는 어른이라 하지 않는다는 인식을 갖고 예를 비중 있게 보았습니다. 즉, 예는 국가로는 '치도를 세우는 근본〔立治之本〕'이고 개인적으로는 '몸을 다스리는 근본〔治身之本〕'이라는 이해입니다. 예에 대한 이해를 좀 더 살펴보면 ≪예기≫ 곡례(曲禮)편에 다음과 같은 구절이 나옵니다.

번거롭지만 이를 읽어보면 다음과 같습니다.

> '도덕인의(道德仁義)'는 예가 아니면 성립되지 못하고, '교훈정속(教訓正俗)'은 예가 아니면 갖추어지지 못하고, '분쟁변송(分爭辨訟)'은 예가 아니면 결단하지 못하고, '군신상하 부자형제'는 예가 아니면 정립될 수 없으며, '환학사사(宦學事師)'는 예가 아니면 친할 수 없으며, '반조치군(班朝治軍) 이관행법(莅官行法)'에 예가 아니면 위의가 행하여질 수가 없고, '사도금사(祠禱禁祀) 공급귀신(供給鬼神)'은 예가 아니면 정성과 엄정이 있을 수 없다.

이처럼 예의 가치와 중요성을 반복 강조하는 것은 사회조직과 정치조직 운영에서 예가 차지하는 비중이 매우 크다는 것을 의미합니다.

이렇듯 예는 일면 그 실체가 사변적인 성격이 있습니다. 그러나 이 같은 내면의 규범적 가치 개념을 구체적으로 실천하도록 유도하는 면도 강조됩니다. 유교 문화에서 '예(禮)는 리(履)이다.'라는 이해도 강조하고 있는 것입니다. 즉, 예는 밟는다는 것입니다. 이는 예가 지향하는 규범적 가치를 구체적 행위로 실천하여야 한다는 것을 말합니다. 실천하는 예에는 마땅한 이치, 즉 논리가 있어야 한다는 실천 행위에 따른 이유를 밝히는 것 또한 예의 내용이 되고 있었습니다. 예컨대 ≪예기≫ 경해(經解) 편에 '조근지례(朝覲之禮) 소이명군신지의(所以明君臣之義)'라든가, '제상지례(祭喪之禮) 소이명부자지은(所以明父子之恩)'■ 이라는 구절에서 알 수 있듯이 예는 도리를 밝히는 논리가 있다고 한 것입니다.

예는 자연 그대로가 아니라 인위적 노력으로 정제되고 양육하는 것입니다. 예는 양(養)이

■ **조근지례 소이명군신지의, 제상지례 소이명부자지은** "신하가 조정에 나가 임금을 뵙는 예〔朝覲之禮〕는 군신의 의리를 밝히는 이유로서 있는 것이고 제례와 상례〔祭喪之禮〕는 부자(父子)의 은혜를 밝히는 이유로서 있는 것이다."라는 의미이다.

라는 개념으로 이해하여 인위적인 질서 내용이 되어야 합니다. ≪순자(荀子)≫ 예론(禮論)편에서는 '예는 전체와 조화하고 나누는 수단을 얻게 하고 예를 통하여 사람의 행위를 규범화하는 것'으로 설명하고 있습니다. 즉, 예를 통한다는 것은 조절한다는 것이고, 나누는 수단은 계급으로 분화하는 빈부와 귀천을 분별하는 것으로 예의 개념이 정립되고 있는 것입니다.

역사 발전에 따라 예는 점차 정치권, 특히 군주에 의한 예론의 기초가 설정되었습니다. 그런데 신료들의 정치력이 강화되면서 문화의 폭과 총량이 증가함에 따른 예의 기준이 다양해지자, 다양한 예의 규범을 이해하고 실행하는 데에서 미묘한 혼돈이 정치적 갈등으로 노출되었습니다. 바로 예학은 이러한 갈등을 어떻게 조절·조정하고 예제를 설정할 것인가라는 문제의식에서 성립 발전된 것이었습니다.

송대 성리학의 수용은 군주와 신료인 양반 사림의 정치적 위상을 재고하게 하였습니다. 군주 중심의 유교 왕도정치론에 대한 양반 사대부 사림이 참여하는 치도론을 강조하는 성리학의 체계를 이해하는 조선의 유자들은 정치 현실에서 당시까지의 정치 의례제도 운영, 그리고 예제의 제정과 그 운영에 대한 기준을 재고하기 시작하였습니다. 본격적으로 예제와 예제의 합리적 운영에 대한 목적에 학문적 체제를 정립하기 위한 경학의 연구가 요구되었던 것입니다.

이처럼 역사와 사회 속에서 정치 세력 간에 노출된 질서론의 혼돈을 어떻게 정돈할 것인가, 그리고 그 규범의 기준을 어찌 설정하느냐를 궁구한 학문이 바로 예학이라 하겠습니다.

예학의 시대

조선의 예학을 평가하기 위해서는 유학의 학문적 성향과 시대적 상황에 대한 이해가 필요합니다. 선조

25년(1592) 4월 시작된 임진왜란으로 인하여 조선 사회는 장기간에 걸쳐 누려온 평화가 무너집니다. 이로 인해 사회구조의 재조정이 불가피하게 되었습니다. 국제 전쟁만이 아니라 명종조부터 일기 시작한 국내적 사회 불안, 예컨대 임꺽정 난 등으로 표현되는 도적과 사회 혼란 현상 등은 국내외적인 새로운 질서 체계를 희구하게 하였습니다.

16세기 말에서 17세기 초반의 시기는 유학에 대한 이해의 심도가 심화되는 시기였습니다. 조선 성리학의 최고봉으로 일컬어지는 퇴계와 율곡의 성리학 이해와 그 성과는 이를 상징한다고 하겠습니다. 또한 사림들은 ≪소학≫과 ≪주자가례≫를 읽고 실생활에서 수용하는 단계에 있었습니다. 특히 ≪주자가례≫의 수용은 한국사 발전 단계에서 통과의례의 보편적 윤리와 문화 수준이 중국과 같다는 일체감과 동시에 양반 사림들이 왕조 사회에 대한 중심적 기능을 담당하도록 하는 사회질서론을 지원하는 것이었습니다.

퇴계 이황으로 대표되는 성리학의 체계적 이해는 조선의 왕도정치론을 주장하는 데까지 진전됩니다. 또한 율곡 이이와 남명 조식이 성취한 유학의 이해 체계는 결국 유학의 예치적 이상을 왕정에 반영할 수 있다는 수준에 도달하기도 하였습니다. 그들의 문하에서 공부한 많은 유자들은 조정의 관리로 등장하고 그들이 연구한 이상을 정치에 구현하고자 하였습니다. 양반 사림이자 유자들은 국가 구조에서부터 국가 운영에서의 덕목, 사회구성원 간의 협력과 봉사를 강조하였습니다. 동시에 가부장적 책임과 의무를 강조하려는 향약과 가례 실천을 유도하였고, 이에 대한 도덕적 가치를 수용하기 위한 예학을 탐구하는 형태로 나타나기 시작하였습니다.

재지지주(在地地主) 중심의 사회 안정론을 토대로 하는 ≪주자가례≫의 연구는 이 시기 사림들에게 매우 흥미로운 주제였습니다. 이 시기 가례의 연구는 '예학의 시대'라고 불릴 정도로 각종 예서(禮書)가 만들어지고 그 수준도 높아지게 됩니다. 여기서 주목되는 것은 사림들이 가례 운영에서 지주와 종자(宗子)를 합일시키면서 그들 스스로를 사회적 안정을 위한 주인으로 강조하고 있다는 점입니다. 이처럼 가례 연구를 중심으로 전개된 예학의 주류는 양반 사림 중심의 국내 사회질서 안정을 위한 유자들의 노력으로 이해할 수 있습니다. 또한 조선 유자들의 예학 연구는 국가의 정체성과 국제 질서를 배려하여 연구의 외연을 넓히고 있었습니다.

사실 유학 연구의 심화는 유교 경전을 기초부터 다시 성찰하고 해석하는 학문의 자세로부터 출발합니다. 그리하여 사림들은 육경학(六經學)에 다시 주목하는 한편 송대의 주자학 전반을 통찰하고자 하는 기회를 갖고자 노력합니다. 이러한 육경학과 성리학 전반에 걸친 연구 노력은 유학에 대한 수준 높은 이해를 보여주기도 하지만, 그 내면에는 참담한 역사 현실을 극복하고 질서와 조화로운 예치의 이상향을 얻으려는 목적에서 비롯된 것이라 볼 수 있습니다. 동시에 이와 같은 예제를 수용하는 과정에서 왕실과 양반 사림 자신들 간에 차별이 있는 것이 가(可)한가 불가(不可)한가, 중국과의 차별은 있어야 하는가, 차별 없이 동일해야만 하는가 등의 쟁점이 학문적 연구 주제가 되었습니다.

16세기 이래 17세기의 조선 유자들은 ≪주자가례≫에 대한 집중적 연구를 통하여 자신들의 학문적 입장에서 독자적인 예론과 해석을 정립하고자 하였습니다. 임진란 전부터 일기 시작한 성리학 연구의 심화와 유학의 토대는 이에 기초한 가례의 연구를 통해 가까이는 자신들의 집안에서 일어난 사건들을 처리하기 위한 생활의 규범으로 정리하였으며, 나아가 자신들의 학자적인 확신을 국가적인 범주의 사

사계 김장생이 지은 ≪의례문해≫.

건과도 연계시키려 하였습니다. 차별화되었던 왕실 의례에서도 양반 사림 자신들과 그 기준이 같아야 한다는 논리를 가례 연구를 통해 체계화하였습니다. 이것은 역사적으로 양반 사림들의 정치력이 조정에 강력한 영향력을 가질 수 있다는 현실의 흐름을 반영한 것으로 보입니다.

결국 국가와 사림 간에 역할 분담이 있었던 것은 아니지만 상호 관심을 확대하면서 국가 질서와 사림의 축이 조화되는 유교 문화 구조가 일어났기 때문에 유학의 연구는 심화 발전될 수 있었습니다. 그렇기 때문에 17세기 사림들은 성리학과 예학의 연구에서 ≪예기≫와 ≪의례≫를 집중 연구하여 훈고적 연구 성과를 참조하였을 뿐만 아니라 주자학 체계를 성립시킨 송대 유학자들의 연구 성과를 적극 종합하게 됩니다. 따라서 우리는 이 시기를 '예학의 시대'라고 부를 수 있는 것입니다. 그 대표적 인물들이 사계(沙溪) 김장생(金長生 ; 1548~1631)과 그 아들 신독재(愼獨齋) 김집(金集 ; 1574~1656), 한강(寒岡) 정구(鄭逑 ; 1543~1620) 등입니다.

왕실례와 사대부례의 조화 혹은 충돌? 조선 초기부터 유학 연구는 왕조의 정치 운영 원리를 위한 연구였으며 그 결과가 실천 행용되어 왔습니다. 국가 제도에서부터 왕실 중심의 의례를 중심으로 연구하고 법제화하는 작업이 그것이었습니다. 정치적 안정에 이은 유학 연구는 지방의 양반 사림에까지 확산되어 그 연구주제는 다양해졌습니다. 국가 조직 운영에서부터 가족 가문의 운영 원리와 개개인의 행동거지에 이르는 세세한 부문까지 그 원리와 실천 덕목이 연구되고 내용이 만들어졌습니다. ≪경국대전≫과 ≪국조오례의(國朝五禮儀)≫가 국가 차원에서의 유교 원리를 국정 운영에 수용한 것이라면, ≪주자가례≫의 수용과 실천을 강조하였던 양반 사림의 유학 세계에서는 가족 가문의 운영에 유교 원리를 수용하여 행용하고자 하였던 것입니다.

이 시기 ≪주자가례≫ 수용의 쟁점은 의례 내용의 실천에서 파생하는 현실적인 문제만이 아니라 조선 초기에 정리된 ≪국조오례의≫의 체제와 내용에 대응한 가례의 기준 설정과 논리에서 파생되는 갈등을 조정하는 국면으로 전개되고 있었습니다. 왕실례가 중심이 되어 만들어진 조선 초기 ≪국조오례의≫는 이미 가례의 내용 일부와 양반 사림의 역할을 받아들여 국가례로 편찬되었습니다. 즉, 군주 중심의 오례의 구조에 양반 사대부의 존재를 예치에 참여시키는 가례의 질서론으로 배려한 오례의 체계라고 하겠습니다.

≪주자가례≫가 갖는 보편적 질서 기준으로서의 가례 내용은 질서론으로서의 종법 논리를 중심으로 이루어졌습니다. 말하자면 적장자의 계승을 중요 원리로 삼는 종법 질서가 사회 운영의 가장 큰 원칙으로 자리잡았던 것입니다. 가문에서는 족보가 편찬되고 가묘(家廟)라는 사당이 만들어져 조상의 신주가 모셔지는 등 이른바 가문 의식이 성장하면서 동시에 가장(家長)의 역할이 중시되었습니다. 그러한 가장의 역할을 승계할 수 있는 혈통이 바로 적장자라는 것이었습니다. 이 원칙은 당연히 사대부뿐만 아니라 왕실에 이르기까지도 지켜져야 할 것으로 여겨졌던 것입니다. 그러나 이러한 원칙이 왕실례인 오례적 질서론까지 논박하였을 때 왕실과 갈등이 있게 될 것은 자명한 것이었습니다.

앞서 말한 바대로, 보편적 질서론을 추구하는 성리학적 논리는 조선 왕조 초기에 제정된 ≪국조오례의≫의 왕실 중심의 예 기준과 그 후 점증하는 양반 사림의 세력화, 성리학 연구의 심화 과정에서 축적되었습니다. 이후 양반 사림들은 ≪주자가례≫가 추구하는 보편론을 사림 자신뿐만 아니라 왕실에서도 절대적으로 받아들일 것을 주장하여 양반 사림의 정치적 입장을 합리화하기 시작하였습니다.

국가 운영 속에서의 왕실을 주체로 하는 오례적 질서론과 사회 운영

속에서 양반 사대부, 사림을 주체로 하는 가례적 질서론은 예 질서에 토대를 두고 있다는 점은 같습니다. 그렇지만 오례의 경우에는 왕실, 왕권이라는 특수한 상황이 있게 됩니다. 사대부의 경우에도 역시 특수한 상황이 있습니다. 여기서의 특수한 상황이라는 것은 '죽음 뒤의 현실 지위의 계승'이라는 상황을 말합니다. 즉, 왕권의 계승과 가권(家權)의 계승 문제입니다. 그것의 쟁점을 상징적으로 보여주는 것이 장례 후 상복을 어떻게 정할 것인가를 규정하는 복제(服制)였습니다.

예송의 프롤로그 — 인조 대부터 현종 대까지의 왕실 | 인조는 선조의 후궁이었던 인빈(仁嬪) 김씨의 소생인 정원군(定遠君)의 3남 중 장자로서 군호는 능양군(綾陽君)이었습니다. 부인은 한준겸(韓浚謙)의 따님인 한씨였으며 슬하에는 4명의 아들을 두고 있었습니다. 인조반정(1623년) 후 왕위에 오른 인조는 장자를 세자로 책봉하였습니다. 바로 소현세자(昭顯世子 ; 1612~1645)입니다. 인조는 정비였던 왕후 한씨가 인조 13년(1635) 42세의 나이로 죽자 인렬왕후(仁烈王后)라 하였고, 인조 16년(1638)에 당시 나이 15세였던 조창원(趙昌遠)의 딸 조씨를 왕비로 책봉하여 맞이하게 됩니다. 이 때 인조는 44세였습니다. 조씨는 뒤에 장렬왕후(莊烈王后)가 되는 분입니다. 인조와 장렬왕후 사이에는 자식이 없었습니다. 후궁인 귀인 조씨와는 아들 둘과 딸 하나를 두었는데, 숭선군(崇善君 ; 1639~1680)과 낙선군(樂善君 ; 1641~1695), 효명옹주(孝明翁主)가 그들입니다.

인조에서 소현세자로 이어지는 관계는 종법에 따르는 적장자 계승이 확인됩니다. 소현세자는 인조 3년(1625) 14세 때 세자로 책봉된 뒤 참의 강석기(姜碩期)의 딸 민회빈(愍懷嬪)과 가례를 올립니다. 소현세자와 민회빈 사이에는 아들 셋과 딸 셋이 있었습니다. 소현세자의 첫째인 경선군(慶善君 ; 1636~1646)과 둘째인 경완군(慶完君 ; ?~1646)은 소현세자와 민회빈이 죽은 후 이어 죽고 셋째인 경안군(慶安君 ; 1644~1665)만 살아남게 됩니다.

앞서 말하였듯이 인조는 인렬왕후 한씨와의 사이에 네 아들을 두었는데, 소현세자와 뒤에 효종이 되는 봉림대군, 인평대군, 용성대군이 그들입니다. 소현세자가 청나라에 인질로 끌려갔다가 귀국한 후 갑자기 병으로 죽었습니다. 그 죽음에는 아직도 의혹이 남아 있습니다. 원칙적으로 본다면 세자가 죽었기 때문에 당연히 그의 장자인 경선군이 세손으로 책봉되어야 하였습니다만 인조는 그렇게 하지 않았습니다. 둘째 아들인 봉림대군을 세자로 책봉하였던 것입니다.

한편 둘째 봉림대군은 인조의 계승자로 즉위, 효종이 되었습니다. 효종은 왕비 인선왕후(仁宣王后) 장씨와는 아들 하나와 딸 일곱을 두었습니다. 효종은 재위 10년 만인 1659년에 40세의 나이로 승하하였습니다. 인선왕후는 현종 15년 57세로 홍서하였습니다. 왕세자였던 현종은 효종의 적장자로서 왕위 계승을 하였고 왕비 명성왕후(明聖王后) 김씨를 맞이하였습니다. 슬하에는 아들 숙종과 딸 셋을 두었습니다.

이렇게 본다면 인조에서 현종 대에 걸치는 왕실은 소현세자의 죽음과 세자빈 강씨의 역모 사건으로 서술되는 역사와 봉림대군의 세자 책봉 등으로 왕위 계승의 축이 바뀌어 종법의 명분이 원만하지 않다는 것을 알 수 있습니다. 인조에서 효종으로 이어진 왕위 계승이 후에 예송논쟁의 빌미가 되었던 것입니다.

1차 예송〔기해예송〕

복제론이란 앞서 설명하였듯이 망자와 생자 사이의 관계에서 상복을 어떤 수준의 것으로 입고 실행할 것인가를 밝힌 것입니다. 여기에서 그 논리의 근거를 경전에서 찾아야 한다는 것은 자명하였습니다. 복제론은 그 예 논리의 근거를 매우 중요하게 여깁니다. 이를 통해 논자가 자신의 주장을 전거를 통해서 전개하도록 되어 있습니다. 유교 경전이 전거가 됩니다. 조선 초기 예서의 근본으로 만들어 놓은 전거로는 조선 초기에 만들어진 ≪국조오례의≫가 있습니다. ≪경국대전≫이 정치·경제·사회 전반에 걸쳐 나라를 다스리는 경영 원칙을 담은 법전이라고 한다면, ≪국조오례의≫는 국가의 질서 체계를 왕조의 정치적 권위의 기준과 이에 따른 의례를 구조적으로 만들어놓은 전거라고 하겠습니다. ≪경국대전≫을 국가 경영의 제도적 하드웨어라고 하면 ≪국조오례의≫는 관제의 가치 체계에 대한 소프트웨어의 한 부분이라고 하겠습니다. ≪국조오례의≫는 조선왕조의 가치 체계에 준거하여 사회질서, 정치질서에서 드러나는 외형의 면모를 구체적으로 밝혀놓은 전거가 되는 것입니다.

≪예기≫는 중국 전국시대 말부터 한대까지 유학자들의 저작으로, 그 내용은 예학의 일반 이론과 예악제도(禮樂制度)로 구성되어 있습니다. 예악제도에서 중심이 되는 규범은 곧 종법제도(宗法制度)이고, ≪예기≫에서 서술된 종법제도는 바로 역사 사실과 동시에 정치권의 정통성 문제, 정치권의 이상적인 논리의 내용을 포함하고 있었습니다. ≪예기≫는 종법 사상을 근거로 하며 이를 정치·사회·윤리·철학·종교 등 각 방면을 포괄하여 선진(先秦) 유가(儒家)의 학문적 성과를 종합 복원하여 한대의 통치자에게 체계적인 정치 철학과 사회 윤리 내용을 제공한 것이었습니다.

송대 경학과 예학의 토대 위에서 발전, 새로운 예제의 체계를 세운 것이 바로 ≪주자가례≫였습니다. ≪주자가례≫는 분명 시의예제(時儀禮制)이지만 그것이 기초한 경전이 ≪의례≫이고, ≪의례≫에 대한 깊이 있는 주석서라고 하는 ≪의례경전통해≫의 논고는 주자의 만년에 이루어진 학문적 성과임을 고려할 때 ≪주자가례≫가 갖는 예제의 사회적 권위는 매우 무거운 것이었습니다. 예송논쟁에서 송시열 등은 성리학의 체계에서 의례를 주석하는 학문적 작업으로 ≪의례경전통해≫와 ≪주자가례≫로 알려진 사대부들의 가례〔書儀〕의 체계를 주목하였고, 논의의 주요 근거로 삼았습니다.

효종은 인조의 둘째 아들로 왕위에 올랐고 재위 10년 만에 승하하였습니다. 당시 인조의 계비인 장렬왕후 조씨는 대비전에 있었습니다. 왕세자였던 현종은 효종이 승하한 다음날인 5월 5일, 예조에서 자의왕대비(慈懿王大妃), 즉 장렬왕후가 대행대왕(大行大王)인 효종을 위하여 입는 복제가 ≪오례의≫에는 실리지 않아 삼년복을 입어야 한다고 하기도 하고, 혹은 기년복을 입어야 한다고 하기도 하므로 대신들과 상의할 것을 청하자 이를 따랐습니다. 바로 이날 이루어졌던 복제에 관련한 논쟁이 기해년(1659)에 있었다 해서 기해예송이라 부르게 되었습니다.

송시열계의 복제론자들은 기년복을 입어야 한다 하고 다른 복제론자들은 당시 부모가 장자에 한해 삼년상을 입어야 한다고 주장하였습니다. 허목(許穆 ; 1595~1682)이나 윤휴(尹鑴 ; 1617~1680) 등이 그들입니다. 송시열계는 서인이고 허목이나 윤휴는 각기 남인과 소북 계열로 볼 수 있습니다. 이들은 ≪주자가례≫나 ≪의례≫, ≪의례경전통해≫ 등의 전거를 들면서 그 복제의 시비와 나아가 효종의 종법상의 정통성 문제에 이르기까지 논의를 한 것입니다.

현종 대 예송의 두 거두 송시열(좌)과 허목(우).

당시에 전거는 예경에서 찾고 있지만, 예경에서 가장 권위 있는 경전은 ≪의례≫입니다. ≪의례≫에서는 분명히 우리가 얘기하는 오복제가 구분되어 있으며 여기에는 부모는 장자(長子)에 대해 참최 삼년상을 해야 한다고 규정하고 있었습니다. 주자의 ≪가례≫에 따르더라도 부모가 장자에 대해서는 삼년상이고 차자 이하의 아들에게는 기년상이었습니다. 또한 ≪예기≫ 소(疏)에는 "장자가 죽으면 차적이 가통의 중임을 이으니 이를 또한 장자라고 한다."고 규정하였습니다.

윤휴 등의 남인은 효종은 혈통으로는 차자이지만 왕위를 계승하였으므로 장자라고 보았습니다. 또한 조대비도 어머니이기는 하지만 신하의 입장에 서는 것으로 보았습니다. '고례(古禮)에 근거하면'이라고 하면서 삼년상을 주장하는 남인의 주장은 바로 ≪의례≫를 말하는 것이었습니다. 남인은 이 논리로 조대비는 효종을 위해서 3년을 입어야 한다고 주장을 한 것입니다.

송시열을 중심으로 하는 서인들은 기년복을 주장하였습니다. 송시열은 그 근거로 조대비가 효종의 계모이긴 하지만 어머니이기 때문에 신하가 될 수 없고, 아들로 본다면 혈통상 차자에 해당하므로 대통을 이었다고 하더라도 장자가 될 수 없다는 것이었습니다. ≪예기≫ 소에 있는 구절에 대해서 송시열은 '중자는 장자와 같이 삼년복이 될 수 없다.'라는 또 다른 소의 내용을 들었습니다. 그리고 예송논쟁의 가장 핵심 논점이 되는 사종지설(四種之說)■을 언급하기에 이릅니다.

좀 어렵지만 이에 대한 ≪의례≫ 상복(喪服)편에 실린 것을 인용한 송시열의 얘기를 옮기면 다음과 같습니다.

▌사종지설 왕위를 계승하였어도 삼년상을 할 수 없는 경우.

> 첫째는 정이지만 체가 아닌 경우〔正而不體〕이니 적손으로 가통의 중임을 계승함을 이름이요, 둘째는 체이지만 정이 아닌 경우〔體而不正〕이니 서자(장자가 아닌 아들)가 서서 후사가 됨을 이름이요, 셋째는 정체이나 가통의 중임을 전할 수 없는 경우〔正體不得傳重〕이니 적자로서 폐질이 있음을 이름이요, 넷째는 가통의 중임을 전함에 정체가 아닌 경우〔傳重非正體〕이니 서손(庶孫)이 후계가 됨을 이름이다.

이는 곧 종통을 이었더라도 그 승중한 아들을 위해 삼년상을 입을 수 없는 네 가지를 말하는 것입니다. 여기서 정(正)이란 적자·적손을 말하고 부자 사이는 체(體)이며 서자·서손은 부정(不正)을 말합니다. 이를 들은 당시의 영의정 정태화(鄭太和 ; 1602 ~1673)는 송시열의 말이 효종의 종통을 부정하고 그 종통이 소현세자의 아들들 중 살아 있는 경안군에게 있는 것으로 이해된다고 하여 황급히 이를 막았습니다. 그것은 다시 말하면 효종의 아들 현종 역시도 정통이 아니란 얘기로 귀결될 수 있으므로 국체(國體)를 흔드는 얘기가 될 수 있었습니다.

〈어부사시사(漁父四時詞)〉로 우리에게 널리 알려진 고산(孤山) 윤선도(尹善道 ; 1587~1671)는 바로 이 대목을 중점적으로 거론하면서 송시열 등에 대해 반박하였습니다. 윤선도는 송시열 등이 이종비주(貳宗卑主), 즉 종통을 종통과 적통으로 나눔으로써 임금을 천하게 본다는 것을 상소문에서 지적하였습니다. 상소문에서, "종통(宗統)은 종묘사직을 계승한 임금에게 돌리고, 적통(嫡統)은 이미 죽은 장자에게 돌리려 하는 것입니까? 그렇다면 적통과 종통이 나뉘어서 둘이 되는 것이니 또한 어찌 이러한 이치가 있겠습니까?"라고 하였던 것입니다. 또한 소현세자의 상례에 이미 장자에 대한 삼년복을 입었다고 하더라도 효종 또한 후사가 되었으므로 '차장자를 세워 후사로 삼았으면 부모는 역시 그 아들을 위하여 삼년복을 입는다.'는 원칙을 지켜야 한다고 강변하였습니다. 결국 송시열 등이 기년복으로 정한 것은 종통이 소현세자의 아들에게 있다고 보는 것이 아니냐는 지적이었던 것입니다.

정태화와 송시열은 논의를 거치면서 허목이나 윤휴, 그리고 현종도 받아들일 수 있는 것으로 ≪대명률(大明律)≫과 ≪경국대전≫, 그리고 ≪상례비요(喪禮備要)≫에 '장자와 중자를 막론하고 모두 부장기(不杖朞)로 한다.'는 구절을 전거로 기년복을 제시하였습니다.

여기에는 논란의 소지가 잠재되어 있었습니다. 즉, 같은 기년의 복제지만 이해 당사자의 입장에서는 장자이기 때문에 기년으로 보는 경우와, 장자가 아닌 다른 아들이지만 기년으로 보는 것으로 나누어지는 것입니다. 어쨌든 이중적으로 이해되기는 하지만 기년복으로 합의를 본 것입니다. 이것이 나중에 정치적인 변란의 빌미는 되었지만 이 때는 효종의 빈천 후 장자 중자의 복은 1년이라고 하는 논의를 따랐던 것입니다.

2차 예송〔갑인예송〕

현종 15년(1674) 효종의 왕비이자 현종의 모후인 인선왕후(仁宣王后) 장씨(張氏)가 홍서하였습니다. 이 때도 인조의 계비였던 장렬왕후 조씨가 살아 있었습니다. 바로 며느리의 상에 대해 시어머니가 되는 조대비가 어떤 복제를 하여야 할 것인가를 두고 다시 한번 논쟁이 있게 됩니다. 인선왕후 장씨를 장자부(長子婦)로 볼 것인가 차자부(次子婦)로 볼 것인가에 대한 논란이자 곧 효종이 장자인가 아닌가에 대한 논쟁의 재점화라 할 수 있는 것입니다.

인선왕후가 훙하였을 때 처음에는 복제를 기년복으로 정하였습니다. ≪현종실록≫의 현종 15년 2월 27일의 기록에 예조에서 올린 절목을 통해 보면, 예조에서 본래 대공(大功) 9개월복으로 해야 하는데 기년으로 잘못 정하였으므로 고쳐야 한다고 올린 것으로 알 수 있습니다. 앞에서 말하였듯이 송시열의 복제론은 효종을 중자 혹은 차자로 보고 있었습니다. 그렇다면 인선왕후 장씨는 차자부에 해당하게 됩니다. ≪주자가례≫ 복도(服圖)에서 장자부는 기년복, 차자부는 대공복으로 구분하고 있었습니다. ≪색경(穡經)≫을 저술한 이로 우리에게 잘 알려진 박세당(朴世堂 ; 1629~1703)은 송시열의 의견에 따라 중자부 즉 차자부의 복으로 정해야 한다고 다시 한 번 강조하게 되었으며 일단 이것이 받아들여졌습니다. 즉, 차자부에 대한 복제인 대공복으로 정해졌던 것입니다.

인선왕후가 돌아간 뒤 조대비의 복제가 결정이 되고 있을 때 영남

지방의 선비 도신징(都愼徵 ; 1604~1678)이 상소를 올리어 기년복으로 정하였다가 대공복으로 고친 데 대한 의문을 제기하였습니다. 그는 기해년 국상 때 대왕대비의 기년복이 국조 전례에 따라 거행한 것이라면 이번에 정해진 대공복은 거기에서 벗어난 것이 되며, 이는 효종과 현종이 서자 서손이 되므로 그 정통성을 훼손하는 것이라고 하였습니다.

도신징이 올린 상소문을 계기로 남인은 효종의 입장을 장자로 해석하여 모든 예법을 적용할 것을 다시 강력하게 주장하기에 이르렀습니다. 남인의 입장은 왕위 계승에 대하여 최고의 복제를 취함으로써 왕실의 예법을 지켜야 한다는 것입니다. 왕위를 계승한 당사자에게 적장자의 지위를 인정해야 한다는 것이 남인의 예론이었다 하겠습니다. 결국 왕실의 명분을 지지하는 정치론으로 발전할 수 있다는 것을 알게 하는 것입니다.

최종적으로 정리하자면, 효종 상에는 기년복으로 합의를 하였지만 송시열의 경우는 중자복으로 1년을 생각하였고 현종은 장자복으로 1년을 생각하여 이 때에는 각각의 입장으로 자신들의 입장을 정리하여 지나갔으나 효종의 비 인선왕후 장씨의 상에 기년복으로 정하였다가 대공복으로 강등하여 복제를 적용하자 현종은 남인의 주장을 택하게 되는 것입니다.

현종의 세자였던 숙종이 14살의 나이로 즉위를 한 다음 송시열에게 현종의 묘지문을 짓게 합니다. 그 내용 중에는 예송에 관한 문제를 쓸 수밖에 없었습니다. 그러나 현종 연간의 효종과 효종 비에 대해 시비를 쓰는데 송시열이 전거를 잘못 인용하였다는 것으로 쓰지 않자 숙종은 송시열 문인 이단하(李端夏)에게 예서를 잘못 인용하였다고 하는 잘못을 인정하라는 불만을 토로하였습니다. 내가 14살의 어린 임금이라고 어물어물 넘기거나 그러지 말라고 표현한 것입니다. 이와 같은 숙종의 반응은 장차 송시열이 이끄는 서인 정치 세력이 숙종으로부터 정치적인 핍박을 받을 수도 있다는 얘기가 되는 것입니다.

조선 후기 정치적 영향력의 조건

조선시대 정치권 안에서 정치의 주도권이라 할까 정치에서 결정적 영향력을 갖는 것은 왕실이라기보다는 사림이라는 보다 확대된 정치 세력이었다는 것을 유념해야 할 것 같습니다. 그러니까 왕도 자신의 주장이나 개인의 좋고 나쁨만을 주장할 수 있는 것이 아니고 정치적 주장과 방향 설정을 수립하기 위해서는 자신을 지지하는 정치 세력이 필요하였다는 것입니다. 그것은 붕당정치의 전개 과정에서 파생된 것으로 이해해야 할 것입니다.

그렇다면 각기의 붕당 세력들은 어떻게 영향력을 확대하면서 정권을 장악하였을까요? 앞에서도 지적한 바 있습니다만 전랑권과 대간권 장악이 중요한 키워드였습니다. 또 한편으로는 재상의 배출이 필요하였습니다. 그렇지 않다면 산림(山林)으로서 존경을 받는 인물이 있어야 하였습니다.

본래 산림은 산곡임하(山谷林下)에 은거해 있으면서 학덕을 겸비하여 후학을 양성하고 학문 연구에 진력함으로써 사림의 존경을 받는 인물을 말합니다. 여기에 국가로부터 그 학덕과 능력을 인정받아 왕명으로 부름을 받은 인물들입니다. 조선시대 재상으로 진출하려면 과거제를 통해 장원급제하고 요직을 거치면서 승진을 하고 정치적 신임을 얻는 절차를 거쳐야 하는데 산림은 그렇지 않았습니다. 당시 재야의 학자들에게 상당한 존경을 받은 학자인 산림은 조야의 정치인들로부터 추대를 받아 조정에 진출하고 결국에는 결정적인 정치 역량을 과시하고 있었습니다. 가령 김장생과 김집, 송시열이나 송준길, 박세채, 허목, 윤선거 등이 대표적 인물입니다.

또 한편으로 산림은 붕당 세력들로 든든한 후원 세력을 계속 양성하여 그 맥을 이어가야 하였습니다. 그것은 끊임없이 과거 급제자를 배출하고 이들을 관직 요로에 진출시키는 정치적 활로의 장악이 필요하였던 것입니다. 이들 가운데 무엇보다 중요한 것은 훗날 흥선대원군이 당쟁의 근원지로도 주목하여 대정리를 하였던 서원이었습니다. 서원은 교육의 기능과 향사(享祀)를 통한 성현 숭배, 그리고 지방 사회 지식인층들이 이러저러한 정보를 주고받는 사교의 장이기도 하였습니다. 그렇기 때문에 서원을 중심으로 한 지방 사회의 결집이 가능하였던 것입니다.

조선 후기 정치 무대에서는 위에서 언급한 전랑권과 대간권의 장악이라는 구조적 문제와 서원 세력의 양성, 그리고 이들은 소위 '국혼물실(國婚勿失) 산림숭장(山林崇奬)'을 항시 유념하였습니다. 그래야만 정권을 장악할 수 있는 기반을 갖춘 것으로 보았기 때문입니다.

말하자면, 현종 이래 정파로 분립되어 있는 정치 세력들은 왕실을 어떻게 자기들의 정치 세력과 연계시키느냐 하는 것을 과제로 삼았다는 것입니다. 왕실과 혼인을 놓쳐서는 안 된다〔國婚勿失〕는 얘기는 이러한 정국에서 나온 것입니다. 이는 결국 왕비전의 역할 기능의 강화와 외척의 정치 세력화를 가져왔고 왕조 말기의 폐해라는 왕조 말기 현상을 가져오게 됩니다. 또 조선 후기 이 시점에 이르면 왕실과 사림이 항시 연결되어야 하고 한편으로는 재야의 정치적 지도자이며 학자의 위상을 지키는 산림(山林)이 있어 산림을 숭장(崇奬)하자는 주장을 하면서 그 교우(交友)와 제자가 조야를 휩쓸었다는 이해를 하게 된 것입니다.

경신환국, 남인과 서인의 세력 교체

오늘날 우리의 정치 운영을 보면, 정치권 내의 경우 정권을 장악하고 있는 여당과 그렇지 못한 야당으로 나뉘어져 있습니다. 대개 대통령을 배출한 당은 여당이 되어 정치 운영의 주체가 되고 야당은 비판과 협조를 하게 되는 시스템입니다. 대통령 선거를 통해 여야의 입장은 바뀔 수 있습니다. 즉, 대통령이 어느 당 출신이냐가 매우 중요하다는 겁니다. 우리는 이를 '정권교체'라고 부릅니다.

이 같은 현상이 현대 정치에서만 있는 것은 아닙니다. 약간의 차이는 있지만 조선 후기 붕당정치의 전개 과정 속에서도 왕권과 붕당 세력의 관계가 설정되었을 때 국왕이 자신과 정치를 함께 할 세력을 정하게 된다는 것입니다. 그것은 정치적 동반 관계로 이루어지기도 하지만 정치적 호오(好惡)에 의해 정해지기도 한다는 것입니다. 다른 말로 하자면 임금이 좋고 싫어함에 따라 정치권의 운명이 달라질 수 있음을 뜻합니다. 이것이 임금의 고유한 권한인 '용사출척권(用捨黜陟權 : 인사권을 말함)'이라는 말로 표현되기도 합니다. 이러한 운영 방식 속에서 임금과 함께 정치 운영에 참여하는 붕당 세력은 바뀌게 됩니다. 이것을 일러 '환국(換局)'이라고 합니다.

현종 대의 경우 인조의 계비인 장렬왕후 조씨의 복제를 둘러싼 예송이 있었습니다. 여기에는 당시의 정치 세력인 서인과 남인이 망라되어 많은 예경을 동원하여 전거를 찾고 그에 대한 해석과 적용 여부를 놓고 논란을 벌였습니다. 그래서 이 때의 붕당정치 과정은 나름대로 이상적인 정치적 논의의 장이었던 것으로 평하는 사람들도 있습니다. 때때로 승자 측을 다시 끌어내리기 위해 가혹한 음모와 그에 걸맞는 모략가가 필요하게 됩니다. 또 그럴만한 계기를 설정해야 합니다.

현종의 홍서 후 숙종은 즉위하면서 갑인예송에서 대왕대비전인 조대비의 복제를 대공복으로 정하고자 하였던 송시열 등 서인 세력들을 대거 축출하였습니다. 그리고 기년복을 주장하였던 허목 등을 중심으로 한 남인 세력을 등용하였습니다. 이른바 장기간에 걸친 서인 정권이 무너졌던 것이고, 그 상징은 서인을 상징하는 송시열의 축출로 나타났습니다.

여기서 우리가 주목해야 할 인물이 누구냐 하면 현종비인 명성왕후(明聖王后) 김씨의 아버지 김우명(金佑明 ; 1619~1675)과 그 조카 김석주(金錫胄 ; 1634~1684)입니다. 김우명은 조선 후기 대동법(大同法)의 시행

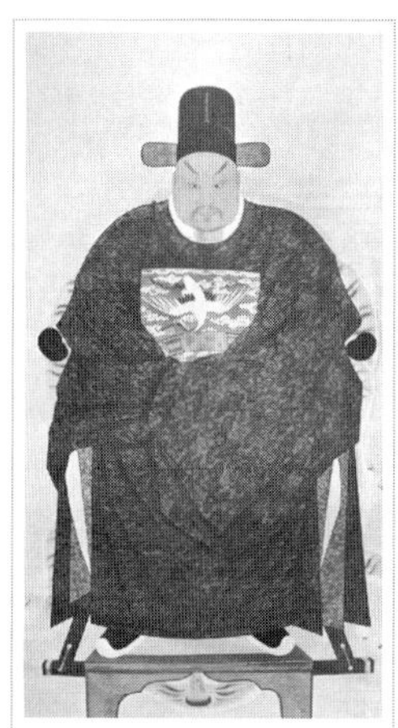

현종비 명성왕후 김씨의 척족이었던 김석주 영정.

노력을 행한 김육(金堉 ; 1580~1658)의 아들이기도 합니다. 김우명 역시 본래 서인이었습니다만 송시열 측과 알력이 생겨 틈이 벌어졌고 이를 계기로 남인의 편에 섰습니다.

14살의 숙종이 일단 즉위하였을 때 영의정 허적(許積 ; 1610~1680), 좌의정 김수항(金壽恒 ; 1629~1689), 우의정 정지화(鄭知和 ; 1613 ~1688) 등은 왕권의 보호와 보좌를 위해 원상(院相)이 되었습니다. 이 중 영의정 허적만 남인이고 김수항과 정지화는 서인에 속하였습니다만 정지화의 경우 그의 사촌형인 정태화, 정치화와 더불어 온건 중도의 서인 측에 들었습니다. 원상의 구성만을 놓고 본다면 이 때만 하더라도 남인과 서인들이 그래도 공존하는 분위기였던 것입니다.

영의정 허적은 숙종에게 아뢰어 현종의 시장(諡狀) 및 행장(行狀) 제술을 송시열의 제자인 이조참의 이단하(李端夏)로 하여금 맡게 합니다. 또한 숙종은 이단하로 하여금 서인 측의 잘못을 시인하도록 하여 '예경(禮經)을 따르지 아니하고 타인(他人)의 의논을 따랐기 때문에 수상(首相)을 죄주었다.〔不從禮經而從他人之議罪首相〕'는 구절을 쓰도록 하였습니다. 여기서 타인은 송시열을 말합니다. 이는 결국 남인 측 예론이 승리를 거두었음을 말합니다. 그리고 이후의 정권은 남인들이 장악할 수 있었던 것입니다.

이후 남인은 서인들에 대한 처벌 수위를 어느 정도로 할 것인가를 놓고 강경파와 온건파로 나누어집니다. 강경파는 청남(淸南)이 되고 온건파는 탁남(濁南)이 되는데 청남은 허목이나 윤휴 등이 속하였고 탁남은 허적 등이 속하였습니다.

그 다음으로 주목할 수 있는 것은, 너무 남인들이 드세게 나오니까 숙종이 이에 반발을 하게 되었다는 것입니다. 허적(許積)의 나이 70세가 넘어 기로소(耆老所)에 들어가게 되자 숙종은 그에게 궤장을 하사하였고 또 한편으로는 조부 허잠(許潛)에게 시호를 하사하도록 하였습니다. 그런데 이 때 궁궐에서 쓰는 유악(帷幄), 즉 차일을 함부로 가져다 사용함으로써 의심을 샀습니다. 또 이 때 허적의 서자인 허견(許堅)이 인평대군의 아들 복선군(福善君) 남(枏)과 꾀하여 이 날 잔치에서 일차 무장한 군사들을 몰래 감추어 역모를 도모한다는 정찰 보고도 숙종에게 올라갑니다. 이로 인해 허견은 능지처참되고 복선군 형제들도 죽게 됩니다.

사건이 이렇게 심각해지고 확대된 데에는 외척인 김석주와 김만기(金萬基 ; 1633~1687)의 역할이 컸습니다. 김석주는 현종비 명성왕후 김씨의 척족이고, 김만기는 숙종비인 인경왕후(仁敬王后) 김씨의 아버지입니다. 그러니까 남인들은 이들 척족과 손을 잡으면서 정권을 장악하였고, 또 이들과 사이가 갈라지면서 경신환국이라는 비극을 당하였던 것입니다. 붕당정치가 척족의 출현을 매우 경계하고 있었는데도 불구하고 현실은 그렇지 않았던 것입니다.

경신환국(1680, 숙종 6)을 통해 청남이든 탁남이든 축출되면서 서인인 김수항이 영의정을 맡았습니다. 그리고 서인의 영수인 송시열은 유배에서 풀려나 복귀하게 됩니다. 남인 세력의 제거와 관련해서는 숙종 8년(1682) 김석주 등에 의한 남인 축출 음모인 허새역모사건(許璽逆謀事件)■이 있게 되면서 일단락됩니다.

■ **허새역모사건** 남인을 무너뜨리기 위해 서인 김석주가 중심이 되어 일으킨 사건. 전 병사 김환(金煥)의 고변으로 인해 민암(閔黯), 권대운(權大運), 오시복(吳始福), 오정위(吳挺緯) 등 남인 주요 인사들과 허새(許璽), 허영(許瑛) 등 여타 남인들이 제거되었으므로 이를 임술고변(壬戌告變)의 하나로 봄.

회니시비로 인한 노 · 소론의 분붕

경신환국을 통해 정권을 다시 장악한 서인들은 남인의 처리 문제로 내부갈등을 겪습니다. 서인의

송시열과 심각한 대립을 보였던 윤증 영정.

영수라 할 송시열 등은 강력한 처벌을 원하였지만 이에 대해 온건한 입장을 가진 사람들도 많았습니다. 그런데 여기서 주목할 만한 인물이 등장합니다. 윤선거(尹宣擧 ; 1610~1669)의 아들인 윤증(尹拯 ; 1629~1714)입니다.

윤선거나 송시열은 예학의 대가라 할 수 있는 사계 김장생과 그의 아들 신독재 김집과 연결됩니다. 바로 같은 문인이라고 할 수 있습니다. 그렇지만 송시열과 윤선거 사이에는 경전 주해 및 예송에서 논쟁을 벌인 윤휴로 인하여 갈라집니다. 윤선거가 윤휴를 변호한 면이 있어서였습니다. 그의 아들 윤증은 김집과 송시열의 제자로 그 문하에서 주자와 성리학에 대해 공부하였습니다.

윤선거가 죽은 뒤 윤증은 그의 아버지 무덤에 넣을 묘지명을 짓기 위해 우의가 있었던 박세채(朴世采 ; 1631~1695)에게 행장을 부탁하여 이를 받았습니다. 박세채는 탕평론과 관련하여 유명한 ≪황극탕평론(皇極蕩平論)≫을 저술한 사람이기도 하며 훗날 윤증의 편에 서면서 소론의 영수로 일컬어지기도 합니다.

윤증은 아버지의 연보를 가지고 스승인 송시열에게 묘지명을 부탁하게 됩니다. 옛날 사대부들은 죽은 뒤 평상시에 쓴 시문이나 서간, 그리고 상소문 등을 모아 문집으로 만들고 여기에 연보와 행장이 붙여지게 됩니다. 묘지명은 문집에도 실리지만 무덤에 넣어 기념하도록 하였습니다. 그것이 하나의 관행이었습니다.

송시열은 윤선거의 묘지명을 쓰면서 윤선거에 대해 잘 모르고 행장에 따라 말한다고 하였습니다. 이 때 그는 병자호란 때 강화도로 피난하였을 때 처자와 친구가 죽었는데 윤선거 혼자만 탈출한 것과 윤휴와 교분을 끊지 않은 것을 들먹이기도 하여 윤증으로부터 분노를 사게 됩니다.

윤증은 내용 수정을 요구하였으나 송시열은 자구만 고쳤을 뿐 들어주지 않았습니다. 이로부터 윤증은 스승인 송시열과 멀어졌으며, 이 두 사람을 놓고 조야에서 시비가 붙게 됩니다. 윤증은 송시열에 대해 '의리와 이익을 겸행하며 왕도와 패도를 함께 쓴다.〔義利雙行 王霸并用〕'고 하면서 비난을 하기도 하였습니다.

이 때 시비로 인하여 송시열계의 노론(老論)과 윤증계의 소론(小論)으로 나뉘어져 있었습니다. 이를 일러 '회니시비(懷尼是非)'라고 합니다. 송시열의 거주지가 회덕(懷德)이고 윤증의 거주지가 이성(尼城)이었던 데서 비롯한 용어입니다. 이들은 특히 경신환국 후 남인의 처벌 수위를 조절하는 데 의견을 달리하면서 그 세력이 더욱 갈라졌습니다.

기사환국, 남인들의 기사환생

1680년 숙종 6년 경신년 남인들의 세가 너무 강하지자 숙종은 정치적 긴장감을 가지고 정국을 변화시키게 됩니다. 이 사건이 경신환국(庚申換局)입니다. 남인이 물러나고 경신환국에 의해 서인이 득세하게 됩니다. 또 1689년 숙종 15년 기사년에 기사환국(己巳換局)이라는 정치적 전환이 있었습니다.

서인이 집권한 다음에 상황이 어떻게 전개되었는가를 살펴보도록 하겠습니다.

왕조 국가에서 왕자의 탄생은 매우 중요합니다. 바로 왕위 계승과 직결되기 때문입니다. 숙종은 현종의 독자로 14살의 나이에 왕위에 올랐습니다. 현종은 효종의 독자입니다. 2대에 걸쳐 아들이 하나였기 때문에 왕실과 조정에서는 왕자의 탄생을 고대하였습니다. 숙종의 왕비는 인경왕후 김씨(1661~1680), 인현왕후 민씨(1667~1701), 인원왕후 김씨(1687~1757) 등 세 명이 있었습니다만 아들을 얻지 못하였습니다.

숙종 14년(1688) 10월 희빈(禧嬪) 장씨(張氏)는 숙종의 사랑을 입어서 왕자를 낳게 됩니다. 숙종은 매우 기뻐하면서 "나라의 근본이 정해지지 못해 인심(人心)이 매일 곳이 없었더니 오늘의 큰 계책이란 다른 데 있는 것이 아니다."라고 하였으며, 이듬해 기사년에 숙종은 왕자를 원자(元子)로 봉하게 됩니다. 곧바로 세자로 봉한 것은 아닙니다. 원자란 세자로 책봉하기 전의 장자를 말합니다. 대개는 왕비가 낳은 아들이 원자로 정해지는 것이 원칙이었지만 숙종은 아들을 얻은 기쁨과 기대로 원자의 호를 정하여 보호하도록 하였던 것입니다.

문제는 장희빈의 신분 배경인데, 희빈 장씨의 친정은 역관(譯官)을 배출한 가문으로, 중인층(中人層)이라는 얘기입니다. 중인층에서도 궁녀가 선발되고 중인층에서 선발된 궁녀를 왕이 가까이 하였다는 얘기는 조선 후기 중인층이 왕실과 정치적 연계를 가지게 되었다는 시사점을 던져 주는 것이기도 합니다. 조선 초기 왕과 가까이한 여인들은 대체로 양반층 출신의 문벌이 좋은 사람들이었습니다. 이에 비해 조선 후기에 오면 양반층만이 왕실과 연계되는 것이 아니라 중인층도 왕실과 연계될 수 있는 여지가 있었다는 것을 보여주는 사건 가운데에 장희빈이 있다는 것이 되겠습니다.

여기서 우리가 얘기할 것은 장희빈의 입장을 옹호하는 정치 세력이 대체로 남인이라는 얘깁니다. 희빈 장씨가 낳은 원자를 옹호하는 정치 세력이 남인이고 경종의 반대편에 서서 왕실의 정치 세력을 형성한 것은 서인입니다. 반대편에 서서 서인과 연결할 수 있는 궁중의 세력이 인현왕후 민씨였습니다. 현종 및 숙종 대에는 양송(兩宋)이라 불린 송시열과 송준길(宋浚吉)이 있었는데, 인현왕후는 송준길의 외손녀가 되며, 그 아버지는 서인의 대표적 인물인 민유중(閔維重 ; 1630~1687)이었습니다.

사실 인현왕후는 아이를 낳지 못하였습니다. 원자이나 훗날 경종이 되는 아이가 태어났을 때 숙종의 나이 28세였고, 당시 왕비인 인현왕후는 22세였습니다. 그렇기 때문에 당시 서인 노론 특히 송시열은 왕이나 왕비가 양쪽 다 왕성한 나이인데 하필 후궁 소생을 원자로 정할 수 있겠는가라고 하면서 이에 대한 반대를 하였습니다. 송나라 신종(神宗)의 사례를 들면서 일단 기다렸다가 적통이 탄생하지 않으면 그 때 세자로 책봉해도 되지 않겠는가라는 것이 송시열의 의견이었습니다.

숙종은 이에 대해 이미 정한 원자 정호의 일을 두고 송시열이 불만과 부족함이 있다고 말하였다 하고, 이 때 의논에 참여한 신료 중에는 반역지신(反逆之臣)이 아닌 한 어찌 그럴 뜻이 있겠는가라고 하면서 반역과 연관시키기도 하였습니다. 숙종은 송시열의 의견이 그의 의견으로만 그치는 것이 아니라 곧이어 그의 문하 제자들이 여론을 만들 것이라 우려하면서 송시열과 서인들에 대한 축출을 결정하게 됩니다. 그리고 유현(儒賢)으로 대접하지 않겠다고 정하였던 윤증을 다시 대우하도록 하였습니다.

한편으로는 문묘 배향이 결정되었던 이이와 성혼을 문묘에서 출향(黜享)하는 조치도 취하였습니다. 숙종 15년(1689) 숙종은 송시열을 제주도로 귀양을 보냈다가 사약을 내려 죽였고, 김만중·김수흥·김수항 등의 노론 대신들을 복주하고 귀양을 보냈습니다. 같은 해 5월 숙종은 투기와 이간, 그리고 알력을 빌미로 하여 인현왕후를 폐비하는 조치를 단행하였습니다. 그 다음 희빈 장씨를 올려 중궁 즉 왕비로 책봉하기에 이르렀던 것입니다.

이 때의 조치가 바로 기사환국입니다. 기사환국을 통해 남인계 인사가 대거 등용되었습니다. 인현왕후의 폐출과 함께 희빈 장씨를 왕비로 책봉함으로써 그 소생인 원자는 자연스레 적장자가 되었으며, 곧바로 세자로 책봉되었습니다. 숙종은 이후 후궁인 숙빈(淑嬪) 최씨(崔氏)로부터 연잉군(延礽君)을 얻었고, 명빈(溟嬪) 박씨(朴氏)로부터는 연령군(延齡君)을 낳았습니다.

갑술환국, 희빈 장씨와 남인의 몰락

희빈 장씨와 관련해서는 우리에게 매우 강한 이미지가 있습니다. 요사스러운 그러면서도 색기가 넘치는 '요부(妖婦)'가 그것입니다. 사극을 통해 그려진 그녀의 모습도 여기에 맞추어져 있습니다. 그녀에 대한 숙종의 총애와 원자의 탄생 등은 정국 변동을 가져와 남인들은 숙종에 의해 다시 등용되었습니다만 숙종의 총애가 바뀌면서 정국 또한 바뀌게 됩니다. 그것이 숙종 20년(1694)에 있게 된 갑술환국이었습니다.

서인들은 인현왕후 민씨가 폐비된 후 다시 그녀를 복위시키기 위해 노력합니다. 노론 명문가의 자제들이 주축이 되어 자금을 모으고 이 자금으로 궁중의 환관과 궁녀들과 내통하여 민씨의 복위를 모의하였던 것입니다. 알려져 있기로는 유언비어를 유포한다든가, 동요를 전파시킨다든가, ≪사씨남정기≫나 ≪인현왕후전≫과 같은 소설을 보급한다든가의 방법을 동원하기도 하였습니다. 이러한 노력은 성공을 거둔 면이 있습니다.

무수리 출신의 후궁 최씨는 숙종의 총애를 받게 되는데, 그 과정에서 소위 로비 자금이 사용되었다는 것입니다. 최씨는 인현왕후의 추종자로 알려져 있으며 숙종의 전 왕비인 김씨의 친정 종손이자 노론 명문가의 자제인 김춘택(金春澤)과 숙종의 유모인 봉보부인(奉保夫人)과도 친하였는데 그녀는 인경왕후 김씨의 아버지인 김만기가의 사람으로 알려져 있습니다. 이것이 무엇을 뜻하는 것이냐 하면 무수리 출신의 최씨가 어떻게 감히 숙종의 총애를 받을 수 있겠느냐는 것입니다. 여기에는 환관과 궁녀, 그리고 봉보부인 등의 역할이 있었다는 것이고 이들을 움직이는 데에 로비 자금이 쓰였다는 것입니다.

그러던 그들이 폐비의 복위를 모의하였다는 혐의로 체포되어 남인들에 의해 국문을 당하고 일부 죄를 자복하였습니다. 그리고 처형을 기다리면서 형장의 이슬로 죽을 찰라인 숙종 20년 4월 2일 밤 2경에 숙종은 돌연 비망기를 내렸습니다. 남인들이 옥사를 확대하여 군부를 우롱하였으며, 숙종의 형제인 익평 · 청평 · 인평 공주가를 해하려 하였다는 것이 그 이유였습니다. 이로 인해 남인 대신들은 파직되어 유배되었고 그 자리에는 서인 소론계가 차지하게 됩니다.

서인 노론계가 등용되지 못한 데에는 이유가 있었습니다. 이들은 대개 기사환국 때 처벌을 받았고 갑술환국의 계기가 노론계의 로비 음모였다는 점 때문에 명분이 서지 않았던 것입니다. 그렇지만 폐출되었던 인현왕후 민씨는 다시 복위되고 중궁전에 있던 희빈은 후궁으로 강등됨으로써 환국은 일단락지어졌습니다. 불씨는 여전히 남아 있는 채로 미봉되었던 것입니다.

숙종 27년 8월에 인현왕후는 병으로 죽게 됩니다. 그런데 그녀가 죽은 데에는 희빈의 저주가 있었기 때문이라는 것입니다. 그것이 소위 무고(巫蠱)의 사건이란 것입니다. 이를 숙종에게 알려 희빈이 사사되는 데에서 역할을 한 사람이 숙빈 최씨였습니다. 숙종 27년 9월 23일에 있었던 숙종의 비망기를 읽어보면 그 상황을 알 수 있습니다.

> 대행왕비(大行王妃)가 병에 걸린 2년 동안에 희빈 장씨는 비단 한번도 기거(起居)하지 아니하였을 뿐만 아니라, '중궁전(中宮殿)'이라고 하지도 않고 반드시 '민씨(閔氏)'라고 일컬었으며, 또 말하기를, '민씨는 실로 요사스러운 사람이다.'라고 하였다. 이뿐만이 아니다. 취선당(就善堂)의 서쪽에다 몰래 신당(神堂)을 설치하고, 매양 2, 3인의 비복(婢僕)들과 더불어 사람들을 물리치고 기도하되, 지극히 빈틈없이 일을 꾸몄다. 이것을 참을 수가 있다면 무엇인들 참지 못하겠는가? 제주(濟州)에 유배시킨 죄인 장희재(張希載)를 먼저 처형하여 빨리 나라의 형벌을 바로잡도록 하라.

희빈과 숙빈은 각기 경종과 영조의 친어머니가 됩니다. 인현왕후가 훙서한 뒤 이 둘은 더욱 미묘한 관계가 되었고, 결국 숙빈의 밀고로 희빈은 죽게 된 것이라고 볼 수 있습니다.

어쨌든 이렇게 되었을 때 여기서 두 가지 쟁점이 나타납니다. 하나는 희빈 장씨를 역적으로 처단할 것이냐는 쟁점과 또 하나는 민비를 복권시키는 데 정치적 음모에 가담한 사람들을 어떻게 처벌할 것이냐는 두 가지 사항이 떠오른 것입니다. 두 번째 문제는 놔두고 가장 중요한 것은 장희빈을 역모로써 처단할 것이냐는 것이 민감한 정치적 사항으로 나타났습니다. 희빈을 역모로 처분할 때는 그의 아들 경종의 정치적 지위에 문제가 생기기 때문이었습니다. 역적의 아들이 왕이 된다는 것은 정치적 권위에 결점이 되기 때문에 경종을 지지하는 사람들과 서인들 중에서도 그런 극단적인 처방을 하여 역적으로 몰아서는 안 된다는 입장 차이를 보이게 됩니다. 여기서 노론과 소론이라고 하는 서인들 중에서도 갈래가 생기게 되는 것입니다. 노론쪽은 나중에 영조를 지지하는 세력으로 결정되는 것이고 경종에게 충성을 하는 쪽이 소론입니다. 그런 상황이 숙종 말기의 상황이라고 얘기할 수 있습니다.

경종의 즉위와 세제 책봉

이 상황에서 숙종이 재위 46년 만인 1720년 6월 승하하자 결국 세자였던 경종(1688~1724)이 33살의 나이로 즉위를 하게 됩니다. 경종은 친어머니인 희빈이 사사된 뒤 소론 측의 보호를 받으며 성장하였습니다만 끊임없이 노론 측의 공격 대상이 됩니다.

경종은 세자 시절부터 특히 희빈 장씨가 죽은 이후부터 건강이 좋지 않았습니다. 자주 병을 앓아 왕실에 걱정이 끊이지 않았습니다. 숙종은 그러한 세자에 대해 '다병무자(多病無子)'하여 혹 왕통이 끊어지지 않을까 우려도 하였습니다.

숙종 43년(1717)의 경우 숙종은 몰래 노론계의 대신인 이이명(李頤命 ; 1658~1722)을 독대하여 세자 교체까지도 논하였다는 기록도 있습니다. 그리고 독대 직후 세자대리청정의 명이 내려지게 됩니다. 경종은 숙종 말년에 세자대리청정, 즉 임금인 숙종을 대신하여 정치를 논하는 경험을 하게 됩니다만, 여기에는 노론 측의 의도가 숨겨져 있었습니다. 즉, 세자가 국정 수행 능력이 없음을 부각시켜 세자를 이복동생인 연잉군으로 바꾸려는 저의가 있었다는 것입니다.

노론계에서는 경종의 즉위 후 경종을 보호한 소론의 득세가 더욱 커지면 자신들의 입지가 좁아지고 위태로워질 것으로 보았습니다. 그렇기 때문에 숙종이 재위 중 세자에게 왕위를 물려주는 선양을 행하고, 다음 경종을 즉위하도록 생각하였습니다. 그 다음에는 다병무자한 경종이 병을 이유로 동생인 연잉군을 세제로 책봉하여 후계로 삼은 뒤 왕위를 그에게 선양하여 마침내 영조의 즉위로 이어지는 방식이었습니다. 이는 조선 건국 초 태조－정종－태종으로 이어진 왕위 계승 방식과도 유사한 것이었습니다.

숙종의 선양이 이루어지지 않았기 때문에 경종의 대리청정으로 일단 방향을 잡았습니다만 세자는 노론계와 큰 트러블을 일으키지 않았습니다. 그것은 곧 노론 측에서 의도한 세자 교체의 명분이 없었다는 것을 뜻합니다. 그리고 숙종 승하 후 경종의 즉위가 있게 됩니다.

병약한 경종이 즉위하자 연잉군을 지지하는 노론 측에서는 경종의 후계자로 연잉군을 세워야 한다는 여론을 조장하였습니다. 경종이 서거하면 그 뒤를 누가 이을 것이냐 할 때 노론 측은 연잉군, 즉 영조가 삼종(三宗)의 유일한 혈맥이라는 점을 명분으로 삼았습니다. 삼종은 효종·현종·숙종을 말합니다. 즉, 효종·현종·숙종 임금의 유일한 혈손으로 남아 있는 사람이 영조라는 것입니다. 명분상으로는 유일한 혈손이 되는 것입니다.

영조 어진.

경종의 왕비는 세자빈으로 있다가 죽은 단의왕후(端懿王后) 심씨와 심씨가 죽은 후 세자빈으로 책봉되어 왕비가 되는 선의왕후(宣懿王后) 어씨(魚氏 ; 1705~1730)가 있습니다. 어씨는 14세 때 세자빈이 되었고 18세에 왕비로 책봉되었습니다. 경종이 33살의 나이로 즉위하였으니까 나이로만 본다면 두 사람은 아이를 가질 수 있는 왕성한 나이였다고 할 수 있습니다. 이런 상황에서 아이가 없을 것이라고 예단하는 것은 선부른 것이라고 하겠으나, 당시 조정에서는 경종은 아이를 낳을 수 없을 것으로 보는 게 일반적 시각이었던 듯합니다.

노론 측에서는 앞서 제시하였던 것처럼 영조에 대한 세제 책봉을 경종에게 요구합니다. 당시 영의정 김창집(金昌集)·이건명(李健命)·이이명(李頤命)·조태채(趙泰采) 등 노론 4대신은 숙종의 제2계비인 인원왕후(仁元王后) 김씨를 움직이게 됩니다. 인원왕후는 언찰로 하교하기를,

> 효종대왕(孝宗大王)의 혈맥(血脈)과 선대왕(先大王)의 골육(骨肉)은 단지 주상(主上)과 연잉군뿐이니, 어찌 다른 뜻이 있겠는가? 나의 뜻이 이와 같으니, 대신(大臣)에게 하교함이 마땅할 것이다.

라고 하였던 것입니다. 이 때가 경종 원년 8월 20일이었습니다. 이후 곧바로 연잉군을 저사(儲嗣), 즉 후계자인 세제로 삼는다는 전교가 내려지게 됩니다.

경종의 왕비 어씨의 입장은 어떠하였을까요? 윗대의 왕자들이 여럿 있으니까 그 왕자들 중에 대군·군의 자손을 법적인 아들로 입후하는

쪽을 택할 가능성이 높았습니다. 이럴 경우 영조는 이를테면 정치적인 핵심에서 퇴출될 수 있었습니다. 영조도 저 임금 자리는 내꺼다라고 확신하는 입장이 못 되었다는 것입니다. 영조는 노론과 협력하면서 자신의 처신을 노심초사한 것입니다.

이러한 분위기 속에서 노론 측은 세제대리청정에 대한 요구를 경종에게 계속 올렸고, 더 나아가서는 선양할 것을 무언 중에 암시하였습니다. 그렇지만 이것은 소론계의 반발을 가져오게 됩니다. 특히 경종 2년 노론 측 자제들의 역모 고변이 있게 되자 앞서 말한 노론 4대신을 비롯한 노론 인사들이 처형되거나 절도 등에 유배되었습니다. 이것이 '신임옥사(辛壬獄事)'로 불리는 사건입니다. 이로 인하여 노론 측은 큰 타격을 받게 되었습니다.

노론 천하와 탕평론

경종이 4년 만에 빈천하자 세제였던 영조의 즉위와 함께 노론이 집권하게 됩니다. 영조가 일단 즉위한 다음 노론은 조선왕조가 멸망할 때까지 정권을 완전히 장악합니다. 그렇지만 그 안에서도 왕실과 붕당의 정치 세력과의 싸움이 있는데 그런 것을 정리해 준 것이 탕평론입니다.

탕평론은 사실상 왕실 대 양반 사림의 정치 속에서 정치적인 논쟁, 정치의 힘겨루기 그리고 그 힘겨루기를 논리적으로 왕실이 정리하려는 역사적 내용을 얘기하는 것입니다. 구체적인 내용 사실을 일일이 얘기하기에는 지면이 모자라고 그 얘기를 하다가 보면 너무 우리나라에 있어서 조선 후기의 정치사가 단지 정쟁 그 자체만을 위한 정쟁 속에서 정치사가 움직였다는 잘못된 역사 인식을 줄 수도 있습니다.

여기서 우리가 주의해야 할 것은 당쟁이 정파 간의 정치적인 긴장 관계 속에서도 자기들의 대의명분을 논리적으로 지지하기 위한 상당한 학문적 토대라든가 이론 체계를 중시하였다는 점 그리고 그런 것이 성리학의 학문적 토대 위에서 전개되었다는 점을 유념해야 할 것입니다. 그리고 한걸음 더 나아가 최고의 결정권자인 왕실이 정파간의 정치적 쟁점을 어떻게 조정할 것인가를 위해 그 나름대로 상당한 노력을 하였다는 점을 이해해야 할 것입니다.

간단히 요약을 한다면 영조 즉위 후 조선왕조가 멸망할 때까지 정치적 대세는 노론이 장악하였지만 영조 재위 52년간, 정조 24년간의 재위를 통해서 노론 정권을 제약하는 하나의 논리로 처방된 것이 탕평론이라는 것입니다. 이 탕평론을 유지하기 위해 영조는 어떤 입장을 가졌느냐 하면 경연(經筵)이라는 제도적 장치를 십분 활용하였습니다.

경연이란 현재로 말하면 왕이 참석한 학술 세미나입니다. 왕이 직접 신하들과 함께 유교 경전을 읽고 토론하고 당시 현실적인 문제를 토론장에 제시하고 찬반 토론을 통해 문제를 해결하는 조선시대 초기부터 있던 제도입니다. 이는 고려시대에도 있었습니다. 유교 정치권 하에서는 왕이 참여한다는 명분을 통해 정치적인 얘기만이 아니라 유교 경전을 갖다 놓고 히니히니 읽는 것이었습니다. 공자는, 맹자는 이러이러한 얘기를 하였는데 그 얘기의 정의가 뭐고 어떻게 인식되었고 우리가 어떻게 소화하느냐 등의 논의를 하는 것입니다.

영조 대의 경우 경연에 참여한 횟수가 엄청나게 기록되어 있습니다. 영조는 경연을 통해 노론들의 논리를 비판하고 또 자신의 정치적인 주장을 피력하였습니다. 또한 경연에 참여할 수 있는 정객들을 어느 정도 배분하면서 국가의 공론을 인도하고 여론을 정비하는 방편으로 삼기도 하였습니다.

영조가 경연을 중심으로 왕실의 정치적인 입장을 유지하였다고 하면 정조는 경연보다는 규장각이라는 제도를 통해서 더 엄격한 학문적 정의를 하게 됩니다. 그래서 영조나 정조의 치세 아래에서는 숙종 연간처럼 많은 정치 사건이 있었으나 커다란 정치적 피해가 없었습니다. 물론 우리가 알다시피 영조 38년(1762) 사도세자가 뒤주에서 굶어죽게 된 사건이 있기는 하였습니다. 그런 왕실 안에서의 아픔이 상징하는 것은 정파 간의 대신들 싸움에서 왕실이 압도당하였다는 것을 말해줍니다. 그렇지만 그런 인내의 시간이 지나고 영조는 경연, 정조는 규장각을 통해 정치적으로 극한적인 대립을 수습하고 탕평책을 통해 붕당 간의 극한 정쟁을 타파하는 데 성공하였습니다.

영조·정조 대 왕실은 교정된 합리적인 처방을 통해 극한적인 명분론으로 대립된 문제를 협상하고 공존하려는 상황을 유도해 가고 있었습니다. 그러한 협상과 공존의 논리를 발견하였을 때 상층 구조만의 문제가 아니라 이를 통해 하부 구조, 즉 농민과 천민층의 문제에 이르기까지 배려가 있었다 하겠습니다.

18세기 붕당 간 갈등의 소강 상태는 이 시기의 사회 경제 문화 전반에 걸쳐 협상과 타협의 조정 상황이 있었다는 것을 말해줍니다. 즉, 역사적으로 보아서 이런 협상의 능력, 조절의 능력을 가능하게 한 역사 인식의 바탕, 문화 능력의 바탕이 있었다는 것입니다. 조선시대가 갖고 있는 지적 능력은 조선 지식인들과 왕실을 포함한 지식인들의 학문적 토대에서부터 연유한 것이 아니냐는 시사를 갖게 되는 것입니다.

11장 조선 후기 신분제 사회와 산업구조의 변화

신분 사회 변화의 스케치

조선 전기의 왕조가 생각하였던 또 그들이 이상적이라고 구상하였던 사회 편제 내지는 그 편제 속에서의 신분구도는 시간이 지남에 따라서 변화를 필연적으로 겪게 됩니다. 그 변화는 커다란 줄거리로 보아서 세계사의 흐름과 연결될 수 있는 그러한 형태로 변화·개편되고 있었다고 말할 수 있겠습니다. 그것은 말하자면, 점차 특권적 신분 그룹이 해체되고 이른바 현대사회에 있어서의 '사람 위에 사람 없다, 사람 아래 사람 없다'는 인간의 존엄성에 기초하는 인권 평등의 이해가 확대됨을 뜻합니다.

그러한 흐름과 연결될 수 있는 사회 내면에서의 변화가 조선 후기 사회에서도 외부적인 영향에 의해서가 아니라 우리 역사 자체에 의한 내적 힘에 의해서 점차 일어나고 있었습니다. 바로 이 점에 대한 이해는 조선 후기 사회 변화의 원동력, 즉 변화의 주체와도 관련되는 중요한 문제라고 생각됩니다.

조선 후기 사회에서는 양반이라는 특권적 신분층이 현상적으로는 상당히 증가하여 신분 구조가 가분수 형태가 되고 있었습니다. 원래 전근대 신분 구조는 삼각형 형태가 자연스러운데 역삼각형으로 되었다는 것입니다. 특권층이 증가한다는 것은 결국은 특권층의 희소가치가 없어지고 특권적 조치가 배제되어 간다는 것을 뜻합니다. 이렇게 될 때 양반층이 가지고 있었던 특권을 유지하려는 보수적인 계층과 양반 특권층으로 상승하려는 사람들 사이에서 일어나는 새로운 조정 기준을 세우려는 혼란이 조선 후기 사회 현상의 하나로 지적될 수 있는 것입니다.

조선 전기에 국가 기층의 구조를 담당하였던 양인들은 양난 이후 자신들의 입장·위상을 재조정하려는 움직임을 갖게 됩니다. 그 힘은 부의 축적에서 비롯되었습니다. 그들은 농업 생산력의 개선으로 얻어진 경제적 성과를 자신들의 사회 신분적 지위를 개선하는 데에 투자하였습니다. 그래서 양민들의 상당수가 경제 활동을 통해서 얻은 경제력으로 합법 혹은 불법을 동원하여 양반 신분층으로 상승하기에 이르렀습니다. 그 결과 양반이라는 특수 계층의 범위가 상대적으로 증가될 수밖에 없었습니다. 이는 결국 조선 전기에 구축된 기본적인 사회 틀에 대한 개편 요구로 이어지게 됩니다.

이러한 역사의 흐름이 자연스럽게 조정된 것만은 아닙니다. 조선 후기 사회는 현실적인 면에서 혼란이 있었으며 또는 정치적인 투쟁으로 사회 혼란이 심화되기도 하였습니다. 나아가 민중들의 항의, 당시 사회에서는 이른바 민란의 형태로 지배층에 대한 도전도 빈발하였습니다. 조선 후기 사회에서는 국가재정의 기본적인 체제가 개편되면서 일부는 조정되어지지만, 전체적으로는 여전히 커다란 갈등이 존재하고 민란의 형태로 노출되어 조선 사회는 사회 모순과 갈등이 심화되고 있었다 하겠습니다.

경제력과 신분 상승

사실 이러한 변화들은 사회구조 속에서 자연스레 이루어진 경향도 있지만 임진왜란 이후 본격적으로 정부가 필요에 의해 추진하기도 하였습니다. 그것이 바로 '납속책(納粟策)'이라는 것입니다. '납속수직(納贖受職)'이라는 제도입니다.

본래 납속책은 전란 및 기근 등으로 인한 국가의 재정적 위기 타개와 굶주린 백성 구제에 필요한 재정 확보를 위해 만들어진 것으로, 쌀이나 포 등 일정 액수의 금품을 받고 그 대가로 국가에서는 일시적인 특전, 즉 면천(免賤)이나 면역(免役), 관직 제수 등을 하는 제도를 말합니다.

특히 선조 26년(1593) 왜란을 겪으면서 재정 확보를 위해 대규모의 납속사목이 만들어진 바 있습니다. 이 때의 경우 납속자의 신분을 향리(鄕吏), 서얼(庶孼), 사족(士族) 무품자(無品者)와 유품자(有品者)로 구분하여 적게는 3석부터 많게는 100석에 이르는 납속액을 책정하고 그에 상응하는 특전을 정하였습니다. 여기서는 향리와 서얼, 사족 정도가 있지만 실제로는 노비나 양인들에 대한 납속도 있었으리라 여겨집니다.

이러한 납속책에 따라 만들어지는 문서로는 다음과 같은 것들이 있었습니다. 천인 즉 노비 신분을 양인으로 만드는 속량(贖良)을 위한 면천첩(免賤帖)과 군역 및 역역의 면제를 위한 면역첩(免役帖)과, 교생의 고강 면제를 위한 특전을 기록한 교생면강첩(校生免講帖), 향리역 면제의 특전을 기록한 면향첩(免鄕帖) 등이 있었는데 이것은 주로 신역(身役)과 관계된 것이었습니다.

이와는 달리 품계 및 관직, 그리고 서얼의 허통과 관련한 납속첩들도 있었습니다. 공명고신첩(空名告身帖)이 대표적이라 할 수 있는데, 이는 품계와 관직을 기록한 관리 임명서인 고신첩에 이를 받는 자의 이름 쓰는 난을 비워둔 것입니다. 그 지위에 따라 이름도 다릅니다. 훈도첩(訓導帖)·노직당상첩(老職堂上帖)·추증첩(追贈帖)·증통정첩(贈通政

帖)・가설실직첩(加設實職帖) 등이 여기에 속합니다. 서얼허통첩(庶櫱許通帖)은 신분제 변동의 대표적 사례라 할 수 있는데 이것은 서얼에게 과거와 벼슬에 나가는 것을 허용하는 납속첩이었습니다.

이러한 납속첩은 궁궐 및 산성의 축조, 기근 발생시 구휼곡 모집 등으로 인하여 계속 발행되었습니다. 그런데 실상 납속에 대한 특전이 명목상에 그치다 보니 그 가치는 계속 하락하게 됩니다. 말하자면 문자에 불과한 경우가 많았다는 것인데, 호적대장에 표시할 때 납속에 의해 동반 품계 중 정 3품 당상관인 통정대부(通政大夫)를 받게 될 때 통정대부라고만 한다면 더없이 좋겠지만 실제로는 '납속통정(納贖通政)'이라고 표시하였다는 것입니다. 그러니까 말 그대로 명예에 불과한 것이 된 것입니다. 물론 때로는 이것조차도 귀하게 여긴 때가 있었지만 납속첩의 발행이 늘어나면서 당연히 그 가치는 줄어들게 되었습니다. 그래서 관리들은 강제로 공명첩을 사도록 하여 책임량을 채우려는 경향도 생기게 되었습니다.

양반 사대부나 조정의 입장에서 본다면 아무리 어쩔 수 없는 것이라 하더라도 미천한 자에게까지 벼슬을 나누어주는 것은 사회질서를 어지럽게 만드는 부정한 것이었습니다. 반면 농민들 입장에서 본다면 그것은 국가의 기만책에 불과한 것이었습니다. 그렇기 때문에 그들은 이를 거부하기도 하였습니다. 따라서 조정의 입장에서는 기왕의 납속책의 성격을 바꿀 수밖에 없게 됩니다.

조선 후기 17, 8세기는 소빙기(小氷期)로 지구의 기온이 상당히 낮아지면서 가뭄 등이 극심하였습니다. 이로 인해 기근의 발생이 이어지자 이를 막기 위해 구휼곡을 풀어야 하였는데, 흉년이 거듭되자 그것이 바닥나게 됩니다. 특히 영조 7년(1731)부터는 공명첩을 7, 8천 장 발행하는 한편 그 동안 납속책으로 인한 불만 사항을 조정하여 실제 관직이나 통정・절충의 품계를 주는 통정・절충첩을 지급하고 역역을 면제해 주기도 하였습니다.

흥미로운 것은 납속첩을 이용하여 받은 지위 등을 실제 지위로 기재하는 경우도 생긴다는 것입니다. 원칙적으로는 불법이지만 담당 관리와의 결탁은 이를 가능하게 할 수 있습니다. 그래서 기록할 때 실제의 지위로 호적에 기재함으로써 그 후손이 최소한 군역을 지지 않는 신분으로 바뀔 수가 있었다는 것입니다.

이것이 말해주는 것은, 표면상으로는 신분의 혼란을 읽을 수 있게 합니다. 하지만 그 내면에서 읽을 수 있는 것은 납속할 수 있는 부의 소유층이 사회 내부에서 성장하고 있다는 사실입니다. 어쨌든 이러한 과정이 되풀이되면 양반층의 증가가 몰락의 속도보다 훨씬 높아져 양반층이 늘어날 수 있다는 것을 쉽게 짐작하게 됩니다.

양반층 증가의 의미

조선왕조는 국가를 운영하는 데 있어서 신분제에 기초한 틀을 기본 구조로 삼았습니다. 크게는 양인과 천인으로 대별되는 양천제(良賤制)이고, 또는 좀 더 구체적으로 나누기도 하였습니다. 즉, 양반·중인·민·천민으로 나누는 4신분제가 그것입니다. 현재는 보통 조선왕조의 신분구조를 4신분에 입각하여 보려는 시각이 일반적입니다. 물론 이외에 사회에서의 산업적 역할에 따라 사·농·공·상으로 나누기도 합니다.

대략 우리는 어느 사회든 간에 신분구조를 피라밋 구조 혹은 종형 구조가 안정된 것으로 봅니다. 종형 구조에서 가장 많은 신분층은 역시 일반 민이 될 것입니다. 그렇더라도 일반적으로 본다면 가장 상층의 지배층 즉 조선의 경우는 양반 지배층으로 설정할 수 있는 신분층의 숫자가 지나치게 많거나 적어서는 곤란합니다. 대강의 비율로 본다면 5% 이내여야 한다는 것이 일반적입니다.

중세적 신분구조가 유지되기 위해서는 특권적 지위가 보호되는 신분 계층은 소수이고 생산 활동을 하는 저변층이 다수가 되어야 중세적 생산성을 토대로 안정적 사회구조로 이어지게 됩니다. 상부 계층이 많으면 사회 불안을 초래하게 되고 결국은 사회체제가 무너진다는 얘기가 됩니다. 조선 후기가 되면 이런 중세적 신분제의 기본 정형이 무너지고 있다는 그런 얘기입니다.

조선 후기 사회의 신분상을 호적대장을 가지고 분석하면 두 가지 상반된 역사 해석이 가능해집니다.

일본 학자의 경우 호적대장의 분석 결과를 조선 후기가 되면 양반 신분이 급격하게 증가하고 담세층인 양인층이 급격하게 감소하여 결국은 조선 후기 사회가 붕괴되는 위기를 직면하게 된다는 것으로 이해하고 있습니다.

이러한 사회신분 구성의 변화는 중세사회의 균형이라고 하는 측면에서 본다면 안정된 피라미드형의 사회가 아니라 저변이 좁아지고 머리가 무거운 가분수 사회체제가 되어 사회 붕괴의 위험성이 커지게 된다는 것입니다. 그것은 바로 무엇을 의미하느냐 하면 그 사회체제가 조만간에 무너지게 된다는 것을 의미합니다. 이 상황에서 체제 붕괴의 측면을 강조한 것이 일본인 학자들의 견해였습니다. 이를테면 조선왕조가 주권을 상실하고 식민지가 되는 내적 요인이 우리 역사 자체에 있다는 견해를 제시하게 되었던 것입니다.

같은 현상에 대한 상반된 분석을 봅시다. 신분층의 변동은 조선 후기 사회구조의 재편과 함께 이에 따른 세제의 개편을 가져왔고, 결국 그것은 새 사회의 구조와 질서 편제를 모색하는 과정을 수반하였다고 이해하는 것입니다. 중간층인 양인이 대거 양반층으로 상승되고 있는데 여기에는 그들의 능동적인 또는 긍정적인 사회·경제 활동이 주요 요인이었다는 것입니다. 전체 신분층이 상층 신분으로 이동하면서 변화를 촉진하였다는 그 자체를 보아 그 역사의 변화를 긍정적으로 이해하여야 한다는 것입니다.

이러한 변화의 내용과 그 의미를 살펴보도록 하겠습니다.

홍길동 같은 사람들의 희망

조선 사회는 유교 사회입니다. 유교 사회에서는 정통과 의리 명분을 절대적 가치로 여깁니다. 그것은 가족 내에서의 부부관계에서도 적용되어 일부일처제를 적법한 혼인으로 인정하였고 가장 정당한 것으로 여겼습니다. 그것은 당연히 소생 자녀의 혈통과 신분으로도 이어지게 되었습니다. 이른바 적처 소생의 자손이 '적통(嫡統)'이라는 것입니다.

유교 사회의 논리와 명분이라는 측면은 이렇게 되어 있지만 인간사회가 갖는 속성은 때때로 정연한 질서 체계에서 일탈합니다. 즉, 그러한 논리의 장벽을 넘어서는 사실혼이 있었다는 얘기입니다. 조선 사회에서는 혼외정사가 일반화되어 있었습니다. 그게 인간사회의 하나의 속성인데, 현실적으로 많이 공인되고 있었습니다. 그래서 첩이 일반화되어 있었다고 보는 것입니다.

양반 가문의 경우는 더군다나 일처만이 아니라 여러 명의 첩과 공생하는 생활이 현실적으로 있었습니다. 첩들은 대개 양인 또는 천인이었습니다. 사대부가의 여자는 첩으로 맞을 수 없었습니다. 어쨌든 부부의 연이 이어지면 자녀가 탄생하게 됩니다. 이로 인해 아버지는 양반이지만 어머니가 양인 또는 천인인 경우 그 사이의 소생 자녀와 적처 소생 자녀의 지위 설정, 그리고 가족의 울타리 밖에서의 신분이 문제가 됩니다. 이른바 차별 대우를 받게 된다는 것입니다.

첩 소생 자녀는 대개 서얼(庶孼), 서자(庶子), 첩자(妾子), 얼자(孼子), 서손(庶孫) 등으로 불리게 되며 과거 응시나 관직 승진 등에 제한을 받았습니다. 그런데 주목할 것은 이러한 서자들의 수가 소수에 불과하다면 사회적으로 큰 문제가 되지 않지만 그 인구가 늘어나고 또 그들의 능력이 인정받았을 때 서얼차대(庶孼差待)는 사회문제가 될 수 있습니다. 조선 후기에는 정부 차원에서 인식의 전환과 사회제도의 변화를 추진하게 되었습니다. 이렇게 해서 통청운동(通淸運動)■이 일어납니다.

■통청운동 홍문관이나 사헌부 등의 청직(淸職) 인사 후보에 서얼이 오르거나 청직에 임명되도록 해 달라는 것.

그렇다면 실제 서얼의 인구가 얼마나 늘었는가를 살펴볼 필요가 있습니다.

이를 살펴보기 위한 기초 자료로 호적(戶籍)과 족보가 있습니다. 신분사를 연구하는 데는 호적과 족보를 같이 이용해야 합니다. 이 두 자료를 가지고 신분의 변동 사항을 연구할 수 있습니다. 둘 다 장기간에 걸친 기록과 그 변화를 상세하게 보여주고 있다는 점에서 필요합니다. 국가의 필요에 의해 인민의 동태를 파악하고 자료를 정리한 호적과 각 문중이 만든 족보 두 자료가 조선 후기의 사회 현상에 대한 접근을 가능하게 하는 기초적인 자료라는 것입니다.

여기서 우리가 주목하는 것은 서얼, 서자의 존재입니다. 족보를 보면 적·서를 분명하게 가렸습니다. 그래서 족보를 통해서 적서의 숫자를 통계 처리할 정도로 기록이 분명하였다는 것이 연구에 의해서 밝혀지는데, 한 예를 든다면 한훤당(寒暄堂) 김굉필(金宏弼 ; 1454~1504)의 자손들 중에서 16세기 전기에는 적자가 4명이고, 서손은 없습니다. 17세기 후반에는 적자가 61명, 서손이 62명 이렇게 되어 있습니다. 그러다가 18세기에 가면 적손이 74, 서손이 101, 18세기 중기 즉 김굉필로부터 9대손에 이르는 18세기 중기에 이르면 적손이 77, 서손이 134, 18세기 후기, 10대손에 이르면 적손이 115, 서손이 150에 이르게 됩니다. 이렇게 서손의 숫자가 늘어나고 있습니다.

김굉필 집안만이 그런 것이 아니었습니다. 일반적으로 이런 현상이 일어났다는 것을 몇 성씨들의 통계를 보면 금방 알 수가 있습니다. 그래서 다른 성씨의 경우에도 그렇고 특히 왕실, 대군과 왕자군의 적자, 서손수를 비교해 보는 것에서도 이렇게 나타나고 있습니다. 왕자대군의 경우에는 45 대 55, 거의 1 대 1의 비율이었는데, 5대손으로 내려가면 19 대 81이 됩니다. 1 대 4로, 서손이 늘어난다는 얘기입니다.

이처럼 조선 후기 사회에 오면 양반 가문의 서손이 수적으로 팽창한다는 얘기입니다. 수가 많아진다는 현실은 어떤 문제를 제기하느냐 하면 그들의 불만을 토로하고 지위를 바꾸어 달라는 요구가 가능해진다는 것입니다. 서얼허통(庶孽許通)을 통해 서얼도 중인 잡직만이 아닌 이조나 병조, 사헌부, 홍문관 등 이른바 신분상 하자가 없고 학문과 덕망이 있는 사람들만이 들어갈 수 있도록 하였던 청요직(淸要職)에 임명될 수 있도록 서얼에 대한 제한을 풀어달라는 얘기입니다. 현대사회에 오면 점차 남성 위주 사회의 편파성에 대해서 여성들이 사회 활동 진출 과정에서 겪는 여러 가지 불리한 조건이 여성들에 의해서 제기되고 개선되는 것처럼, 조선 후기 사회에서는 서얼들의 요구에 의해 개혁되기 시작하였습니다.

실제로 18세기 영·정조시대에 가면 국가적인 측면에서는 서얼을 법적으로 제약하는 규제를 해제하는 쪽으로 입법 조치를 하고 있습니다. 조선 초기의 ≪경국대전≫ 당시에는 신분제를 유지하기 위하여 한품(限品) 얘기를 하는데, 서얼이면 정 3품 고위직에는 올라가지 못한다는 제약을 하고 있었습니다. 그러나 그러한 한품의 제약이 법적으로 철폐됩니다. 또 이른바 청요직에는 서얼을 임명할 수 없다는 것이 있었는데, 이것도 국가적인 차원에서는 극복되고 있습니다.

조선 후기 농법의 변화

지금 우리 산업사회 속에서 농업은 그 비중이 덜하지만 얼마 전까지만 해도 우리나라 산업에서 국민 70%

이상이 농민이었다는 사실을 기억해야 됩니다. 더 나아가서는 전근대 동양 사회나 유럽 사회에서도 농업을 기간산업으로 하였고 농업 문제가 역사의 아주 중요한 변수였다는 것을 전제할 필요가 있습니다. 생계 해결과 사회 안정이라는 측면에서 볼 때 농민 스스로뿐만 아니라 국가적으로도 관심을 가지지 않을 수 없었던 것입니다.

이러한 농업이 조선 후기 사회의 중요한 변화 요인으로 지적되어 왔습니다. 한마디로 요약하자면 농법 개발과 경영 효율성 상승, 작물의 다양화로 농업 생산력의 향상이 그 밑바탕에 있었다고 하는 것입니다. 실제로 이러한 농업상의 변화 중 먼저 농법 개발이라는 측면에 대해 주목해 보겠습니다.

새로운 농사법의 개발을 통해서 농작물을 교대로 심는 윤작의 작부 체계도 활발해져 이를 활용하는 파종 방법이 생겼습니다. 이는 생산량을 늘려야 한다는 절대적 필요에 의해 얻어진 방법이라고 봅니다. 윤작의 작부 체계와 관련한 예를 들어 보겠습니다. 보리는 여름에 추수를 하고 파종은 늦겨울이나 이른 봄에 합니다. 그러면 여름과 겨울 사이 전답은 쉬게 되는데 이 때 바로 겨울이 오기 전에 수확할 수 있는 다른 작물을 재배하는 것입니다. 이렇게 하면 밭 자체에 이모작 현상이 있게 됩니다. 이 때문에 이모작을 하는 밭농사의 경우 경제성 면에서 논보다는 우수한 것으로 치는 곳도 많습니다.

이런 형태의 작부법에 대해 구체적으로 얘기를 하면 봄에 오이나 감자를 심고 여름에 오이 수확이나 감자를 캔 다음에는 가을에 추수하는 무나 배추 등 채소를 심는 겁니다. 그루갈이〔根種〕라는 용어가 바로 그러한 농업 관행을 말해주고 있습니다. 그래서 여러 가지 잡곡이 섞여서 이모작이 되는 경우가 있습니다. 콩, 조, 기장, 녹두 등 그런 밭작물의 다양화 등이 있다고 볼 수가 있습니다.

그루갈이 등의 작부 체계가 성공적으로 이루어지기 위해서는 몇 가지 전제 조건이 필요합니다. 첫 번째는 토양의 비옥도 유지입니다. 즉 하나의 지목에 작물을 바꾸어가며 계속해서 재배할 경우 급속도로 지력이 떨어집니다. 자연적으로 회복되기 위해서는 시간이 많이 걸립니다. 회복 시간을 단축하면서도 생산량을 늘리거나 유지할 수 있다면 더할 나위 없이 좋을 것이라는 점은 누구나 생각하는 바입니다. 바로 이 때문에 거름이 필요한 것입니다. 당시에는 화학비료가 없었으니까 대체로 마구간이나 외양간 등에서 나오는 분뇨와 짚, 풀 등을 섞거나 혹은 짚 등을 태운 재 등이 사용되었습니다. 1655년 신속(申洬)의 ≪농가집성(農家集成)≫ 종대소맥조(種大小麥條)에 기록된 "작은 이랑을 조밀하게 짓고 이랑 사이(골)에 인분과 재를 섞어 사용한 다음, 종자를 뿌리고 잘 썩은 거름을 그 위에 뿌리며 알맞게 복토(覆土)한다."라고 한 대목은 이를 말해줍니다. 여기에다 앞에서 설명한 바 있듯이 녹두 등을 심어 갈아엎는 녹비(綠肥) 등을 쓰기도 하였습니다.

두 번째는 노동력의 집중입니다. 작물은 밭갈기, 파종 시기나 김매기, 수확 등 때가 있는데 그 때를 놓치면 수확이 줄어듭니다. 그렇기 때문에 그 시기마다 집중적인 노동력의 투하가 필요합니다. 옛날에는 이를 '역전(力田)'이라 불렀습니다. 국가적 차원에서는 농사의 때인 농시(農時)를 빼앗지 않도록 농사철에는 많은 주의를 기울였고 특히 지방관인 수령은 반드시 이를 명심해야 하였습니다. 땅이 아무리 비옥해도, 종자가 아무리 좋아도 제때에 농부의 힘이 닿지 않으면 수확은 기대하기 힘들기 때문입니다. 특히 김매기의 경우 농부가 힘써 하는 일은 오로지 호미질에 달렸다고 하는 옛 조상들의 말은 이를 염두에 둔 것이라 하겠습니다.

세 번째는 윤작 농업이 성행하면서 파종법에 있어 변화를 가미하여 지력의 유지와 김매기, 다수확에 효과를 보았다는 점입니다. 농지의 관리가 거름주기, 밭갈이와 고르기, 고랑과 이랑 만들기 및 파종, 김매기 등으로 이루어질 때 보다 효율성을 얻기 위해 농민들은 고랑과 이랑의 파종에 대해서도 관심을 기울입니다. 밭의 경우 갈이와 고르기가 끝나면 대개 고랑과 이랑을 만듭니다. 대체로 우리나라에서는 지나친 습기의 방지, 집중호우 등으로 인한 피해 방지를 위해 이랑을 높이고 그 위에다 파종하는 '농종법(壟種法)'을 택해왔습니다. 농종법의 경우 주로 콩이나 옥수수, 수수 등 여름작물을 재배하는 데 많이 쓰였습니다. 조선 전기의 경우에는 보리 등의 겨울작물의 경우에도 농종법을 택하였던 것으로 알려져 있습니다.

그런데 17, 8세기가 되면서 여름작물은 농종법을 택하더라도, 보온과 보습이 필요한 보리와 밀 등 겨울작물은 이랑과 이랑 사이의 골에 파종하는 '견종법(畎種法)'을 택하게 됩니다. 이러한 파종법은 밭보리에 적용되었는데 논보리의 경우에는 농종법과 견종법을 절충한 방식이 고안되었습니다. 이랑 위에 다시 작은 이랑을 만들어 견종법을 쓰는 식이었습니다. 결과적으로 견종법은 작부 체계 상에도 도움을 주었지만 결정적인 것은 수확량이 늘려 주었으므로 그 경제성 때문에 농부들이 이러한 방법을 택하였던 것입니다.

넷째, 수리 시설과 이앙법입니다. 논에 있어서는 물 관리가 가장 중요합니다. 수리 문제에 어떻게 생각하고 이를 논농사와 연관시켜려 하였는가입니다. 크게 영 · 정조 시대를 중점적으로 볼 수가 있습니다. 특히 정조 연간을 보면 농업 문제 전반을 파악하려는 왕의 정치적 노력의 일단인 구언교(求言教)에 대응하여 지방 거주의 수령이나 향촌 지식인들은 자신의 개혁안을 왕의 질문에 화답하는 형식을 통해 상당히 긍정적인 얘기를 하고 있습니다.

혹자는 봄가뭄이 있을 경우의 위험성 때문에 아예 이앙법을 금지할 것을 청하였습니다. 그러나 한편에서는 현실적으로 확산되어 가는 이앙법의 금령을 완화시키고 이앙법의 보급을 시행하면서 저수지(貯水池)나보(洑) 등 개천을 막아 관개에 이용하자는 안을 내놓고 있습니다. 제언(堤堰)이라 하는 것은 보다 큰 저수지를 말합니다. 보라는 것은 개천을 막아 수로를 만들어 아래에 위치한 논밭에 물을 관개하는 것입니다. 개천을 막아서 일단 물을 흘러 내려가지 못하게 막았다가 서서히 상류로부터 물을 배수하는 작업입니다. 현종 대 이래로는 제언사(堤堰司)라는 관청을 다시 만들어 관리하도록 하기도 하였습니다.

이처럼 제언의 문제, 저수지의 문제가 자주 얘기되고 있다는 것은 벼농사의 이앙법 보급 문제에 관심을 두고 있다는 것을 말합니다. 수도작 즉 벼농사의 경작은 대개 이앙법의 보급을 통해서 이루어지는데 이것이 결국은 수리 문제와 밀접한 관계를 가지고 있고 이앙법의 보급은 수리에 관한 이론, 기술을 자극하고 있었다 이렇게 보게 됩니다.

마지막으로 작물의 종류에 있어서의 변화입니다. 그 변화는 자급자족을 위한 것이 아니라 시장을 위한 농업 생산 노력을 반영하는 것이었습니다. 우리는 지금 수출을 통해서 국제시장에서 경쟁하면서 살고 있습니다. 가장 대표적인 품목이 자동차 또는 전자제품이라는 것은 다 아는 현실입니다. 바로 이러한 시장을 위한 상품 생산으로 토지에서 생산하는 작물이 선정된다는 것을 주목하는 것입니다.

예를 들면, 인삼과 같은 약초를 재배한다든가 하는 것입니다. 그 대표적인 것이 담배입니다. 담배, 연초, 남초라고도 합니다. 인조 대의 실록 기사를 보면 손님을 대할 때 차나 술을 내지 않고 담배로 대신하여 이를 '연다(煙茶)' 혹은 '연주(煙酒)'라고 부르기도 하였으며, 유해무익함을 알아 끊으려 해도 끊지 못한다는 고민의 실토까지도 나오고 있습니다. 후반기로 가면 도시근교 농업으로서 채소, 채소 중에는 배추, 무도 있지만 충청지방으로 가면 생강, 마늘 농사가 많이 있습니다. 이들 작물이 식량 생산과 함께 농가 소득을 올리고 부를 축적하는 바탕이 되었습니다.

경영형 부농 출현

경제 활동의 기본 요소가 자본이란 것은 다 아는 사실입니다. 자본, 노동 이런 것들이 필수적인 요건이 되지만, 기본적으로 이윤 창출에 상당한 효율을 올리는 것이 무엇입니까? 경영입니다. 전체적인 조직, 자본과 기술 그리고 노동, 이런 문제를 어떻게 조화시키느냐 하는 것이 경영의 문제인데, 조선 후기에는 농업경영 면에서 이전의 농민과는 다른 형태의 농민이 있었다는 것입니다.

원래 전통적인 농업 사회에서는 토지를 토대로 해서 농민의 노동을 투입해 농업경영을 하는 것이 일반적인 농업경영 형태입니다. 그것을 지주제(地主制) 경영이라고 합니다. 조선 중기 이후 일반적으로 나타나는 것이 바로 이 지주제 경영 형태입니다. 농민들이 자신의 소유 토지를 가족노동 혹은 노비노동을 동원하여 농업 생산 활동을 하는 자영농 형태의 경영이 일반적 형태라 하겠습니다. 대개 양반들은 타인에게 경작을 의뢰하는 지주제 경영을 하게 됩니다.

지주의 가장 대표적인 예가 왕실 지주입니다. 왕실에서는 왕자와 공주의 생활을 유지하기 위해 궁방전(宮房田)을 마련하여 운영하였습니다. 왕실에서 왕자나 공주를 출산하게 되면 궁방을 설정하고 농지(農地)가 절수(折受)됩니다. 그리고 그 농지에서 얻는 수익은 왕자와 공주의 재산이 되고 그들의 생활 용도가 되었습니다. 그 다음 양반 지주가 큰 지주입니다. 그런 것이 일반적인 지주이고 이러한 형태의 지주 경영을 토대로 부를 소유하는 것을 지주형 부농이라고 하겠습니다.

그런데 조선 후기가 되면 앞에서 얘기한 대로 여러 가지 농업 기술상의 변화가 일면서 농업경영상의 변화도 수반되었다는 것입니다. 그 변화라는 것이 사회 전체의 구조 변화, 도시의 발생, 새로운 농작물이 생산되는 변화 위에서 새로운 유통조직을 이용, 이윤을 추구하는 농업경영이 대두되었다는 얘기입니다. 경영형 부농은 바로 이 시기에 대두된 농민을 두고 말하는 것입니다. 그러니까 농민들이 시장에 내다 팔기 위해서 생산 활동을 하기 시작하였다는 것입니다. 농업 생산성이 높아지게 되자 잉여 생산물들이 유통경제망을 통해서 시장으로 상품화되는 겁니다. 이런 상황 속에서 경영형 부농의 농민들이 대두하여 농업경영에 새로운 바람을 일으켰습니다. 다시 말하면 노동력도 사고 또 생산품을 시장에 내다파는 상업적인 농업이 이루어졌다는 얘기입니다.

경영형 부농이라고 여기서 설정하고 있는 농민은 농민 당사자가 직접 농사에 종사하는 것입니다. 그러나 경영 규모가 커질 경우나 소유 토지가 적을 때에는 농토를 임대하여 농장을 경영하는 형태로 나타나고 있습니다. 자력만이 아니라 임금노동자〔雇農〕들을 계약 관계에 의해서 확보하고 있습니다. 경영형 부농의 경우에는 임금노동을 기본으로 하였다는 것이 요점이 되겠습니다. 돈을 주고 노동력을 사왔다는 것입니다. 합리적 경영으로 토지의 부족과 노동력의 부족을 메우고 부를 축적하는 것을 주목하는 것입니다.

당시의 농업은 앞서 얘기하였지만 시장을 상대로 한 농업경영이었습니다. 올 가을에는 배추가 비쌀 것이라는 시장 흐름을 예측해서 배추 재배에 투자하기도 하였습니다. 상품 작물을 재배함으로써 부를 축적하였다는 것입니다. 노동력에 있어서 되도록이면 저임금을 실현하기도 하고 그런 것이 결국은 경영형 부농에서 찾을 수 있는 하나의 형태일 수가 있다는 것입니다. 경영을 통해서 부를 축적한 사람이 결국은 그 부를 통해 교육에 투자, 새로운 지식을 갖게 되고 양반들이 점유하고 있는 지식을 공유하게 되는 것입니다. 경제 분야를 넘어서 의식의 확대로 변화가 일어나게 되는 것입니다.

조선 후기 사회를 퇴영의 시기가 아니라 시대 전환의 아픔을 치르며 발전을 위한 진통의 시기라는 인식을 갖고 있습니다. 그 중심에 서 있는 실체가 경영형 부농입니다. 역사 해석에서 경영형 부농은 가설적으로 설정해 놓은 개념입니다. 경영형 부농은 어떤 실제의 농민을 놓고 얘기하는 것이 아니기 때문에 경영형 부농은 문제가 있다는 비판적인 지적을 받고 있습니다.

그러나 양안(量案)에 대한 연구라는 일련의 작업 속에서 농촌, 농민의 사회 경제 변화를 당시의 농민과 지식인들이 함께 성취하고 있었다고 지적된 바 있습니다. 변화를 이끌어가는 구체적인 실존의 인물에 대한 사례로서 설명한 것은 아니지만 사회의 변화 속에서 중심적인 역할을 한 핵심적인 당사자들을 '경영형 부농'이라 부르고, 이런 경영형 부농에 의해서 의도적으로 이끌어진 변화를 조선 후기의 긍정적인 변화의 실체라고 이해하는 것입니다.

사회의식, 부조리에 대한 사회정의 문제, 양반 지배층에 대한 불만 등이 비판 의식으로 확산되면서 19세기에 들어가면 중앙정부의 권위는 무너지고 민란이 일어납니다. 1811년(순조 11)에 홍경래의 난이 일어나지 않습니까? 말은 서북인들을 차별해서라지만 이전에도 차별은 있었습니다. 오히려 조선 후기가 되면 지방색을 철폐하려는 노력이 있었습니다. 그럼에도 불구하고 지역 차별을 불만으로 하여 서북 지방이 거점이 되어 저항한 것은 사회 비판 의식을 향유하게 되었다는 것을 반증한 것으로 볼 수 있다 하겠습니다. 이것은 경제적 능력의 향상과 더불어서 구체적인 사회의식의 각성이라고 보아야 되겠습니다.

양안과 그 연구 가치

전정(田政)에 대한 이해를 위해서는 토지대장으로 알려진 양안을 이해해야 합니다. 농지의 실태를 파악하여 20년마다 양전(量田)하도록 《경국대전》은 규정하고 있었습니다. 이렇게 마련된 양안에 대한 연구를 통해, 전정 처리를 중심으로 해서 실제 조선 후기 농민들이 어떠한 상황에 처하였고, 농민들이 그 상황에 어떻게 대응하여 자신들의 생활을 유지하였었는가가 밝혀질 수가 있었습니다.

양안 연구를 중심으로 해서 실제 조선 후기 농촌의 농민 실태를 접해보겠습니다. 이를 위해서는 양안에 대한 기본적인 이해가 필요합니다. 이를 간략히 다시 한번 정리하겠습니다.

양안은 어떻게 만들어지고 정리되었을까요? 대개 우리 관공서 문서에 기록되는 일련번호 방식을 생각하면 됩니다. 책의 경우도 시리즈물이면 1권, 2권 또는 상·중·하 등으로 중간의 결본을 막기 위해 일련번호를 매깁니다. 그러면 조선시대의 문서는 무엇으로 일련번호를 매겼다고 봅니까? 천자문 책에서 나오는 글자의 순서에 따르는, 즉 천(天)으로부터 시작하여 끝 글자인 야(也)의 천 번까지 번호를 매긴 겁니다. 6권까지면 천지춘하추동, 4권은 춘하추동, 2권은 건곤 등 책 권수의 양에 따라 번호를 명명하여 중간에 문서가 결번되면 바로 아는 것입니다. 양안에서는 이를 지번(地番)이라고 합니다. 지번은 매 건마다 무조건 매기는 것이 아니라, 5결을 단위로 하여 천자문으로 매겼습니다. 예컨대 5결마다 천자전(天字田), 지자전(地字田) 등으로 해당한 글자가 차지하는 범위 안에서 포괄하는 토지 전답의 넓이는 5결로 하고 있습니다. 그리고 양안에는 토지의 모양새가 다 적혀 있습니다. 또 사변(동서남북)에는 누구의 땅과 접하였느냐, 토지의 등급이나 넓이, 토지의 주인, 경작자 등이 기록되어 있습니다. 이렇게 해서 토지 경영의 실상에 대한 서술이 토지대장 즉 양안에 있게 된 것입니다.

현대의 경우에도 이러한 방식과 비슷하게 토지대장에는 측량을 통한 토지의 실상이 적혀 있습니다. 한 지점이 기점이 되어 토지의 형상, 토지의 넓이 등이 토지대장에 적혀 있습니다.

이처럼 전근대의 토지대장인 양안에 경작의 모든 정보가 근거로 남아 있다는 겁니다. 해당 토지가 대지냐 논이냐 산판이냐 밭이냐, 몇

년 전에는 논이었는데 홍수 때문에 개천이 된 것이냐 등 그 형질과 토지의 경작 여부 등이 기록되어 있습니다. 이러한 이유 때문에 양안은 농촌 사회의 실상을 그대로 우리에게 전해주는 귀중한 자료로 평가되는 것입니다.

양안은 법적으로는 20년마다 양전이 시행되고 그에 따라 새로이 3부가 작성됩니다. 하나는 호조, 하나는 본도, 하나는 본군에 각각 보관되어 각종 부세의 기본 자료로 이용되고 있었습니다. 농업을 주 산업으로 하는 조선 정부의 재정의 중요한 근원인 전세의 자료가 된 것입니다.

조선 후기가 되면 토지에 대한 생산성, 경제의 생산성이 상당히 높아지고 있기 때문에 모든 부세의 대상이 대부분 토지로 집결됩니다. 원래 전근대사회에서 국가 경제의 기반은 조·용·조로 분별되어 하나는 토지이고 또 하나는 인력 즉 노동력을 대상으로 하여 국가가 징발하는 형태이고 또 하나는 정부가 필요로 하는 완제품 형태의 제품을 직접 국가가 수취하는 원칙으로 되어 있었습니다. 경제가 발달하면서 점차 부세의 비중이 토지로 집중되고 또 전세(田稅)로 부과된 쌀과 콩 등은 더 나아가 화폐를 이용하는 금납화 쪽으로 움직여 갔습니다.

양안을 통해 조선 후기 사회의 실상을 접근해 본다는 것은 연구의 의미 및 조선 후기의 발전추세를 파악하는 데도 공감되는 부분이 상당히 많습니다. 그러한 양안의 문제는 우리나라 역사 발전의 흐름에서도 상당히 의미가 있습니다. 역사 연구에 있어서 자료의 등급을 가지고 연구의 질적 수준을 평가하려 할 때, 그 자료를 1차, 2차, 3차 등으로 구분하게 됩니다. 1등급 자료라 함은 당해 시대 당사자들에 의해 만들어진 1차적 자료입니다. 일기라든가, 토지의 실정을 조사한 자료라든가, 지금 얘기되고 있는 양안 등이 1등급 자료입니다. 2등급은 그 자료를 가지고 한번 정리해 놓은 것입니다. 신문기사는 1차 자료일 수도 있지만, 기자·신문사에 의해 한번 걸러진 것이기 때문에 2차 자료로 평가되는 수가 있습니다. 그러나 1차 자료가 없는 상황에서는 1차 자료가 될 수 있습니다. 그러나 3차 자료는, 1차 자료를 가지고 연구한 결과에 대한 자료, 말하자면 ≪삼국사기≫와 같은 것이 3차 자료입니다. 그러나 삼국시대 자료가 전혀 없는 상황에서는 그 역사적 자료를 평가하는 데 있어서 자료에 대한 평가의 절대적 기준에서는 ≪삼국사기≫가 3차 자료라 할 수 있지만 현재 우리의 입장에서는 ≪삼국사기≫는 1차 자료이자 1등급 자료입니다.

우리가 여기서 말하는 조선 후기 양안이라는 것은 말하자면 따끈따끈한 1차 자료이면서 1등급 자료입니다. 1차 자료라는 것은 그만큼 진실되고 신뢰가 있다는 것입니다. 충청도, 경상도, 전라도의 양안 즉 조선시대의 삼남 지방 — 농업경제의 주 대상 지역 — 이자 조선 경제의 주 근거지가 되는 곳의 양안을 대상으로 지역의 대표적 샘플로 하여 조선 후기 농가경제의 변동을 주목하였던 것입니다.

많은 정보를 담고 있는 양안 연구는 조선 후기 농촌의 실태를 직접 조명하는 수단이라고 이해되는 것입니다. 그러나 앞서 얘기하였듯이 많은 사람들이 토지 경영에 참여하게 되고 토지 경영과정에서 발생하는 여러 가지 특수한 상황과 세세한 상황의 변동이나 그 내용을 토지대장만 갖고 연구한다는 것은 거의 불가능하다고 하겠습니다. 양안 연구는 동시에 호적 자료와 연대기 자료, 문집 등 사회사 자료를 참고하면서 역사의 재구성을 통해서 이 시대의 농촌 농민의 상황을 재구성, 분석하고 그런 토대 위에 조선 후기 농촌에 접근해 갔던 것입니다.

김용섭 선생의 양안 연구를 통한 조선 후기 농업경제 상의 핵심 내용을 인용하면 다음과 같습니다.

> 양안을 통해서 본 농가경제에 관해서 단적으로 그 특징을 든다면 그것은 이 시기에는 양도(糧道)조차도 부족한 영세농으로서 충만되어

있다는 사실이고, 봉건적 사회질서 내부에서 그것이 동요되지 않을 수 없는 경제적 토대가 마련되어 가고 있었다는 사실이다. 조선 중기 이후에 연달아 단행된 개혁 과정이나 사회정책도 이와 같은 특징을 지닌 여러 농민층에 대한 대농정책의 모색인 것이었으며, 말기에 드러나는 몰락 과정의 여러 현상도 이와 같은 특징과 관련함으로써 보다 정확하게 이해되는 것으로 생각한다.

이러한 농촌경제의 실정 속에서 이제 끝으로 우리의 관심을 자아내는 것은 광범하게 존재하는 이들 영세농민들이 어떻게 생계를 이어 갔을까 하는 문제다. 이들은 그 빈약한 소유농지나 소득에서도 보았듯이, 그 생계를 자작 농토에만 의존할 수는 없었다. 그들은 어떠한 방법으로든지 새로운 활로를 타개하지 않으면 안 되었다. 그 방법은 다기하였다. 우선 그들은 소득의 증가를 위해서 농법의 개량에 힘쓰고 시장성을 띤 고가의 농산물을 재배하기도 하였다. 또 그들 세농층(細農層)에서는 부농층·지주층·관둔전(官屯田)·궁방전(宮房田)·서원전(書院田)·사원전(寺院田) 등의 농토를 전호(田戶)로서 병작하기도 하였다. 조선 후기에 병작전호(竝作田戶)가 많이 존재한다는 사실은 앞서 말한 바 있거니와, 소작전호의 광범한 전개는 이와 같은 토지 소유자로서의 영세 소농층의 광범한 존재가 배경이 되고 있는 것이었다. 그리고 그들 중의 일부는 고공(雇工) 등 임노동자로 전락하여 농업 노동자로서 생계를 이어가는 자도 있게 되었으며, 어떤 자는 감세의 혜택을 입을 수 있는 화전민으로서 황무지로 진출하는 자도 있게 되었다. 그리고 또 어떤 자는 상업에 종사하는 자도 있게 되었다. 조선 후기에 특히 상업이 발달한 사실은 그와 같은 분위기와도 관련이 있는 것이라 하겠으며, 농민문제를 논하는 자이면 언필칭 '근세지농민(近世之農民) 전상말리(專尙末利)'한다고 하게끔 된 것도 농민층의 상업에의 진출을 말해 주는 것이라 하겠다. 그리고 어떤 자는 수공업계에 진출하는 자도 있었고, 어떤 자는 채광

분야에 투신하는 자도 있게 되었으며, 또는 권력층의 예하에 투속되기도 하였다.

그리하여 그들 영세 소농층에서는 자작농 소득으로써 유지할 수 없었던 가계를 지탱하기에 가능한 한 전력을 다하였고 개중에는 부를 축적하는 자도 있게 되었다. 조선 후기에 전개되는 광범한 신분상의 동요는 경제적 배경으로서 농지 소유에 있어서의 계층 분화를 고려하는 것이지만 동시에 그 배경으로서 이와 같은 영세 소농층의 활발한 움직임이 배려되어야 할 것임도 너무나 분명한 사실이 아닐 수 없다.

이 같은 연구의 결론은 우리에게 조선 후기 사회의 실상과 그 가운데 있는 역동적 힘을 읽게 합니다.

양안이 말하는 향촌 사회

우선 토지대장에서 우리가 전체적으로 느낄 수 있는 것은 무엇이냐 하면, 소작전호가 대단히 많았다는 것입니다. 소작이라는 얘기는 남의 땅을 빌려 경작하는 농민을 말합니다. 또 한 가지는 양안 상으로는 토지의 주인(지주)이 상당히 많았다는 것입니다. 그것은 자작농이나 소농민이 많았다는 얘기입니다. 한마디로 영세농이 많았다는 얘기입니다. 오늘날 우리 시대에도 보통 말하는 부자 재벌은 돈을 엄청나게 가지고 있습니다. 그렇지만 보통 사람들이야 그렇게 돈을 많이 갖고 있지 않습니다. 그건 세계적으로도 하나의 추세입니다. 10% 정도 소수의 부자들이 국부의 70~80%, 더 나아가서는 전 지구의 경제적 부를 소유하고 있다는 분석이 나오고 있는데, 조선시대의 경우에도 그런 얘기가 가능합니다.

양안을 보면 당시의 농민들이 대개 영세농이고 농지는 대개 부농층에 의해 소유되고 있었다는 실태를 우리에게 전해주고 있다는 것입니다.

그러니까 조선 후기 사회에 있어서 농지의 대부분은 부농층에 의해 소유되고 있다는 얘기입니다. 그 얘기는 부농층은 세월이 흐름에 따라 농지를 점점 더 집적하고 있었다는 얘기도 되는 것입니다.

여기서 또 하나 유념할 수 있는 것은, 이 시기는 신분제 사회이기 때문에 신분적 관계도 소유관계와 상당히 연계되고 있었다는 사실입니다. 이 부농층이라는 것이 대체적으로 양반층에 해당하고, 양반이 역시 부자였고, 그 부자 양반들이 대다수의 농지를 소유하고 경영하고 있었다는 얘기입니다. 그런데 문제는 당시 농촌의 현상을 보면 그 부농층 간에는 평민층, 천민층에 해당하는 신분층도 끼어 있었다 하는 것입니다. 평민층이나 천민층 신분에 해당하는 계층에서도 부농층이 끼어 있었다는 것입니다. 이를 좀 일반화한다면 양반 농가보다도 더 부자인 평민·천민층도 있었다는 얘기가 됩니다. 이것은 전근대 중세의 사회질서가 경제적으로도 상당히 뒷받침되고 있었다 하는 얘기가 될 수 있고, 또 한편으로는 이러한 전근대의 중세적 사회질서가 변동될 수 있는 여지가 농지 소유관계 안에서도 엿볼 수 있는 것이 아니냐입니다.

말하자면 조선 후기 사회에서는 조선 전기에 정립된 신분제가 고착된 것이 아니고 상당히 유동적인 신분의 상하운동, 사회의 유동성, 사회계층 유동성의 현상이 일어나고 있다, 또 일어날 어떤 조짐이 보이고 있다는 것입니다. 대체적으로 보면 양반이 부자이고 부자일 수밖에 없었지만 세밀하게 들여다볼 것 같으면, 가난한 사람들 중에 양반이 있고, 또 부자 중에 양반이 아닌 평민과 천민이 있다는 것인데 결국은 신분제에 있어서의 신분 재편운동이 가능하게 하는 요인이 그 속에 내재하고 있다는 것입니다.

여기서는 전제(田制) 부문만을 얘기하고 있지만 이렇게 중세사회에서의 조·용·조의 원칙대로 국가재정의 기저를 짜간 것이 이제는 그 단계를 넘어서고 있다는 것입니다. 경제구조가 바뀌고 농업경제가 그만큼 생산성이 향상되고, 또 다른 여러 가지 산업이 개발되고 산업의 생산성이 향상되는 현상을 토대로 해서 새로운 국가재정의 기조 위에서 국가경제의 구조를 바꿔야 된다는 사회개혁론이 심화되고 있었다고 보는 것입니다. 개혁에 대한 보수와 진보 간에 논쟁이 붙고 정책 대결이 제시되고 있었다는 얘기입니다. 이러한 활성적 변화가 바로 이 때 농촌 속에서도 찾아볼 수 있었다는 것입니다.

그런데 문제는 앞에서도 지적한 바 있듯이 조선 후기 농촌에는 영세농민이 많았다는 것 또한 실제 상황이었습니다. 이 때의 여러 기록에는 많은 농민이 입추지지(立錐之地)가 없었다고 합니다. 추가 무엇이냐 하면 송곳이고 이는 송곳 꽂을 땅도 없었다 그런 얘기입니다. 송곳조차도 세울 땅이 없었다는 것은 농민이 일할 농지가 전혀 없었다는 것입니다. 이 때 농민들은 땅 없는 무전농민들도 많았고, 땅이 있더라도 생계유지가 곤란한 정도의 영세농이 있었다는 상황을 표현하고 있는 것으로 이해됩니다. 그러면 땅도 없고 또 땅이 있어도 영세농인 그 농민들은 어떻게 살았느냐, 이것이 우리의 관심의 초점입니다.

그들은 남의 땅을 경작하는 소위 소작전호로서 타인의 토지를 경작하여 생존을 유지하였다고 얘기할 수 있습니다. 그러니까 우리는 조선 후기 사회는 소작전호가 광범하게 존재하였다는 사실을 유념해야 합니다. 소작전호들을 비롯한 많은 농민들은 나도 땅을 좀 가져야 되겠다는 희망을 가졌던 것입니다. 바로 농사짓는 사람들의 절실한 바람이었던 것입니다.

이 시기에는 남의 땅을 빌려 경작하는 사람들이 많아 토지의 주인과의 경작 조건이 어떠냐 하면 주인이 6, 소작농이 4, 혹은 7 : 3의 비율로 잉여물을 분배하였습니다. 지주가 소작농민을 협박한다고 할 수 있는 것입니다. 소작농들은 살기 위해서 해뜨기 전 일어나 논밭에서 일하고 해지면 돌아왔습니다. 그냥 일하고 살았습니다. 그저 먹고 일하였지만 남는 경제적 열매는 거의 다 지주가 가져갔습니다. 그래서 이 같은 상황이 심화되어 극단화되면 폭동이 일어나기도 하는 것입니다. 이른바 소작쟁의가 일어나게 되는 것입니다.

이 시기는 그러한 소작전호 소작농민이 광범위하게 있었고, 그 중 일부는 고공(雇工), 즉 머슴입니다. 이들은 신분적인 노비와 달리 1년 계약으로 농촌에 들어가 농사를 지어 주는 전문적인 농업 노동자라고 할 수 있습니다. 1년에 쌀 몇 가마(능력에 따라 쌀 5~6가마나 혹은 7~8가마)와 옷 두 벌(여름, 겨울)을 고용주 농민으로부터 노동의 대가로 받습니다. 쌀 한 가마를 20만 원으로 넉넉히 치면, 쌀 열 가마라 해야 200만 원인데, 고공이 아무리 노임을 잘 받아도 쌀 열 가마짜리는 없었습니다. 연봉의 개념으로 일년 내내 일하고 200만 원 받았다고 하겠습니다. 경제의 화폐가치라는 것은 상대적인 것이니까 그렇게 저임금이라 볼 수 없기는 합니다. 이 당시 고공(머슴) 생활을 3년 정도 하면 몇 마지기 땅을 살 수 있었습니다. 그리고 남자의 경우 혼인할 자금이 됩니다.

하여튼 이런 머슴, 그 다음에는 날품팔이 임노동자, 세금이 없는 화전민, 상업(장사)에 종사하는 사람들이 많이 생겼습니다. 농토에서 유리된 농민들은 다음에 수공업, 광업에 투신하게 되고, 이것도 안 되면 권력 있는 부호층의 품안으로 들어가는 겁니다. 말하자면 자신의 사회적 공민(公民) 자격을 다 포기하고 부민 품안으로 들어가 예속된 사민(私民)이 되는 경우가 많아지게 된 것입니다.

어쨌든 18세기 전후의 향촌 사회의 실상을 전하는 양안에서 우리는 다양한 신분층으로의 분화, 임금노동자의 발생, 그리고 급격한 신분이동 등이 조선 후기 사회의 밑바탕에서 움직이고 있음을 확인할 수 있는 것입니다.

그러나 여기서 우리가 주목해야 되는 것은 이러한 여러 가지 불리한 상황이 있다고 진단하지만 그 속에서도 농민이 자신의 부를 축적하는 긍정적이고 활동적인 농촌의 상황을 만드는 농민들이 있었다는 겁니다. 이른바 '경영형 부농'이라고 부르는 농민 부류가 있었다는 것입니다. 경영형 농민은 자신의 소유 땅은 거의 없거나 적은 경우에도 경영의 기법을 도입하여 보다 많은 이윤을 창출하면서 부를 축적하여 후기 사회를 활기 있게 하는 동력의 주인으로 이해되고 있는 것입니다. 혼란된 사회라고 보는 조선 후기의 사회 정황에 대처하고 있었던 농민이 있었던 것을 찾아낸 것입니다.

농업 생산을 자극하는 상업

앞에서 언급한 경영형 부농들이 다룬 상품의 물목은 이중환(李重煥 ; 1690~1752?)의 ≪택리지(擇里志)≫에서 발견됩니다. 조선 후기 실학자 중 한 사람인 이중환은 ≪택리지≫를 편찬합니다. ≪택리지≫는 풍수지리학을 기초로 한 지리지입니다. 사람들이 살기 좋은 곳이 어디인가를 평가한 조선의 지리서로 많은 사람들이 인정하는 책입니다. 팔도의 풍수, 사람들의 인품, 생산물 등 오늘날의 '전국향토대관'에 해당한다고 보면 되겠습니다.

이중환은 이 책에서 움직이는 유통경제가 갖는 장점을 주목하여 지리 정보를 기록하고 있었습니다. 어업을 통해서 부의 축적이 이루어지는 것도 결국은 유통경제가 집중하는 곳에 나타나고 있다는 것을 지적하고 있습니다. 예를 들면 근대 이전 호서의 가장 큰 중계무역 포구이자 시장이 되는 강경포가 바로 그러한 곳입니다. 바로 그런 곳이 양반 사대부가 살기가 좋은 곳이다 하는 식의 기록입니다. 그래서 물산에 대한 관심도 이와 같은 살기 좋은 땅이 되기 위해서는 무엇을 생산할 것인가를 알아야 한다는 것을 강조하였던 것입니다.

평양 상인들은 상품을 무역해서 판매하는 부자가 많다 하였고, 원산의 경우는 함경도 지방과 강원도, 황해도, 평안도, 경기 등지를 연결하는 유통의 요지이기 때문에 이곳 역시 부자가 많다는 것입니다. 상주지방의 경우도 그런 유형이라 보았습니다. 이처럼 평양이라든가 원주, 상주 등은 교통의 요지로 물산이 집산 즉 모이고 흩어질 수 있는 그러한 지리적인 이점이 곧 부를 축적할 수 있는 지리적인 배경이 된다는 것입니다. 그 이면에는 농민들과 행상을 담당하는 계층에서 유통경제의 길목, 유통시장을 목표로 한 생산을 하고 있었다고 하겠습니다.

이중환은 ≪택리지≫에서 주장하고 있듯이 농업경영자들도 유통경제와 연결하는 것이 보다 많은 이윤을 올릴 수 있다고 강조하였습니다. 그리고 이 시기에는 그런 분명한 교통의 요지뿐만 아니라 지방 장시(場市)가 상당히 발전하고 있는 것으로 얘기하고 있습니다. 조선 후기에는 지방 장시, 즉 향시(鄕市)라고도 하는데 지방의 시장이 상품을 유통시키는 데 크게 기여하고 있었다는 얘깁니다. 경영형 부농이 존재할 수 있었던 농업경영에서의 부를 축적할 수 있는 환경, 이것은 지방의 시장이 활성화되고 있었다는 것을 전제로 해서 가능한 얘기가 되는 겁니다.

이중환이 본 조선 후기 사회의 변화는 유통경제의 활성화라는 활력요소가 있었기 때문이었습니다. 이러한 활력요소 즉 유통경제에 대한 전통적 이해를 생각한다면 곧바로 이해되지는 않습니다. 그렇다면 억말무본(抑末務本)이라는 전통적 이해에 변화가 있었다는 얘기가 됩니다. 과연 이 변화는 어떻게 이루어졌을까요?

조선왕조는 농업을 산업의 축으로 삼았습니다. 농업에 종사하는 농민을 국가가 보호하고 농업의 생산방법이라든가 경영의 문제 등을 정치적 우선 과제로서 선정하는 중농정책을 시행하였습니다. 조선 후기가 되면서 이러한 정책 기조는 변화하기 시작하였습니다. 이 시기에 오면서 상당한 산업구조상의 변화가 있게 되었습니다. 산업구조상의 변화는 국가정책의 변화를 유도하게 되었으며 조선 전기에 정하였던 중농억말(重農抑末)의 산업정책 방향에 대한 재고가 필요하게 되었습니다. 중농억말 정책을 바꿔야 한다는 당위론은 민생안정을 위하여 제기되면서 비롯되었습니다.

그 다음으로 국가재정의 부족을 어떻게 보충해야 할 것인가가 문제였습니다. 국가재정과 민생안정이라는 두 가지의 목표를 위해서 정책당국자는 새로운 산업 상황에 관심을 보였습니다. 그것은 상업에 대한 상업론 내지는 상업정책에 대한 인식의 변화로 이어졌습니다. 조선 초기에 통용된 말업(末業)을 억제한다는 인식에서 벗어나 말업 효용론이 대두하게 된 것입니다. 여기서 말업이라는 것은 상업을 의미합니다. 상업을 보조산업으로 활용하자는 것입니다. 물론 농업을 폐지하자는 얘기는 아닙니다. 본업(농업)에 힘쓰고 말업(상업)으로 보조해서 국가재정을 확보하고 민생을 안정시키자는 입장을 나타내고 있는 것입니다. 실제로 현실에 있어서는 상업이 상당히 활성화되고 있기 때문에, 그런 활성화된 상업에 대한 적극적이고 긍정적인 인식으로부터 말업 효용론이 등장한 것입니다. 조선 초기에서 보이는 것처럼 상업은 억제될 산업 행위라는 인식으로부터 이러한 인식의 전환이 있었던 것입니다.

그런 인식의 전환 속에서 우리가 주목할 수 있는 현상은 결국 장시가 전국적으로 확산되고 있었고 장시를 연결하는 교역망 등도 확산되었다는 것입니다. 이에 따라 전업 상인이 생겨 시간적 공간적으로 가격 차이를 이용한 이윤의 극대화를 노리는 행위가 있었다는 것입니다. 이처럼 좀 더 시간차와 공간차를 이용한 부의 축적이 가능해졌다는 것은 유통경제 구조의 변화와 발달의 전제 위에서 가능한 것입니다.

서인과 남인의 상업정책론

왜란과 호란은 국가재정의 기본 구조를 다 파괴하여 혼란 상태로 만들었습니다. 국가를 재건하기 위한 새로운 모색 과정에서 세제의 변화를 꾀하게 된 것입니다. 국가가 필요로 하는 물품을 생산자들로부터 직접 구입하던 방식을 버리고 시장에서 구입하는 것으로 바뀌게 된 것은 이 같은 변화된 사회 환경을 반영한 결과였습니다. 즉, 시장에서 필요한 물건을 공급하기로 한 것은 조선 초기의 정책 담당자들이 고집하였던 시장체제와는 상당히 거리가 있는 것으로 결국 새로운 유통경제가 필요하다는 데 인식을 같이 하게 된 것을 뜻합니다.

그 결과 상업 행위에 참여하는 사대부층과 참여를 반대하는 사대부층이 있었습니다. 때론 입장의 차이로 격론도 있었지만 민생안정과 국가재정을 회복하기 위해서는 상업 활동과 상업정책, 상업에 대한 인식의 전환이 필요하다는 것을 공감하고 있었습니다. 여기에서 농업 발전을 유지하면서도 상업을 발전시켜서 농업을 보완해야 한다는 무본보말(務本保末)의 인식이 나온 것입니다. 농업에 힘쓰면서 말업으로 부족함을 보충해야 한다는 정책으로 전환, 중농억말책에서 무본보말책으로 인식의 전환이 필요하게 되었다는 것입니다.

구체적인 각론으로 들어가서는 붕당 간 차이가 발견됩니다. 정책입안자들인 서인과 남인이 각각 입장 차이가 있었다는 얘기입니다.

조선 후기에는 공물 대신에 쌀과 콩으로 농민들이 대납하면 시장에서 국가가 필요한 물품을 공급받을 수 있는 대동법이 유통산업의 활성화에 촉매역을 하였습니다. 국가에서 돈(쌀)으로 물건을 사게 되고 공물을 쌀로 환산해서 내게 되었던 대동법이 교환매체의 수요를 만들었다고 하겠습니다. 교환하는 과정에서 이윤을 추구할 수 있다는 경제 인식의 전환이 있어 쌀이 아닌 전문적인 교환매체인 돈을 만들게 됩니다. 동전을 주조해서 유통시키자는 인식으로 발전하게 된 것입니다.

이를 국가가 주도적으로 이끌어가야 한다는 주장이 있게 됩니다. 이 같은 국가 중심의 상업론을 '이권재상론(利權在上論)'이라고 합니다. 상업 이익에 대한 권익을 위에 두어 국가 중심의 상업을 활성화시키자는 입장입니다. 국가 주도의 유통경제의 활성안이라고 하는 것은 국가가 물화를 장악하여 판매하고 화폐의 유통권을 장악해서 상업이윤을 국가가 흡수해야 한다는 관점입니다. 이러한 정책의 중심은 남인 실학자들 중 경세론자들이 주장한 것으로 유통경제 활성화를 하자는 입장이었습니다.

이와는 반대로 서인 노론계의 유학자들은 재부민산론(財富民散論)을 주장하였습니다. 남인계의 이권재상론(利權在上論)이 상업이익을 국가로 환원하여야 한다는 것에 상대하여 왕실과 국가에 상업이윤이 집중되는 것을 견제하자는 입장입니다. 그러니까 군주의 사적인 재부 축적이나 국가의 적극적인 경제관여정책을 차단하자는 경제론입니다. 특히 왕실 궁가(宮家)의 적극적인 경제 활동 개입에 대해 이를 제한하자는 입장을 가졌던 것이 서인 노론계의 입장이었습니다. 결국은 왕의 권리를 제약하는 쪽의 입장이 되는 것입니다.

남인 계열과 서인 노론 계열이 상업론과 그 정책에 있어 견해를 달리하고 있었습니다. 이를 다시 요약 정리하자면 다음과 같습니다.

남인의 입장에서는 국왕 중심, 즉 중앙집권적인 상업정책을 통해서 상업에서 얻어지는 이윤과 재부를 국가 단위의 체제 속에서 수렴하자는 입장이었습니다. 반면 서인 노론 계열에서는 군주, 즉 중앙집권의 핵심인 왕실과 군주의 이권 개입이나 국가재정 확보를 목적으로 하는 경제 간섭 내지 통제는 억제되어야 한다는 재부민산론이 그들의 입장이었습니다. 중소지주인 양반에게 재부가 분산되어야 한다는 논리입니다. 이것은 현실적으로는 왕실과 궁방의 상업적 이윤을 최소화하자는 정치론의 배경을 가지고, 상업이윤을 양반 자신들에게도 분배되도록 해야 한다는 입장이라 하겠습니다. 다시 말하면 국가의 유통경제에 대한 통제를 최소화해서 양반 지주층이 현실의 상업 질서 속에서 얻어지는 이익을 그대로 보존하자는 것이 노론 측의 상업론이었던 것입니다. 현실적으로 이러한 두 개의 노선이 서로 충돌하는 가운데 상업정책이 실현되고 있었습니다.

그러나 한편으로 조선왕조는 상업이윤에 대한 국가의 통제적 입장을 계속 유지하려는 정책을 수행하고 있었습니다. 국가의 관영상업(官營商業)이라는 현실적인 문제가 조선 후기에 등장하고 있습니다. 관영상업이라는 것은 관청을 통해서 무역을 하고 판매를 한다는 것입니다. 즉, 정부나 각 관청이 상인과 같이 상품 교역에 직접 참여하여 이익을 얻으려고 하는 것입니다. 또는 상인들에게 자금을 공급해서 교역행위는 상인에게 일임하고 그 이익을 일정한 비율로 관청과 분배하는 형태의 관영상업을 시도하였던 것이 조선 후기의 상업정책이라고 할 수 있는 것입니다.

남인과 서인의 화폐정책론

실제 인조 연간에서 숙종 연간에 이르면 동전의 주조와 유통이 시도되었고, 숙종 연간에 오면 그 결과로 동전 유통이 하나의 경제제도로서 완전히 정착됩니다. 모든 동전의 주조와 유통 과정에 대해 서로의 입장을 달리하면서 양측은 논란을 벌이게 됩니다. 국가가 주도권을 관철해야 한다는 남인 측의 입장과 이와 상반되는 입장을 지닌 노론 측 입장이 나누어진 것입니다.

남인들은 주전사업(화폐 발행)을 호조나 특정한 아문이 전적으로 관리하도록 한 것에 대해서, 노론의 경우에는 동전 주조를 외방 관청에까지 확대 허용하여 화폐의 가치를 시장기능에 맡기도록 한다는 입장의 차이를 보이고 있었습니다.

이런 것이 18세기에 들어서면서 실제로 동전이 시장의 매개체, 중간화폐 기능을 하지 않고 개인의 축재를 위한 비축이 되어 사회에는 전황(錢荒)이 나타나게 됩니다. 즉 발행한 돈이 시장에서 제 기능을 하지 못하고 숨어버리게 된 것입니다. 이렇게 화폐가 숨어버리게 되자 남인 측의 경제론자들은 국왕을 중심으로 해서 새로운 화폐(화폐 개혁)를 찍자는 주장을 하기도 하였으며, 또는 동전을 더욱 주조해서 전황을 해결하자는 주장을 하기도 합니다.

화폐를 너무 많이 찍어내면 인플레이션이 발생한다는 경제학적인 갈등이 이미 영조 대에 있었던 걸로 나타나고 있습니다. 말하자면 국가가 발행한 동전이 지주와 부상(富商)들에 의해 다량으로 축적되어서 돈에 대한 권리가 이들에게 있게 되자 국가의 통화조절능력이 불가능하게 된 것입니다. 그래서 지주와 부상들에 의해 장악되어 있는 화폐의 권리를 국가가 되찾기 위해서는 기존의 화폐(동전)를 폐지하고 새로운 화폐를 발행해야 한다는 것이었습니다. 즉, 새로운 화폐를 주조해서 지주와 부상들이 축적하고 있는 동전을 유통시키도록 하자는 주장이 나타나기도 한 것입니다.

바로 이처럼 입장을 달리하고 있는 정파 간 상업론과 상업정책이 노정되고 있다는 것은 어떤 의미가 있을까요? 그것을 우리는 다음과 같이 보고자 하는 것입니다. 중세사회, 즉 전통적인 농업중심 사회가 해체되고 새로운 상업에 대한 논의, 또 상업이라고 하는 새로운 산업을 세계사적인 흐름에서 본다면 근대사회로 옮겨가는 과정에서 우리 역사 안에서도 세계사의 흐름과 병행하는, 연결될 수 있는 산업구조가 형성되고 있었다는 것으로 그 큰 의미가 있다고 하겠습니다.

유형원의 이권재상론

이권재상론이란 나라를 부강하게 하고 백성을 안정시키기 위해서는 국가가 중심이 되어 주도하자는 상업발전론입니다. 이 이권재상론의 상업정책을 체계화하고 강조한 사람이 반계(磻溪) 유형원(柳馨遠)입니다. 당파적인 성향으로 보면 남인입니다. 반계 유형원은 17세기의 경제 현실을 분석하면서 상업 발전만이 국가재정의 필수적인 요소라고 인식하고 상업 발달을 위한 방안을 제시하였습니다.

그는 상품 생산자들이 기본적인 재원을 확보할 수 있도록 일정량의 토지를 지급하고 지정된 세금 이외의 일체의 수탈을 하지 못하게 하였습니다. 상품이 자유롭게 유통될 수 있도록 도로를 정비하고 선상(船商)들에게 각종 잡세를 금하도록 하는 조처를 주장하였습니다. 조세법적인 조세 이외의 잡부금은 금지해야겠다는 것이 이 시대의 사회개혁방법으로 제시되고 있는 것을 보면 전근대사회에서도 법 이외의 세금이 문제가 되고 있었던 것을 알 수 있습니다.

상업 발전을 위해 공적 관리체제 하에서 상업 유통망을 정비해야 한다는 인식으로부터 나아가 목표를 달성하기 위해서는 상업유통기구를 전면적으로 개편해야 한다고까지 합니다. 그래서 아예 인구가 밀집한 관청 소재지 교통의 요지에는 상설 '포자(鋪子)'를 두고자 했습니다. 포자란 점포를 관리하는 관청을 말합니다. 이 상설 포자가 설치된 곳을 상품유통의 거점으로 해서 일종의 상업도시를 만들자는 구상을 가졌던 것입니다. 그래서 서울을 정점으로 전국을 하나로 연결하는 정치 행정망 역할을 담당하는 상품유통기구의 기능을 하도록 하여 전국적인 유통망 조직을 통해 상업적인 이익을 국가가 관리하자는 것입니다.

이렇게 하면 유통망을 운영하는 과정에서 '무비주인(貿備主人)'이라고 하는 관청으로부터 일정액의 자금을 받아 관수품을 공급하는 담당자의 개념이 생깁니다. 유형원은 이러한 어용상(御用商)의 역할을 만들자는 구상을 하여 이들을 관청 소재지에 집결시킴으로써 유통망 속에서 상품이 자연스럽게 관청 소재지로 집중되도록 유도하고자 하였습니다.

관청 소재지를 정점으로 해서 유통망을 형성하고 이를 다시 각지의 도시로 연결해서 서울을 전국적인 공납 유통체제의 정점으로 하는 국가 관리 통제하에 상업을 발전시키고 그 이익을 국가와 민에게 돌리려는 것이었습니다. 오늘날 우리 사회 안에서도 이른바 행정관청이 중심이 되어 상업을 단속하고 있습니다. 서울이 이렇게 비대화된 것 역시 조선시대가 관청소재지와 상업유통의 중심지를 갖게 하려는 발상에서 시작된 역사적 현상으로 볼 수도 있습니다.

금난전권의 폐지와 공인층

조선 후기 관 통제하의 상업정책으로부터 상품유통경제를 장악하기 위한 정부의 정책방향의 전환이 있었습니다. 조선왕조는 초기에 시전 상인 육성방안을 시행하였습니다. 시전 상인의 육성방안이란 특정 상품에 대한 구매와 판매에서 독점을 인정하는 것으로 시전 상인에게 '금난전권(禁亂廛權)'을 부여하였던 것을 말합니다. 즉, 자유로운 상행위에 대한 통제권을 이들 시전 상인에게 부여하였다는 것입니다.

요컨대 금난전권이라는 것은 국가가 인정하는 시전 상인에게 그 상인이 취급하는 물품 매매에 전권을 보장하고 대신 다른 상인들의 상행위를 금지할 수 있는 권한을 국가가 위임한 것을 말합니다. 정부가 상인에게 일정한 물품의 전매권을 허가한 것입니다. 조선 후기의 금난전권이란 이같이 정부가 지정한 특정 상인 이외의 제3자가 상행위를 할 경우, 이를 금지 통제할 수 있는 권한을 말합니다. 이러한 금난전권이 정조대에 해제되고 자유로운 상행위가 이루어집니다.

1791년(정조 15)은 간지로 신해년(辛亥年)입니다. 이 해에 남인계의 재상이었던 채제공에 의해 금난전권의 폐지를 골자로 하는 신해통공(辛亥通公)이 시행되었습니다. 그 배경은 시전 상인들과 연결된 노론계의 힘을 약화시키고, 한편으로는 당시 성장하고 있는 신흥 상인 자본의 보수적, 특권적, 봉건적 상업조직의 타파 요구를 정치적으로 수용한 것이라 할 수 있었습니다.

이처럼 18세기 후반에 가서 결국 금난전권이 폐지되지만, 17세기의 금난전권으로 시전의 상품을 취급하는 독점권이 성사되면서부터 시전 상인을 정점으로 하는 전국적인 유통기구가 성립됩니다. 그래서 시전 상인은 자신의 예하에 많은 사상인(私商人)을 조정하면서 통제 관리하였습니다. 특정 상인에게 독점권을 준다는 것은 상업의 자유로운 활동을 수용하지 않았다는 것입니다. 따라서 17세기 이후가 되면 농업과 수공업의 발달, 도시인구의 확대라고 하는 새로운 상업 환경의 변화에 따라 새로운 물품을 취급하는 상인에게 새로운 점포를 설치하도록 요구하였습니다.

상업 발달에 따라서 유통 상품의 종류가 다양해지고 물량이 확대되는 상황에서 시전의 상인들에게만 일정한 특권을 허용한다는 것은 불가능하였기에, 새로운 물건을 취급하는 시전이 신설되고 또 기존의 한 가지 물건 지배에 대해서는 한 상점에게만 허용하였던 조건이 폐지되는 등 확대되는 상업 발달의 현상 속에서 국가가 관리하는 시전 체제는 변화를 강요받게 됩니다.

공인(貢人)은 공물의 물품 대금을 국가로부터 먼저 받고, 이 자금을 이용하여 시장에서 국가가 필요로 하는 완제품을 구매합니다. 즉, 종래의 공물은 완제품의 생산자가 직접 국가에 납부하는 형식이었으나, 대동법이 실시된 이후로는 공물의 부담자가 현물 대신 돈을 관청에 납부하고, 관청은 그 돈을 공인에게 주어 공인이 시장(장시)에서 국가가 필요로 하는 공물을 사들여 납부하는 형태가 됩니다. 관청에 납부하는 물품의 형태는 각종 농업 생산물과 수공업 제품, 축산물 · 수산물 등으로 공인들에 의해 수거되었습니다. 특히 수산물의 경우는 산지로부터 운반되는 동안 신선도가 중요하므로, 전근대에는 소금에 절이거나 말리는 가공 과정을 거친 물품들이 주된 것이었습니다.

공인은 대동법이 실시되는 것을 계기로 해서 1708년 이후가 되면, 전국적인 연결망을 구성하여 대동법의 실시를 전국적으로 확산시켰다고 하겠습니다. 대동법으로 공인들의 활동은 더욱 활발해지고 공인들은 생산자들에게 훌륭한 구매자가 되어 생산자에게 시장에 물건을 공급하도록 하는 기능을 담당하게 됩니다. 그래서 공인 육성 정책은 임진왜란 이후 붕괴 위기에 처해 있던 서울 집중의 교역망을 단기간 내에 회복하는 계기를 만들었다고 하겠습니다.

지금까지 살펴본 시전 상인, 공인층 등 국가가 육성하려는 상인층의 육성 정책은 결국 국가가 상품 유통망을 장악하기 위한 하나의 방안일 수 있습니다. 이렇게 활성화되는 현상 속에서 국가에 예속된 특정한 상인층 외에도 순수한 사상(私商)의 활동이 상당히 활발하게 존재하고 있었다는 것도 주목됩니다.

상업 인구가 증가되면서 국가는 결국 일반 상인층에게 상업 활동을 전면적으로 허용할 수밖에 없었습니다. 또 그러한 정책의 기조 위에서 상업 활동의 전면적인 허용, 즉 앞서 얘기한 시전 상인에게서의 금난전권이 해제되었으며, 사상(私商) 활동이 자유롭게 허용되는 정황이 전개되었습니다. 그러나 그런 와중에도 자유분방한 활동이 완전히 인정되었다고 볼 수는 없고, 특수한 상품의 경우에는 국가의 통제가 있었다는 점을 유념해야 할 것입니다. 예를 들어 인삼·담배·특수한 목재 등 특정 상품은 국가의 통제 속에서 상업 활동이 허용되고, 그 밖의 것에 대해서는 활동상의 제약이 약화되어 상업이 활성화되었다고 해석할 수 있겠습니다.

조선 후기 부상대고

조선 후기가 되면 유통경제가 활성화되니까 생산자가 물건을 중앙에 직접 가서 바치는 것이 아니라 공인(貢人)이라는 전문업자가 시장에서 물품을 조달하여 공급하는 형태로 공납 관행이 바뀌고 있었습니다. 이를 역사에서는 공인의 방납(防納)이라 하였습니다.

농민들은 자기가 생산하는 물품을 장시에 내다 팔고 그 돈을 공인에게 주는 형태가 되었습니다. 유통경제의 활성화에 따라서 세제가 변화하고 있었다는 것입니다. 장시에서 상품화된 공물이 있었다는 것입니다.

조선시대 농민들이 농촌에서 이탈하였을 때 농민들은 상업에서 이윤이 많다는 것에 착안, 상업을 전문으로 하는 상인으로 변신하게 됩니다. 이런 변화가 도시와 지방 사이에서의 공물과 식량과 땔나무를 주요 품목으로 시장에서 교역하도록 하였습니다. 국가가 필요로 하는 그 밖의 여러 가지 제품이 도시의 시장으로 몰려들게 되고, 그 몰려온 물품을 국가는 돈을 주고 매입하여 국가의 수요에 충족시켰습니다. 물품을 수집하는 서울 시장에서 상인들은 이윤을 극대화하기 위하여 원거리 교역을 모색하였다고 하겠습니다. 그리고 전국을 교역망으로 하는 네트워크를 형성하기도 하였습니다. 전국을 연결하는 교역망을 만들면서 그것을 무대로 하는 상인층이 형성되고 여기에 부상대고(富商大賈)가 등장하게 됩니다. 조선 후기의 상업 활동을 이끌어간 주역, 상인의 주역들을 부상대고 즉 부자상인 집단이라 할 수 있습니다. 이 부상의 배후에는 왕실과 양반 사대부가 있다는 사실을 상기할 필요가 있습니다. 전근대사회에서도 정치의 핵심인 왕실과 양반 사대부가 상인들 배후에서 경제적 이윤을 취득하고 있었다고 하겠습니다.

우리는 조선 후기의 역사 속에서 부상대고란 말을 자주 발견하게 됩니다. 그들은 어떤 사람들이었을까요? 물론 이들은 상인들을 뜻하며 그 가운데서도 상당한 자본력을 갖춘 이들입니다. 조선 후기 형성된 상업자본은 오늘날의 상행위 윤리 면에서 본다면 비윤리적 방법으로 이루어진 면이 많습니다. 이를테면 권력과 결합된 특권이나 매점매석을 위주로 하는 도거리상업, 밀무역 등이 그 방법이었기 때문입니다.

≪허생전≫에 등장하는 허생은 과일이나 망건 등을 도거리하여 엄청난 이윤을 남긴 것으로 서술되어 있습니다. 무역을 통해 부를 축적하는 이들도 있었는데 역관들이 그 대표적 계층입니다. 이들은 국가 공인하에

청의 북경에 가서 비단 등을 수입하여 일본에 수출하거나 국내에 팔기도 하여 3배 가량의 차익을 남기기도 하였는데, 역관 변승업이나 숙종의 후궁으로 유명한 희빈 장씨의 친정 집안 등이 대표적입니다. 말하자면 이들은 대청 무역과 대일 중개무역을 통해 부를 축적하고 있었습니다. 이윤이 많이 생긴다면 위험을 무릅쓰고서라도 그 이윤을 차지하려는 집단이 있게 마련입니다. 바로 사상(私商)들이 대청 무역에 끼어들어 이른바 사행무역(使行貿易)에 참여하였던 것입니다.

청의 구련성(九連城)과 봉황성(鳳凰城) 사이 책문(柵門)에서의 무역이 이루어지면서 국경무역에 종사한 의주 상인들이 그 주도권을 잡아 만상(灣商)이라 불릴 정도의 상인 집단을 형성하였습니다. 한편으로 인삼의 생산과 교역 등을 통해 부를 축적한 개성 중심의 송상(松商)이나 공물 및 세곡 운반 등을 중심으로 부를 쌓은 한양의 경강상인(京江商人), 즉 경상 등이 활발하게 상업에 활력을 불러일으키고 있었습니다. 바로 이들이 조선 후기 부상대고로 불렸던 상인 집단이라 하겠습니다.

부상대고의 출현은 분명 조선 후기 상업의 발달에 힘입은 바 크지만 이들 가운데서 공식적 상인 자본을 형성할 수 있었던 것은 역관이나 경상 즉 서울 상인들에 불과하였습니다. 송상이나 만상 등은 결국 밀무역을 통해 자본을 축적할 수밖에 없었고, 그것은 18, 9세기 상업자본이 보다 긍정적으로 사회자본으로 전환되는 데 한계가 있었음을 말해줍니다.

12장

수취 제도의 개선과 한계

전세 수취의 문제

조선은 선조에서 인조 대에 걸쳐 큰 전쟁만 해도 네 차례나 치르게 됩니다. 임진왜란(1592), 정유재란(1597), 정묘호란(1627), 병자호란(1636)이 그것입니다. 우리는 이들 전쟁을 크게 양란으로 부릅니다. 이들 전쟁은 모두 조선의 국내에서 벌어졌습니다. 전쟁은 인구의 감소만이 아니라 농지의 황폐화를 가져왔습니다.

그 실상이 어떠하였는가를 보면 전국 전결수(田結數)의 경우 임진왜란 전의 것과 비교할 때 전전은 150만 결이었으나 전후에는 30여만 결로 감소하였으며 인구는 10분의 1로 줄었습니다. 근 10년에 걸친 전쟁의 피해였습니다. 전후 복구 사업의 가장 큰 과제는 전결수의 회복이었습니다. 황폐화된 토지의 개간 장려와 양전사업이 지속적으로 실시되면서 점차 늘어나기 시작하였습니다. 광해군 대 54만 결로부터 시작하여 영·정조 때에 이르면 145만 결까지 늘어납니다.

전쟁 이후 복구는 매우 오랜 시간에 걸쳐 서서히 이루어졌습니다.

조세 수취는 국가재정의 근간입니다. 전란 동안 토지대장인 양안이 소실되면서 정확한 전결수 파악이 어려웠기 때문에 전후 양전사업이 지속적으로 이루어졌습니다. 그런데 문제가 생겼습니다. 양전 과정에서 소유자의 변동이나 누락 등으로 토지 소유 경영의 실상이 훼손된 것입니다. 또한 조선 중기 이후 지속되어 온 지주전호제에 따라 사족층의 토지 소유가 늘어나고, 왕실 소유지라 할 궁방전(宮房田)이나 국가 관리의 관둔전(官屯田) 등 면세지가 늘어나기도 하였습니다.

문제는 전세를 감당한 농민들의 경영 실태 파악이 악화될 뿐더러 소규모 자영농들에게는 전세가 가중되어 결국 농민의 몰락을 더욱 촉진하게 되었습니다. 이 문제를 해결하고 동시에 재정의 근간인 전세를 확보할 수 있는 방안이 모색되었습니다. 결국 국가는 양전을 실시함으로써 농토의 경영 실상을 파악하고자 하였고, 이처럼 전세 수취지의 확대는 농민들의 전세 부담 감소와 공평 부세 등을 목표로 하는 것이었습니다.

공납제의 문제와 해결 모색

≪경국대전≫상 세제의 기본 틀에 공물(貢物)을 징수하는 구상으로 공납의 공안(貢案)이 만들어졌습니다. 조선 후기까지 사용한 공안의 기초가 된 것은 연산군 때 재조정된 공안입니다. 성종 때 감소된 공안액이 연산군 때 대폭 확장되었다는 것은 연산군이 세수를 그만큼 증가시켰다는 것을 의미합니다. 연산군이 궁중에서의 비용을 감당하기 위해 더 많은 세수 증가를 공안을 재조정하여 만들었던 것입니다.

중종 때 조광조 등 많은 사림들이 연산군 때 만들어진 공안의 불합리한 문제점에 대해 지적하였지만 재야 사림들의 정치력이라는 것이 극히 미약하였던 까닭에 공안의 개선은 이루지 못하고, 단지 방납의 폐단을 조정하는 방안을 제시하는 것으로 그쳤습니다. 당시 방납의 가장 큰 폐단은 방납자가 농간을 부려 불법으로 이윤을 취하였다는 것입니다.

방납의 폐단이 생기는 일차적 원인은 공물의 수납을 담당한 각사 서리 및 노복들에게 급료가 지급되지 않았다는 데 있었습니다. 따라서 이들은 당연히 사리(私利)를 취하게 됩니다. 이 과정에서 또 하나 눈여겨 보아야 할 것이 '사주인(私主人)'의 등장입니다. 사주인의 발생은 공리(貢吏)에게 숙식을 제공하고, 공납 물품을 보관 또는 매매하는 역할을 맡으면서 나왔습니다. 궁가(宮家)와 각사의 노 및 사주인은 방납자로서의 역할을 하면서 방납 과정에서 국가와 농민으로부터 사익을 챙기기도 하였습니다. 반면 농민들은 방납자들의 이익이 늘어나는 만큼의 부담을 더 감수해야 하였습니다.

왕조실록에서는 이들 방납자들에 대해 모리(謀利)를 취하는 무리라고 하거나 '나라의 큰 좀벌레' 혹은 '쥐 같은 무리들'이라 불렀습니다. 이들이 모리한 사례를 보면, "사물(私物)로 미리 바치고 강제로 높은 값을 정하는데 거위나 오리 한 마리의 값이 소나 말 한 마리이며 조금만 시일을 지체하면 갑절로 징수합니다."라고까지 하였습니다. 이들 호칭과 그 폐해로만 보더라도 국가 차원에서 방납의 폐단에 대한 개혁 의지를 읽을 수 있을 듯합니다.

방납의 폐단을 교정하는 최초의 실마리를 제공한 것이 율곡 이이(李珥)입니다. 이이는 대공수미지법(代貢收米之法)을 주장하였으며 이는 후에 대동법(大同法)으로 개선되고 있습니다. 이이는 만언봉사(萬言封事)■에서 공물의 방납 폐단을 개혁할 실마리를 제시하였던 것입니다.

▌만언봉사 선조 7년 재이가 발생한 데 대한 선조의 구언교에 응해 이이가 올린 개혁책.

이이는 황해도 관찰사로 있으면서 자신의 관내에서, 토지를 기준으로 일정한 쌀을 거두어서 그것으로 공안에 제시되어 있는 물품을 공적으로 사서 국가에 납부시켰던 것입니다. 그렇게 되니까 많은 농민이 방납으로부터 오는 피해를 피할 수 있고 농민의 부담이 경감되어졌다는 결과를 얻게 되었습니다. 반면 토지를 단위로 하는 것이었기 때문에 지주들의 반발이 컸습니다. 이를 전국으로 확대하려고 하였으나 방납에서 얻어지는 이익이 고위 양반들에게 귀속되고 있다는 사실 때문에 쉽게 이루어지지 않았습니다. 한 시기가 지나 이이의 수미지법이 대동법으로 정제되어 공물제가 개혁되고 있었습니다.

군역제도의 운영과 그 문제

인두세(人頭稅)에 해당하는 역역(力役)은 대체로 군역(軍役)과 요역(徭役)으로 구분하였습니다. 모든 인민을 국가 징발 대상으로 하여 국가의 재정을 충당하였다고 앞서 설명하였습니다. 그 중 군역 군정(軍丁)에 관한 변혁 내용을 살펴보겠습니다.

전근대사회에서는 국민개병제로 군역은 양민이며 농민이 지기 때문에 병농일치제(兵農一致制)로 이해되는 것입니다. 일부 직업 군인이 있으나 모든 백성은 군 요원이 됩니다. 모든 백성에게 군역을 이행할 의무를 갖도록 하여 16세부터 60세까지 남자를 군정(軍丁)으로 파악하여 징집 대상으로 하고 일년에 일정 기간을 군역에 복무하도록 규정하였습니다. 이러한 원칙 안에서 조선 사회 군정의 문제를 이해하여야 할 것입니다.

조선 중기 사회에 이르면 군정 운영의 문제가 조선 전기의 틀에서부터 벗어나고 있습니다. 조선 중기 이후 조선왕조는 군정을 군포(軍布)라는 명목으로 재정의 세원으로 만들었습니다. 원래 조선 전기에는 오위(五衛) 군부대 편성을 기간으로 하여 중앙군은 오위제도, 지방군은 진관체제(鎭管體制)였습니다. 이러한 조선 전기의 군체제가 임란과 호란을 거치면서 체제가 변화하여 새로운 군부대 창설이 있었습니다. 오군영의 창설입니다.

훈련도감(訓練都監)이 먼저 만들어지는데, 이 훈련도감은 의무병인 농민병으로 만들어진 것이 아니라 용병(傭兵)으로 만들어졌습니다. 즉,

직업적으로 군사훈련을 받고 나서 이 부대 요원이 되면 급료가 지불이 되는 군대 편성이 되었던 것입니다. 이전의 군 병사는 급료가 지불되지 않았습니다. 물론 군의 장교들은 소위 서반(西班) 관리직이라고 하는 직임에 대한 보수를 받았지만 일반병들은 급료를 받지 않았습니다. 심지어 이 때의 병사들은 자기의 일상적 생활용품 비용까지도 스스로 감당해야 하였습니다.

조선 초기의 군복무의 형태는 역역, 노동력을 제공하는 것을 복무형태로 하였습니다. 먹고사는 문제는 자기가 다 해결해야 하는 것이었습니다. 군부대 운영비는 국가가 보장하지만 병사는 각기 가족의 생활문제에 대해서도 자기가 해결해야 하였습니다. 이를테면 가족 중에 한 사람이 군에 징발되면 그 사람이 군에 간 동안의 그 사람 가족의 생활을 보조지탱해 주는 소위 봉족(奉足)이라고 하는 군정이 있게 됩니다. 세 사람이 한 조(組)가 되어 한 사람이 군에 가면 두 사람이 그 사람의 가정생활을 돌보아주는 봉족제가 함께 운영되었던 것입니다.

그런데 문제는 임란이 지난 다음에 훈련도감이 만들어지고 훈련도감에서는 용병을 쓰게 되니까 이 용병에게 주는 급료가 문제가 된 것입니다. 그래서 이 때 어떤 현상이 벌어지느냐 하면 '방군수포(放軍收布)'라고 하는 소위 군정을 군역에서 해방시켜 주고 대신 포를 납부받아 비용으로 충당하는 체제가 되었습니다. 그러니까 다른 말로 얘기하면 몸으로 때우던 군정이 이제는 군포라고 하는 돈을 국가에다 바치고 몸은 해방되는 입장이 된 것입니다. 양민의 돈을 받아서 용병의 비용으로 국가가 쓰게 된 것입니다. 비용은 12개월마다 포 2필을 바치도록 정해졌습니다.

요즈음도 가끔 수재가 있을 때 국가의 토목사업 등에 군 장병들이 동원되어 복구사업을 하는 것을 볼 수 있는데, 이 시기에도 군대가 동원되어 성을 축조하거나 교량 건설 등의 작업이 있었습니다. 조선 중기 이후에는 군을 현장에 투입하는 것이 아니라 국가가 군역 해당자로부터 군포를 받아서 그 돈으로 현지에 있는 사람을 고용하여 작업을 수행하게 되었습니다.

양반과 중인층 신분의 사람들도 원칙상 군포를 내야 하는 군역의 의무를 가지고는 있었습니다. 실제로 양반들과 중인은 군사가 되기도 합니다. 사회의 신분제를 배경으로 군대 편성은 장교와 사병이라는 지휘관 그룹과 사병으로 구분이 되었고 양반들은 대부분 장교 군관이 되어 복무하였던 것입니다. 물론 중인층도 동일한 편성 원칙을 지켰다고 하겠습니다.

또 하나 유념해야 할 것은 조선 사회에서 모든 관리는 그 자체로 군역을 지고 있다는 해석을 받았다는 것입니다. 그러니까 양반의 직함을 가지고 있다는 것은 상민처럼 군역을 수행하지 않아도 된다는 것을 의미합니다. 가족 구성원 중 양반이 있으면 군역을 면제받았다는 것이 됩니다.

신분제 사회와 연계되어 정남에 해당되는 인민들은 가족 구성원 중 4대 안에 양반 관직자가 있으면 그 정남은 양반 신분의 예우를 국가로부터 인정받아 군역에서 제외받는 특권을 누렸습니다.

문제는 원칙상으로 양인 이상의 모든 백성들이 군역을 수행하도록 되어 있지만 현실적으로는 평민인 농민들만이 군역을 수행해야 하고 군역을 대신해서 군포를 내야 하는 대상이었다고 하겠습니다. 그렇기 때문에 농민들은 전정(田政)의 측면에서 토지로부터 양산되는 생산의 일부를 전세로 납부하고 또 자신들의 노동력에 근거하여 군정에 해당하는 부세를 군포로 내야 했던 것입니다. 이것이 조선시대 농민이자 평민들의 처지였습니다.

이렇게 신분제 기초 위에서 운영된 군포제의 문제는 군포액의 총액을 미리 정해놓고 이것을 마을 단위로 할당하여 부과하는 방법을 택하고 있었다는 것은 결국 마을에 평민들의 연대책임으로 군포 총량을 감당하도록 하였다는 것을 말하는 것입니다. 또한 오군영의 설치와 운영, 그리고 북벌론 준비에 따른 군역 부담의 증가가 있게 되자 농민들의 부담은 더욱 무거워졌습니다. 이로 인한 농민층의 이농이 심화되기도 하였습니다. 따라서 군역 및 군포의 문제는 기층민의 안정과 연결되어 민생을 위한 개혁안이 요구된 것입니다. 그것이 균역법으로 정리됩니다.

근대적 금납화의 세제 개혁

대동법(大同法)은 1608년부터 시작해서 1708년에 가서야 전국적으로 실시되어 공납의 방납 문제를 전면적으로 개선한 것입니다. 조(調)에 해당하는 공물 공납의 폐단을 시정하기 위해 단행된 대동법은 국가가 생산자로부터 생산 제품을 받는 것이 아니라 생산을 담당하는 계층으로부터 화폐에 준하는 쌀과 포목을 토지를 기준으로 받아 국가가 필요한 제품을 사서 쓰는 제도입니다.

대동법에 앞서 이이에 의해 수미지법(收米之法)이 실시되었는데, 호별로 쌀을 걷어 공물을 지방 군현에서 구입하여 중앙정부에 납부함으로써 인민의 노고를 덜어주는 것이있습니다. 이처럼 공물 공납에 대한 개선책이 충분히 공감을 얻었으나, 방납에서 얻어지는 수익과 연계되었던 정치 세력의 반대로 대동법의 전국적 실시는 오랜 시간이 걸렸습니다. 대동법과 관련된 업무만을 수행하는 관청을 선혜청(宣惠廳)이라 하고, 전 1결에 쌀 12두의 대동미를 수세하여 공납을 통해 감당하였던 재정을 총괄하도록 하였습니다.

대동법 시행에 큰 공을 세운 김육 영정.

대동법은 전근대 재정(財政) 세수의 원칙 중에 하나인 공납제를 근대적인 금납화의 형태로 바꾸어 놓았다는 데 의의가 있습니다. 물납에서 금납화로 세제 운영 전환의 역사를 이루었다는 것이죠. 앞서 얘기하였듯이 물납화 물건을 그대로, 또는 완제품을 정부 수요에 충당하게 하였던 것을 금납화로 전환한 것입니다. 물건을 중앙정부가 있는 한양까지 가지고 가려면 수송 비용 등 여러 장애 요인을 극복해야만 하였습니다. 화폐로 정부가 필요한 물품을 시장에서 사면 납세자와 정부 모두가 만족하게 되는 것입니다.

조선시대의 금납화, 화폐의 기능을 한 것은 미포(米布), 즉 쌀과 포목이었습니다. 동으로 엽전을 만들기는 하였지만 엽전보다는 전국적인 신용이 있고, 전국적인 유통의 매개역을 한 것이 쌀과 포였습니다. 산골에서는 사전(私錢), 즉 위조화폐를 만들어 사용하기도 하였으나 이는 아주 부수적인 것이고 기본적으로 유통 질서의 구조 속에서 주목할 수 있는 매개체는 미포였습니다.

그리고 이러한 보다 합리적이고 구체적인 개선책이 있기까지는 국가재정 차원에서의 시각도 그렇지만 농민들의 사회의식과 저항으로 얻어진 결과라는 의미 부여를 할 수 있습니다. 대동법의 실시는 왕조의 재정에 국한된 것이 아니라 농민이 사회적인 문제나 국가에 대해서 자기 주장을 하며 자기의 편의에 대한 요구를 하게 된 것이라고 말할 수 있습니다. 조선 후기 사회에 들어 농민들의 주장은 고대나 중세 사회에서처럼 지배층에 의해 조정되는 게 아니라 직접 지배층에 표시할 수 있는, 진전된 사회가 되었다는 것입니다.

또 한편에서는 농지에서의 생산력 증대와 각종 산업의 발달이 결국은 시장을 활성화하였고, 이러한 시장의 활성화가 대동법을 가능하게 하였습니다. 시장에서 필요한 물건을 공급받을 수 있다는 전제가 되었을 때 화폐의 기능을 감당한 쌀로 국가가 수요로 하는 모든 물품을 구매할 수 있다는 얘기가 가능한 것입니다. 전체적으로 조선 후기 사회에서 대동법의 실시가 가능해졌다는 얘기는 일차적인 농업 생산력의 문제도,

농민들의 사회의식의 문제도 있지만 수공업, 물류와 상업 등이 함께 총체적으로 활성화되고 있었다는 것을 말합니다.

전세 개편과 의미

공납제의 변화에 이어 다음으로 중요한 문제는 전세(田稅)의 개편이라는 것을 지적하고 싶습니다. 전세에서의 쟁점이 무엇이며 조선 후기 사회가 어떻게 대처해 나가고 있었는가를 살피려는 것입니다. 국가재정의 대부분을 전세에 의존하였기 때문에 왕실이 전세 문제를 어떻게 조종하고 규제하려 하였느냐는 것을 간략하게 소개할 필요가 있습니다.

조선 전기는 연분(年分) 9등, 전분(田分) 6등으로 분별하여 전지(田地) 1결당 최고 20두에서 최하 4두까지 전조(田租)로 차등 징수를 하였습니다. 그러나 인조 13년에 가면 연분법(年分法)이 없어지고 하하년에 준거하여 4두를 수조하도록 하였습니다. 이것이 영정법(永定法)입니다. 정확하게는 '영정과율법(永定課率法)'이라 합니다. 즉, 인조 대에 가면, 영정법에 의한 정액 세제로 되어 토지 등급이나 풍흉을 가리지 않고 정액제로 되었습니다. 인조 12년경 정액 세제로 되어 4두와 6두 사이에서 결정되었습니다. 전세 수치를 4두와 6두 사이에서 정하게 되어 토지는 인조 12년에서부터 영조 35년까지는 답험정액세제(踏驗定額稅制)라 하여 실제로 전토의 작황을 가서 보고 세액을 정하는 것으로 바뀌었습니다.

영조 35년부터 갑오개혁까지는 비출정액세제(比出定額稅制)로 바뀌어 시행되었습니다. 비출이라는 것은 중앙정부에서 세결의 총액을 정하여 재정의 손익분을 정해놓고 그 부분에 대한 상대적인 납부액을 각 지역별로 나누어주어서 그것에 해당하는 것만큼만 세금을 감면해 주고 전체적인 것은 그대로 거두어들이는 것입니다.

여기에서 문제는 급재(給災), 즉 당해 년에 병충해라든가 풍해라든가 홍수에 대한 부분을 국가가 얼마만큼 인정해 주느냐에 달려 있습니다. 답험정액세제에서는 수령과 관찰사가 전지를 실사하면서 그것에 의해서 세액을 정하였습니다. 그렇지만 영조 36년부터는 특별 감면제도를 폐지하고 당해 년도 호조에서 작황을 정해서 각 도로 그 급재의 부분을 분배해 줍니다. 각 도에서는 통보된 급재수를 제외한 피결수에 대한 세수를 정하여 거두었습니다.

가장 중요한 쟁점은 양안의 문제였습니다. 조선시대에는 전세, 전조, 전세액을 부과하고 전세액을 징납하는 중요한 근거 자료가 양안, 즉 토지대장이었습니다. 이 토지대장은 조선시대의 법체제로는 20년마다 한 번씩 양전하여 토지 등급, 주인, 작인 등의 정확하고 새로운 정보로 작성하도록 되어 있었습니다.

이를 위해서는 토지에 대한 정보가 사실 정직해야 하고 최신의 정보가 수록되어야 하는데, 토지에 대한 정보 즉 양전에 의한 양안의 정보가 정확하지 않았다는 것이 문제였습니다. 이 양안에 기초해서 국가가 토지에 대하여 부세(賦稅)하고 징세한다고 하였을 때 양안이 부정확하다는 것은 세정(稅政)을 혼란스럽게 하여 사회적 문제를 일으킬 소지가 많다는 것을 의미합니다. 어떤 재력가들은 자신의 토지를 양안에서부터 빼어 없앴습니다. 은결(隱結)이라고 합니다. 뿐만 아니라 실제 토지는 잘 경작을 하고 있는데 경작하지 못하는 묵은 땅이다, 못쓰게 됐다고 기록하기도 하였습니다. 이런 이유 때문에 국가는 부세의 공정성을 잃게 되고 백성인 농민은 담세의 고통을 받게 된 것입니다.

국가는 당해 년에 거두어들일 세액의 총액을 정해 놓고 담세자들에게 부세하게 됩니다. 그러면 일부 실제 경작자들의 토지가 부세 대상자에서 빠지면 나머지 담세 농민들은 과중한 부세를 감당할 수밖에 없게 되고 이와 연계되는 부조리가 조선 후기 전세의 문제로 심화되었습니다. 결국 부조리한 양전의 문제, 정직하지 않은 양안의 문제는 조선 후기 사회의 커다란 사회문제이자 농정의 문제가 되었습니다.

균역법과 군정의 문란

균역(均役)이라는 것은 역을 고르게 한다는 뜻이 담겨 있습니다. 어느 한쪽에 치우치지 않는 평균이라는 뜻이 강조되고 있습니다. 반대로 보면 이 사회가 상당히 고르지 못하다, 불평등하다는 것을 시사합니다. 역사 현실에서는 이 불평등한 균역의 문제를 어떻게 해소하고 균역의 문제를 평등하게 조절하려고 하였는가가 조선 후기의 시대적인 과제였다고 우리는 이해하고 있는 것입니다.

조선 후기 군정(軍政)에서 시대적 과제는 해당 인민에게 균역을 구현할 수 있는가였습니다. 원래 군정은 모든 양인들이 참여하는 세정입니다. 양반을 포함하는 양인 모두에게 골고루 원칙대로 군역의 의무를 수행하면 그 사회는 안정되고 불만이 있을 수 없다고 판단하고 있으나 현실에서는 양반은 양반대로 상민은 상민대로 과중한 군포의 부담으로 균역이 공평치 못하다는 불만의 소지가 있었다는 것을 지적하고 있습니다. 그리고 그 불만의 소지를 해결하기 위해 조선 후기에 이른바 균역법이 등장하게 됩니다.

그러면 군정의 군역, 양역을 부과하는 원칙이 지켜지기 위하여 이용된 자료는 무엇일까요? 전정(田政)의 기본 자료가 양안(量案)이라면, 군역의 기본 자료는 군적(軍籍)인데, 군적이 만들어지는 기본 자료는 호적(戶籍)입니다. 이 호적은 3년에 한번씩 정리하여 만들어집니다. 전근대사회에서는 영아 사망률이 높아 신생아가 태어나자마자 신고는 안하고 몇 해가 지난 후에 등록을 하는 것이 관행이었으며 또 다른 이유는 행정 관리도 적고 한 사람의 행정 관료가 행하는 업무가 많기 때문에 3년에 한번 군현(郡縣)에서 호적을 새롭게 작성, 중앙의 호조(戶曹)와 감영(監營)에 보고하도록 되어 있었습니다.

양안과 마찬가지로 호적대장도 3개를 만들어 당해 군현과 지역 감영에, 또 하나는 이조(호조) 등 중앙부처에 보냈습니다. 호적에 기록되는 것은 직역(職役 : 신분) · 사조(四祖 : 증조 · 조 · 아버지 · 외조) · 본인의 출생 날짜 · 가족 등이었습니다. 호적에 의해서 양역, 군역에 해당하는 사람이냐 아니냐가 판단된 것입니다. 군역의 문제는 호적에 기초하고 있기 때문에 많은 사람들이 호적 작성에 부정을 행하였다고 보입니다. 관리와 협잡을 하거나 합법 혹은 불법으로 호적의 직역(신분)을 고치는 현상이 심화되었다고 할 수 있습니다.

부조리한 상황이 심화되고 있는데 이와 같은 것을 묶어 호적법의 문란이라 하며 호적 자료 정리의 문란에서부터 오는 혼란이 양민에게 있어서 상당한 불만의 소지가 되었다고 보겠습니다.

구체적인 통계를 하나 들어보면, 이런 것이 있습니다. 경종 3년 1723년 충청도의 경우 회덕에는 양민의 호가 270인데 군역은 1,000이 넘었고, 진장에는 양민이 200인데 군역이 800이 넘었고, 서산에는 양호가 1,200인데 군역이 4,000이 됩니다. 이 얘기는 실제로 양민이 1,200호가 되는데 4,000명분에 해당하는 군액을 내야 한다는 것입니다. 이것은 조선 후기에 들어서 많은 양민들이 중인이나 양반으로 신분을 상승하여 양인에서 빠져나간 때문이었습니다.

그러나 국가는 어떤 입장이냐 하면 기본적으로 정해진 세수(稅收)를 한다는 것입니다. 따라서 호적상 남아 있는 양민들로 남아 있는 정남에게 국가가 수요로 하는 군포를 납부하도록 요구하고 있는 것입니다.

하급 행정 당국에서는 부족한 군정 부문을 해결하기 위해 16세가 되지도 않은 어린 남자 아이를 군정으로 편성하여 군액 숫자를 맞추는 등 불법을 자행하게 되었습니다. 이것이 황구첨정(黃口添丁)이라는 것입니다. 어린 아이를 정남(16~60)으로 생각하여 군안에 첨가시키는 것입니다. 한번 호적대장에 오른 경우 이미 죽은 사람이지만 살아 있는 군정으로 군포를 내도록 한 것을 백골징포(白骨徵布)라 하였습니다. 죽은 사람도 세금 내라는 것입니다. 과중한 부담으로 견디다 못하여 야반도주하면 그 이웃에 사는 사람이나 인척에게 군포를 징수하는 사례도 생기게 됩니다. 인징(隣徵), 족징(族徵)이 그것입니다. 그러한 사태가 벌어지고 있었던 것입니다.

문제는 이러한 폐단이 부분적이라면 관리들의 횡포나 부패 상황으로 인식하여 교정을 시도할 수 있겠으나, 사회 전체의 문제로 등장하였을 때는 국가 차원에서 해결하여야 하는 문제가 되는 것입니다. 17세기 중엽 이후가 되면 양역의 문제를 국가 차원에서 개편해야 되겠다는 의견이 등장하게 되었고, 현종·숙종·경종·영조 대에 걸쳐 양민들의 군정에서의 고통은 균역법으로 변혁되어간 것입니다. 그것이 영조 26년에 이르러서는 군포를 2필에서 1필로 감하고 그 부족분을 별도의 재원을 마련해서 보충하는 것으로 수습되었습니다. 그러나 균역법의 시행으로도 군정의 문제가 완전히 수습되었다고 볼 수는 없습니다.

군포 2필을 1필로 감하면서 부족한 군포의 문제를 어떻게 해결하였느냐 하면 도지를 근거로 하여 군정에서의 부족분의 재정을 징수하게 된 것입니다. 토지는 양반도 양민층도 소유하고 있어 균등 부과라는 명분에는 어느 정도 부합한다고 할 수 있습니다. 물론 양반들의 반발도 있었으나 군정의 일부가 토지에 부과된다는 것은 토지 경영에 주로 참여하는 신분층이 양반들이라는 점을 배려하면 역시 그들에게 그 군정의 몫 대부분이 기울어져 있다는 것을 유의해야 할 것입니다.

또한 균역법상 군포 2필을 1필로 줄이고 나머지 부족분을 보완한 것이 어염세(魚鹽稅), 어세(漁稅), 선세(船稅) 등 지금까지는 세금을 부과하지 않았던 새로운 세원(稅源)을 찾아 부과하게 됩니다. 강조하고 싶은 것은 지금까지 어세, 염세, 바다의 양식업, 고기 잡는 어장 등에서 얻는 이익 또는 소금 선세 등 지금까지는 왕실이 독점해 왔던 경제 활동의 잉여금을 세금으로 환수하여 군정의 부족분을 보충하였다는 것입니다. 국가는 지금까지 양민인 평민들이 감수하였던 군포의 부족분을 이런 데에서 보충하려 하였습니다. 이것은 왕실을 견제하려는 양반들의 정치적인 주장과 타협된 결과라고 봅니다. 양반에게는 토지세로 군정의 부족분을 책임지도록 하였기 때문입니다.

균역법이 영조 26년에 성립이 되는데 균역법의 성립으로 군정에서 비롯되었던 제도적 모순, 사회적 폐단의 정리가 완결되지는 않았지만 왕실, 양반 사대부, 양민들 사이에서 일정한 재정의 균형을 추구할 수 있었다는 긍정적인 평가를 할 수 있겠습니다.

결국 군정의 문제가 균역법으로 정리되는 역사 현실에 대한 평가를 우리는 역사 발전 과정에서 조선 후기 사회를 긍정적으로 이해하려는 역사 인식의 반영이라고 보려는 것입니다. 예컨대 10만 호의 양민이 50만의 양역을 담당해야만 하는 불평등을 해결해야 된다는 취지로 균역법을 성사시키려는 노력이 있었던 것입니다. 조선 후기 사회에서 백골징포, 황구첨정, 족징, 인징이라는 부패 상황이 지적되었으며 전 사회를 불안하게 하고 정부 당국자로 하여금 어떤 대수술로 개혁 개선해야 한다는 당위론 속에서 균역법이 등장하였다고 하겠습니다.

환곡 운영과 문제

조선 전기에는 환곡(還穀)을 위한 재정 안정을 위해 일분모회록(一分耗會錄) 제도를 통해, 환모(還耗)는 공식적으로 국가 재용을 위한 수입의 하나로 들어가게 됩니다. 환모는 환곡을 거두어들일 때 원곡 이외에 쥐나 새 등에 의해 발생된 손실분을 채우기 위해 환곡에 이자 1할을 붙여 거두도록 한 것입니다. 이것을 '일분모회록'이라 부릅니다.

이것이 양란을 거친 후에는 국가재정의 부족이 커지고 청나라 사신 접대를 위해 10분의 3을 회록(會錄)하는 '삼분모회록(三分耗會錄)'으로 늘어나게 됩니다. 여기서의 회록이란 세곡을 거둘 때 쥐나 새, 혹은 습기 등에 의한 자연 감모를 보충하기 위해 1할을 더 거두고 그 1할 내의 1할을 별도로 계산하고 보관하는 것을 말합니다. 이것만을 본다면 국가가 나서서 백성들로부터 부세 수입을 강제로 늘린 것이 되는데 문제는 이러한 방식을 중앙뿐만 아니라 지방 관아 등에서도 취하였다는 것입니다. 여기에 수령이나 아전배의 농간이 끼어들게 될 여지는 매우 높았기 때문에 국가의 입장에서는 이를 어떻게 감찰하느냐가 조선 후기에 커다란 국가적 과제로도 떠오르게 됩니다.

조선 후기 재정 부분에서 이 환곡이 차지하는 비중이 증가하게 되면서, 환곡제의 운영 과정에서 사회문제가 돌출됩니다. 운영상의 문제로 농민층은 더욱 혹독한 시련에 빠지게 되었습니다. 우리가 앞에서 이미 제시하였던 바대로 조선 후기 모든 재정의 기반이 되는 세원은 전지(田地)인 토지로 집중되고 있었습니다. 전정(田政)은 말할 것도 없고 공납에서 대동미 군정의 일부가 전세로 전화되었는데, 환곡도 토지를 기준으로 설정하여 토지의 많고 적음으로 하여 환곡을 국가가 대여해 주고 또 대여한 환곡에 해당하는 환상(還上)■를 회수하는 작업이 있었던 것입니다.

■**환상** 환곡에 대한 이자분, 즉 환자(還子)를 말함.

농민층을 어렵게 만든 중요한 원인은 재정 문제로 등장한 환곡제 운영 과정이 공정하고 정상적으로 이루어지지 않는다는 데 있었습니다. 환곡은 농민에게 배분하는 과정에서부터 부조리가 있었습니다.

예를 들면 배분 때는 썩은 곡식, 불량한 곡식을 준다든가 또는 되박질을 박하게 하고 가을 회수할 때는 좋은 곡식으로 받는다든가 하는 관행이 농민을 괴롭게 하였던 것입니다. 환곡을 강제로 대여하고 회수할 때도 본인이 아닌 인징, 족징 사태도 벌어지게 되었습니다. 이밖에도 필요 이상의 곡식을 강제로 빌려준다든가, 출납을 허위 보고한다든가〔反作〕,

창고에 남은 곡식까지 대출하여 취식한다든가〔加分〕, 창고에 없는 곡식을 있는 것처럼 장부에 꾸민다든가〔虛留〕 하는 등의 부정이 속출하였습니다. 범위가 확대되어 가면서 억울한 농민이 증가하여 사회문제가 되었습니다.

따라서 환곡의 문제가 조선 후기의 정치, 경제, 사회 문제와 연계된 중대한 쟁점이라는 것으로 인식하면서도, 국가재정과 농민의 경제에 깊게 관련되어 있어 해결책이 쉽게 나올 수가 없었다고 하겠습니다.

이 문제에 대해 해결책으로 정부는 면리(面里) 단위의 공동공납, 그러니까 공동납 수세 방식을 추진하였습니다. 이를테면 세금을 내기 위한 계(契), 세금을 공동으로 대처하기 위해 계의 형태로 유도하고 농민 또한 공동 대응이 이루어지고 있었다고 하겠습니다. 군포계(軍布契)라든가 동포계(洞布契), 민고계(民庫契), 민고(民庫)라는 것을 만들어 난국에 대응한 것입니다.

민고 또는 계의 형태를 통해서 공동 납부 형태로 국가 부세에 대응하고 있었으나 이런 것이 결국은 조선 후기의 정치 또는 행정 운영상의 부조리 문제를 해결하지는 못하고 결국은 민란(民亂)으로 치닫는 형태로 빠지게 되는 것입니다.

13장

실학, 성리학의 지평을 넘어

실학의 발생 배경과 성격

실학은 조선 후기 사회 전반에 대한 문제를 새롭게 해결하고자 생겨난 학풍을 말합니다. 그렇기 때문에 실학이란 새로운 개혁적 학풍이 나타난 데에는 거기에 상응하는 자극과 성찰이 있었다는 것을 전제할 수 있습니다. 이것은 곧 임진왜란과 병자호란 후 조선 후기 사회 전반의 문제를 진단하는 데서부터 출발할 수 있을 것입니다.

임진왜란과 병자호란은 국제 전쟁이라 할 수 있습니다. 조선왕조는 이 국제전에서 결코 승리를 거두지 못한 채 엄청난 피해를 당해야 하였습니다. 이로 인해 조선 사회를 유지해 왔던 사회체제는 다시 조정되어야 하였습니다. 그 과정에서 주목된 것이 청나라의 성장입니다. 압록강 일대 변방 오랑캐에 불과하였던 청나라가 어떻게 중국 대륙을 지배할 수 있었을까 등에 대한 물음을 가졌던 것입니다.

이에 따라 조선의 지식인들은 서학(西學) 및 청대 학술의 경향을 주목하였습니다. 17세기 이래 중국에서 간행된 마테오 리치의 ≪천주실의(天主實義)≫ 등 한역서학서(漢譯西學書)가 조선에 전래되어 새로운 사상적 영향을 끼쳤습니다. 인조 9년(1631) 정두원(鄭斗源)은 천리경(千里鏡)·자명종(自鳴鐘)·만국지도(萬國地圖)·서양풍속기(西洋風俗記) 등을 가져왔고, 소현세자(昭顯世子)는 아담 샬(중국명 湯若望)과의 교류를 통해 받은 천문·산학(算學), 가톨릭교에 관한 책들과 지구의(地球儀)·천주상(天主像) 등을 가져옴으로써 서양의 천문학·지리학·기하학 등 과학적 합리적 사고에 대한 관심을 가지게 하였습니다.

또한 청나라에서는 강희제(康熙帝)와 건륭제(乾隆帝) 등에 의해 가히 중국 문화의 대정리 사업이라 하여 문화 사업 정리가 주도되었습니다. 강희제 때에는 ≪강희자전(康熙字典)≫이나 중국 최대의 유서(類書)라 할 ≪고금도서집성(古今圖書集成)≫이 씌어져 1차 정리가 있었습니다. 또한 건륭제 때에는 주균(朱筠)의 건의에 따라 1772년부터 10년 동안에 걸쳐 당시 수집한 서적을 경(經)·사(史)·자(子)·집(集)의 4부로 나누고 이를 교정해 정서시켜 ≪사고전서≫를 편찬하였고, 책마다 저자의 이력·내용·비평을 적은 〈제요(提要)〉를 덧붙였습니다. 이러한 일련의 청의 문물 정리 사업은 고증학(考證學) 학풍을 불러일으켰고, 이에 대해 조선의 지식인들은 관심을 갖지 않을 수 없었습니다.

다음으로 17세기 이후 사상과 문화 그리고 사회경제적인 변동의 흐름을 주목할 수 있습니다. 이를 한마디로 정리한다면 조선 후기 실학이 발생하고 성장할 수 있었던 내면적 자극이 있었으며 이를 수용할 지적 토대는 조선 전기 이래 축적되어 왔던 성리학의 심화였다고 할 수 있다는 점입니다. 좀 더 구체적으로 살펴보도록 하겠습니다.

현재 우리 사회는 자동차를 소유한 것만으로 자기의 사회적 신분을 내세우고 있질 않습니다. 그러나 지금부터 한 30년 전만 하더라도 자동차를 가진 집이라 하면 사회적 신분을 달리하는 상징으로 인식되었습니다.

그렇게 사회적 변화가 있었다는 얘기는 그 내면의 경제 활동의 변화를 얘기하는 것이고, 경제 활동의 변화란 경제의 생산성이 그만큼 향상되고 있었다는 것을 시사합니다.

조선 전기에는 지주의 형태로 양반 지주가 일반적이고 전형적인 것이었다면, 중기로부터 후기가 되면 양반 지주가 다 없어지고 경영형 부농 형태의 서민 지주만 있었다는 얘기는 아니지만, 새로운 지주 계층인 경영형 부농 지주가 등장함으로써 사회적 경제적 변화가 있었다는 얘기입니다.

그 다음 상품화폐경제가 발전하고 있었다는 얘기입니다. 상품화폐경제는 농업경제의 생산성이 높아지니까 자기가 먹고 남는 물건, 즉 잉여 물품이 시장으로 가고, 시장에서 교환이 이루어지는 유통경제가 활성화되는 것이 조선 후기 사회 경제의 변화 내용이 되는 것입니다. 역사상 중세는 농업 사회이고 농업 사회가 지향하는 사회 및 경제 형태는 자급자족 경제 형태입니다. 자기가 생활하는 것은 자기가 생산해서 자기가 먹고, 자기가 생산해서 자기가 옷을 해 입고, 자기 손으로 집을 짓고 하는 게의 자급자족의 경제입니다. 자급자족의 형태에서 시장경제 유통경제의 형태로 넘어가는 것이 조선 후기 사회의 변화였습니다.

여기에 한 가지 더 주거 생활의 변화를 들 수 있습니다. 조선 후기에는 상업 도시적인 양상이 대두되고 있습니다. 도시 주거 생활이 등장하고, 도시의 발달이 이루어집니다. 사실 전근대사회는 도시 집중을 꺼려합니다. 동·서양 사회에서 농업 사회일 경우 도시 주거 생활이 불편하다는 것입니다. 도시 생활이 유지되기 위해서는 산업 전반에서의 생산구조의 틀이 도시 생활을 가능하게 도와야만 하는 것입니다. 예컨대 기본적인 전기나 수도와 같은 기초적 생활시설이 있어야 합니다. 이밖에도 교통문제 즉 자동차, 도로, 철도 이러한 것들이 도시 집중을 가능하게 하고 또 가속화시켰다고 보게 되는데 농업 사회의 생산성으로는 이 같은 도시 생활을 지탱할 수 없었던 것입니다. 조선 후기 사회 경제의 변동과 생산성의 향상은 도시화를 가능하게 하는 요인이 되고 있었다는 것입니다.

그 다음 학문적인 면에서는 농업 사회를 지지하는 주자의 유일 기준을 거부하는 풍토가 있었다는 얘기입니다. 당시 사회의 모순을 개혁하자는 의견을 조선 후기 사회가 다양하게 제시할 수 있었던 것은 조선 사회가 주자학 이외의 것은 모두 배제하는 경색된 사회는 아니었다는 얘기입니다. 그러나 주자의 유일 기준은 거부하였지만 공자라고 하는 보다 근원적인 차원의 원시 유교까지 거부한 것은 아니라는 점을 유념해야 합니다.

조선 후기 이러한 학풍의 선두에 서서 주자학을 비판한 대표적인 사람이 미수 허목입니다. 허목의 고문 운동, 고학 운동은 '탁고개제(托古改制)'라는 용어가 상징하듯 현실 개혁의 논리를 원시 유학에서 찾아야 한다는 자세였습니다. 말하자면 옛 고전을 근거로 하여 현 제도를 개혁한다는 것입니다.

서양에서도 중세를 극복하는 과정에서 일어난 개혁을 르네상스 운동이라고 명명하고 있습니다. 서양 역사의 고전 고대 그리스와 로마의 문화에서 인간의 존엄성을 재조명하자는 주장을 하면서 중세의 교회 중심의 역사를 개혁하자는 것입니다. 그것이 르네상스입니다. 휴머니즘, 휴머니티, 인간 중심의 사회 문화, 중세의 신이 아니라 인간을 다시 학문의 대상으로 삼아야 된다는 것을 강조한 것입니다. 신을 그리는 것에서 인간을 그리는, 인간을 조각하는 그런 정신을 주장하였듯이, 동양 사회에서는 중간 시대에 주자에 의해서 고착된 이념의 틀을 다시 공자 시대의 원론으로 돌아가서 당대의 사회문제를 해결하여 보자는 학문의 자세를 정립하였다는 것입니다.

그런데 우리가 여기서 다시 한 번 주목하여야 될 대목이 있는데, 역사라고 하는 것이 단순하게 지나간 역사의 시간 속에서 일어나는 사건 사실만을 말하는 것이 아니라는 겁니다. 그리고 과거의 인물만도 아닙니다. 과거의 어떤 시간에 일어난 이벤트 그 자체가 역사는 아닙니다. 역사는 어디까지나 역사가가 사건에 대해 정리하고 다시 의미를 부여한 다음 생명력을 얻게 되는 것입니다. 실제로 조선 후기 사회에서는 이렇게 자기 시대의 문제를 극복하기 위해서 학문적으로 여러 갈래의 접근과 고심이 있었던 것입니다. 그리고 그 학문적 고심은 조선 후기 사회의 모순과 개선을 위해 일정한 기여를 하였고, 그렇기 때문에 그 과정에서, 그 과정의 결과로서 오늘의 우리가 있는 것이라고 하겠습니다.

실학이라고 하는 문제는 사실상 해방 이후에 한국 학자들에 의해 본격적으로 연구된 역사학의 주제였습니다. 실학의 문제를 연구하기 시작하였을 때 이 시기의 지성인들이 학문적으로 보다 주권국가의 주인으로서 가졌던 자신들의 시대에 대한 고민과 반성, 올바른 방향에 대한 모색과 개혁책을 제시한 것이 구체적으로 드러날 수 있었습니다. 역사 속 너덜너덜한 문헌 가운데 묻혀 망각될 수 있었던 조선 후기 사회의 개혁론은 현재의 역사학자들의 고민과 합치되면서 비로소 다시 그 빛을 발할 수 있었던 것입니다.

실학의 의미들

우리가 실학이라고 하는 것은 조선 전기 성리학적 학문 성향을 탈피하여 유교 경전을 연구하고 당시 사회문제를 해결하려는 학문 성향을 지칭합니다. 조선 전기가 고려 말기 사회의 모순을 개선하고 새로운 사회의 건설을 위해 성리학이라는 학문 체계를 수용하고 새로운 시대의 지표로 설정을 하였다면, 조선 후기는 성리학이 구축해 놓은 조선 전기 사회체제의 한계를 경험하면서 그 한계를 조선 후기 사회가 극복하기 위하여 또 다른 학문적 지표로 설정하고 있었던 것입니다. 우리는 이것을 실학(實學)이라 하는 것입니다.

실학이란 용어는 본래 '실사구시학(實事求是學)'의 약어로 실제적인 사물에서 그 진리를 탐구한다는 뜻을 담고 있습니다. ≪전한서(前漢書)≫에서 하간헌왕(何間獻王)이 '수학호고 실사구시(修學好古 實事求是)'하였다 한 데에서 실사구시라는 말이 보입니다. 이 때의 실사구시란 황로학(黃老學)이나 도참설(圖讖說)과 같은 것이 아닌 유학(儒學)과 예악, 형정(刑政)의 법을 연구 숭상한 것이었습니다.

청대의 고증학풍에서는 고증학의 대가 대진(戴震)이 '실사구시 부주일가(實事求是 不主一家)'라 하였고, '실사구시 무증불신(實事求是 無證不信)'이라고도 하여 한 사람의 학설에 국한되지 않으며 증거가 없으면 신용하지 않는다는 학풍을 조성하였습니다. 이 때 청조의 고증학은 공리공담의 방향으로 흐르고 있는 송유의 성리학에 대해 망국학이라 혹평하고 이를 극복하는 것이 실사구시학의 실학적 고증학이라 자신하였던 것입니다.

조선 영조 대에는 영조 5년(1727) 국왕을 접견한 덕촌(德村) 양득중(梁得中)이 하간헌왕의 실학에 대해 설명하면서 허위의 학풍을 버릴 것을 진술한 바가 있었습니다. 이에 영조는 양득중의 진강을 청취하면서 '실사구시(實事求是)' 네 글자를 써 실내의 벽 위에 붙이게 한 바 있습니다. 청조의 고증학적 실사구시는 후에 추사 김정희가 그들의 설을 수용하여 〈실사구시설(實事求是說)〉에서 학문의 도에 대해 문호(門戶)를 분별할 것이 아니며 심기를 평안히 하여 학행을 두터이 하여 실천한다〔평심정기(平心靜氣) 돈학실행(敦學實行)〕 함에 있다 하였습니다.

이상의 내용을 본다면 보는 바에 따라 실학의 개념에 대해 차이를 보이고 있음이 나타납니다. 사실 실학이라는 것은 비역사적 개념일 수 있습니다. 실학(實學)이라고 하는 것은 허학(虛學)과 상대적 개념입니다. 사실 실학이 역사적 개념이 되기 위해서는 17, 8세기 시대상을 알아야 합니다. 그러니까 18세기의 시대상을 산업혁명의 시대, 19세기의 시대상을 제국주의 침략의 시대, 20세기의 시대상에서는 전반부는 세계대전으로 후반기에는 우리들이 이미 체험한 시기입니다. 20세기 후반부터 컴퓨터라는 괴물이 등장합니다. 그래서 새로운 정보화 시대라고 할 수 있는데 이러한 유형의 시대 호칭은 역사 발전 단계에 따른 시대성을 반영한 명칭이므로 역사적 용어로 쓸 수 있습니다.

여기서 실학이라고 하는 것은 사실 알찬 학문이라는 의미가 담긴 명칭입니다. 고대에서도 알찬 학문이 있을 수 있고 중세에서도 있을 수 있습니다. 성리학도 실학이라고 할 수 있는 것이며, 실제 조선 초기의 주자학을 당대에는 실학이라고 인식하고 있었습니다. 고려 말기의 혼돈된 사회를 조선 사회로 변화 개혁하기 위해서는 성리학을 지표로 삼아야 하였습니다. 이 때 성리학은 허학이 아니라 실학입니다.

성리학은 조선 중기 이후로 오면 매우 명분론에 빠지고 공허한 논리에 치중한 경향이 있습니다. 때문에 성리학을 가지고는 또 성리학이 정립해 놓은 조선 초기의 체제가 갖는 역사 모순을 극복할 수 없어 새로운 학문을 시작해야 한다는 경향이 나타나게 됩니다. 그래서 예컨대, 조선 초기의 성리학의 연장선에서 17세기에 오면 '예학(禮學)'이란 학문 분야가 개척되고 그리고 '양명학(陽明學)'이 있있습니다. 이러한 학문의 신경향에 모두다 실학이라는 용어를 붙일 수 있습니다. 성리학적 실학, 예학적 실학, 양명학적 실학이란 얘기가 있을 수 있는 것입니다.

이러한 흐름과 함께 조선 후기 사회가 세계사의 변화와 합류할 수 있는 지적 토대가 이루어지기 시작하였다는 것입니다. 보편적인 역사 인식으로 접속될 수 있었던 것은 서학 천주교와의 만남이었습니다. 천주교의 수용 과정에서 서양의 문명, 지식 정보가 교류되었다는 것은 천주교라는 종교를 통해서 지금까지의 자기 전통문화의 가치와는 분별되는 내용을 만나게 되었다는 얘기입니다.

앞서 예시한 것처럼 역사적 용어로 조선 후기 실학이 역사 개념으로 수용되기 위해서는 조선 후기 학문과 사회가 근대 지향적이며 탈 성리학적 요소가 있는 경세(經世 : 정치 운영의 효용이 있는)적 학문의 내용이 갖추어져 있는 것이어야 한다는 것입니다. 백성들을 위해서 전 인민이 다 공유할 수 있는 경제적 부 창출과 인권 향상을 위해 어떤 기여를 할 수 있다는 사실을 내용으로 해야 합니다. 그 학문의 논리를 우리는 조선 후기 사회의 학문적 성향이라고 한다면 역사 용어로 바로 그것을 '실학'이라고 부를 수 있는 것입니다.

새로운 학문 방법론

실학은 근대 지향적인 학풍을 담고 있었다고 합니다. 실학이 전체 내용으로 볼 때 근대 지향적이라고 하는 것에 앞서 실학의 연구방법에 대해 살펴보는 것이 필요합니다. 즉, 그들의 관심과 그 관심을 풀어가는 과정에 대한 이해를 통해 실학이 지향한 사회적 이상에 접근할 수 있기 때문입니다.

우선 실학의 연구방법상의 특징은 '박학(博學)'이라고 하겠습니다. 널리 배운다는 얘기입니다. 광범한 문제의식을 갖고 광범한 자료를 수집하고 정리하려는 경향을 보이고 있는 것입니다. 어느 한 부분 특수한 문제에만 집중하는 것이 아니라 정치, 산업, 경제, 문화에 걸쳐 광범한 백과전서적 지식을 습득하고 정리하려는 경향입니다.

조선 전기의 학계는 유학의 형이상학적 쟁점에 몰입되었습니다. 이를 테면 이기론(理氣論)·이발(理發)·기발(氣發)·사단칠정(四端七情) 등 형이상학적 영역의 쟁점만을 학문적 관심사로 인식하였으나 실학자들의 관심사는 형이하학(形而下學)의 문제를 자세히 묻고, 성찰한 위에서 사회 현실의 쟁점을 해결할 것을 추구하였던 것입니다.

가까운 곳에서부터 멀리 간다라는 말은 한자로 표시하면 '자근행원(自近行遠)'이라고 합니다. 그리고 '자천입심(自淺入深)'이라 하여 얕은 곳에서부터 깊이 들어간다 하였습니다. 보통 학문이라 하면 고고한 것,

잘 감이 안 잡히는 것으로 얘기하는데 그보다는 매우 가까운 실생활에서부터 시작해야 한다는 것을 강조한 것입니다.

조선 후기 유학을 연구하는 지식인들은 결국 자기정체성에 대한 회의와 고민 과정에서 이를테면, 도대체 나는 뭐냐, 우리 문화라는 실체가 무엇인가에 대한 의문, 그리고 우리의 정체성은 무엇인가를 진지하게 고민하는 학문적 성향을 갖게 되었던 것입니다.

우리 역사에 대한 고민과 재해석, 체계화 노력이 있게 됩니다. 또한 역사서의 편찬에 있어서 정사 중심의 사료 정리에서 벗어나 다양한 사료의 수집을 통해 새롭게 역사 인식을 하게 되었습니다. 안정복(安鼎福)은 사료의 인멸을 막기 위해 사료를 널리 수집할 것을 주장하면서 국가 비장 자료와 여러 가문의 문서들, 패관야승까지 두루 섭렵할 것을 주장하였습니다. 그는 이를 정리하면서 이른바 '삼한정통론(三韓正統論)'에 대한 이해를 제시하였습니다. 즉, 단군-기자-위만 조선으로 연결하여 인식하였던 한국 고대사 체계에 대해 좀 더 구체화된 단군-기자-마한(삼한)으로 체계화합니다. 안정복이 저술한 ≪동사강목(東史綱目)≫은 이러한 인식 속에서 우리 역사를 집대성한 것이라 할 수 있습니다.

이긍익(李肯翊)의 경우도 ≪연려실기술(燃藜室記述)≫을 저술하면서 소중화 의식을 비난하고 동이족 자체에 대한 강한 자부심을 강조하였습니다. 그의 이러한 인식은 고조선과 고구려를 강국으로 평가하는 소론계 가학(家學 : 가문에서 전수된 학문)으로 전수된 양명학적 유교사관의 연장선상에서 나온 것으로 볼 수 있습니다.

한치윤(韓致奫)은 ≪해동역사≫를 저술하면서 한・중・일의 문화 전수 관계를 대등하게 이해하였습니다. 화이관에서 벗어나 독자적 역사 전통을 지키려는 역사 인식을 하고 있었습니다. 기자조선의 이동설을 제기하여 기자-마한의 연결성을 부정하였습니다. 고구려, 백제, 발해사를 재평가함으로써 정통론적 역사 인식도 탈피하였고, 동이 문화권의 독자성을 강조하였습니다.

역사 인식의 확대는 고대사의 연구와 강역(疆域)의 인식, 문화지리 등의 분야로까지 이어졌습니다. 한백겸의 ≪동국지리지(東國地理志)≫, 정약용의 ≪강역고(疆域攷)≫, 이종휘의 ≪동사(東史)≫, 유득공의 ≪발해고(渤海考)≫ 등이 고대사의 연구와 강역과 관련된 연구였다면, 이중환의 ≪택리지(擇里志)≫나 신경준의 ≪강계고(疆界考)≫·≪도로고(道路考)≫·≪산수경(山水經)≫, 작자 미상의 ≪산경표≫ 등은 풍수지리학에 입각하여 우리나라의 산과 강을 인간과 관련시켜 이해한 저술이라 하겠습니다.

한편, 전통적인 유학이 향촌을 중심으로 하는 농촌 경제에 주안점을 두었던 데 반하여 북학론자들은 도시 생활과 상업 활동에 기여할 수 있는 학문이어야 된다는 입장을 갖고 있었습니다. 조선 후기의 많은 학자들은 사회구조, 산업구조, 정치구조, 문화 전반에 걸쳐 조선 전기가 지니고 있는 내용을 재편할 것을 제시하였습니다. 개편에서부터 재편, 그리고 다시 재조정해야 한다는 것입니다.

결국 실학의 연구방법론은 '이기론(理氣論)'이나 '인물성동이론(人物性同異論)'과 같은 성리학의 학문적 주제만이 아니라 시야를 넓혀 정치와 경제, 역사와 지리, 문화 등에 대한 관심을 학문의 연구 주제로 하는 새로운 학문적 지평을 열

인물성동이론을 두고 논쟁을 벌였던 한원진(좌)과 권상하(우) 영정.

수 있었던 것입니다. 그것은 성리학의 지평을 넘는 중요한 학문상의 변화였다고 평할 수 있겠습니다.

다산 정약용의 실학론

실학을 종합하고 있는 학자로는 다산(茶山) 정약용(丁若鏞)이 있습니다. 다산 정약용은 조선 후기의 여러 갈래 학파가 있어 사회개혁을 모색하고 있었을 때 이를 종합하여 조선 후기 학문의 종합적 지표를 설정하였습니다. 조선 후기의 사회개혁을 위해 학문은 이러 이러한 성격을 가져야 된다고 하였습니다. 즉, 정치에 기여해야 한다〔經世致用〕든가, 일상생활에 보탬이 되어야 한다〔利用厚生〕든가, 또는 모든 일에 있어서 실제 그 속에서 논리를 구해야 한다〔實事求是〕는 실학의 문제의식으로 연구를 한 것입니다.

정약용의 경우는 모든 실학의 문제를 총체적으로 종합하면서 이런 얘기를 하고 있습니다. 성리학적 입장을 거부하면서 새로운 인간관을 얘기하였습니다. 하늘은 인간의 마음에 자주권을 부여해 주었다 하는 인식을 가지고 있습니다. 인간은 주체적 자율성을 가진 존재로서 새로운 인식의 대상이 되었다는 얘기입니다.

유교 사회가 가지고 있는 이상적인 정치론이라는 것은 왕도정치론

남양주시 양수리에 있는 정약용 묘소(좌)와 다산 유적지 정문에 걸려 있는 현판, 실학연수(우).

이라고 얘기할 수 있습니다. 역사적으로 이 용어는 춘추전국시대에서 나온 것입니다. 원래 중국의 고대 하(夏)·은(殷)·주(周)시대를 이상적 사회로 설정하고 이 시기를 통치한 요(堯)·순(舜)을 성왕(聖王)으로 인식하고 이들이 시행한 정치를 왕도정치라고 하는 것입니다. 요·순시대는 왕도에 의해 정치를 잘하였기 때문에 최고의 이상국가 시대라고 하는 것입니다.

주왕조 후반에 가면 소위 춘추전국시대라고 하는 혼돈의 시대가 있었습니다. 그 혼돈의 시대를 일단 안정시키고 어느 정도 질서를 잡아가는 과정에서 나온 유능한 정치가들이 있었습니다. 그것이 춘추오패(春秋五覇)라는 겁니다. 춘추오패의 정치 도리를 우리는 패도(覇道)라고 합니다. 왕도와는 달리 일시적 안정을 위한 정치론을 패도라고 이해할 수 있는 것입니다. 말하자면 일정한 목표를 위해서 일부를 희생시키고 국가를 안정시키고자 한 것이 패도정치입니다.

왕도는 그것에 비해 국가 전체를 조화롭게 하여 국민 모두에게 만족을 줄 수 있는 태평성대, 지배층이나 피지배층, 농사짓는 사람이나 상업하는 사람 등 모든 사람에게 불만이 없는 조화와 균형, 절제가 되어 있는 그러한 사회를 만드는 정치를 말합니다. 이러한 것을 왕도라고 하는데, 왕도라는 글자로 보아서 알다시피 그러한 왕도정치를 이끌기 위해서는 왕이 아주 이상적인 정치의 중심으로 있어야 됩니다.

조선 후기 사회가 되면 붕당정치의 폐단이 일어나 왕에 의해 이상사회가 결정, 전개되는 것이 아니라 붕당에 의해 붕당의 이익을 위해 편향되고 있었습니다. 이것을 극복하기 위한 균형 잡힌 정치체제를 유지하기 위해서는 왕권을 구심점으로 하는 정치 개혁이 이루어져야 한다는 얘기를 하게 되는 겁니다.

가장 대표적 구상이 정약용의 저서에서 나타나고 있습니다. 정약용의 3대 저서로는 1표 2서로 알려진 ≪경세유표(經世遺表)≫·≪목민심서

(牧民心書)≫ · ≪흠흠신서(欽欽新書)≫가 있습니다. ≪목민심서≫는 목민관인 수령이 행정 과정에서 지켜야 할 덕목을 담고 있습니다. ≪흠흠신서≫는 형옥(刑獄)의 처리가 미비하고 무지한 데 따른 억울한 피해가 없게 하고 공정한 형정의 시행을 위해 ≪경국대전≫과 명나라의 ≪대명률(大明律)≫을 토대로 구체적 사례를 들어가면서 저술한 것입니다. 다산의 인권 존중 사상이 깊게 배어 있는 책이라 하겠습니다.

≪경세유표≫는 국가권력 구조의 틀로, 균형 잡힌 국가 운영을 위한 청사진을 담고 있는 것입니다. 정약용은 ≪경세유표≫에서 왕권을 구심점으로 한 관료기구를 만들고 운영해야 된다고 보았습니다. 물론 여기에는 왕권 강화라는 측면도 없지 않아 있겠지만, 왕권을 강화한다는 얘기가 아니라 왕이 중심이 되어서 국정의 균형을 유지해야 한다는 것으로 이해하고 싶습니다. 국가를 운영하기 위해서는 관료 선발의 문제가 얘기가 될 수밖에 없는 것이고, 관료의 반듯한 선발을 위해서는 관료를 양성하는 단계부터 국가가 조정해야 된다 하였습니다. 그래서 학교제도, 과거제도를 통해 관료의 양성과 선발을 구조적으로 연결시키면서 관료로서의 기본적인 자질이나 실무 능력을 고양시키고, 그런 단계를 거치면서 관료를 선발해야 행정의 효율성을 구할 수 있다는 얘기를 하고 있습니다.

우리가 주목하고자 하는 것은 오늘날 우리의 시각으로 정약용과 같은 실학자들이 당시의 사회 정치구조와 관료체제 안에서 현실적인 부조리한 문제들을 극복하는 방법론으로서는 옳은 견해였다고 판단할 수 있는 것입니다. 오늘날 우리 시대에도 학교제도, 관료 선발은 사회적 문제입니다. 이것은 오늘 우리 시대에도 정치, 사회 문제로 제기되고 있는 것입니다. 이러한 문제가 변화를 맞고 있는 조선 후기 사회에 있어서 정치권에서 해결해야 할 중요한 문제라는 것을 인식하고 이런 문제 해결의 원칙론을 실학자들이 접근하고 있었다는 것은 평가를 해야 된다고 봅니다.

국가재조론

조선 전기에서 구상된 사회구조의 틀이 중기에 오면 다시 개편되는 시대적 상황에 처하게 되고 그러한 시대적 상황에 부닥쳤을 때 조선 후기 사회를 이끌어 나가는 역사의 주인공들은 자기 시대의 문제를 어떻게 인식하고 이것을 어떻게 극복하려고 하였느냐는 것이 우리가 조선 후기의 역사를 얘기하는 데 초점이 되어야 합니다. 그런데 조선 후기 지식인들은 사회구조를 재편하고 구조조정하는 상황에 대해 '국가의 재조(再造)'라는 용어를 사용하였습니다. 재조는 다시 만든다는 의미입니다. 비슷한 역사 용어를 서양사에서는 르네상스, 즉 문예부흥이라는 용어를 쓰고 있지만 조선 후기 사회에서는 국가재조라는 용어를 사용하여 이 시기의 역사성을 나타내려고 하였습니다.

그것은 전근대에 있었던 사농공상(士農工商)이라고 하는 사회신분체제와 산업관을 다시 구조조정해야 한다는 것으로 나타났습니다. 신분제 농업 위주였던 사회가 상업도, 광업도, 수산업도 개발하고 그 속에서 경제의 잉여가치가 창출되어야 한다고 얘기하는 것입니다. 실제로 조선 후기가 되면 바다, 강으로부터 많은 경제 수익을 올리고 있습니다. 어세·염세·선박세 이런 새로운 세가 국가의 세원(稅源)으로 포착되었습니다.

조선 후기 국가에서 그런 부분에 세를 부과하였다는 것은 조선 전기 사회의 세원이 주로 토지세와 인두세(人頭稅)에 거의 집중되고 있는 것에 비하여 토지나 인두세를 뛰어넘어 어세·염세·선박세 쪽으로 세원을 확대하자는 것이었습니다. 그만큼 어업과 운수업 등이 발전하고 있다는 것을 알 수 있으며, 이와 함께 광업이나 거대 상인 집단들을 중심으로 한 상업의 발전도 염두에 둘 수 있겠습니다.

지주제의 확대와 토지개혁론의 대두 조선 중기부터 이른바 지주제 경영이 확대되어 양반 지주와 경작을 담당하는 농민층으로 경영구조가 정착되어 가면서 새로운 사회문제를 등장시키고 있었습니다. 지주에는 농업 노동을 하는 농민도 있었지만, 농업에 이윤이 많다거나 생산성이 좋다 그래서 관심을 가지는 사람들로, 이들이 농업에 투자는 하고 있지만 실제로는 거머리에 뜯겨 가면서 일을 하지는 않는 양반 지주층도 있었습니다. 양반 지주층은 재력 있는 사람으로 농업 노동은 하지 않지만 지주가 되어 농업경영을 하고 있었다는 것입니다.

또 한 가지 이 시대에는 지식인들 이른바 사림 유학자들이 한양에서 도시 생활을 한 것이 아니라 농촌에서 농업 노동을 하는 농민과 함께 살았다는 점을 주목할 필요가 있습니다. 그들은 지식인이지만 주경야독(晝耕夜讀)하는 가난한 유자들, 밤에는 글을 읽고 낮에는 노동을 할 수밖에 없는 그런 유자들이었기 때문입니다. 이들은 당시 농민들의 실상을 접하고 농촌 사회의 문제를 어떻게 해결해야만 하는가를 직접 생활 체험 속에서 터득한 것으로 이해되는 것입니다.

이러한 상황 속에서 이른바 조선 후기 농업 문제에 대한 근본적 진단과 그 해결책을 구상하려는 노력이 나타나고 있었습니다. 조선 후기 실학자들은 농업 문제의 근본에는 농지 소유의 계층적 편향성이라는 토지 소유의 문제가 있다는 것을 알았습니다. 따라서 이를 해결하기 위해서는 토지 소유 문제에 대한 근본적 재조정이 필요하다는 결론에 도달하게 되었습니다. 마치 오늘날 노동자의 불리한 상황을 개선해야겠다는 의식으로 일부 지식인 중에 노동운동을 선도하는 사례와 유사하다고 볼 수 있는 것입니다.

조선 후기 실학자들은 한전론(限田論), 균전론(均田論), 여전론(閭田論) 등을 주장하고 있습니다. 그들은 세력 있는 사람, 능력 있는 양반들이은 지주제 경영을 통해 힘겹게 농사짓는 농민들의 농업경영 성과의 몫을 과도하게 많이 차지하고 있다고 보았습니다. 그러한 재생산구조가 결국 토지 소유욕을 극대화시키는 것으로 이해되었습니다. 결국 농민들의 몫을 너무 적게 함으로써 농민 생활을 힘들게 하였다는 인식이 확산되었던 것입니다.

이를 극복하기 위해서는 근본적으로 농민에게 농지를 분배해주어야 하는데 어떻게 농민에게 토지 분배를 할 수가 있겠는가에 대한 고민이 있게 됩니다. 이 모든 상황을 극복해야 하는 상황이 닥쳤을 때, 유학을 공부한 사람들은 유학의 원론적인 테두리 안에서 인간의 본성의 문제와 사회적인 불평등의 문제를 한꺼번에 해결할 수 있다는 것이었습니다. 이를 위한 토지 분배론으로 제시된 것이 균전론(均田論)과 한전론(限田論), 여전론(閭田論), 정전론(井田論)이었습니다.

균전론

균전론(均田論)이라는 것은 국가가 보다 더 적극적으로 토지를 일정한 기준에 따라 많은 농민들에게 균등 분배해야 한다는 토지 분배론입니다. 이상은 그렇지만 이를 시행하기 위해서는 국가의 권력이 무척 강력해야 합니다. 그런데 조선시대 국가권력이라는 것이 그렇게 강력하지 못하였습니다. 그렇다면 균전론이란 원칙론으로만 논의되는 것이지 실현될 수 있는 것은 아님을 알 수 있습니다. 균전론 자체가 갖는 의미는 그 제도의 실시 여부가 아니라 균전론에서 주장하고 있는 사회적인 의미가 어떠하냐는 것을 우리에게 얘기해 주는 것이라고 보면 됩니다.

균전론은 당나라 때 실시되었던 균전제에서 예를 찾아볼 수가 있습니다. 남자 나이 16세가 되면 국가에서 일정한 토지를 지급하고 60세가 되면 국가가 분급한 토지를 회수하였습니다. 이러한 제도가 중국 당나라 때부터 시작되었던 것입니다. 균전제란 모든 토지를 공유 원칙에 의해서 노동력이 있는 백성들에게 토지를 골고루 분배하고 회수하여 모든 농지를 개간하고 생산을 독려할 수 있는 제도였습니다.

이러한 제도가 실시되기 위해서는 전제조건이 있습니다. 하나는 중앙정부의 권력이 막강해야 하고, 또 하나는 증가하는 인구와 비례하여 국가가 자유자재로 사용할 수 있는 공유지가 있어야 합니다. 그런데 이용할 수 있는 토지는 한계가 있습니다. 일정한 시기가 지나면 새로이 태어난 농민에게 분급할 토지가 없게 되는 현상이 발생합니다. 당나라 중반기에 가면 균전제는 중단됩니다. 또 국가권력이 약화되면서 이왕에 다른 사람이 가지고 있는 토지를 회수해서 새로 태어나는 사람에게 주지도 못하게 되었습니다.

여기서 우리가 주목해야 할 것은 균전제의 현실적 운영 문제가 아니라 유교 이념을 정치 이념으로 하여 국가를 운영하려고 하는 정치권의 기본적인 생각, 농민에게 일정한 토지를 분배해주어야 하겠다는 생각이 존중되고 있었다는 것입니다. 실학자들은 이런 점에 주목하였던 것입니다.

균전론이라는 것은 당시 토지 소유가 매우 불평등하다는 데서 사회적 불안이 태동되었기 때문에 이런 사회적 불안을 해결해야 한다는 것이 당시 지식인들 사이에서 논의된 주장이었으며 또 구상이었습니다. 이러한 균전론의 입장을 가장 잘 정리하고 있는 유학자가 반계(磻溪) 유형원(柳馨遠 ; 1622~1673)입니다. 그는 저서 ≪반계수록(磻溪隨錄)≫에서 균전론을 체계적으로 정리하였는데, 그 대강의 내용은 다음과 같습니다.

먼저, 그는 토지 분배의 원칙을 '경자유전(耕者有田)'에 두었습니다. 즉, 실제 경작자인 농민에게 균일하게 토지를 분배하며 조세도 이 토지를 대상으로 일률 부과하면 된다는 것이었습니다. 둘째, 그는 신라시대 이래 토지 양전(量田)의 단위였던 결부법(結負法)을 폐지하고 중국적인 경무법(頃畝法)을 시행하여 수확량 기준 토지 면적이 아닌 토지 면적을 단위로 한 계량법을 써서 관리들의 농간과 착취를 막고 합리적 토지 측량과 부세를 하자고 하였습니다. 셋째, 분급하는 토지의 양에 대해 농민 장정 1인에게 1경씩의 토지를 균등하게 나누고 국가기관과 관리들에 대한 차등이 있도록 하자 하였습니다. 그가 1경을 기준으로 한 것은 그 자신이 볼 때 약 40두락에 해당하는 1경의 토지가 1인의 농민이 경작 가능한 면적이라는 것입니다. 또한 조세를 내고 생계를 유지할 수 있는 최소한의 면적이라 보았던 것입니다. 여기서 여자의 경우는 제외하였습니다. 넷째, 경지 정리 때는 그 자신이 이상적 전제(田制)로 여긴 정전제(井田制)의 모양을 갖출 것을 주장하여 농로와 수로 확보에 유리하도록 하자 하였습니다.

결국 유형원이 주장한 균전론은 소작의 금지, 토지 겸병의 금지, 토지 국유화와 일부 신분 및 관직에 따른 차별이 있지만 농민에 대한 균등 분배 등을 통해 이른바 경자유전의 원칙을 실현하여 농민의 최저 생활을 보장하자는 뜻을 담고 있었던 것입니다.

그런데 균전제를 실시하는 것이 어려워지자 균전제의 이념을 한 단계 낮추어서 한전제로 풀어보려고 하였습니다. 한전제는 토지 소유를 제한하는 것입니다. 이른바 대토지의 소유 상한선을 두어서 토지의 분배를 자연스럽게 유도하려는 것이었습니다.

전근대사회에서의 경제력은 기본적으로 토지에 국한되어 있으므로 토지 소유 상한선을 설정하여 절대적 한계 상황에 있는 토지가 소수인에게 집중되는 것을 막고자 하였습니다. 대토지 소유는 토지를 갖지 않은 무전 농민과 아주 적은 토지를 가진 영세농민의 농업경영 활동을 저해할 수 있습니다. 여기에서 발생되는 경제적 불평등에서 파생되는 사회 불안은 정치적으로 바람직하지 못하다고 생각되었습니다. 이런 점을 극복하기 위해서 실학자들은 토지 소유 상한선을 제시한 한전론을 주장한 것입니다.

한전론

성호(星湖) 이익(李瀷 ; 1681~1763)은 토지의 사적 소유를 원칙적으로 배격하고 토지에 대한 절대적 처분권 및 관리권은 국가에 귀속시켜야 한다면서 이를 위한 전제 개혁의 한 방법이 토지 소유를 제한하는 '한전론(限田論)'이라 하였습니다.

한전론이라는 것은 토지 소유의 상한선을 제한하고, 일정 이상은 갖지 못하게 하자는 토지 소유 제한론이라 하겠습니다. 현재 기업에 자본금의 상한선을 두겠다는 것은 세계적인 기업으로 성장하는 기업의 경제 규모에 일정 한계를 둔다는 것으로, 이는 기업 활동을 못하게 하는 족쇄와 같기 때문에 그 상한선은 없어졌다고 하겠습니다. 현대에서 간척한 충남 서산 농장지는 기업 농업의 경영 방식에 토지 소유의 상한선을 둘 수 없는 것을 상징적으로 보여줍니다.

그러나 이 시대 한전론의 의미는 경영 방식에 제약을 두려는 부정적인 한전론이 아닙니다. 지주제 경영이 확산되는 흐름 속에서 토지 소유의 상한선이 없으면 소수의 사람에게 토지 소유가 편재될 수 있다는 우려를 보여줍니다. 이렇게 되면 많은 농민들이 토지가 없는 농민, 즉 무전 농민이 된다는 얘기가 되고 그러한 상황은 결국 농민층의 동요와 사회불안을 가져오게 된다고 본 것입니다. 따라서 한전론은 직업이 없거나 돈이 없는 사람이 이 사회 인구의 대다수라면 이 사회는 안정될 수 없기 때문에 가능하면 모든 농민이 일할 수 있도록 토지 소유의 편재를 극복하자는 소극적 방법론이라고 하겠습니다.

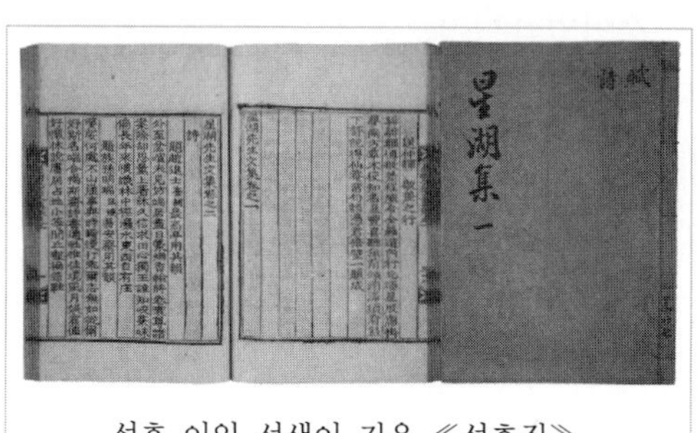

성호 이익 선생이 지은 ≪성호집≫.

토지 소유의 상한선을 설정하면 시간이 지나면서 광역의 토지는 상한선 아래로 점차 분배가 되어 간다는 것이 한전론의 요지입니다. 상속이라든가 양도, 증여에 의해 재분배된다는 것을 예측할 수 있는 것입니다.

정전론

본래 정전제는 중국 상고시대 하·은·주 삼대의 토지제도로 알려져 있습니다. 즉, 모든 토지를 바둑판 모양의 정자(井字)로 아홉 구획하여 중앙의 토지를 공유지(公有地)로 공동 경작하고 주변에 있는 8개의 구획 토지는 개인이 소유 경작하도록 한다는 것입니다.

그런데 정전제의 기본 정신인 균등 분배와 공동 경작 등은 매우 이상적인 것으로 여겨져 왔음에도, 실제 적용하는 데에 있어서는 어려움이 있으므로 현실을 직시해야 한다는 지적이 있었습니다. 그 대강의 내용은 다산 정약용이 ≪경세유표≫에서 말하고 있듯이 "하나는 지세가 불편하다는 것이요, 또 다른 하나는 백성의 수가 일정치 않다는 것이다." 라는 것이었고, "지금 정전을 논의하는 자는 반드시 먼저 온 나라의 전결(田結)을 계산하고 잇따라서 온 나라 백성의 수효를 계산한 다음, 비율을 정해서 고르게 분배하면서, '전결이 부족하다', '인구가 항상 넘친다' 하며 여기에 말을 만들되 '상고 시대에는 땅은 넓은데 사람이 적어서 정전을 할 수 있었으나 후세에는 인구가 날로 번성해서, 정전 제도는 다시 회복할 수가 없다' 한다."라는 것이었습니다.

이러한 비판과 지적에 대해 다산은 선왕의 제도를 깊이 고찰하지 않고 나름대로 말하는 것이라 하였습니다. 그리고 그는 ≪경세유표≫에서 전제(田制)와 관련하여 전체 15권 중 다섯 권에 걸쳐 정전제를 중심으로 상세히 논하고 균전론과 한전론의 한계를 지적하면서 실현 가능하다 여긴 내용을 정리하였습니다.

그 대강은 첫째, '농자득전(農者得田)'의 원칙을 지켜 8구역의 토지를 분배하여야 한다는 것으로 사족(士族)이나 수공업자, 상공업자에 대해서는 분배에서 제외시켜야 한다고 얘기하였습니다. 둘째, 공전 1구역은 국가가 돈을 내 매입해서 분배해야 한다는 것이었습니다. 이를 위한 재정 규모를 상세히 논하기도 하였습니다. 셋째, 토지 분배 대상을 원부(原夫)와 여부(餘夫)로 나누어 가족 노동력의 규모를 기준으로 삼았습니다.

그런데 여기서 가장 주목되는 것은 대부분의 농지는 바둑판 모양으로 정리되어 있지 않았다는 사실입니다. 농토 대부분은 여러 형태로 되어 있습니다. 이에 대해 다산은 양전할 때 그 모양을 네모난 방전(方田)으로 하면 좋겠지만 현실은 그렇지 않으므로 이를 물고기 비늘과 같은 그림이 나올 수 있는 측량이 되어도 좋다고 보았습니다. 그것이 이른바 '어린도설(魚鱗圖說)'입니다.

이처럼 다산에 의해 새롭게 해석된 정전제는 결국 일정 단위의 토지를 균등 분배하는 정신을 살려서 농업경영에 참여하는 농민들에게 부를 균등히 배분하자는 원리를 제시한 것입니다.

여전론

균등 분배와 균일한 소득을 배려하는 정전제의 이념을 발전시킨 것이 여전론(閭田論)이라 합니다. 모든 농민에게 토지를 균등 분배하자, 또 균등하게 분배받은 농민들이 공동 경작을 통해서 국가 재정의 부세를 공동으로 감당한다는 정신을 유지하자는 것입니다. 국가 공동체를 위해 같이 노동하고, 농민 각각의 삶을 유지하기 위한 각 농가의 몫을 떼어주자는 얘기입니다. 이러한 요지의 농업경영론을 보다 합리화하고 현실화한 논리가 여전론이라는 것입니다.

마을이라고 하는 생활공동체를 단위로 하여 농지를 공동으로 경영해서 그 작업 비율에 따라서 생산량을 나누고 공동체 생활을 통해서 빈부의 격차를 줄이는 것이 여전론의 골격입니다.

토지개혁론의 의미와 한계

조선 후기 농업을 연구하는 학자들이 당시 부농을 2결 이상의 농지를 소유한 자로 기준삼은 것을 참고한다면 한전론에서 상한선을 50결로 하자는 주장은 받아들여지지 않고 있음을 알 수 있습니다. 한마디로 한전론이나 균전론의 논의가 있었다는 것은 거꾸로 당시의 사회경제적인 여건에서 지주층의 토지 보유가 합법적으로 보호되어 사회 갈등을 외면하고 있었다는 얘기가 되는 것입니다.

조선 후기 실학자들의 토지개혁론에서 대강의 방향은 지주전호제에서 기인한 사회경제적 모순을 균전론, 한전론, 정전론, 여전론으로 극복 해결하고자 하는 것이었습니다. 이것은 유교 경전에 대한 원론적인 연구로부터 개혁의 단서를 발견한 것이라고 볼 수 있습니다. 달리 말하면, 유교 경전하면 윤리도덕 내용만 있는 것으로 생각하지만, 윤리도덕이라는 것도 생활이 기본적으로 해결된 다음에야 윤리적 문제가 해결된다는 것이 유학자들의 생각이었습니다.

맹자는 "유항산(有恒産) 유항심(有恒心)"이라고 하여 경제문제가 선결되어야 윤리가 있다는 견해를 그의 정치론에서 강조하였습니다. 식생활이 해결되어야 결국 사회적 체면이 유지될 수 있다는 겁니다. 지식인들은 조선 후기 사회가 매우 혼란한 가장 근본적인 문제는 먹고사는 문제라고 본 것이었습니다. 그런 문제를 해결하기 위해서는 토지를 어떻게 분배하여 농촌 사회, 즉 기층 사회를 안정시키느냐는 문제를 제기하였던 것입니다.

오늘날의 경우에도 토지의 문제는 아니더라도 잉여가치를 어떻게 분배하느냐는 문제가 가장 중요합니다. 조선 후기 토지 소유의 불균형이 대다수 농민들을 불안하게 하는 것이므로 이 문제를 해결해야 한다는 인식이 당시 실학자 자신들의 책무라고 인식하고 있었습니다. 그리고 그들은 그러한 문제를 역사적으로 검토하는 것에서 출발하였던 것입니다.

그러나 이러한 일련의 실학자들의 토지 개혁안은 현실적으로 조선 후기 사회에서 받아들여지지 않았습니다. 당시 토지 소유자들이 이런 개혁안에 선뜻 동의하지 않았던 것입니다. 그러니까 역사의 현장에서 기득권자와 도전 세력 간의 갈등과 충돌이 일어나고 있었던 것입니다. 이런 역사의 현장을 조종하는 것은 원래 정권 담당자의 몫입니다. 그런데 정치가들에 의해서 이러한 사태가 조종되지 못하고 사회문제로 노출되었습니다. 이것을 우리는 이른바 민란, 농민전쟁이라는 사건으로 역사에서 읽게 되는 것입니다. 구체적으로는 홍경래의 난, 진주민란, 동학농민전쟁으로 드러난 것입니다.

이러한 사회 갈등의 문제를 조종하고 사회 모순을 개선할 수 있는 정치 세력이 존재하였다면 역사의 전개 과정에서 희생을 최소화시키고 역사를 발전의 형태로 진전시킬 수 있었다고 하겠습니다. 그러나 조선 후기 정치의 중심에 서 있던 왕실의 정치 능력은 사실상 나약하였습니다. 물론 영조 52년간과 정조 24년간의 치세, 합해서 약 80년 동안은 왕조를 제대로 조종해서 개선해 나가는 흐름을 보이기도 하였습니다. 그러니 정조 붕어 직후 조선 왕실은 무기력해졌고 사회적 모순은 심화되었습니다.

14장

변화의 시대, 새로운 사회를 위해

민란의 시대 스케치

우리는 신분제의 변동 상황에 대해 여러 가지 요인을 얘기하였습니다. 그 변화의 주된 동인은 농업 생산력을 향상시킨 농민층이 주도한 것이라고 이해하고 있습니다. 생산 담당자들이 농업 생산성의 향상을 위해 노력을 한 결과로 조선의 경제는 상당한 진전을 보았습니다. 그 속에서 조선 후기 사회의 긍정적 변화가 있었던 것이라고 평가할 수도 있겠지만 그 재조정 과정에서 심한 갈등이 있었다고 하겠습니다.

일단 우리는 생산 활동의 핵심 세력이라고 평가되는 양민 농민들의 입장에 초점을 맞추어 그들의 불만이 무엇이며, 불만의 토로 형식은 어떠하였느냐 이런 쪽으로 문제를 한번 정리하도록 하겠습니다.

농민들은 결과적으로 자신들이 만족할 수 있는 행정적인 조치, 정치적인 조치, 현실적인 조치가 없었기 때문에 여기에 항의하게 되고, 개별적인 항의는 점차 집단적인 항의로 발전하고 그래서 조선 후기에 이른바 민란으로 분출되었다고 할 수 있겠습니다.

1811년 평안도 정주(定州)에서의 '홍경래(洪景來) 난'이나 1862년 임술민란(壬戌民亂), 즉 진주(晉州) 농민들의 봉기가 대표적입니다. 이들은 관아(官衙)를 쳐 들어가고 조정의 조치에 정식 항의하고 무력으로써 자신들의 의사표시를 하였던 것입니다.

민란과 관련한 용어를 설명하고 다음 이야기를 하도록 하겠습니다. 1862년은 간지(干支)로 임술년(壬戌年)이 됩니다. 1592년 임진(壬辰)년에 일어난 왜란을 임진왜란이라고 부르는 것처럼 1862년이 임술년이기 때문에, 임술란 혹은 임술민란이라고 합니다. 임술년에 일어난 전국 각지의 농민들의 저항 중에서 대표적 지역이 진주이기 때문에 사실은 진주민란(晉州民亂)이라고도 하지만, 진주민란이라고 하지 않는 이유는 진주에서만 일어난 문제가 아니라 전국적인 사안이기 때문에 당해 년 간지를 붙여 민란의 명칭에 사용한 것이라 하겠습니다.

1860년대 진주에서 일어난 농민의 문제는 그때 진주 농민만이 특수하게 가지고 있는 문제가 아니라는 것입니다. 실제로 그에 앞서 1811년에 있었던 홍경래난에서부터 전국적으로 조선왕조에 대해서 농민들이 불만을 호소하기 시작하는 역사적 사건들이 등장하고 있었던 것입니다. 사회적 부조리가 해결되지 않고 점차 증폭되자 농민들의 불만은 1862년에 이르러 전국적으로 전파되고 있었습니다. 19세기 조선 사회의 부조리가 개선되지 않고 외세가 개입되는 개항 이후가 되면서 농민과 기층 사회의 문제는 일이 더 복잡하게 얽히게 되어 정부와 농민과의 충돌로 이어지게 됩니다.

1894년 갑오년 동학농민들은 정부와 외세를 상대로 선전포고하는 갑오농민전쟁에 이르고 있습니다. 농민들은 혁명적 조치를 통해 개혁의 의지와 이념을 선언하였다고 하겠습니다. 갑오년 동학란은 갑오농민혁명으로까지 명칭을 부여하게 되는데, 이러한 커다란 흐름은 조선 후기 사회의 기층이자 피지배층인 농민들이 정치적, 사회적으로 정부를 상대로 저항하여 사회적 부조리와 혁신의 구체안을 제안한 역사적 사건이었기 때문에 가능하였던 것입니다.

사회에서 자신들의 권리를 주장할 수 있는 사회의식과 정치의식을 가지려면 그 주체들의 지적 수준이 성장해 있어야 합니다. 의식의 성장뿐만이 아니라 경제 면에서도 힘이 있어야 됩니다. 그러니까 이 시기 민란으로 처리되는 홍경래의 난, 임술민란의 단계와 그 후 갑오동학란에 이르도록 조선 후기 사회에서는 피지배층들이 적어도 지배층의 부조리와 부패행위에 대해 사회정의에 입각하여 저항하고 있음을 보여줍니다. 정부당국자들의 행위에 대해 부적절하다는 비판의식을 갖고 그에 대항할 수 있는 의식을 소유한 민란의 주인공들은 이념적으로 의식화되었다는 것과 그것이 의식만의 문제가 아니라 경제적으로도 그 행위를 지지할 수 있는 여력이 있었다는 것을 주목할 필요가 있습니다. 그렇기 때문에 조선 후기 홍경래의 난이라든가 임술민란, 동학란에 대한 정당한 이해를 위해서는 난의 주도층에 대한 다각적인 접근이 요구된다고 하겠습니다.

농민의 눈으로 본 19세기 시대상

우리는 앞에서 민란의 원인으로 '삼정(三政)'의 문란을 언급하였습니다. 삼정은 전정(田政), 군정(軍政), 환곡(還穀)으로 조선 후기 정부 재정의 근간이었습니다. 삼정의 수세(收稅) 과정에서 정부와 담세층인 피지배층 사이에서 합의되지 않은 수단으로 파생된 갈등 구조가 삼정에 있었다는 것입니다. 물론 여기서 삼정의 문란이라는 것은 그 원칙이나 원리의 운영 과정을 부인하는 것이 아니라 관리들의 부패 부정을 지적하고 이를 개선하고자 하였을 때 나타난 한계와 관리들의 부패를 적절히 척결할 수 없었던 조선 정부의 무능력, 비효율적 조치, 불공정한 행위가 원인이 되었다는 것입니다.

더구나 19세기 초부터 가뭄이 심해져 농민들은 생계조차 잇기 어려운 상태에 빠져 있었습니다. 1809년 기사년의 가뭄 상황에 대해 다산 정약용은 그 비참한 상황을 이렇게 묘사하고 있습니다.

> 기사년 내가 다산의 초당에 있을 때인데, 그 해에 크게 가물어 그 전 해 겨울부터 이듬해 봄을 거쳐 입추(立秋)가 되도록 들에는 푸른 풀 한 포기 없이 그야말로 적지천리였었다. 6월 초가 되자 유랑민들이 길을 메우기 시작하였는데 마음이 아프고 보기에 처참하여 살고 싶은 의욕이 없을 정도였다.
>
> — ≪다산시문집≫ 권 5, 시

> 모가 마르고 이종을 못해 농부가 그것을 뽑아내 버리는데 그것을 뽑으면서 통곡하는 소리가 온 들에 메아리쳤다. 어느 아낙은 너무 억울해서, 자식을 하나 죽여서라도 비 한 번 쏟아지게 하였으면 좋겠다고 하였다.
>
> — ≪다산시문집≫ 권 5, 시

이러한 현실은 조정으로서도 어찌할 수 없는 문제이긴 하였지만 가뭄으로 인한 기근 대책이 농민의 생계를 유지할 수 있을 정도는 되어야 합니다. 그렇지만 위에서 삼정의 문란을 얘기하였듯이 아전과 수령, 그리고 중앙 조정의 관원 등 이중 삼중의 수탈 체계가 어려운 현실을 더욱 비참하게 만들었습니다.

여기서 또 한편으로 생각해야 할 것은 농민들이 적어도 지배층에 대해서 저항을 하게 되고 집단 행위를 할 수 있게 되기까지에는 관리들의 부패 문제, 부정 문제, 탄압 문제, 지배층의 갈취 문제만이 원인이라고 이해하기는 어렵다는 것입니다. 다시 말하면 정부의 조치에 항의를 하고 자기의 의사를 개진할 수 있기까지 이 운동의 주체들은 보편적 합리성과 정당성을 갖고 동조자들에게 공감을 얻어야 하였습니다. 정부 지배층의 논리에 대응하는 세력을 만들고 다수의 인민들이 개혁을 요구한 것을 보면 알 수 있습니다.

당시의 지배층에서는 이를 피지배층들의 이의(異意) 제기로 인식하여 난(亂)으로 규정하고 불만 사안을 조정하는 것으로 해결하고자 하였습니다. 지배층 입장에서는 이 사람들을 때로는 폭도로 규정하기도 하는데, 그러나 그러한 역사적인 사건이 일어날 수 있기까지 이 난의 주체들이 가졌던 의식을 주목할 필요가 있는 것입니다.

그들이 갖고 있는 사회의식과 정치의식이 무엇이냐, 그것이 결국은 우리가 앞에서 얘기하였듯이 세계사의 흐름과 연결될 수 있는 오늘날 우리가 얘기하는 민주화라고 생각됩니다. 민주화라는 것은 다른 말로 얘기하면 사회의 기층민들이 정치적으로 자기발언권을 행사할 수 있다는 정치논리입니다. 그렇다면 조선 후기 기층민들이 정치의식을 갖게 되는 계기가 일련의 민란의 과정에서 발전되고 가능해졌다고 하겠습니다.

조선 후기 사회의 많은 농민들은 자기의 경제력 수준을 향상시키면서 자신들의 지적 요구도 어느 정도 충분히 성취하였습니다. 또 이들과 합세하였던 몰락한 양반 계층 사람들도 있습니다. 이를테면, 기성 보수세력인 양반들이 이 농민층과 협력하면서 그들의 지도자가 되었던 것입니다. 그들은 기성 사회가 갖는 모순과 한계를 비판하면서 개혁을 요구하는 농민층과 협력하여 새로운 사회계층을 형성하였고, 정부 측의 부조리와 부패 관행에 대해 항의하고 비판하는 상황을 유도하였다고 하겠습니다.

조선 정부에 대한 비판과 개혁의 요구는 19세기에 들어서면서 보다 본격화되었습니다. 19세기에 조선 왕실의 정치 능력의 상실로 부패와 부정이 누적되면서 기층 농민들의 불만과 개선의 요구가 거세어졌고,

농민들은 행동으로 그들의 요구를 구체화하고 있었습니다. 18세기 조선 왕실과 정부 내에서 진행한 개혁의 추진력이 19세기 왕권의 약화와 일부 세도가의 권력 독점체제에 의해 흩어지면서 농민들은 더 원색적으로 자기 의사를 표시할 수 있게 된 것입니다.

조선 후기 사회계층 구조에는 특권적 신분층인 양반이 현상적으로는 증가하여 역삼각형의 구도를 보였습니다. 특권층 양반이 증가한다는 것은 결국 특권층의 희소가치가 없어질 수 있다는 것을 의미합니다. 이렇게 될 때 특권층이 가지고 있었던 것을 보호 유지하려는 보수적인 계층과 그러한 특권층으로 신분 상승하려는 사람들 사이에 일어나는 새로운 갈등 구조와 이를 조정하려는 국면에서 파생되는 혼란이 사실은 조선 후기 사회현상으로 지적되어야 할 내용이 되는 겁니다.

다른 말로 하면, 조선 전기 국가의 모든 기층 구조를 담당하였던 양민들이 변화된 사회구조에서 자신들의 입장이나 위상을 재조정하려는 움직임이 조선 후기 사회에서 구현되었다고 하겠습니다. 변화를 수용해야 한다는 주장의 원동력은 농업 생산력, 경제력의 향상을 통해서 사회적 불평등을 교정하려는 주장이 힘을 얻었다고 하겠습니다. 양민들의 상당수가 새로운 경제 활동을 통해서 불법, 합법적으로 신분 상승을 하였고 그 결과로 양반이라는 특수 계층의 범위가 상대적으로 확장되고 있었으며, 이는 결국 조선 전기가 구축하였던 기본적인 사회 편제의 틀을 재편할 수밖에 없는 상황을 가져오게 되었습니다.

이러한 변화의 흐름은 자연스럽게 조정된 것이 아니라 사회계층 간의 갈등과 혼란의 과정, 즉 농민들의 정치적인 투쟁 또는 사회혼란, 더 나아가 민중들의 항의, 이른바 민란의 형태로 이루어져 갔습니다. 그래서 조선 후기 사회는 국가재정의 기본적인 체제가 개편되고 덧붙여 여기에서 나타나는 농민의 불평불만이 일부는 조정되어지지만, 궁극적인 정치적 조정역을 맡은 왕실이 사회 혼란과 개선의 능력을 상실하자

전체적으로 커다란 사회적 갈등이 민란의 형태로 심화되고 있었다 하겠습니다.

지배 질서의 혼란

일단 우리는 사회 생산 활동의 핵심 세력이라고 평가되는 양민, 농민들의 입장에 초점을 맞추어 그들이 어떤 불만을 토로하였느냐, 또 어떤 방식으로 자신들의 의사를 전개하였는가를 살펴보았습니다. 그 과정에서 농민들이 만족할 수 있는 행정적, 정치적, 현실적인 조치가 없었기 때문에 결국은 여기에 대응하는 개별적 항의가 집단적인 항의로 증폭되어 조선 후기 민란으로 분출되었다고 이해할 수 있었습니다.

다시 말하면 17, 8세기를 걸쳐서 조선의 정치권에서는 붕당의 정쟁이 치열하게 전개되었습니다. 이것은 정치권이 이 시기 변화의 조짐을 제대로 파악하여 새로운 제도 개혁이나 정치 개혁에 앞장서야 함에도 불구하고, 자신들의 이권과 기득권을 보존하려는 좁은 식견에 빠져서 정쟁만 일삼았기 때문입니다.

왕실의 경우 영조는 50여 년간 재위하면서 항시 적장자가 아니라는 정치적 취약점으로 인해 남인, 노론, 소론의 눈치를 볼 수밖에 없었습니다. 그래서 영조는 자신의 입지가 불안한 것을 미연에 방지하기 위해 이른바 탕평책을 쓰게 됩니다. 각 정파의 인재를 고루 등용하여 운영함으로써 불안한 입지를 해소하고자 하였습니다. 구체적으로 말하자면, 영조는 자신을 지지한 것이 노론 세력이었으므로 노론을 중심으로 여러 정파의 사람을 쓰게 됩니다.

문제는 탕평 시기에 와서는 왕이 노론에 의지하면서 소론・남인들을 일부 받아들이게 되자 각 당색별로 가졌던 정치 명분이 정권 유지라는 하나의 논리에 머무르는 수준이 되고 말았습니다. 그 결과 정치적인 부패로 연결되어 갔다고 하겠습니다. 당쟁이 격렬하던 시기에는 상대방의 정객들이 부패나 부조리한 행위를 하거나 논리에 맞지 않았을 때는 맹공을 하게 되면서 상대의 정치적인 입지가 상실되곤 하였습니다. 그런데 탕평 시기에 와서는 현실적으로 상대방의 허물과 논리의 부족함을 눈감아주게 되었던 것입니다.

18세기 후반 탕평책은 정치권 사이에서는 붕당 간 평화를 유지하는 수단이 되었지만 전체 국정 운영 체계에서는 부패의 고리가 끊어지지 않고 오히려 도덕적, 윤리적으로 타락해지는 현상으로 전개되었습니다. 이는 결국 양민들의 피해가 되고, 피해를 입은 양민들은 여기서 지배층에 대해서 항의하게 된 것입니다. 이전에는 남인의 명분이 좋았다 또는 노론·소론의 명분이 좋았다라는 분위기였는데 탕평 기간을 지나면서 이러한 것이 없어지고, 지배층 전체가 부패해지고 부조리해지는 사태로 바뀌면서 결국 19세기에 농민들이 지배층 전체에 대해 항의하게 되는 것으로 드러나게 되었습니다.

홍경래의 난

서북 지방에서 일어난 홍경래의 난은 정치권의 상징인 수령이 지방에 내려가서 자신의 사리사욕을 채우려 하였던 데에 일차적 원인이 있었습니다. 수령이 지주와 작인 사이의 중간 협상자 또는 조정자로서가 아니라 그 갈등 속에 뛰어들면서 지주와 작인을 협박하여 사리사욕을 취한 것이 서북 지방 인민들의 항쟁을 불러온 것입니다. 중앙정부는 그 진상을 제대로 파악하지 않고, 지주와 작인의 문제를 방치하였습니다.

조선 후기 남인 학자들은 이러한 불평등, 불균등한 농업 사회의 구조, 소수의 지주가 다수의 작인을 관리하면서 소작인의 농업 생산 결과를 착취하는 상황을 해결하기 위해서는 지주의 토지 소유를 줄이고 자작농을 많이 만들어야 한다는 해법을 내놓았습니다.

이 실학자들의 진단과 제안은 바른 것이었으나 시행될 수는 없었습니다. 지주들은 정권 담당자와 연결되거나, 정책 결정의 당사자들이기에 자신들이 가진 토지 소유권을 포기할 수가 없었던 것입니다. 이는 우리 역사뿐만 아니라 세계사에서도 마찬가지였습니다. 서양에서는 혁명의 수단을 통해 이를 해결하였습니다. 우리 역시 이 문제의 해결 방안을 남인 학자들이 제안하였지만 지주이자 정권의 담당자는 기득권 유지에 급급하여 사회의 불만은 점점 심화되고 있을 뿐이었습니다.

1811년(순조 11) 홍경래의 난은 민중의 힘을 결집하지 못하고, 비판적 정치 세력으로서의 이념도 정립하지 못한 채 조선왕조에 의해 결국 진압되었습니다. 이로 인해 약 2,000명에 달하는 사람들이 참수되었습니다. 그러나 1862년, 홍경래의 난 51년 뒤에 전국적인 민란이 일어나게 되자 정부 당국은 대다수의 농민을 잡아 가두거나 처형할 수는 없기에 새로운 대처 방안과 자기 개선 방안을 모색하게 되었습니다.

서북민 항쟁의 역사적 의미는 18세기, 그 이전 조선 사회가 가지는 농업 생산력과 상품화폐경제의 발달, 신분제의 동요에서 오는 사회경제적인 변동과 중세사회가 가지는 기본적인 질서 체계가 해체되는 상황에서 발생된 민의 봉기라 할 수 있겠습니다. 이는 시대 변화에 따라 새로운 사회 기준을 요구하는 민중의 목소리였습니다. 그러나 아직 그러한 민중의 목소리가 정치 현실에 구현되기까지는 덜 성숙되었다는 것입니다.

또한 기존의 질서 속에 있었던 집권층은 자기반성을 통한 역사적 모순을 해결하려는 의지가 없었습니다. 중앙의 정치권력 즉 왕실이 안정되지 못하였다는 사실은 사태를 더욱 악화시키기도 하였습니다. 게다가 세도가들의 파행적인 정치 형태인 세도정치가 지속되었고, 정치적 부조리, 부패, 혼란으로 시대가 요구하는 새로운 질서의 창출은 기대하기 어려웠습니다.

임술민란

민란의 원인을 살펴보도록 하겠습니다. 우선 사회경제적인 배경을 눈여겨볼 필요가 있습니다. 1811년 이후의 정국은 정치, 사회, 경제, 문화 모든 국면에서 상황 변화에 대응한 구조조정이 된 것이 아니라 전 시대의 체계가 그대로 유지되고 있었습니다. 농민들의 불만은 계속 누적되면서 상황은 악화되어 갔습니다.

19세기 초 호남 지역의 농가 실태를 정약용은 "약 100호의 농민이 있다면 다른 이에게 토지를 주고 지대를 수취하는 자(지주)는 약 5호, 스스로 토지를 경작하는 자(자작농)가 5호, 다른 이의 토지를 경작하는 자(소작농)가 70여 호에 이른다."고 진단한 바 있습니다. 이러한 다산의 진단과 인식은 다른 자료를 통해서 얻어지는 정보와도 상당히 유사합니다.

이것은 요약하면 소수의 지주가 다수의 농토를 소유하고 소작인들을 조종 경영하면서 농촌 사회를 이끌고 있었다는 것입니다. 소작인들과 지주 사이에서의 지대 배분율은 6 : 4, 5 : 5로 혹독한 착취 현상이 있었고, 이런 것은 농업에 종사하는 대다수의 농민의 처지를 어렵게 하였습니다. 이러한 전반적 사회경제 구조는 지주와 작인만의 문제가 아니라 정국을 이끌고 책임지는 정치권에서 해결해야 할 사회문제라 할 수 있습니다.

지주 중의 대지주는 왕실이었습니다. 왕실은 최고의 정치적 배경을 가지고 궁방전을 운영하였습니다. 궁방전은 왕실 및 그 자녀의 농장으로, 이를 운영하면서 유통의 길목, 시장, 어장, 염전 등까지 궁궐에서 참여하였던 것입니다. 그리고 이를 경영하면서 기득권을 고집하였습니다.

양반 사대부들은 왕실의 궁방을 공격하면서 농민의 처지를 개선하려는 방안을 제시하였습니다. 왕실과 양반 사대부들 간에 이러한 정치적인 일진일퇴가 있었지만, 양반 지주들 역시 자신의 소유와 지분을 양보하지 않았습니다. 이런 가운데 사적인 부분이 늘어날 수밖에 없게 되자 공적 재정 부분은 큰 결손을 맞게 되었습니다. 그래서 조선 후기 국가재정의 규모가 취약해지게 되는 것입니다. 왕실과 양반들이 사적인 자신들의 호주머니 채우기에 급급한 나머지 국가 전체가 취약해지는 것을 인식하지 못하였던 것입니다.

현실적으로는 많은 농민들이 소작인이고 농토가 없어 농사를 짓지 못하는 농민이 30% 이상이었습니다. 농촌에는 일자리가 없어 농민들이 농촌에서 유리되어 가고 있었습니다. 여기서 중요한 것은 전정·군정·환정으로 대표되는 '삼정의 문란'이었습니다. 농민들은 토지와 인두세 외에 새로운 재정 조달에서 한 가지를 더 감당하게 된 것입니다. 삼정의 운영은 현실에서 그 문제가 심각하였습니다. 수령과 중간 서리, 향리들의 부패 관행이 심화되어 상황이 악화되면서 농민들의 불만은 결국 민란으로 전개되었던 것입니다.

사회 기층민의 불만은 기실 권력의 상층부인 왕실의 정치적 권위가 상실되어 정치질서가 문란하게 된 데에서 비롯된 것입니다. 왕실의 외척이 중심이 된 세도가들은 왕권을 위협하고 백성들에 대한 횡포를 일삼았습니다. 국가의 재정이 부족해지고, 농민들은 수령과 하급 관리의 부패에 항의하고 벽보로서 불만을 표시하고 있을 때 ≪정감록(鄭鑑錄)≫■이 나타나기도 하였습니다. 토지로부터 떠난 유민들은 도둑이 되어 농민을 협박하는 등의 악순환이 되풀이되었습니다. 결국 유민들이 본격적으로 관아를 습격하는 상황이 일어나게 된 것입니다.

▌**≪정감록≫** 조선 후기의 예언서. 조선 왕조의 멸망을 이야기함.

농업에 종사하는 농민들은 여러 가지 형태의 착취와 약탈을 당하였을 때 시위나, 소장·상소의 방법을 통해 항의를 하였습니다. 철종 13년(1862), 지리산 자락의 단성 지방에서부터 민란이 일어났습니다. 사족(士族)을 중심으로 고을 사람들이 환곡의 폐단에 대해 항의하면서 관아로 쳐들어가자 현감이 도망하였는데 이 때까지도 중앙정부에서는 의례적인 사건이라 하여 수령을 교체하는 선에서 해결하려 하였습니다. 10일 후

농민군이 형성되어 관가와 양반가를 공격하는 등 그 규모는 크고 조직적이 되어갔습니다.

2월에 시작하여 4월에 이르기까지 전국적인 민란으로 확대되었습니다. 경상, 전라, 충청의 삼남 지방 전체와 북쪽의 함흥에 이르기까지 전국적인 항쟁이 계속 일어나게 되었습니다. 직접적인 계기로는 환곡의 폐단에서부터 일어났으므로 이를 해결해 달라는 것이 농민들의 주장이었습니다.

그들의 요구 내용은 ≪임술록(壬戌錄)≫에 사건의 전말과 함께 기록되어 있습니다. 소장의 내용을 보면 처음에는 수령에게 읍소(泣訴)하는 형식으로 소장을 내었지만 해결되지 않자 강력한 요구 조건을 내걸었습니다. 삼정과 관계된 부세를 합리적으로 교정하라는 것이었습니다. 또 다른 지역의 경우에도 마찬가지로 삼정의 문제를 들고 나왔습니다.

충청도 공주민들의 요구 사항을 보면 이를 명확히 알 수 있는데, 그것은 다음 네 가지로 요약됩니다.

> 첫째, 세미(稅米)는 항상 7냥 5전을 정해 거둘 것
>
> 둘째, 각종 군포(軍布)를 소민(小民)들에게만 편중되게 부담시키지 말고 각 호마다 균등하게 부담시킬 것
>
> 셋째, 환곡의 폐단을 없앨 것
>
> 넷째, 군액의 부족분을 보충하거나 환곡의 부족분을 보충한다는 명목으로 결렴(結斂)하는 제도를 폐지할 것

이같이 농민들이 상소의 소장에서 제시한 불만은 결국 전통 조선왕조의 봉건적 지배 관계를 비판하는 것이었습니다. 농민들은 자신들이 절실하게 요구한 토지 문제 면에서, 농민이 토지를 소유하도록 정부가 유도해야 한다고 하였습니다. 이 문제는 오랜 기간 농민들의 소망이었습

니다. 토지를 토대로 한 경영으로 자립을 하고 독립적인 자영농을 영위하겠다는 희망을 피력한 것이었습니다.

진주민란

진주 지방의 항쟁은 정부로 하여금 일정한 자기반성과 개혁의 실마리를 찾게 한 사건이었습니다. 일단 정부는 농민항쟁의 일차적인 활동을 중단시키기 위해 해당 지역의 관리를 교체하는 방법을 선택하였습니다. 이를 위해 안핵사(按覈使)로서 파견된 사람이 박규수(朴珪壽)였습니다. 왕이 내린 교서의 핵심은 수령의 과도한 수탈과 이를 시행한 서리들을 처벌하고, 새로운 부세의 방법을 연구하라는 것이었습니다.

이 때 교서는 철종의 이름으로 내려졌지만 실제로는 당시의 세도가인 안동 김씨에 의한 것이었습니다. 또한 이를 해결하기 위해서 암행어사를 파견하였습니다. 조정에서는 농민들의 항쟁의 원인을 지배체제, 농민들의 경제구조, 지주제의 심화에서 나타나는 기본적 구조 결함에서 온 것임을 무시하고 지방관과 부세제도의 문제로만 진단하였습니다. 정부는 이를 해결하기 위해서 부세의 근간인 삼정제도를 교정한다는 삼정이정청(三政釐整廳)을 만들었습니다. 삼정의 부세제도의 새로운 개혁 방안을 구상하는 전문 관청을 만드는 것으로 민란을 안정시킬 수 있다고 인식한 것입니다.

결국 민란을 수습하는 방법으로 안핵사와 선무사를 파견하였으며 이로써 왕을 대리하는 덕치(德治)를 선포하여 민심을 안정시키려 한 것입니다. 전근대사회 정치에서는 국가의 위기에 왕은 구언교(求言教)를 내려 대책을 청취하는 방법을 자주 행해 왔습니다. 진주민란을 중심으로 한 삼남 지방의 민란을 진단하고 해결하기 위해 구언교와 그 대책을 청취하고 그것을 하나하나 새로운 정책으로 논의하는 방법을 택하고 있었습니다.

그 논의를 중심으로 살펴보면 결국은 전반적인 개혁이 시행되지 않았다는 것입니다. 구언교에 많은 지식인들이 제안한 방법들이 있었으나 방법 자체가 미진하였거나 바른 개혁안이 요구되었더라도 개혁의 의지가 없어 종전의 사태가 그대로 연장되어 갑오농민전쟁으로 연결되었습니다.

해방 이후에 남한의 농지개혁이나 북한의 토지개혁이 실시되었을 때 농민들은 오랜 꿈을 실현할 수 있었습니다. 역사는 여러 가지 변수에 의해서 변화를 하게 되는 것입니다. 자신의 농지를 소유하는 것이 조선시대 농민들의 소원이었으며 토지 소유에 대한 열망은 매우 큰 것이었습니다. 수백 년 간 토지가 없음으로써 느꼈던 피해 의식은 농민들에게 너무나도 절절하였습니다. 소작인으로 억울한 처지의 계약에 처하더라도 농지를 떠날 수는 없기 때문에 오직 농토의 소유만을 기대하였던 것입니다.

15장 계층과 시대성 반영의 지표 — 문학과 예술

성리의 정신을 담는 그릇, 문학

조선 전기의 문학은 역시 성리학의 바탕 위에서 창작과 평론이 이루어졌다고 하겠습니다. 즉, 성리학적 관점에서 문학은 도를 담는 그릇으로 규정하였으므로 이들의 이해에서 본다면 문은 곧 천리를 담은 인간의 표현 양식이 됩니다. 천리와 천도를 담은 글은 이미 성인의 말씀을 담은 경전 세계에서 구현되었으며 후인이 도를 담는 문을 가지려면 그 경전 세계의 도의 정신을 추구하는 노력이 있어야 한다고 봅니다. 문학에서의 도는 유교의 왕도정치 사상과 밀접하게 연결되어 왕도정치의 확립 유지에 기여한다고 주장합니다.

조선 초기 성리학의 도덕주의에 기초한 문예사조는 관료 문학과 처사(處士) 문학, 방외인의 문학사조가 있었습니다. 관료 문학이라 하는 것은 관각(館閣)에서 종사하는 양반 관료들이 쓴 나라를 다스리기 위한 경국(經國)의 문장을 말합니다. 예컨대 임금의 명을 적는 교서(教書)나 외교 문서 등의 문장을 말하는 것으로 이는 집권체제의 확립 과정에서 실용적으로 기여하였습니다. 성종 9년(1478)에 왕명으로 서거정 등이 중심이 되어 편찬한 ≪동문선(東文選)≫을 보면 왕정에 기여한 교서나 제고(制誥) 유형의 글이 선택되고 있는 것이 그러한 사례들입니다.

≪동문선≫은 삼국시대부터 당대에 이르기까지의 사(辭), 부(賦), 시(詩), 문(文) 등 여러 가지의 문체를 수집하여 이 가운데 문장과 이치가 순정해서 교화에 도움이 되는 것을 취하여 분류하고 정리한 것으로 모두 130권으로 되어 있습니다. 문학 평론적 성격의 글로는 이이(李珥)의 문책(問策), 시가(詩歌)로는 세종의 명에 의해 훈민정음으로 지어진 ≪용비어천가(龍飛御天歌)≫ 등이 있으며, 그리고 시조 분야에서 좋은 작품이 만들어졌다고 하겠습니다.

관료 문학이 관각 문학이라면 처사 문학을 우리는 강호문학(江湖文學)이라 합니다. 세상에 나아가지 않고 은둔하는 일세(逸世)의 정취를 추구하여 한적한 인생을 즐기는 문학이라 하겠습니다. 강호문학은 16세기 기성의 정치체제에 비판적이던 사림계(士林系)에 의해서 만들어진 것입니다. 재야의 생활과도 관계는 있으나 역시 성리학의 정치적 비판의식에서 비롯된 것이었으므로 성리학적 문학관을 바탕으로 자연의 이치에 대한 탐구욕에서 발휘된 것이라 하겠습니다. 예컨대 이황의 〈도산십이곡(陶山十二曲)〉을 들 수 있겠습니다.

방외인의 문학이란 관료로도 처사로도 양반 사대부 세계에 안주할 수 없었던 지식인들이 만든 작품 세계의 문학을 말하는 것입니다. 방외인이라 부르는 지식인들은 양반 사대부의 일원이면서도 체제와 현실에 대한 불만을 가진 사람들을 일컫는다고 하겠습니다. 방외인 문학은 김시습(金時習)에 의해서 시작되었습니다. 방외인 문학에서는 현실 모순에 대한 고발의식이 강하게 나타나고 있습니다. 시와 산문 소설로서 의분감을 표시하였습니다. 유명한 ≪금오신화(金鰲新話)≫는 최초의 방외 산문 소설이었습니다.

변화의 정신을 담는 그릇

조선 전기의 문학이 성리학을 바탕으로 한 양반 사대부 중심으로 발달되었던 것에 비하여 후기의 문학은 중인층의 여항문학, 서민의 국문학이 크게 발달되었다는 점이 주목됩니다. 회화에서도 이른바 진경산수화, 풍속화 등 개성 있는 화풍의 등장과 변화가 있었습니다.

소설의 발달로는 사설시조(辭說時調)의 출현, 판소리의 활성화 등으로 후기 문학의 경향을 설명할 수 있겠습니다. 허균(許筠)의 ≪홍길동전≫이나 작자 미상의 ≪춘향전≫, 연암 박지원의 ≪양반전≫ 등에서 후기 사회를 배경으로 하는 문학의 특징을 읽게 되는 것입니다. 허균은 17세기의 권위주의적, 도덕적 윤리관을 비판적으로 보면서 사회적 불평등을 꼬집고 있습니다. 17, 8세기 서얼들이 양반들의 차별 대우를 반발하고 있는 것입니다.

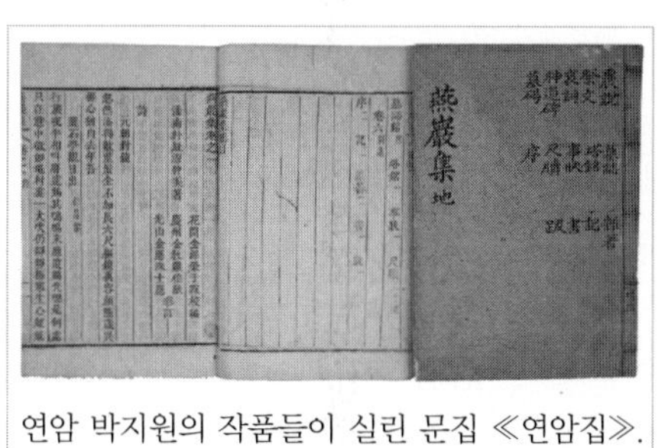
연암 박지원의 작품들이 실린 문집 ≪연암집≫.

김만중(金萬重 ; 1637~1692)은 문학을 한문학으로 한정하려는 편견을 버리고 국문학의 의의를 깊이 인식하여 우리 문학은 우리말로 쓰인 것이라야 한다고 주장하였습니다. 민요는 우리말로 된 문학의 가장 기본적인 형태이고 민요를 근거로 다른 노래가 이루어질 수 있으니 민요야말로 시부(詩賦)와는 함께 논할 수 없을 정도로 높은 진실성을 가지고 있다고 할 때 김만중은 민요의 가치를 진정 발견하고 이해한 문인이라고 하겠습니다.

김만중은 ≪구운몽(九雲夢)≫에서 꿈의 구조와 환상을 통해서 독자에게 희망과 꿈의 충족을 주고자 하였습니다. 현실 세계의 시공을 초월한 작품 무대 설정을 통하여 인생은 죽어서 한줌의 흙이 된다는 절망이 아니라 선인(仙人)으로서 도인(道人)으로서 영생한다는 희망을 나타내주고 있었습니다.

판소리계의 소설인 ≪춘향전≫, ≪흥부전≫은 평민 문학의 걸작으로 소재의 현실성, 표현의 사실성, 등장인물 성격의 창조성, 시대적 저항성 등이 주목받고 있는 것입니다. ≪홍길동전≫의 주인공 홍길동이 서자로서 빈민을 위하여 투쟁한 결과 병조판서가 되었다는 것은 서얼 평민들의 사회적 승리를 의미하는 것입니다. 실제 역사에서 서얼들의 투쟁 결과는 정조 3년(1779)에 서얼허통이 선포되도록 하였습니다.

소설과 함께 사설시조는 이 시대의 평민 문학을 대표한다고 하겠습니다. 이 시조에는 구체적이며 서민적 소재와 비유의 도입, 강렬한 애정과 육욕의 표출, 희어(戱語)와 객담, 욕설의 삽입, 거리낌 없는 풍자를 통한 사회 비판적이고 비개성적 사물의 유형적 배열을 통한 감정의 토로 등이 드러나 있습니다. 예컨대 김천택(金天澤)의 〈귓도리 저 귓도리〉, 〈두꺼비 파리를 물고〉를 읽을 수 있습니다.

두터비 파리를 물고 두험우희 치다라 안자
것너산 바라보니 白松骨이 터잇거늘 가슴이 금즉하여 풀덕 뛰여 내닷다가
두엄아래 쟛바지거고
모쳐라 날낸 낼싀만졍 에헐질번 하괘라

— 김천택 ≪청구영언≫

가사(歌詞)로는 ≪농가월령가(農家月令歌)≫나 한산거사(漢山居士)라는 작자가 썼다고 하는 ≪한양가(漢陽歌)≫ 등을 읽을 수 있습니다.

八月이라 仲秋되니　　白露 秋分 節氣로다

北斗星 자루들아　　西天을 가리키니
선선한 朝夕 기운　　秋意가 宛然하다
귀뜨라미 맑은소리　　壁間에 들리는구나

— ≪농가월령가≫ 팔월령

후기 한문 소설로 대표적 작품은 연암 박지원(朴趾源)의 ≪호질≫, ≪허생전≫, ≪양반전≫을 주목할 수 있습니다.

≪호질≫은 지나친 명분주의에 사로잡혀 있던 노론(老論) 북벌론자(北伐論者)들을 공격한 소설입니다. 소설 중 ≪북곽선생(北郭先生)≫은 동리자(東里子)라는 정절 있다는 과부집에 있다가 도망쳐 나오다가 똥구덩이에 빠져 범에게 꾸지람을 받습니다. 북곽선생의 바로 이러한 언행은 당시의 북벌론자들을 풍자한 것입니다.

서화의 변화와 완성

15세기에는 도화원 중심의 화원(畵員)들과 왕공 사대부들 중 그림을 좋아하고 즐기는 사람들에 의하여 산수, 인물, 영모, 화조 등의 그림이 그려졌다고 하겠습니다. 안견과 강희안(姜希顔)의 산수화, 산수와 인물을 함께 잘 그렸던 최경(崔涇), 이상좌(李上佐) 등을 들 수 있습니다. 안견의 〈몽유도원도(夢遊桃源圖)〉, 강희안의 〈고사관수도〉, 이상좌의 〈송하보월도〉 등을 보게 되는 것입니다. 특히 세종의 왕자 중 한 분인 안평대군은 당대의 대수장가로서 안견과 같은 대가가 나올 수 있었던 배경이었다고 하겠습니다. 신숙주가 남긴 화기(畵記)에 보면, "그림이란 것은 반드시 천지의

안견이 그린 〈몽유도원도〉의 일부.

조화와 음양의 운행을 궁구하여 온갖 물건의 정과 온갖 일의 변(變)이 가슴속에 서리어 있은 다음에 붓을 들고 종이에 다다라 신이 어리고 생각이 합치되어 산을 그리고자 하면 산이 보이고 물을 그리고자 하면 물이 보이며 무릇 그리고 싶은 물건이 있으면 반드시 그 물건이 보이므로 붓을 분발하여 그로 따라가게 되는 것이다. 그러므로 능히 가형(假形)으로 인하여 진상(眞狀)을 빼앗나니 이것이 화가의 법이다."라고 하여 그림과 정신세계를 일치시키려 하였음을 알 수 있습니다.

고아한 사대부의 심상을 잘 표현한 강희안의 〈고사관수도〉.

조선 후기 대표적 화가로는 겸재(謙齋) 정선(鄭歚 ; 1676~1759), 표암(豹菴) 강세황(姜世晃 ; 1713~1791), 추사(秋史) 김정희(金正喜 ; 1786~1856)를 들 수 있겠습니다. 정선은 진경산수화로 한국의 실재하는 산수를 그렸다는 것과 그 나름대로 독자적 화풍을 이룩하였다는 것으로 주목되는 화가입니다.

정선의 진경산수화는 조선의 실재하는 산천을 그렸다는 것 외에 각지를 답사하고 실경(實景)을 사생(寫生)하면서 수직 평행선으로 된 겸재준(謙齋皴)이라는 특유의 화법을 창안하였다는 것을 주목해야 합니다. 구도 면에서도 종래의 수평시(水平視) 또는 앙시(仰視)의 산수도에서 탈피하여 산상(山上)에서 내려다보는 부시(俯視)의 산수화를 그렸으며 처음으로 산수도에 구름을 그리기도 하였습니다.

겸재 정선이 그린 〈인왕제색도〉.

강세황은 영·정조시대 시·서·화 삼절(三絶)로 알려진 인물입니다. 산수화, 서법, 그림으로 정평의 평가를 받은 화가이며 당대의 풍속화가인 단원 김홍도(1745~?)를 극찬하는 화기를 남기고 있습니다.

> 고금의 화가들은 각각 한 가지 재주씩은 가지고 있었으나 여러 가지 재주를 겸하여 가지고 있지는 못하였다. 김군 사능(士能 : 김홍도의 자)은 우리나라 근세에 태어나서 어릴 때부터 그림 그리는 일을 익혀 능하지 않은 바가 없다. 인물·산수·신선·부처·꽃·과일·벌레·물고기·게 등에 이르기까지 모두 신묘한 경지에 들어갔다. 〔중략〕 더욱이 우리나라의 인물과 풍속을 그리기를 잘하여 선비가 공부하는 모습, 장사꾼이 저자로 가는 모습, 나그네, 안방 여인, 농부, 누에치는 여자, 겹겹이 들어선 집들, 거친 들판의 물 같은 것에 이르기까지 사물의 모습을 곡진히 형용하여 참모습을 잃지 아니하였다. 〔중략〕 영조 때 임금 얼굴을 그리는데 사능이 불려 들어가 그 일을 맡았다. 또 지금 임금님 때에도 왕명을 받들어 임금님의 얼굴을 그렸는데 크게 임금님의 뜻에 맞아 찰방의 직책을 받았다.
>
> ― 〈단원기〉 중에서

일상생활의 풍속을 많이 그린 단원 김홍도의 그림들.

김정희는 금석학과 고증학의 대가이며 서화에도 재능을 보였습니다. 이른바 추사체를 창안하였으며 묵란과 산수를 잘 그려 대표작으로 〈묵란도〉 및 〈세한도〉를 남기고 있습니다.

그는 성리학을 바탕으로 하는 이광사(李匡師 ; 1705~1777)의 동국진체를 탈피하여 전서(篆書), 예서(隸書)에 바탕을 둔 독특한 서체를 만들어 냈습니다. 아버지를 따라 청나라에 들어가 역대 중국 작가들의 서법을 익히고 터득하여 추사체를 창안하였습니다. 그의 묵란의 화법은 석파(石坡) 이하응(李昰應 : 흥선대원군)에게 영향을 끼친 것으로 알고 있습니다.

추사 김정희가 그린 불후의 명작 〈세한도〉.

또 수준 높은 풍속화와 민화가 만들어진 것도 지적할 수 있는데 이와 같은 작품이 많아진 것은 돈을 많이 안 들이고도 아름다움을 향유하려는 계층이 확산되어 그림의 수요를 촉진하였기 때문이라고 하겠습니다.

여인들의 생활을 많이 그린 혜원 신윤복의 그림들.

예악에서 판소리까지

조선 초기의 음악은 유교적 예악관에 기초한 의식과 병행되는 연주용 음악으로 발달하였다고 하겠습니다. 조선 정부의 의식은 조회, 제례, 회례, 어전연회로 분류되며 세종대에 이르러 악보와 악기가 기본적으로 정리 제작되었습니다. 박연(朴堧)의 노력으로 유교 음악의 이론과 연주 문제가 정리 정비된 사실이 ≪세종실록≫ 곳곳에 등재되어 있습니다. ≪세종실록≫ 연대기 뒤에 부록 형식으로 악지 도설로 정리된 것을 볼 수 있습니다. 그리고 성종 연간에 가면 유교의 예악 정치의 규범으로 ≪악학궤범(樂學軌範)≫이 정리되었습니다.

조선 후기에는 궁중음악으로 아악이 감소되었으며 당악과 향악의 구별이 희박하였을 뿐만 아니라 곡목 중에는 없어진 것이 많았으며 향악도 느리고 위엄 있게 연주되었습니다.

조선 후기 서민들의 음악으로는 판소리와 가야금 산조가 널리 유행하였습니다. 송만재(宋晩載 ; 1788~1851)의 ≪관우희(觀優戱)≫에 의하면 18세기의 판소리로는 〈춘향가〉를 비롯한 12마당이 있었으나 그 중 5마당만이 지금 전하고 있다고 하였습니다.

음악에 대한 인식을 가름하게 하는 이 시기의 정약용(丁若鏞)의 악론(樂論)을 소개하면

> 마음이 화평하지 못하면 온몸도 따라서 거슬러져서 행동범절이 모두 법도를 잃게 된다. 그렇기 때문에 성인이 거문고나 비파, 종, 북, 경쇠, 피리 등의 악기를 만들어 아침저녁으로 귀에 익고 마음에 젖게 하여 그 혈맥을 움직여서 화평하고 공손한 뜻을 진발시켰던 것이다. 그렇기 때문에 순(舜)의 음악이 다 연주되자 여러 관원들이 진실로 화하고 빈객(賓客)이 덕을 존중하여 겸양하였으니 음악의 효험이 이와 같다. 사람을 가르칠 적에 반드시 음악으로 하는 것이 마땅하지 않겠는가. 〔중략〕 그런데 삼대 이후에는 유독 음악만은 완전히 없어졌으니 이 어찌 서글픈 일이 아니겠는가. 백세(百世) 동안 선한 정치가 없고 사해에 선한 풍속이 없는 것은 모두 음악이 없어졌기 때문이니 천하를 다스리는 자는 마땅히 뜻을 다해야 한다.

라는 예악 차원의 정치 인식을 만나게 됩니다.

분청과 백자의 시대

조선 전기의 도자는 분청사기와 백자가 공존하면서 다채롭게 전개 발전하였다고 하겠습니다. 분청사기는 고려의 청자 전통을 계승하여 조선적 변모를 거쳐 결국은 백자로 흡수되는 과정을 걸었고 백자는 조선의 이상에 맞는 새로운 형태의 도자 문화의 요구에 부응하게 됩니다. 처음에는 왕실 등 지배층의 수요에 국한되었다가 점차 일반화되어 분청사기를 누르고 그것을 흡수하여 조선시대를 대표하는 자기가 되었습니다.

도자기로 보면 유교에서는 검소하고 검박한 생활을 요구하며 전통적으로 흰색을 선호하였던 것과 합일되면서 도자기의 색채가 흰색이 되고 도자기뿐만 아니라 생활문화 모든 면에서 색채를 배제시켰다고 하겠습니다.

세종시대에 오면 훌륭한 백자가 제작되었다고 하겠습니다. 한편으로는 청자에서 분청으로 변모되면서 전무후무한 특출한 문양 체계를 갖춘 추상적인 표현이 이루어졌으며 매우 다양하고 풍부한 내용의 분청사기의 세계를 만들어 갔습니다. 청자 문화도 면면히 계속되어 궁중불교 의식에 필요한 청자가 전기 내내 제작되었다고 보겠습니다. 조선 전기에 왕실에서는 백자만 사용하지 않고 상당량의 분청을 사용하였으며 분청은 백자와 함께 공존하면서 조선 백자의 세계를 만들어 갔다고 하겠습니다.

백자 항아리를 보면 원만하고 잘 생기고 참으로 포용력이 있는데 조선 사람의 심성을 백자가 표현한 것이 아닌가 합니다.

17세기 후반에 비롯된 예술사조의 변화는 18세기를 거치면서 더욱 심화되어 고답적이고 권위적인 것을 간결하고 명확하게 표현하면서 자기 것을 추구하는 것으로 되었습니다. 도자기에서는 기형도 문양도 많아지고 각이 더 예리해진 것도 있고 더 풍만해진 것도 있습니다. 기본적으로 우리 것을 찾으면서 나온 간결함, 단순함, 순수함 같은 특징들이 다양하게 표현되고 있습니다. 동시에 대담해지고 해학적이고 대담한 생략도 있고 과감한 변형도 이루어지게 됩니다. 부자연스럽게 과장되지는 않고 해학적으로 변형되어 자연과 조화를 이루고 더 깊이 이해해서 자연과 더욱 가까워지고 있습니다.

19세기에 분원 사기장인 이득산은 백자를 만들어 당대에 이름을 얻은 사람입니다.

건축, 자연과 절제의 미

한양 도읍의 도성과 4대문 건축을 전기의 작품으로 평가할 수 있습니다. 문헌상으로는 궁궐과 종묘가 건국 초 건립되었다고 되어 있지만 왜란과 호란을 거치면서 모두 불에 소진되었으며 지금의 궁궐과 종묘는 조선 후기 세워진 건축물입니다.

경복궁을 중심으로 하여 왼쪽에는 종묘, 오른쪽에는 사직단을 배치한 구도는 유교의 명당 배치론에 의거하였습니다. 궁궐 및 종묘의 건축은 대체로 주변 지세를 파괴하지 않고 그 지세와 조화되도록 건물 배치가 이루어지는 특징이 있습니다. 그리고 특히 종묘의 건축은 유교의 기풍에 따라 검소하고 단순한 구조와 장식이 엄숙한 느낌을 주는 단청에 이르기까지 유교적 규범을 준수하였다고 하겠습니다. 자연과 조화를 강조하고 조경 면에서도 되도록 인공을 절제하는 조선의 건축 문화의 특성을 볼 수가 있습니다.

16장

근대화의 추진과 좌절

동양과 서양의 만남

19세기 즉 정조 사후가 되는 1801년부터 우리나라 역사에서는 이른바 서양 세력이 우리 역사를 변화시키는 변수로 작용하게 됩니다. 개항은 1876년 강화도조약을 기점으로 이루어지고 서양 세력과 정식으로 교류를 하게 되는 시점이 됩니다. 1976년은 개항으로부터 100년이 되는 해인데 개항 100년을 기념하기 위해서 신문사라든가 학계에서 그것을 특집으로 다룬 자료가 있습니다. 서울대학교 대학신문사 기획으로 나온 ≪한국근대사의 재조명≫이라는 책이 있습니다.

개항이란 우리나라만 있었던 사건은 아닙니다. 세계사에서 고대나 중세, 근대 직전까지만 해도 사실 동양사는 동양의 세계에서, 서양사는 서양의 세계에서 자신들의 무대에서 역사를 만들고 상대의 생활권을 넘나들지 않았습니다. 그러나 콜럼버스의 신대륙 발견(1492) 이후 서양인들은 미지의 동양 세계를 탐험하게 됩니다.

신항로 발견 이후에도 탐색전을 펴다가 유럽이 산업혁명이라는 생산구조의 변혁을 하면서 본격적으로 자기의 역사 무대를 넘어서 아프리카와 신대륙, 그리고 우리나라를 포함한 아시아권에 밀려오기 시작한 것입니다. 그때부터 적극적으로 아시아와 아메리카, 아프리카를 원료의 공급과 상품의 시장으로 점령해 가기 시작합니다. 1600년대에 서양은 중국과 무역 교류를 하기 시작하였습니다.

1600년대 이후 중국과 서양이 무역 교류하는 과정에서 실제 중국은 상당한 무역의 흑자를 보았습니다. 17, 8세기까지도 중국은 무역 흑자를 기록하고 있었습니다. 이른바 차·도자기·비단을 서양에 수출하여 무역 흑자를 보았던 것입니다. 그런데 1800년대에 들어오면서 중국은 무역 적자를 보기 시작하였습니다. 유럽이 산업혁명을 하면서 그 여파로 중국의 상품 수입을 억제하자 무역 수지 면에서 중국은 서양과의 무역에서 적자로 돌아서게 되었습니다. 이로 인해 중국은 서양과의 만남을 좋아하지 않았습니다. 그 와중에서 발생한 것이 1839년 아편전쟁(阿片戰爭)입니다.

아편전쟁에서 중국은 영국에게 패배하였습니다. 그 결과 영국에게 일방적으로 유리한 조건으로 양국 관계가 설정되었던 것입니다. 불평등 조약이 맺어졌던 것입니다. 이 사건이 계기가 되어 이후 동서양 세계 간의 교류 관계에서 불평등 관행이 유지되었습니다. 쌍방 간에 호혜 관계가 아니라 패전국과 승전국이라는 조건하에서 이루어진 겁니다. 이 때부터 동양권은 영국을 대표로 한 유럽의 요구를 그대로 받아들이게 되었습니다.

중국의 불평등조약에 대해 조선의 정치권에서도 이 사건을 주목하고 있었습니다. 당시까지 조선의 정치가들은 중국을 천하의 중심으로 보았습니다. 영국이 유럽권에서 제국 중의 제국이었다고 한다면, 동양권에서는 중국이 천하의 중심으로 강력한 제국이었습니다. 그런데 중국이 아편전쟁에서 영국에 패하였다는 겁니다. 이것은 조선의 정치가들과 식자들에게 결정적인 영향을 끼칩니다. 충격적인 사건이었습니다.

이 문제를 정리하고 해결하는 데 많은 고민이 있었던 것입니다. 이 문제를 어떻게 받아들여 정리할 것인가 하고 말입니다. 이 사건은 중국 자체에서도 서양 문명에 대한 인식과 향후 처리 문제를 여하히 할 것인가를 고민하도록 하였습니다. 조선의 지식인들 사이에서도 많은 문제가 야기되었습니다. 즉, 서구 문명을 그대로 받아들여야 할 것인가, 그리고 우리가 가지고 있는 전통문화를 어떻게 보존해야 할 것인가 하는 갈등과 주저가 19세기의 실상이었습니다.

19세기 중국, 일본의 개항

19세기에 들어서면서 서양 세력은 동양을 상대로 본격적인 교섭에 나서기 시작합니다. 일차적으로 중국을 개방하고 그 시점에서 최근까지도 그랬지만 홍콩이 영국에 100년간 양도되었습니다. 근자에 반환되었지만 여기서 동양의 문명국이라는 중국, 조선, 일본이 유럽의 자본주의 체제에 의해 식민지 쟁탈 대상국으로 전락합니다. 그래서 일본은 미국으로부터 문호 개방의 위협을 받았습니다.

일본은 1854년 미국과 개항 조약을 맺었습니다. 일본이 미국에 의해 강제로 개항을 당한 것입니다. 물론 일본은 개항 이전부터 일찍이 네덜란드 또는 포르투갈과의 관계를 통해서 서양 상인, 천주교 선교사와의 만남을 가졌습니다.

미국은 미 대륙의 동부로부터 시작된 국가입니다. 이 때가 되면 미국은 미 대륙 서부로의 진출을 끝내고 태평양 하와이를 점령하고 다시 태평양을 건너서 계속 서진하고 있었습니다. 이러한 미국의 서진으로 영역을 확대한 사실을 미국사에서는 '뉴 프론티어'라고 합니다. 이 과정에서 미국은 스페인과 전쟁을 합니다. 스페인에게 승리를 거둔 미국은 스페인의 식민지를 식민지화하고 그 연속선상에서 일본을 개항하게 되었던 것입니다.

이러한 개항의 후유증으로 일본 정부는 정치 개혁을 추진합니다. '명치유신(明治維新)'입니다. 1854년에 일본이 미국에 의해 개항을 하게 된 다음 1868년에 명치유신이 있게 됩니다.

조선의 강제 개항

조선은 1876년 일본에 의해 강제로 개항을 하고 서양 세계와 교류하기 시작합니다. 그런데 여기서 일본은 바로 미국에 의해 강제 조약을 맺었던 경험을 바탕으로 조선을 개항시킬 때 자기들이 받은 수모와 불평등조약을 조선에게 똑같이 강요하여 강화도조약을 만들어 개항을 하도록 한 것입니다. 개항이라고 하는 국제간의 무역관행을 불평등한 조건 속에서 시작하게 되었던 것입니다.

지금까지 조선의 정치는 국내 정치 세력을 어떻게 조절하는가 하는 것이 가장 중요한 문제였습니다. 그런데 19세기부터는 유럽 제국주의 세력의 요구가 현실로 나타났습니다. 미국의 배, 프랑스의 배가 조선 연안에 나타나서 교역을 하자고 그러는 겁니다. 당시 조선의 정치 지도자들은 중국의 경우를 보니까 처음에는 무역만 하자고 하였다가 원치 않는 물건을 팔고 싶다고 거부하니 대포로 위협하면서 불평등 조건으로 교역을 요구하였던 사실에 주목하였습니다. 그러니까 아예 조선은 서양을 상대하지 않을 테니까 서양 세력에게 조선에 대하여 관심을 보이지 말라는 자세를 견지하였습니다. 소극적인 자세를 취하였던 것입니다.

그러나 이런 소극적인 자세가 새로운 시대의 변화에 대한 대응 전략으로서는 만족할 만한 것이 못되었습니다. 결국 조선 정부는 1875년 운요호 사건을 빌미로 1876년 일본과 불평등조약을 맺게 되었습니다.

운요호 사건으로 인하여 맺어진 강화도조약 12조항의 조약문

수호조규(修好條規)

대일본국과 대조선국은 원래부터 우의를 두터이 하여 온 지가 여러 해 되었으나 지금 두 나라의 우의가 미흡한 것을 고려하여 다시 옛날의 좋은 관계를 회복하여 친목을 공고히 한다.

이는 일본국 정부가 선발한 특명 전권 변리대신인 육군 중장 겸 참의 개척장관 구로다 기요타카(黑田淸隆)와 특명 부전권 변리대신인 의관(議官) 이노우에 가오루(井上馨)가 조선국 강화부(江華府)에 와서 조선국 정부가 선발한 판중추부사 신헌(申櫶)과 부총관 윤자승(尹滋承)과 함께 각기 지시를 받들고 조항을 토의 결정한 것으로써 아래에 열거한다.

제1조. 조선국은 자주 국가로서 일본국과 동등한 권리를 보유한다. 이제부터 양국은 화친한 사실을 표시하려면 모름지기 서로 동등한 예의로 대우하여야 하고 조금이라도 상대방의 권리를 침범하거나 의심하지 말아야 한다. 우선 이전부터 사귀어 온 정의를 손상시킬 우려가 있는 여러 가지 규례들을 일체 없애고 되도록 너그러우며 융통성 있는 규정을 만들어서 영구히 서로 편안하도록 한다.

제2조. 일본국 정부는 지금부터 15개월 뒤에 수시로 사신을 파견하여 조선국 경성에 가서 직접 예조판서를 만나 교제 사무를 토의하며 해당 사신이 주재하는 기간은 다 그 때의 형편에 맞게 정한다.

조선국 정부도 또한 수시로 사신을 파견하여 일본국 동경에 가서 직접 외무경을 만나 교제 사무를 토의하며 해당 조선국 사신이 주재하는 기간도 역시 그 때의 형편에 맞게 정한다.

제3조. 이제부터 두 나라 사이에 오고가는 공문은 일본은 자기 나라 글을 쓰되 지금부터 10년 동안은 따로 한문으로 번역한 것 한 본을 첨부하며 조선은 한문을 쓴다.

제4조. 조선국 부산 초량항(草梁港)에는 이미 오래전부터 일본 공관이 세워져 있어 양국 백성들의 통상 지구로 되어 왔다. 지금은 응당 종전의 관례와 세견선(歲遣船) 등의 일은 없애버리고 새로 만든 조약에 준하여 무역 사무를 처리한다. 조선국 정부는 제5조에 실린 두 곳의 항구를 개항하여 일본국 백성들이 오가면서 통상하게 하며 해당 지방에서 세를 내고 이용하는 땅에 집을 짓거나 혹은 임시로 거주하는 사람들의 집을 짓는 것은 각기 편리대로 하게 한다.

제5조. 경기, 충청, 전라, 경상, 함경 5도 중에서 연해의 통상하기 편리한 항구 두 곳을 골라서 지명을 지정한다. 개항 기간은 일본 역서(歷書)로는 명치(明治) 9년 2월, 조선 역서로서는 병자년 2월부터 계산하여 모두 20개월 안으로 한다.

제6조. 이제부터 일본국의 배가 조선국 연해에서 혹 큰 바람을 만나거나 혹 땔나무와 식량이 떨어져서 지정된 항구까지 갈 수 없을 때에는 즉시 가닿은 곳의 연안 항구에 들어가서 위험을 피하고 부족되는 것을 보충할 수 있으며 배의 기구를 수리하고 땔나무를 사는 일 등은 그 지방에서 공급하며 그에 대한 비용은 반드시 선주(船主)가 배상해야 한다. 이러한 일들에 대해서 지방의 관리와 백성들은 특별히 진심으로 돌보아서 구원의 손길이 미치지 않는 데가 없도록 하며 보충해 주는 데서 아낌이 없어야 한다. 혹시 양국의 배가 바다에서 파괴되어 배에 탔던 사람들이 표류되어 와닿았을 경우에는 그들이 가닿은 곳의 지방 사람들이 즉시 구원하여 생명을 건져주고 지방관에 보고하며 해당 관청에서는 본국으로 호송하거나 가까이에 주재하는 본국 관리에게 넘겨준다.

제7조. 조선국 연해의 섬과 암초를 이전에 자세히 조사한 것이 없어 극히 위험하므로 일본국 항해자들이 수시로 해안을 측량하여 위치와 깊이를 재고 도면을 만들어서 양국의 배와 사람들이 위험한 곳을 피하고 안전한 데로 다닐 수 있도록 한다.

제8조. 이제부터 일본국의 정부는 조선에서 지정한 각 항구에 일본 상인을 관리하는 관청을 수시로 설치하고 양국에 관계되는 안건이 제기되면 소재지의 지방 장관과 만나서 토의 처리한다.

제9조. 양국이 우호 관계를 맺은 이상 피차 백성들은 각기 마음대로 무역하며 양국관리들은 조금도 간섭할 수 없고 또 제한하거나 금지할 수도 없다. 만일 양국 상인들이 값을 속여서 팔거나 대차료를 물지 않는 등의 일이 있으면 양국 관리들이 빚진 상인들을 엄히 잡아서 빚을 갚게 한다. 단 양국 정부가 대신 갚아줄 수는 없다.

제10조. 일본국 사람들이 조선국의 지정한 항구에서 죄를 저질렀을 경우 만일 조선과 관계되면 모두 일본국에 돌려보내어 조사 판결하게 하며 조선 사람이 죄를 저질렀을 경우 일본과 관계되면 모두 조선 관청에 넘겨서 조사 판결하게 하되 각기 자기 나라의 법조문에 근거하며 조금이라도 감싸주거나 비호함이 없이 되도록 공평하고 정당하게 처리한다.

제11조. 양국이 우호 관계를 맺은 이상 따로 통상 규정을 작성하여 양국 상인들의 편리를 도모한다. 그리고 지금 토의하여 작성한 각 조항 중에서 다시 보충해야 할 세칙은 조목에 따라 지금부터 1개월 안에 양국에서 따로 위원을 파견하여 조선국의 경성이나 강화부에서 만나 토의 결정한다.

제12조. 이상의 11개 조항을 조약으로 토의 결정한 이날부터 양국은 성실히 준수 시행하며 양국 정부는 다시 조항을 고칠 수 없으며 영구히 성실하게 준수함으로써 우의를 두텁게 할 것이다. 이를 위하여 조약 2본을 작성하여 양국에서 위임된 대신들이 각기 날인하고 서로 교환하여 증거로 삼는다.

대조선국 개국 485년 병자년 2월 2일

대관 판중추부사 신 헌

부관 도총부 부총관 윤자승

대일본 기원 2536년 명치 9년 2월 6일

대일본국 특명 전권 변리대신 육군 중장 겸 참의 개척장관 구로다 기요타카

대일본국 특명 부전권 변리대신 의관 이노우에 가오루

그 결과 부산, 인천, 원산항을 무역항으로 열고, 이를 통해 외국의 무역선이 자유롭게 들어와서 자의대로 물건을 팔고 사게 되었습니다.

바로 이 시점에서 지금까지 고려의 대상조차 아니었던 서양 세력의 움직임이 조선 역사에 중요한 변수로 등장하게 되었다는 겁니다. 말하자면 오늘날 우리의 문제를 해결하는 데 미국의 존재를 의식하게 되는 역사의 연원이라 하겠습니다. 이러한 역사 인식의 출발선이 바로 1876년 개항이라는 사건입니다. 현재 한국의 증시에 미국 뉴욕의 증시 시세가 직접 영향하는 것의 연원을 소급하면 바로 1876년 강화도조약부터 시작되었다는 것입니다.

서세동점에 대한 대응론

개항 후 새롭게 접근하는 서양 세력에 대한 대응 논리를 크게 나누어 본다면 개화사상(開化思想), 동학사상(東學思想), 위정척사사상(衛正斥邪思想)으로 나누어 볼 수 있습니다. 서양이라는 커다란 파도가 밀려왔을 때 망연자실하였던 것이 아니라 다각도의 대응 방식이 있었던 것입니다.

첫째, '개화사상'이라는 것은 서양의 실체에 대해 적극적으로 공부하고 받아들여서 우리 현실의 문제를 타개하도록 하자는 것이었습니다. 둘째, 동학사상이란 서학에 대한 상대적인 개념의 사상 체계로서의 동양 전통사상을 기저로 하여 서양 문명으로서가 아닌 우리들이 가지고 있는 전통으로 우리 문제를 해결해야 한다고 본 것입니다. 여기서 좀 더 진전되면 '동도서기론(東道西器論)'이 나옵니다. 정신은 동양 전통을, 기계 기술은 서양 문명을 이용하도록 하자는 개혁론입니다. 동학사상은 동도서기론보다는 정신적인 측면만을 강조한 것입니다. 셋째, '위정척사'란 전통 유교 사상을 보위하고 서양의 사상, 기술문명을 배척하자는 얘깁니다. 이것은 개화사상과 극단적으로 대비되는 것입니다. 새로운 변화에 대응하는 방법을 이렇게 세 가지로 나누어 볼 수 있습니다.

개화파의 형성

개화사상의 핵심적인 그룹은 역관 출신들이었습니다. 통역을 담당한 사람들입니다. 조선은 외국과 통역을 담당하는 관리를 양성하였습니다. 중국어, 여진어, 왜어를 교육하여 주변 국가와의 관계를 유지하기 위한 전문 통역관을 양성하였습니다. 여기서 역관이란 주로 중국어 통역관을 얘기합니다.

사실상 조선 후기가 되면 역관 출신들이 상당히 큰 활약을 합니다. 예를 들면 숙종조 장희빈의 친정이 역관 가문입니다. 물론 정식으로 왕비에 간택된 것도 아니고 나중엔 사약을 받고 죽었지만 장희빈의 아들이 즉위하여 경종이 되었단 말입니다. 조선 후기에 오면 역관은 양반의 반열은 아니더라도 양반 사회에 합류하려고 하는 조짐이 있습니다. 이러한 전체적인 분위기와 함께 실제로 역관이 중국을 왕래하면서 보고 듣고 배울 기회가 많았던 것이 개화사상을 갖도록 하였다고 하겠습니다.

그 중에서 우리가 특히 주목할 인물은 역관 출신 오경석(吳慶錫 ; 1831~1879)입니다. 개화파를 이끈 인물 중 한 분입니다. 그는 3·1운동 당시 33인 대표자 중 한 사람인 오세창(吳世昌)의 아버지이기도 합니다. 오경석은 북경을 왕래하면서 여러 경험을 많이 하고 서양에 대한 정보를 얻어 조선의 젊은 지식인에게 전하였습니다. 조선시대에는 오경석과 같은 일부 역관 출신 관리들만이 북경에 가서 많은 정보를 얻어 올 수 있었습니다. 개화파로는 유홍기(劉鴻基 : 大致로 개명 ; 1831~?)·박규수(朴珪壽 ; 1807~1877)라는 인물을 주목하게 됩니다.

오경석과 유홍기는 절친한 친구 사이였던 것으로 알려져 있습니다. 이들은 1860년대 전후 북경에 가서 중국이 서양에게 철저히 당하는 모습과 서양의 우수한 무기를 보면서 서양 문명에 대한 정보를 얻게 됩니다.

결국 개항기를 전후로 해서 오경석은 유홍기와 의논하면서 우리는 서양을 무시할 것이 아니라 적극적으로 배워야 한다고 소견을 밝힙니다. 그러나 이들은 신분이 역관이었기 때문에 많은 한계를 가질 수밖에 없었습니다.

이들은 서양 문물을 수용해야 한다는 사상은 가지고 있었지만 앞장서서 서양을 배우자고 선도할 수 없어 양반 인사를 유치하게 됩니다. 그 사람이 박규수입니다. 박규수가 누구냐 하면 연암(燕巖) 박지원(朴趾源)의 손자입니다. 물론 박규수도 중국에 다녀왔습니다. 이 사람들이 의기투합해서 박규수 집 사랑방에서 여러 동지를 규합해서 이른바 개화파를 형성하게 되었습니다. ≪연암집≫을 텍스트로 하고 중국에서 수입한 새로운 정보와 지식을 모으고 교육하면서 집단화를 모색한 것입니다.

여기에 참여한 사람들 가운데 중요한 인물이 김옥균(金玉均)입니다. 김옥균은 갑신정변을 일으킨 주역입니다. 김옥균, 김윤식, 유길준, 박영효, 서광범, 어윤중 등 개화파의 실질적인 핵심 세력들이 박규수 집 사랑방 모임에 참여하였습니다. 이들은 모두 양반 자제들입니다.

1876년 강화도조약을 맺은 이후에는 연이어서 서양 제국들과의 통상 교섭이 체결됩니다. 미국, 영국, 프랑스, 독일 등과 통상조약을 맺게 됩니다. 그런 과정에서 서양의 과학기술을 배우고, 제도 개선을 할 것과 서양 문명을 통해서 근대국가 체제를 빨리 갖추는 것이 국가를 위하는 길이라고 보는 것이 바로 개화파였다는 것입니다. 여기에서 정부기구의 개편, 신식 군대의 창설 등이 얘기됩니다. 이들 개화파들을 통해 국가의 기구 개편이 이루어지게 됩니다.

고종의 왕위 계승과 대원군

그러나 이런 개화파의 주장이 순수하게 받아들여지기만 한 것은 아닙니다. 국내에서 위정척사파가 개화파

홍선대원군 이하응의 초상.

와는 정반대의 입장을 갖는 정치 세력이었다는 사실에 주목해야 합니다. 1882년부터 1884년 사이는 조선의 정치 세력으로는 개화당을 중심으로 한 개화파, 대원군 혹은 명성황후를 중심으로 한 수구 세력과 위정척사파가 공존하는 시간이었습니다. 여기서 잠시 이 시기의 정치 유형에 대해 좀 더 부연설명을 해야겠습니다.

만약 왕실이 기득권 세력과 급진 세력 사이의 충돌을 해결할 수 있는 조정자 역할을 충분히 발휘하였다면, 개항 과정에서부터 시작된 개화와 수구의 극한적인 갈등은 막을 수 있었을 것입니다. 그러나 불행히도 극한적으로 대립하고 있는 수구 보수와 급진 개혁파 간의 대립을 조정할 왕실의 조절 능력이 부재하였습니다. 19세기의 상황이었습니다.

다시 말하면 정조가 돌아간 이후 조선 왕실은 너무 어리거나 정치적 식견이 미비한 왕들로 이어져 위기관리의 정치력이 부재하였습니다. 순조가 12세에 왕이 되고, 순조의 아들 익종은 세자 시절 정치에 간여하였으나 왕위에 즉위하지도 못하고 일찍 돌아갔고 어린 나이의 헌종이 즉위하고 후사 없이 승하하자 알려진 바대로 강화도령이라고 하는 철종이 왕이 되었지만, 철종은 전혀 왕자로서 수업이 안 된 상태에서 왕이 되었습니다. 결국 안동 김씨 세도가에 의해서 왕실은 농락당하게 되었고 그런데다가 철종 또한 후사가 없는 상태에서 승하하자 고종이 왕위에 오르는데, 12살에 왕이 되었습니다.

원래 유교 정치권에서는 적장자가 왕위를 계승하는 것을 명분으로 하였습니다. 그런 점에서 조선 후기 왕실은 왕위에 대한 정치적 명분에서 취약함을 안고 있었습니다. 오죽하면 영조가 자신의 아들을 뒤주에 가두어놓고 굶어 죽였겠습니까? 그만큼 영조 자신이 정치적으로 취약하였다고 하겠습니다. 영·정조 시기에는 그래도 조선 후기 정치 문화적으로 재건과 부흥을 이룬 시대라고 해석하는데, 그 시대조차 왕실의 위엄이 위축당한 상태였다는 것입니다. 순조 이후가 되면 왕실의 권위는 극도로 약화되어 정치적 조정의 역할을 감당하지 못하고 극도로 약화되었습니다. 대신 안동 김씨 일문이 조선 정치를 좌지우지하게 되는 이른바 세도정치라는 파행적 시대상이 이어졌습니다.

이런 과정에서 등장한 인물이 바로 고종의 아버지 흥선대원군입니다. 1863년에 철종이 후사 없이 승하하자 당시 왕실의 어른인 익종의 비인 조대비, 즉 신정왕후(神貞王后)는 흥선대원군의 둘째 아들 익성군(翼成君)을 후사로 지목, 왕위에 오르게 합니다. 고종이 됩니다. 고종의 아버지 흥선대원군은 12세의 고종을 대리하여 섭정으로 우선 왕실의 권위를 복원하는 데 총력을 기울입니다. 가장 상징적인 사건이 경복궁의 중건입니다. 지금의 경복궁은 대원군 때 만들어진 것입니다. 임진왜란 때 불타버린 경복궁을 이 때 대원군이 복원한 것입니다. 경복궁 중건 이전에는 창덕궁이 본궁으로 왕의 거처였습니다.

대원군은 1864년부터 1874년까지 고종을 대신하여 국정을 섭정하였습니다. 대원군의 정치적 근거지가 어디인가 하면 운현궁(雲峴宮)입니다. 그곳에서 왕실의 권위를 복원하는 작업을 한 것입니다. 대원군이 왕실 권위를 복원하는 과정에서 가장 큰 정적은 세도정치를 펼쳤던 안동 김씨 노론이었습니다. 대원군은 양반 세도가들을 약화시키려는 상징적인 작업으로 '서원철폐(書院撤廢)'를 단행하였습니다. 전국의 서원을 47개만 남겨두고 철폐하였습니다. 서원은 양반 사림들의 정치적 근거지였습니다. 서원철폐령을 통해 양반들의 사적 토대를 약화시키는 효과는 있었으나 동시에 정치적 부작용이 있게 되었습니다.

이 과정에서 대원군을 비판하는 상소가 있자 이를 이용한 새로운 정치 세력이 왕실의 실세로 등장하게 됩니다. 22세가 된 고종이 정치를 할 수 있는 나이가 되었다는 겁니다. 명성황후는 고종의 등 뒤에서 대원군을 정계에서 은퇴하도록 조종합니다. 대원군을 적대하는 정치 세력은 명성황후와 연결된 수구 세력이었습니다. 그래서 개항되기 직전에 대원군이 물러나게 됩니다.

개항 이후에는 국내에도 여러 정치 세력이 주도권을 장악하려는 작업이 있었지만 중심이 되는 정치 세력이 없었습니다. 외세의 영향을 조정하고 방어할 수 있는 안정된 정치력이 부재한 시대였던 것입니다. 사실 고종이 중심이 되어 왕실이 구심적인 역할을 하려는 노력이 있었다고 보는 견해가 있으나 고종이 어떠한 정치적 영향력을 발휘하였는가 하는 부분에 대해서는 아직 충분한 연구가 발표되지 않았습니다. 이 문제는 역사학계의 과제로 얘기될 수 있는 문제입니다.

개화와 위정척사의 갈등 — 무너지는 조선왕조

하여튼 이런 상황에서 개화파들은 국내 정치 세력 간의 다툼을 보고 있을 수만은 없다고 생각하였습니다. 김옥균을 중심으로 한 급진 개화파들은 쿠데타를 일으켜서라도 서양과 같은 개혁을 달성해야 한다고 하여 거사를 서두르게 됩니다. 이와 같이 서두르게 된 배경에는 사실상 일본 명치유신의 선례가 큰 자극이 되었던 것 같습니다. 일본의 정치 개혁인 명치유신과 같은 개혁을 단행하기 위해 1884년에 갑신정변(甲申政變)을 일으키게 된 것입니다.

이보다 앞서 1882년 임오군란(壬午軍亂)이라는, 1881년 신식 군대인 별기군 창립으로 소외된 구식 군대의 불만이 표출된 사건이 있었습니다. 별기군은 개항 이후 국방의 수요에 신식 군대가 절실하던 터에 설립되었습니다. 그런데 그들과 구식 군대와의 지나친 차별 대우가 있게 되자 구식군의 불만은 정치권에 전이되었습니다. 민겸호(閔謙鎬 ; 1838~1882)와 별기군 교관 일본인 호리모토 레이조(掘本禮造)의 살해가 그것입니다.

1873년 민씨 일파에 의해서 실각하였던 대원군이 군란의 진정 과정에서 고종으로부터 전권을 위임받아 다시 정권을 잡게 됩니다. 그러나 청은 군란의 책임을 대원군에게 물어 청으로 압송하고 위안스카이(元世凱)는 조선 내정을 간섭하게 됩니다. 일본은 군란 중 불타버린 공사관과 일본인 피해를 보상하라는 제물포조약(1882)을 맺어 서울에 군 주둔을 요청하게 되었습니다. 일본 군대도 동시에 진주를 하게 된 것입니다.

강화도조약 단계에서부터 일본과 청은 조선에 대한 정치적 영향력을 증폭하려는 의지가 매우 컸습니다. 일본과 맺은 강화도조약 제1조가 무엇인가 하면 조선이 독립국임을 인정한다는 것입니다. 이는 조선이 청나라의 속방이 아니라 독립된 주권을 가진 국가라는 것이고 따라서 청나라는 조선과 제3국 간의 관계를 간섭하지 말라는 것을 표현한 내용입니다.

정치적으로 독립된 주권국임을 천명하면서도 바로 그 조약 안에는 불평등한 부분이 있습니다. 바로 '치외법권(治外法權)' 조항입니다. 조선 땅임에도 일정한 지역에서는 조선의 행정력을 배제한다는 것입니다. 불평등조약은 서양 제국주의 세력이 침략 과정에서 만든 국제 관행입니다. 유럽이 아프리카와 아시아를 침략하는 과정에서 서양 제국과 피침략국 사이에 갈등이 생겼을 때 이 문제를 어느 나라의 법으로 해결할 것인가 하는 문제가 제기되었습니다.

예컨대 영국 사람은 영국 법으로, 중국 사람은 중국 법으로 하자는 것으로 처음에는 별다른 문제가 없었습니다. 그러나 사태가 진전되는 과정에서 중국 사회에서 일어난 범죄 행위인데 영국인이기에 영국 법정으로 가서 재판한다는 사실에 직면하자 마치 닭 쫓던 개 지붕 쳐다보는

격이 되고 마는 겁니다. 바로 이것이 치외법권이라고 하는 불평등조약으로부터 오는 주권국의 손실 내용이라고 하겠습니다. 치외법권 조항은 개항이라는 시점으로부터 시작된 아시아권의 국제 관행에서 감수할 수밖에 없었던 치욕적 조항이었습니다.

조선의 역사를 개혁과 보수의 갈등 속에서 여러 변수를 조정하여 위기를 탈출하려는 역사를 만든 사건이 갑신정변입니다. 이런 상황에서 김옥균을 중심으로 한 급진 개화파가 쿠데타를 일으켰습니다. 물론 쿠데타는 실패하였습니다. 김옥균의 급진 개혁 노선에 대한 긍정적인 평가도 있지만, 가장 중요한 핵심은 일본 세력을 배경으로 해서 개혁하려고 하였던 것이 실패의 결정적 요인이라고 하겠습니다. 즉, 수구 세력을 부정하겠다는 점은 평가할 수 있지만, 그것을 역사의 현장에서 실현하는 과정에서 자신들의 힘으로 추진하였어야 하는데 그렇지 못하였다는 점이 비극의 원인이었다 하겠습니다.

대한제국의 선포 배경

19세기 개항(開港)이 전환기가 되어 조선은 본격적으로 세계와 접촉 교류하게 되었습니다. 개항이라는 사건이 우리 역사에 등장하자 조선은 자율이 아닌 타율에 의해 외부 세계와의 접촉과 교류가 급속히 전개되어 갔습니다. 고대와 중세에서는 우리 주역들의 판단에 의한 문화 수용과 지적 호기심으로 여행과 선진 문화를 수입 수용하였던 것에 반하여 주객이 바뀐 외부 세력에 의한 교류와 접촉이 이어진 것입니다. 대원군의 쇄국정책이 무너져 자주적 교류가 준비되지 못한 상태에서 외부 세계와 교류하게 된 것이 19세기 후반의 조선 역사였습니다.

세계와의 교류를 위한 자국의 국체를 정비하면서 서양 제국과의 접촉과 교류를 원하였으나 시간은 조선을 기다려주지 않았다고 하겠습니다. 1894년 갑오농민전쟁에서의 요구가 단적인 사건이었습니다. 농민전쟁의 주역들은 당시 집권자인 조선 왕실에 반외세 반봉건을 내용으로 하는 농민들의 요구를 주장하였습니다. 그러나 동학농민전쟁의 목표가 외세에 의하여 왜곡되어 조선은 세계사의 흐름 속에서 심한 혼돈으로 빠져들게 됩니다.

대한제국의 첫 황제가 된 고종 황제의 어진.

1895년 청일전쟁이 조선 땅에서 전개되었으며 여기에서 일본의 승리로 조선에 대한 일본의 내정 간섭이 더욱 심하게 되었습니다. 갑오경장과 이어지는 간섭 속에서 1895년 소위 을미개혁(乙未改革)이 있었습니다. 외세 의존의 형태를 가진 개혁에 대한 반감과 자주적 정치개혁을 거행하자는 민중의 요구와 일련의 정치적 결단으로 조선 왕실은 전진적 자세로써 국호를 바꾸고자 한 것입니다.

러시아 공사관으로 피신한 고종.

1896년 연호를 제정하고 1897년 대한제국으로 국체를 바꾸는 광무개혁(光武改革)이 추진되었습니다. 개혁의 배경으로 다음과 같은 점을 지적할 수 있겠습니다.

청일전쟁에서 승리한 일본의 적극적인 조선 간섭이 이루어졌지만 조선 내에서 일본은 우위를 확보하지 못하고 오히려 영향력은 약화되었습니다. 이는 청일전쟁 후 일본의 지나친 대륙 침략에 대한

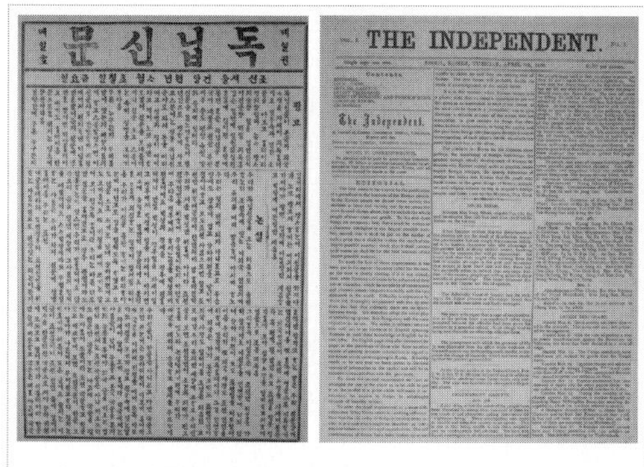
독닙신문

THE INDEPENDENT.

근대로의 개혁을 주장한 독립신문.(오른쪽은 영문판)

소위 프랑스·독일·러시아의 삼국간섭이 있었기 때문입니다. 삼국간섭을 통해 서구 국가들의 외교적 압력과 동시에 러시아 세력의 영향력을 인지하여 조선의 정치권은 그들과의 정치적 유대를 갖고자 하였습니다. 이로 인해 친러파 정치 세력의 영향력 확대와 배일적 조선 왕실의 정황은 아관파천(俄館播遷)이라는 변형적인 정국 운영을 연출하였던 것입니다. 결국은 청국과 일본이 조선에서 후퇴하고 서구 열강의 세력 균형에서 1897년 '대한제국(大韓帝國)'이 탄생되었습니다.

대한제국으로 변신하면서 대내적으로는 소위 광무개혁을 단행, 서구 열강의 침략에 대응하려는 시간을 갖게 되었다고 하겠습니다.

1896년부터 일기 시작한 민족주의와 자주독립에 대한 내적 요구가 결국 국왕을 황제로 존칭하려는 움직임으로 전개되었고, 고종 자신도 국호를 대한제국으로 개칭하는 정치적 결단을 내리면서 1897년 10월 12일 황제 즉위식이 거행되었던 것입니다. 조선왕조의 완전 자주독립을 열망하는 국민적 여론과 이를 바탕으로 하는 국왕의 의지, 1896년 이후 열강의 세력 균형이 대한제국을 가능하게 하였다고 하겠습니다.

광무개혁과 근대국가 건설

대한제국은 이후 급변하는 세계사 흐름에 대응하는 정치 개혁을 단행하게 됩니다. 이른바 광무개혁이 진행되었습니다. 국호를 대한제국으로 개칭하면서 독립국의 상징인 건원연호를 광무(光武)로 칭하였습니다. 따라서 광무년간에 진행된 개혁을 우리는 광무개혁이라고 칭하고 있는 것입니다. 이제 광무개혁의 내용을 검토하면서 열강의 침략에 대응하고 조선왕조의 자주적 성장을 위한 정치적 내용을 평가하고 역사적 의의를 정리하도록 하겠습니다.

외세에 의존하였던 갑오 및 을미개혁을 반성하면서 정치 면에서는 우선 황제권 강화와 더불어 군제의 개편을 고려하게 합니다.

수차례 군제 개편으로 시위대와 친위대가 증강되었으며 지방군제도 개편되었습니다. 초급 지휘관 양성을 위한 무관학교제가 반포되고 곧 개교되어(1898) 다음해에 첫 졸업생이 배출되었습니다. 1898년에는 통치권 강화를 위한 대한국제가 반포되었습니다. 제국(帝國)으로서 면모를 갖추기 위한 법제가 제정된 것입니다.

외교에서도 일대 진전이 이루어지고 있었습니다만 국력의 한계가 여실히 드러나기도 하였습니다. 일차적으로 고종은 미국, 러시아, 영국, 프랑스 출신을 고용하여 경제나 법, 외교 등의 조언과 도움을 얻고자 고문으로 임명하였습니다. 또한 1899년에는 주미공사로 민영환(閔泳煥 ; 1861~1905), 주일공사로 김석규(金錫圭 ; 1864~?), 주러・프랑스・오 공사에 이범진(李範晉) 등을 임명하여 당시 세계 패권을 쥐고 있던 나라들과의 외교 교섭을 맡겼습니다. 이러한 과정에서 대한제국 초기에는 이완용(李完用 ; 1858~1926) 등 친러파의 활약으로 러시아 고문이 임명되고 부산 절영도에 대한 조차 등이 허락되기도 하였습니다만 독립협회 등에서 외교적 침탈로까지 이어지는 러시아와의 관계에 대한 재고를 요청하였으며 절영도 조차에 대한 반대 의견을 고종에게 올렸습니다.

지금이나 옛날이나 외교는 주권국가를 상징합니다. 그러한 외교의 관계는 국력을 바탕으로 하는 국제 관계에 기초하는 것입니다. 1904년을 전후하면서 러시아와 일본의 관계가 악화되고 일본이 조선에 군사를 주둔시키면서 상황은 역전되었습니다. 1905년 '러일전쟁'에서 일본이

러시아의 발트 함대를 격파한 것이 결정적 계기가 되어 대한제국은 주권 국가로서의 위상을 잃어갔습니다. 미 육군장관 태프트와 일 수상 가쓰라(桂太郎)의 밀약은 일본의 대한제국 침탈을 공인해 준 것이나 마찬가지였습니다.

일진회에서는 1905년 11월 외교권의 일본 위탁을 주장하였고 마침내 11월 17일 한일협약 즉 을사조약이 조인되기에 이르렀습니다. 고종은 을사조약의 무효를 세계 각국에 알려 협조를 구하고자 하였으나 실패로 돌아가고 민영환이나 조병세(趙秉世 ; 1827~1905) 등이 자결로써 항의하였습니다. 결국 국제사회의 시각은 대한제국과의 외교를 단절하는 것으로 나타났고, 영국·청·미국·독일 등의 공사가 차례로 철수하기에 이르렀습니다. 외교에서 주권국가로서의 자주권을 행사하고 독립국으로서의 대등한 외교 관계를 맺기 위해서 가장 필요한 것이 현실적 힘과 경제력임을 뼈저리게 느끼게 하는 대목이라 하겠습니다.

경제사회 면에서는 근대적 화폐제도를 수용하고 황실과 정부의 회계 제도를 분리하면서 황실 재정을 확대하는 노력도 있었으나 결과적으로 실패하고 맙니다. 정부의 재정 안정을 위한 전결(田結)의 정확한 정보를 확인하는 작업인 양전사업이 다시 시작되었습니다. 조선 후기 전정의 문란이 후기 사회 혼란의 주원인임을 누차 지적하였으며 이를 진정하기 위해서는 일차적으로 양전을 수행해야 하였습니다. 1899년부터 양전이 시작되었습니다. 양전이 진행되면서 토지문권을 관에서 발급하는 지계(地契)제도가 채택되었습니다. 소위 지계 사업은 전국의 토지 중 3분의 2만을 행한 채 중단되었습니다. 하여간 이러한 상태 위에서 전세를 징수하게 되었던 것입니다.

근대적 상공업 진흥을 위한 제도 개혁으로는 근대적 기술을 도입하고 근대적 제조회사를 설립하여야 한다는 여론과 정부의 방안이 강구되기도 하였습니다. 섬유공업, 철도, 농업, 운수, 광업, 금융 부문에서 회사 설립이 이루어졌습니다. 도량형 제도의 새로운 제정도 있었습니다.

교육정책은 실업, 상업, 공업 교육이 강조되고 외국에 유학생을 파견하기도 하였습니다. 사회적 측면에서는 사법제도의 개혁 등 근대적 사회로의 접근을 위한 개혁이 있었습니다. 단발과 양복 착용이 관인에게 요구되기도 하였습니다.

교통과 통신 면에서는 전국에 우체사(郵遞司)를 두어 우체 업무가 실시되고 국제우편연맹에 가입, 전화가 가설되었습니다. 철도의 경우 외국 자본에 의하여 경인, 경부, 경의선 등이 부설 허가되어 1905년에는 개통되었습니다. 전차, 전기 시설 또한 외국인 기술에 의하여 보급되었을 뿐만 아니라 1902년에 동대문발전소, 마포발전소가 설치되기도 하였습니다.

이와 같은 서양 제국주의와 코드를 맞추는 변화와 개혁이 1904년 러일전쟁이 일어나기 직전까지는 대한제국에서 추진되고 있었으나 러일전쟁을 시작으로 하는 국제 환경의 변화는 대한제국의 개혁을 허용하지 아니하였습니다. 대한제국의 개혁 추진 세력이 미약하고 재정의 취약으로 인해 개혁을 완성시키지 못하였습니다. 황제를 중심으로 모인 개혁 세력은 보수적 색채를 띠었습니다. 그렇지만 신법과 구법의 절충이 모색되어지면서 개혁의 무드가 유지되는 듯하였으나, 대한제국을 둘러싼 주변 환경은 급변하고 있었습니다.

을사오적.(왼쪽부터 박제순, 이지용, 이근택, 이완용, 권중현)

남양주시 금곡에 있는 고종의 홍릉과 능상.

국가의 완전한 자주독립을 위한 개혁의 방향은 국방력 강화와 황제권 강화에 초점이 모아지고 있었다고 하겠습니다. 그러나 열강의 압력으로 개혁은 미루어지고 이권은 약탈되어지고 있었습니다. 열강 간의 세력 균형 속에서 추진된 광무개혁은 러일전쟁 와중에서 일본의 진출로 세력균형이 깨지면서 대한제국의 자강 기회는 급속히 정치적 자주권의 약화 내지는 상실 쪽으로 기울기 시작하였습니다.

러일전쟁에서 일본이 승리함으로써 결정적으로 대한제국에서 정치적 영향력의 우위를 차지하게 하였습니다. 지금까지 러·일 양국이 평행을 유지하였던 힘의 균형이 깨지고 일본의 독점이 허용되었던 것입니다. 1902년 영일동맹과 1904년 미일비밀협약에서 미국과 영국의 지지를 배경으로 일본은 을사조약(1905)을 강제 체결, 대한제국의 외교권을 박탈하여 식민지화의 첫 단계를 만들어 갔습니다.

대한제국 마지막 황제인 순종의 유릉과 그 능상.

대한제국의 외교권 상실은 근대 국제사회에서 정치적 주권 상실을 상징한다고 하겠습니다. 이후 대한제국의 정치권과 국민들은 정치적 자주권 회복과 근대화 과정을 추진하는 정치 및 개혁 운동을 역사에서 보여주었습니다. 그러나 일제는 고종황제로부터 순종황제로의 양위를 강요하여 반일정치권의 핵심이었던 고종황제를 퇴위시키고, 1910년 순종황제로부터 국권을 완전 탈취하는 정략을 수행하였습니다.

1910년에 강제로 맺어진 한일합병조약

합병조약(合併條約)

한국 황제 폐하와 일본국 황제 폐하는 두 나라 사이의 특별히 친밀한 관계를 고려하여 상호 행복을 증진시키며 동양의 평화를 영구히 확보하자고 하며 이 목적을 달성하자고 하면 한국을 일본국에 합병하는 것이 낫다는 것을 확신하고 이에 두 나라 사이에 합병 조약을 체결하기로 결정하였다. 이를 위하여 한국 황제 폐하는 내각 총리대신 이완용(李完用)을, 일본 황제 폐하는 통감인 자작 데라우치 마사타케(寺內正毅)를 각각 그 전권 위원으로 임명하는 동시에 위의 전권 위원들이 공동으로 협의하여 아래에 적은 모든 조항들을 협정하게 한다.

제1조. 한국 황제 폐하는 한국 전체에 관한 일체 통치권을 완전히 또 영구히 일본 황제 폐하에게 넘겨준다.

제2조. 일본국 황제 폐하는 앞 조항에 기재된 넘겨준다고 지적한 것을 수락하는 동시에 완전히 한국을 일본 제국에 병합하는 것을 승락한다.

제3조. 일본국 황제 폐하는 한국 황제 폐하, 태황제 폐하, 황태자 전하와 그들의 황후, 황비 및 후손들로 하여금 각각 그 지위에 따라서 적당한 존칭, 위신과 명예를 받도록 하는 동시에 이것을 유지하는 데 충분한 연금을 줄 것을 약속한다.

제4조. 일본국 황제 폐하는 앞의 조항 이외에 한국의 황족(皇族) 및 후손에 대하여 각각 상당한 명예와 대우를 받게 하는 동시에 이것을 유지하는 데 필요한 자금을 줄 것을 약속한다.

제5조. 일본국 황제 폐하는 공로가 있는 한국인으로서 특별히 표창하는 것이 적당하다고 인정되는 경우에 대하여 영예 작위를 주는 동시에 은금(恩金)을 준다.

제6조. 일본국 정부는 앞에 지적된 병합의 결과 전 한국의 통치를 담당하며 이 땅에서 시행할 법규를 준수하는 한국인의 신변과 재산에 대하여 충분히 보호해주는 동시에 그 복리의 증진을 도모한다.

제7조. 일본국 정부는 성의 있게 충실히 새 제도를 존중하는 한국인으로서 상당한 자격이 있는 자를 사정이 허락하는 범위에서 한국에 있는 제국(帝國)의 관리에 등용한다.

제8조. 본 조약은 한국 황제 폐하와 일본국 황제 폐하의 결재를 받을 것이니 공포하는 날로부터 이 조약을 실행한다.

이상의 증거로써 두 전권 위원은 본 조약에 이름을 쓰고 조인한다.

융희(隆熙) 4년 8월 22일

내각 총리대신 이 완 용

명치(明治) 43년 8월 22일

통감 자작 데라우치 마사타케

한국 근대화와 반성(反省)

근대라는 주제에서 제기되는 문제 중의 하나는 결국 현재의 우리 사회와 연결되고 있는 바로 앞 단계에서 우리에게 요구되었던 역사 과정을 제대로 거쳤는가 하는 것입니다. 역사는 비약이 있을 수 없습니다. 이 말은 역사의 전개가 자기 체험의 토대 위에서 한 단계 한 단계 쌓아 올려져야 정상적인 건강성을 유지하고 성장한다는 것을 뜻합니다.

오늘날 우리가 진정으로 현대라고 하는 시대에 살고 있다고 한다면, 그 전 단계의 역사 단계에서 자기 경험을 잘 축적하였는가 하는 문제를 살펴보지 않을 수 없습니다. 비유하자면 한 개인이 성숙한 인간이 되기 위해서는 유아기에는 유아기 나름대로의 좋은 성장 과정을 거쳐야 한다는 것입니다. 이것은 영양학상의 문제도 되고 정신건강상의 문제도 됩니다. 이른바 10대에는 사춘기라는 경험이 있습니다. 사춘기의 경험을 통해서 각자 나름의 방향 설정에 대한 적절한 고민의 과정을 제대로 거쳐야만 다음 단계에서 청년기다운 성장을 이룰 수 있습니다. 또한 청년기를 통해서 적절한 육체적 학문적 훈련 과정을 거쳐야만 그 다음 장년기에 정상적이고도 성숙한 인격체로서의 활동이 가능합니다.

이것은 국가 역사의 경우에도 마찬가지입니다. 역사가들은 대개 고대·중세·근대·현대로 역사의 시대를 구분 짓는데 그런 각각의 역사 단계를 통해 정상적인 자기 경험을 거쳐야만 단단한 토대를 갖춘 사회가 만들어지게 되는 것입니다. 되짚어 얘기하자면 강의를 통해 우리는 우리 민족과 국가가 현대 이전의 근대 단계에서 역사의 주체로서 제대로 자기준비를 하였는가 아닌가의 차원에 많은 시간을 투자하였다고 생각합니다.

이 과정에서 우리는 정신사적인 측면에서는 실학이라는 새로운 자기성찰이 있었다는 점, 정치적 차원에서는 소위 당쟁의 소용돌이 속에서도 왕실을 중심으로 당쟁을 정리하려는 탕평책이라는 정책이 있었다는 점도 확인하였고, 조선 전기의 정치, 사회, 경제 체제에 대한 재조정이 조선 후기, 즉 근대기에 시도되었다는 점도 확인할 수 있었습니다. 그 결과에 대해서는 아직 정확한 평가를 유보할 수밖에 없지만 근대기 우리 민족은 시대적 고민을 정리하려는 적절한 시도를 하고 있었다는 사실을 알 수 있습니다.

그러면서도 현대와 연결되는 여러 가지 흐름이 제대로 있었느냐는 압축된 질문을 해보게 됩니다. 결국 현대사회의 큰 특징은 신분과 계층을 넘어서 국가 구성원 모두가 참여하는 정치 경제 문화이고 근대는 그러한 시대로 접근하는 과정입니다. 그렇다면 우리 역사에서 보건대 이것이 어느 정도 이루어지고 있었는가 하는 점입니다.

조선 후기에는 많은 양민, 노비들이 신분제 사회에서 보인 규제 위주의 체제를 비판하고 이를 극복하려는 움직임을 보였습니다. 그래서 어떤 형태로든지 양반 신분으로 편입한다든지, 노비들은 신분 억압을 피하기 위해 도망하기도 하였습니다. 그래서 1801년에는 조선왕조가 이미 공노비를 인정하지 않게 됩니다. 물론 사노비는 사회적 관행에 의해서 유지되고 있었습니다. 하여튼 농민들과 천민들이 결과적으로 자신들의 피지배적인 신분의 사슬을 끊고 새로이 자신들의 요구를 분출하였을 때 그들의 요구대로 새로운 사회상을 달성하지는 못하였지만 많은 지식인 동조자들을 규합할 수는 있었다는 점입니다. 이런 흐름이 근대기에 이루어지고 있었다는 것입니다. 이것은 외부의 영향도 있었지만 민족사 자체 내에서 이루어지고 있었습니다.

이런 것을 종합적으로 상징하는 것이 바로 문화라고 볼 수 있습니다. 대개 문화는 대중문화, 고급문화 등으로 분류됩니다. 그런데 고대 혹은 중세의 문화는 대부분 지배층의 문화입니다. 그러다가 근대에 들어오면 농민, 노비 신분의 사람들이 함께 할 수 있는 문화의 형태가 점차 하나의 양식으로 고정됩니다. 이른바 서민문화라는 것이 만들어지고 있습니다. 이런 과정에서 조선 후기 민중들이 참여하는 문화 형태가 존재한다는 것입니다.

이러한 진행을 가능하게 해 주었던 것은 결국 조선 초기에 만들어진 훈민정음이라는 것을 우리는 염두에 두어야 합니다. 한글이라는 문자가 서민들의 의사표현을 가능하게 하고, 보다 많은 사람들이 공감할 수 있도록 해 주었다고 볼 수 있습니다. 마치 오늘날 컴퓨터가 많은 동호인들을 통해서 여론을 만들고 있듯이 조선 후기의 많은 서민들이 자기의 의사를 표현하고 공감대를 유지할 수 있는 수단이 바로 훈민정음이었던 것입니다.

이러한 매개체의 존재와 경제적 문화적 환경 아래에서 만들어진 것이 판소리, 민화입니다. 판소리는 여러분들도 알고 있듯이 연극과 음악을 합친 것입니다. 또 탈춤이라는 것도 있습니다. 이런 것은 우리나라에만 있는 것은 아닙니다. 세계 각국마다 가면극이 있고 거기에는 독특한 민중의식이 담겨져 있습니다. 우리나라는 이런 것이 전문가들에 의해서 보존되고 창작 영역으로 확대되고 있었습니다.

가면극은 상당히 지역적인 특징을 갖고 있습니다. 의정부 위 양주에는 별산대놀이, 경상북도 안동에는 탈춤, 판소리의 경우에도 서편제, 동편제 등 이렇게 지역별로 음악과 연극이 만들어집니다. 고대의 궁중음악, 놀이, 무용, 가사, 시 등의 고급문화 영역뿐만 아니라 조선 후기 대중들의 감정적인 분출구로서 그들의 감정의 토대 위에서 만들어지고 있었다는 것은 한국사에서 현대의 단계로 접근할 수 있는 역량이 민족사 내부에서 축적되어가고 있었다는 것을 반증한다고 할 수 있습니다.

이러한 역사적인 실체가 있음에도 불구하고 결국 우리는 1910년 국권을 상실하였습니다. 1900년대 세계사의 큰 흐름 중의 하나인 제국주의 팽창 과정에서 우리의 주권을 상실하는 비극을 맞이하였습니다. 물론 그것에 대한 엄정한 자기반성은 있어야겠습니다. 왜 우리는 주권을 상실하였는가? 근대기에 충분히 현대기에 도달할 수 있는 창조적 작업을 해왔음에도 불구하고 ……. 그러나 엄연한 사실은 주권을 상실하였다는 점입니다. 이런 경험은 우리에게 오히려 지구상에서 살아남을 수 있는 중요한 교훈을 주는 것이 아니었나 생각해 볼 수 있습니다.

고대로 소급하여 보면 한 나라로 계속 유지된 것은 아니었습니다. 우리도 잘 알다시피 고구려, 백제, 신라가 나누어져 유지되었다가 정치적으로 통합된 것입니다. 이런 과정에서 고구려의 전통, 백제의 전통, 신라의 전통 가운데에서 어느 것이 유일하게 남았는가 하는 것은 쉽게 대답할 수 없습니다. 그래서 조선 후기 실학자들은 삼국시대를 '무정통시대'라고 이해하고 있습니다. 그런데 따지고 보면 삼국을 통일한 것은 신라입니다.

그럼에도 불구하고 신라의 통일이 완전한 것이냐는 질문, 그리고 고려의 통일은 완전한 것이냐, 또 그것을 계승한 조선은 완전한 통일국가였느냐는 식으로 반문할 수 있습니다.

왕조의 흥망성쇠라는 역사적 체험을 바탕으로 되돌아본다면 우리와 근접한 1910년이라는 시점에서 발생한 역사의 비극이 우리에게 자기성찰의 계기를 준 것은 사실이고, 또 그것을 역사의 교훈으로 삼아야 할 것입니다. 어쨌든 다시 회복하지 않았습니까?

물론 뒤에는 6·25전쟁이 있었습니다. 이 전쟁은 우리 민족만의 전쟁이 아니라 국제사회 양대 세력 간의 접전이었습니다. 공산주의 세계와 자유민주주의 세계의 충돌이 우리나라에서 있었던 것입니다. 전쟁의 주인공은 우리만이 아니었습니다. 그러나 무대는 우리나라였습니다. 또 희생도 제일 많이 감수해야만 하였습니다. 이 과정에서 우리는 민족 간에 격한 감정적 앙금을 갖게 되었습니다. 지금도 그 후유증을 앓고 있는 것 아닙니까?

50년 이상이 지난 현재 시점에서, 이제는 남북한의 최고 지도자가 만나서 감정적 문제를 가라앉히고 공존의 시대로 가는 계기를 마련하고자 하는 역사적 시점을 맞이하고 있습니다. 이 모두가 사실은 우리가 체험하고 주고받은 역사적 실체의 토대 위에서 해결되고 상정되어야 할 것입니다. 적어도 임진왜란 이후 개항의 시점까지 우리에게는 부정적 요소도 있었습니다. 하지만 현대의 역사를 향유할 수 있는 민족사의 주인으로서의 자세를 갖추려는 성실한 노력은 현재 우리를 있게 한 것이라 하겠습니다. 그것은 민족사의 주인으로서의 역사의식으로 우리 자의식 속에 남겨져 있고 언제든 기회가 된다면 분출될 수 있다고 하겠습니다.

부록

1. 조선시대 품계표

① 동반 · 서반 · 종친 · 의빈

구 분	관품	동 반	서 반	종 친	의 빈
당상(堂上)	정1품	대광보국숭록대부(大匡輔國崇祿大夫) 상보국숭록대부(上輔國崇祿大夫) 보국숭록대부(輔國崇祿大夫)		현록대부(顯祿大夫) 흥록대부(興祿大夫)	수록대부(綏祿大夫) 성록대부(成祿大夫)
당상(堂上)	종1품	숭록대부(崇祿大夫) 숭정대부(崇政大夫)		소덕(의덕)대부(昭德(宜德)大夫) 가덕대부(嘉德大夫)	광덕(정덕)대부(光德(靖德)大夫) 숭덕(명덕)대부(崇德(明德)大夫)
당상(堂上)	정2품	정헌대부(政憲大夫) 자헌대부(資憲大夫)		숭헌대부(崇憲大夫) 승헌대부(承憲大夫)	봉헌대부(奉憲大夫) 통헌대부(通憲大夫)
당상(堂上)	종2품	가정(가의)대부(嘉靖(嘉義)大夫) 가선대부(嘉善大夫)		중의대부(中義大夫) 정의(소의)대부(正義(昭義)大夫)	자의대부(資義大夫) 순의대부(順義大夫)
당상(堂上)	정3품	통정대부(通政大夫)	절충장군(折衝將軍)	명선대부(明善大夫)	봉순대부(奉順大夫)
당하(堂下) 참상(參上)	정3품	통훈대부(通訓大夫)	어모장군(禦侮將軍)	창선대부(彰善大夫)	정순대부(正順大夫)
당하(堂下) 참상(參上)	종3품	중직대부(中直大夫) 중훈대부(中訓大夫)	건공장군(建功將軍) 보공장군(保功將軍)	보신대부(保信大夫) 자신대부(資信大夫)	명신대부(明信大夫) 돈신대부(敦信大夫)
당하(堂下) 참상(參上)	정4품	봉정대부(奉正大夫) 봉렬대부(奉列大夫)	진위장군(振威將軍) 소위장군(昭威將軍)	선휘대부(宣徽大夫) 광휘대부(廣徽大夫)	
당하(堂下) 참상(參上)	종4품	조산대부(朝散大夫) 조봉대부(朝奉大夫)	정략장군(定略將軍) 선략장군(宣略將軍)	봉성대부(奉成大夫) 광성대부(光成大夫)	
당하(堂下) 참상(參上)	정5품	통덕랑(通德郎) 통선랑(通善郎)	과의교위(果毅校尉) 충의교위(忠毅校尉)	통직랑(通直郎) 병직랑(秉直郎)	
당하(堂下) 참상(參上)	종5품	봉직랑(奉直郎) 봉훈랑(奉訓郎)	현신교위(顯信校尉) 창신교위(彰信校尉)	근절랑(謹節郎) 신절랑(愼節郎)	
당하(堂下) 참상(參上)	정6품	승의랑(承議郎) 승훈랑(承訓郎)	돈용교위(敦勇校尉) 진용교위(進勇校尉)	집순랑(執順郎) 종순랑(從順郎)	
당하(堂下) 참상(參上)	종6품	선교랑(宣敎郎) 선무랑(宣務郎)	여절교위(勵節校尉) 병절교위(秉節校尉)		
당하(堂下) 참하(參下)	정7품	무공랑(務功郎)	적순부위(迪順副尉)		
당하(堂下) 참하(參下)	종7품	계공랑(啓功郎)	분순부위(奮順副尉)		
당하(堂下) 참하(參下)	정8품	통사랑(通仕郎)	승의부위(承義副尉)		
당하(堂下) 참하(參下)	종8품	승사랑(承仕郎)	수의부위(修義副尉)		
당하(堂下) 참하(參下)	정9품	종사랑(從仕郎)	효력부위(效力副尉)		
당하(堂下) 참하(參下)	종9품	장사랑(將仕郎)	전력부위(展力副尉)		

② 내명부 및 외명부

구분		관품	내명부(內命婦)		외명부(外命婦)		
			왕궁	세자궁	왕궁	종친처	문무관처
당상(堂上)		정1품	빈(嬪)		공주(公主) 옹주(翁主) 부부인(府夫人)	부부인(府夫人) 군부인(郡夫人)	정경부인(貞敬夫人)
		종1품	귀인(貴人)		봉보부인(奉保夫人)	군부인(郡夫人)	
		정2품	소의(昭儀)		군주(郡主)	현부인(縣夫人)	정부인(貞夫人)
		종2품	숙의(淑儀)	양제(良娣)			
		정3품	소용(昭容)		현주(縣主)	신부인(愼夫人)	숙부인(淑夫人)
당하(堂下)	참상(參上)					신인(愼人)	숙인(淑人)
		종3품	숙용(淑容)	양원(良媛)		신인(愼人)	숙인(淑人)
		정4품	소원(昭媛)			혜인(惠人)	영인(令人)
		종4품	숙원(淑媛)	승휘(承徽)			
		정5품	상궁(尙宮) 상의(尙儀)			온인(溫人)	공인(恭人)
		종5품	상복(尙服) 상식(尙食)	소훈(昭訓)			
		정6품	상침(尙寢) 상공(尙功)			순인(順人)	의인(宜人)
		종6품	상정(尙正) 상기(尙記)	수규(守閨) 수칙(守則)			
	참하(參下)	정7품	전빈(典賓) 전의(典衣) 전선(典膳)				안인(安人)
		종7품	전설(典設) 전제(典製) 전언(典言)	장찬(掌饌) 장칙(掌則)			
		정8품	전찬(典贊) 전식(典飾) 전약(典藥)				단인(端人)
		종8품	전등(典燈) 전채(典彩) 전정(典正)	장서(掌書) 장봉(掌縫)			
		정9품	주궁(奏宮) 주상(奏商) 주각(奏角)				유인(孺人)
		종9품	주변징(奏變徵) 주징(奏徵) 주우(奏羽) 주변궁(奏變宮)	장장(掌藏) 장식(掌食) 장의(掌醫)			

③ 잡직 및 토관직

구 분		관 품	잡 직		토 관 직	
			동 반	서 반	동 반	서 반
당상(堂上)		정1품				
		종1품				
		정2품				
		종2품				
		정3품				
당하(堂下)	참상(參上)	종3품				
		정4품				
		종4품				
		정5품			통의랑(通儀郎)	건충대위(健忠隊尉)
		종5품			봉의랑(奉議郎)	여충대위(勵忠隊尉)
		정6품	공직랑(供職郎) 여직랑(勵職郎)	봉임교위(奉任校尉) 수임교위(修任校尉)	선직랑(宣職郎)	건신대위(健信隊尉)
		종6품	근임랑(謹任郎) 효임랑(効任郎)	현공교위(顯功校尉) 적공교위(迪功校尉)	봉직랑(奉職郎)	여신대위(勵信隊尉)
	참하(參下)	정7품	봉무랑(奉務郎)	등용부위(騰勇副尉)	희공랑(熙功郎)	돈의도위(敦義徒尉)
		종7품	승무랑(承務郎)	의용부위(宜勇副尉)	주공랑(注功郎)	수의도위(守義徒尉)
		정8품	면공랑(勉功郎)	맹건부위(猛健副尉)	공무랑(供務郎)	분용도위(奮勇徒尉)
		종8품	부공랑(赴功郎)	장건부위(壯健副尉)	직무랑(直務郎)	효용도위(効勇徒尉)
		정9품	복근랑(服勤郎)	치력부위(致力副尉)	계사랑(啓仕郎)	여력도위(勵力徒尉)
		종9품	전근랑(展勤郎)	근력부위(勤力副尉)	시사랑(試仕郎)	탄력도위(彈力徒尉)

2. 조선시대 중앙관청 일람표

명 칭	별 호	관 장 사 무	창설연도	수 장
기로소(耆老所)	기사(耆社), 기소(耆所), 완소(翫所)	70세 이상인 2품 이상의 문신을 예우	태조3년(1394)	
종친부(宗親府)	종부(宗府)	종실 제군의 관청	태조3년(1394)	군(君)
의정부(議政府)	도당(都堂), 황각(黃閣), 도평의사사(都評議使司), 암랑(巖廊), 묘당(廟堂), 정부(政府)	모든 관원을 총괄하고 정치를 고르게 하며, 음양을 다스리고 나라를 경영	정종2년(1400)	영의정(정1품)
충훈부(忠勳府)	맹부(盟府), 운대(雲臺), 공신도감(功臣都鑑), 인각훈부(麟閣勳府)	여러 공신들을 위한 관청	태조대	군(君)
의빈부(儀賓府)	부마소(駙馬所)	공주나 옹주에게 장가 든 부마를 위한 관청	국초	위(尉)
돈녕부(敦寧府)		국왕의 친족과 외척을 위한 관청	태종14년	영사(領事 ; 정1품)
비변사(備邊司)	주사(籌司), 묘당(廟堂), 비국(備局)	국방 등 군국 기무를 총괄	명종대	도제조(都提調 ; 정1품)
중추부(中樞府)	서추(西樞), 홍추(鴻樞), 중추원(中樞院)	직무가 없는 문·무 당상관에게 녹봉을 지급하기 위해 배속하는 관청	태조원년(1392)	영사(領事 ; 정1품)
선혜청(宣惠廳)	혜국(惠局)	대동미 등의 출납 관리	선조41년(1608)	도제조(都提調 ; 정1품)
준천사(濬川司)		도성 안 개천 준설	영조16년(1740)	도제조(都提調 ; 정1품)
주교사(舟橋司)		배로 만드는 주교 가설 및 조운	정조14년(1790)	도제조(都提調 ; 정1품)
의금부(義禁府)	순군만호부(巡軍萬戶府), 의용(義勇), 왕부(王府), 금오(金吾)	왕명을 받들어 죄인을 심문	태종14년(1414)	판사(判事 ; 종1품)
이조(吏曹)	천관(天官), 동전(東銓), 전리(典理), 문부(文部), 선부(選部)	문신이나 종친의 인사, 고과 등을 맡음	태조원년(1392)	판서(判書 ; 정2품)
호조(戶曹)	지관(地官), 지부(地部), 창부(倉部), 민부(民部), 도지(度支), 판도(版圖)	호구 및 조세 등 경제 관련 업무 관장	태조원년(1392)	판서(判書 ; 정2품)
예조(禮曹)	춘궁(春宮), 남궁(南宮), 의조(儀曹), 예부(禮部), 예의사(禮儀司)	의례, 외교, 과거 시험 등 관장	태조원년(1392)	판서(判書 ; 정2품)

명 칭	별 호	관 장 사 무	창설연도	수 장
병조(兵曹)	하관(夏官), 병관(兵官), 서전(西銓), 기성(騎省), 군부(軍簿), 총부(摠部)	무반 인사, 무기, 궁궐 경비 등 군사관련 업무 관장	태조원년(1392)	판서(判書 ; 정2품)
형조(刑曹)	추관(秋官), 추조(秋曹), 좌이방부(左理方府), 우이방부(右理方府), 전법(典法), 형관(刑官), 언부(讞府), 이부(理部)	법률 및 범죄 심의, 노비에 관한 업무 관장	태조원년(1392)	판서(判書 ; 정2품)
공조(工曹)	동관(冬官), 수부(水府), 예작부(例作府), 수예 (修例), 공관(工官), 공전(工典), 수조(水曹)	건설 및 영선, 경외 공장의 관리 등 관장	태조원년(1392)	판서(判書 ; 정2품)
한성부(漢城府)	경조(京兆)	수도의 행정 및 치안 등 관상	태조3년(1394)	판윤(判尹 ; 정2품)
수원부(水原府)	화성(華城)	수원을 다스림	정조17년(1793)	유수(留守 ; 정2품)
광주부(廣州府)		광주 및 남한산성 관할	정조19년(1795)	유수(留守 ; 정2품)
개성부(開城府)	송도(松都), 유후사(留後司)	개성 지역 관할	국초	유수(留守 ; 정2품)
강화부(江華府)	강도(江都), 심도(沁都)	강화 지역 관할	인조5년(1627)	유수(留守 ; 종2품)
규장각(奎章閣)	내각(內閣), 금문원(擒文院)	왕실 관련 어진 및 각종 서적 등을 관리	정조즉위(1777)	제학(提學 ; 종2품)
교서관(校書館)	운각(芸閣), 내서(內書), 비서(秘書), 전교(典校), 외각(外閣)	서적의 교정 및 인쇄 등을 담당	태조원년(1392)	판교(判校 ; 정3품)
사헌부(司憲府)	백부(柏府), 상대(霜臺), 오대(烏臺), 감찰사(監察司)	삼사의 하나로, 관리들의 비리 규찰 등 관장	태조원년(1392)	대사헌(大司憲 ; 종2품)
오위도총부(五衛都摠部)		오위의 군사 업무	세조12년(1466)	도총관(都摠管 ; 정2품)
충익부(忠翊府)		원종공신의 관부(충훈부에 합쳐짐)	국초	도사(都事 ; 종5품)
승정원(承政院)	은대(銀臺), 후원(喉院)	왕명 출납	태조원년(1392)	도승지(都承旨 ; 종5품)
장예원(掌隷院)	노비변정도감(奴婢辨定都監), 형조도감(刑曹都監)	노비 문서 및 소송(형조에 합쳐짐)	태조원년(1392)	판결사(判決事 ; 정3품)
사간원(司諫院)	미원(薇院)	삼사의 하나로 간쟁 및 논핵	태종2년(1402)	대사간(大司諫 ; 정3품)

명 칭	별 호	관 장 사 무	창설연도	수 장
경연청(經筵廳)	분사(分司), 하전(厦氈)	국왕의 경연 강독 등 관장	중종35년(1540)	참찬관(參贊官 ; 정3품)
홍문관(弘文館)	옥당(玉堂), 옥서(玉署), 영각(瀛閣), 서서원(瑞書院), 청연각(淸燕閣), 문원(文垣)	삼사의 하나로, 서적 관리, 문한 및 왕의 자문 등 관장	성종9년(1478)	부제학(副提學 ; 정3품)
예문관(藝文館)	원봉성(元鳳省), 사림원(詞林院), 문한서(文翰署), 한림원(翰林院), 문원(文苑)	국왕의 제찬과 사령을 지음	태조원년(1392)	직제학(直提學 ; 정3품)
시강원(侍講院)	첨사부(詹事府), 징원당(澄源堂), 춘방(春坊), 뇌사(雷肆), 갑관(甲觀)	세자 교육	태조원년(1392)	찬선(贊善 ; 정3품)
익위사(翊衛司)	솔경시(率更寺), 계방(桂坊)	세자 호위	태조원년(1392)	좌우익위 (左右翊衛 ; 정5품)
강서원(講書院)		세손 교육		유선(諭善 ; 3품 이상)
형종사(衡從司)		세손 호위		좌우장사(종6품)
성균관(成均館)	태학(太學), 국학(國學), 국자(國子)	유생 교육	태조7년(1398)	대사성(大司成 ; 정3품)
상서원(尙瑞院)	지인방(知印房), 정방(政房), 차자방(箚子房), 부보랑(符寶郎)	옥쇄, 부절 등의 관리	태조원년(1392)	정(正 ; 정3품)
춘추관(春秋館)	사관(史館)	실록 등 역사 기록물의 작성 및 보관	태조원년(1392)	수찬관(修撰官 ; 정3품)
승문원(承文院)	괴원(槐院)	사대 교린 문서 작성	태종10년(1410)	판교(判校 ; 정3품)
통례원(通禮院)	사범서(司範署), 통례문(通禮門), 합문(閤門), 중문(中門), 홍려(鴻臚)	의식의 집행	태조원년(1392)	좌우통례(左右通禮 ; 정3품)
봉상시(奉常寺)	전사서(典祀署), 태상시(太常寺), 전의시(典儀寺)	제사 및 시호에 관한 일 관장	태조원년(1392)	정(正 ; 정3품)
종부시(宗簿寺)	전중시(殿中寺), 종정시(宗正寺)	종실 족보 편찬 및 종실의 잘못을 규찰	태조원년(1392)	정(正정 ; 3품)
사옹원(司饔院)	상식(尙食), 주원(廚院), 상식사(尙食司), 사선(司膳)	궁중의 음식에 관한 업무	태조원년(1392)	정(正 ; 정3품)
내의원(內醫院)	내국(內局), 상약(尙藥), 약방(藥房), 약원(藥院), 장의(掌醫), 봉의(奉醫), 상의(尙醫)	왕실의 의약 담당	태조원년(1392)	정(正 ; 정3품)

명칭	별 호	관 장 사 무	창설연도	수 장
상의원(尙衣院)	장복(掌服), 중상(中尙), 공조(供造), 상방(尙房)	왕실의 의복 및 궁궐의 재물 관리	태조원년(1392)	정(正 ; 정3품)
사복시(司僕寺)	승부(乘府), 사어(司馭), 태복(太僕)	가마 등의 탈 것 및 말 관리	태조원년(1392)	정(正 ; 정3품)
군기시(軍器寺)	무고(武庫)	무기제조 및 관리	태조원년(1392)	정(正 ; 정3품)
사섬시(司贍寺)	사섬고(司贍庫), 공조서(供造署)	저화 제조, 지방노비의 공포(貢布) 등	태종원년(1401)	정(正 ; 정3품)
군자감(軍資監)	물장성(物藏省), 보천성(寶泉省), 소부감(小府監)	군수물자의 비축	태조원년(1392)	정(正 ; 정3품)
장악원(掌樂院)	성음서(聲音署), 태악감(大樂監), 전악서(典樂署), 아악서(雅樂署), 장중(掌中), 이원(梨園)	음악의 교육과 교열	세조4년(1458)	정(正 ; 정3품)
관상감(觀象監)	서운관(書雲觀), 운관(雲觀), 누각전(漏刻典), 태복감(太卜監), 태사국(太史局), 사천대(司天臺), 관후서(觀候署)	천문, 지리, 측후 등 관장	태조원년(1392)	정(正 ; 정3품)
전의감(典醫監)	태의감(太醫監), 사의서(司醫署)	궁중 의약 공급 및 왕이 하사하는 의약에 관한 업무	태조원년(1392)	정(正 ; 정3품)
사역원(司譯院)	상원(象院), 설원(舌院), 역원(譯院), 통문관(通文館), 한문도감(漢文都監)	외국어의 번역 및 통역	국초	정(正 ; 정3품)
선공감(繕工監)	장작(將作)	토목 건축에 관한 업무	태조원년(1392)	정(正 ; 정3품)
훈련원(訓練院)		군사 교육		도정(都正 ; 정3품)
선전관청(宣傳官廳)		시위 및 왕명의 전달		선전관(宣傳官 ; 정3품)
종학(宗學)		종실의 교육	세종9년(1427)	도선(導善 ; 정4품)
수성금(修城禁) 화사(火司)		궁성과 도성, 궁궐의 수축 및 화재 진압	국초	제검(提檢 ; 정4품)
풍저창(豊儲倉)		궁중에서 사용하는 곡물 등의 관리	국초	수(守 ; 정4품)

명 칭	별 호	관 장 사 무	창설연도	수 장
광흥창(廣興倉)	사녹관(司祿館), 천녹관(天祿官), 태창서(太倉署)	백관의 녹봉 관리	국초	수(守 ; 정4품)
사수시(司需寺)	비용사(備用司), 요물고(料物庫), 공정고(供正庫)	궁중의 쌀과 장의 공급을 담당	태조원년(1392)	첨정(僉正 ; 정4품)
사재감(司宰監)	사진(司津), 도진(都津)	궁중의 생선, 고기, 소금, 연료 등을 공급	태조원년(1392)	첨정(僉正 ; 종4품)
전함사(典艦司)	사수감(司水監)	전함과 선박에 관한 업무	태조원년(1392)	제검(提檢 ; 정4품)
소격서(昭格署)		도교의식인 초제 관할	국초	영(令 ; 종5품)
종묘서(宗廟署)	태묘(太廟), 침원(寢園)	종묘의 수위를 담당	태조원년(1392)	영(令 ; 종5품)
사직서(社稷署)		사직단 관리	태조원년(1392)	영(令 ; 종5품)
경모궁(景慕宮)		경모궁의 수위를 담당	정조대	영(令 ; 종5품)
제용감(濟用監)	잡직서(雜織署)	왕실에 진상하거나 왕이 하사하는 의복 등을 관장	태조원년(1392)	영(令 ; 종5품)
평시서(平市署)		시전 단속, 도량형이나 물가에 관한 일	태조원년(1392)	영(令 ; 종5품)
사온서(司醞署)		궁중에서 쓰이는 술을 담당	태조원년(1392)	영(令 ; 종5품)
전생서(典牲暑)		의식에 필요한 희생을 사육, 관리	국초	판관(判官 ; 종5품)
오부(五部)	중부(中部), 동부(東部), 서부(西部), 남부(南部), 북부(北部)	한성에 설치된 행정구역의 관청, 소송, 도로, 방화, 택지 등 관리	국초	영(令 ; 종5품)
내자시(內資寺)	대관(大官), 선관(膳官)	궁궐의 음식, 잔치, 직조 등	태조원년(1392)	주부(主簿 ; 종6품)
내섬시(內贍寺)	덕천고(德泉庫)	여러 궁, 2품 이상의 관원, 왜인 등에게 주는 음식물 등을 담당	태조원년	주부(主簿 ; 종6품)
예빈시(禮賓寺)	왜전(倭典), 영객사(領客舍), 봉빈(奉賓), 사빈(司賓)	사신 접대 및 고관들에게 주는 음식물 관장	태조원년(1392)	주부(主簿 ; 종6품)
전설사(典設司)	상사국(尙舍局), 사설서(司設署)	궁중에서 사용하는 장막을 관장	국초	별제(別提 ; 종6품)
의영고(義盈庫)		궁중에서 사용하는 양념 등을 관장	태조원년(1392)	주부(主簿 ; 종6품)

명 칭	별 호	관 장 사 무	창설연도	수 장
장흥고(長興庫)		돗자리, 기름종이 등을 관장	태조원년(1392)	주부(主簿 ; 종6품)
빙고(氷庫)	동빙고(東氷庫), 서빙고(西氷庫)	얼음의 보관을 관장	국초	별제(別提 ; 종6품)
장원서(掌苑署)	내원서(內苑署)	궁중 정원의 꽃과 과일나무를 관장	국초	별제(別提 ; 종6품)
사포서(司圃署)		궁중의 밭의 채소를 관장	국초	별제(別提 ; 종6품)
양현고(養賢庫)		성균관 유생들에게 주는 곡물을 관장	태조원년(1392)	주부(主簿 ; 종6품)
사축서(司畜署)	전구서(典廏署)	가축 사육	태조원년(1392)	별제(別提 ; 종6품)
조지서(造紙署)		종이 제작	태종15년(1415)	별제(別提 ; 종6품)
혜민서(惠民署)	혜민국(惠民局)	의약 및 백성 치료 관장	태조원년(1392)	주부(主簿 ; 종6품)
도화서(圖畵署)	채전(彩典)	그림 그리는 일을 관장	태조원년(1392)	겸교수(兼敎授 ; 종6품)
전옥서(典獄署)	대리(大理)	감옥의 죄수에 관한 사무 관장	태조원년(1392)	주부(主簿 ; 종6품)
활인서(活人署)	대비원(大悲院)	도성의 병든 사람을 치료	태조원년(1392)	별제(別提 ; 종6품)
와서(瓦署)	와요(瓦窯), 도등국(陶燈局)	대궐에서 사용하는 기와와 벽돌을 제조	태조원년(1392)	별제(別提 ; 종6품)
귀후서(歸厚署)	관곽색(棺槨色)	관곽의 제조 및 구매 등 장례에 관한 업무	태조원년(1392)	별제(別提 ; 종6품)
4학(四學)	중학(中學), 동학(東學), 남학(南學), 서학(西學)	관내 유생들에 대한 교육	태종11년(1411)	교수(敎授 ; 종6품)

※ 위 표는 한국역사연구회 편 ≪역사문화수첩≫(역민사)과 법제처 간 ≪고법전용어집≫ 등을 참조하여 정리한 것임을 밝힌다.

3. 종묘 정전 및 영녕전, 배향공신

① 정전 배치도

제 1 실	제 2 실	제 3 실	제 4 실	제 5 실	제 6 실	제 7 실	제 8 실	제 9 실	제 10 실	제 11 실	제 12 실	제 13 실	제 14 실	제 15 실	제 16 실	제 17 실	제 18 실	제 19 실

② 정전에 신위가 봉안된 역대 국왕 및 왕비

제1실	태조고황제(太朝高皇帝), 신의고황후 한씨(神懿高皇后 韓氏), 신덕고황후 강씨(神德高皇后 康氏)
제2실	태종대왕(太宗大王), 원경왕후 민씨(元敬王后 閔氏)
제3실	세종대왕(世宗大王), 소헌왕후 심씨(昭憲王后 沈氏)
제4실	세조대왕(世祖大王), 정희왕후 윤씨(貞熹王后 尹氏)
제5실	성종대왕(成宗大王), 공혜왕후 한씨(恭惠王后 韓氏), 정현왕후 윤씨(貞顯王后 尹氏)
제6실	중종대왕(中宗大王), 단경왕후 신씨(端敬王后 愼氏), 장경왕후 윤씨(章敬王后 尹氏), 문정왕후 윤씨(文定王后 尹氏)
제7실	선조대왕(宣祖大王), 의인왕후 박씨(懿仁王后 朴氏), 인목왕후 김씨(仁穆王后 金氏)
제8실	인조대왕(仁祖大王), 인렬왕후 한씨(仁烈王后 韓氏), 장렬왕후 조씨(莊烈王后 趙氏)
제9실	효종대왕(孝宗大王), 인선왕후 장씨(仁宣王后 張氏)
제10실	현종대왕(顯宗大王), 명성왕후 김씨(明聖王后 金氏)
제11실	숙종대왕(肅宗大王), 인경왕후 김씨(仁敬王后 金氏), 인현왕후 민씨(仁顯王后 閔氏), 인원왕후 김씨(仁元王后 金氏)
제12실	영조대왕(英祖大王), 정성왕후 서씨(貞聖王后 徐氏), 정순왕후 김씨(貞純王后 金氏)
제13실	정조선황제(正祖宣皇帝), 효의선황후 김씨(孝懿宣皇后 金氏)
제14실	순조숙황제(純祖肅皇帝), 순원숙황후 김씨(純元肅皇后 金氏)
제15실	문조익황제(文祖翼皇帝), 신정익황후 조씨(神貞翼皇后 趙氏)
제16실	헌종성황제(憲宗成皇帝), 효현성황후 김씨(孝顯成皇后 金氏), 효정성황후 홍씨(孝定成皇后 洪氏)
제17실	철종장황제(哲宗章皇帝), 철인장황후 김씨(哲仁章皇后 金氏)
제18실	고종태황제(高宗太皇帝), 명성태황후 민씨(明成太皇后 閔氏)
제19실	순종효황제(純宗孝皇帝), 순명효황후 민씨(純明孝皇后 閔氏), 순정효황후 윤씨(純貞孝皇后 尹氏)

③ 영녕전 배치도

제 5 실	제 6 실	제 7 실	제 8 실	제 9 실	제 10 실	제 1 실	제 2 실	제 3 실	제 4 실	제 11 실	제 12 실	제 13 실	제 14 실	제 15 실	제 16 실

④ 영녕전에 신위가 봉안된 역대 국왕 및 왕비

서협	제 5 실	정종대왕(定宗大王), 안정왕후 김씨(安定王后 金氏)
	제 6 실	문종대왕(文宗大王), 현덕왕후 권씨(顯德王后 權氏)
	제 7 실	단종대왕(端宗大王), 정순왕후 송씨(定順王后 宋氏)
	제 8 실	덕종대왕(德宗大王), 소혜왕후 한씨(昭惠王后 韓氏)
	제 9 실	예종대왕(睿宗大王), 장순왕후 한씨(章順王后 韓氏), 안순왕후 한씨(安順王后 韓氏)
	제10실	인종대왕(仁宗大王), 인성왕후 박씨(仁聖王后 朴氏)
정전	제 1 실	목조대왕(穆祖大王), 효공왕후 이씨(孝恭王后 李氏)
	제 2 실	익조대왕(翼祖大王), 정숙왕후 최씨(貞淑王后 崔氏)
	제 3 실	도조대왕(度祖大王), 경순왕후 박씨(敬順王后 朴氏)
	제 4 실	환조대왕(桓祖大王), 의혜왕후 최씨(懿惠王后 崔氏)
동협	제11실	명종대왕(明宗大王), 인순왕후 심씨(仁順王后 沈氏)
	제12실	원종대왕(元宗大王), 인헌왕후 구씨(仁獻王后 具氏)
	제13실	경종대왕(景宗大王), 단의왕후 김씨(端懿王后 金氏), 선의왕후 어씨(宣懿王后 魚氏)
	제14실	진종소황제(眞宗昭皇帝), 효순소황후 조씨(孝純昭皇后 趙氏)
	제15실	장조의황제(莊祖懿皇帝), 헌경의황후 홍씨(獻敬懿皇后 洪氏)
	제16실	의민황태자 영친왕(懿愍皇太子 英親王), 황태자비 이씨(皇太子妃 李氏)

⑤ 배향공신 일람표

국왕	배 향 공 신
태조	조준(趙浚), 이화(李和), 남은(南誾), 남재(南在), 이제(李濟), 이지란(李之蘭), 조인옥(趙仁沃)
정종	이방의(李芳毅)
태종	하륜(河崙), 조영무(趙英茂), 정탁(鄭擢), 이천우(李天祐), 이래(李來)
세종	황희(黃喜), 최윤덕(崔潤德), 허조(許稠), 신개(申槩), 이수(李隨), 이제(李禔), 이보(李補)
문종	하연(河演)
세조	권람(權擥), 한확(韓確), 한명회(韓明澮)
예종	박원형(朴元亨)
성종	신숙주(申叔舟), 정창손(鄭昌孫), 홍응(洪應)
중종	박원종(朴元宗), 성희안(成希顔), 유순정(柳順汀), 정광필(鄭光弼)
인종	홍언필(洪彦弼), 김안국(金安國)
명종	심연원(沈演源), 이언적(李彦迪)
선조	이준경(李浚慶), 이황(李滉), 이이(李珥)
인조	이원익(李元翼), 신흠(申欽), 김류(金瑬), 이귀(李貴), 신경진(申景禛), 이서(李曙), 이보(李俌)
효종	김상헌(金尙憲), 김집(金集), 민정중(閔鼎重), 민유중(閔維重), 송시열(宋時烈), 이요(李㴭)
현종	정태화(鄭太和), 김좌명(金佐明), 김수항(金壽恒), 김만기(金萬基)
숙종	남구만(南九萬), 박세채(朴世采), 윤지완(尹趾完), 최석정(崔錫鼎), 김석주(金錫胄), 김만중(金萬重)
경종	이유(李濡), 민진후(閔鎭厚)
영조	김창집(金昌集), 최규서(崔奎瑞), 민진원(閔鎭遠), 조문명(趙文命), 김재로(金在魯)
장조	이종성(李宗城), 민백상(閔百祥)
정조	김종수(金鍾秀), 유언호(俞彦鎬), 김조순(金祖淳)
순조	이시수(李時秀), 김재찬(金載瓚), 김이교(金履喬), 조득영(趙得永), 이구(李球), 조만영(趙萬永)
문조	남공철(南公轍), 김로(金鏴), 조병구(趙秉龜)
헌종	이상황(李相璜), 조인영(趙寅永)
철종	이헌구(李憲球), 이희(李曦), 김수근(金洙根)
고종	신응조(申應朝), 박규수(朴珪壽), 이돈우(李敦宇), 민영환(閔泳煥)
순종	송근수(宋近洙), 서정순(徐正淳)

4. 조선시대 왕릉 및 위치

구분	묘 호	능 호	위 치	형식	사적	현 주 소
1	태조 신의고황후 신덕고황후	健元陵 齊陵 貞陵	楊州南儉岩山癸坐丁向 豐德北栗村甲坐庚向 楊州南沙河里庚坐甲向	단릉 단릉 단릉	193호 208호	경기도 구리시 인창동 62 개성시 판문군 상도리 성북구 정릉2동 산87-16
2	정종 정안왕후	厚陵	豐德東興敎洞東癸坐丁向 大王陵同原	쌍릉		개성시 판문군 령정리
3	태종 원경왕후	獻陵	廣州西大母山乾坐巽向 大王陵同原	쌍릉	194호	강남구 내곡동 산 13-1
4	세종 소헌왕후	英陵	麗州西北成山子坐午向 大王陵同原	합장	195호	경기도 여주군 능서면 왕대리 산 83-1
5	문종 현덕왕후	顯陵	健元陵東南癸坐丁向 大王陵左崗寅坐申向	동원 이강	193호	경기도 구리시 인창동 62
6	단종 정순왕후	莊陵 思陵	寧越北冬乙旨辛坐乙向 楊州南羣場里癸坐丁向	단릉 단릉	196호 209호	강원도영월군 영월읍 영흥리 산 121-1 남양주시 진건면 사릉리 산 65
7	세조 정희왕후	光陵	楊州東注葉山直洞子坐午向 大王陵東崗丑坐未向	동원 이강	197호	경기도 남양주시 진접읍 부평리 247
8	예종 안순왕후 장순왕후	昌陵 恭陵	高陽敬陵北崗艮坐 坡州南普施洞戌坐	동원 이강 단릉	198호 205호	고양시 용두동 산 30-1 파주시 조리면 봉일천리 산5-1
추존	덕종 소혜왕후	敬陵	高陽東 蜂峴艮坐	동원 이강	198호	고양시 용두동 산 30-1
9	성종 정현왕후 공혜왕후	宣陵 順陵	廣州西學堂洞壬坐 大王陵左崗艮坐 坡州恭陵南崗 卯坐酉向之原	동원 이강 단릉	199호 205호	강남구 삼성동 135-4 파주시 조리면 봉일천리 산15-1
10	연산군	연산군 부인 신씨	中部長通坊 外孫李安訥之家	쌍분	362호	도봉구 방학동 산 75
11	중종 단경왕후 장경왕후 문정왕후	靖陵 溫陵 禧陵 泰陵	廣州宣陵東崗乾坐 楊州西山 長興面水回洞亥坐 高陽南 元堂里艮坐 楊州南 蘆原面壬坐	단릉 단릉 단릉 단릉	199호 210호 200호 201호	강남구 삼성동 135-4 양주시 장흥면 일영리 산 19 고양시 원당동 산 37-1 노원구 공릉동 산 223-19
12	인종 인성왕후	孝陵	高陽 禧陵西崗艮坐坤向	쌍릉	200호	고양시 원당동 산 37-1
13	명종 인순왕후	康陵	楊州泰陵東崗亥坐	쌍릉	201호	노원구 공릉동 산 223-19

구분	묘 호	능 호	위 치	형식	사적	현 주 소
14	선조 의인왕후 인목왕후	穆陵	楊州健元陵第二崗壬坐丙向 大王陵左崗壬坐丙向 大王陵左崗甲坐庚向	동원이강	193호	구리시 인창동 62
15	광해군 부인 유씨	광해군 부인유씨	楊州赤城洞亥坐原	동원이실	363호	남양주시 진건면 송릉리 산59
추존	원종 인헌왕후	章陵	金浦後崗子坐午向	쌍릉	202호	김포군 김포읍 풍무리 산41-1
16	인조 인렬왕후 장렬왕후	長陵 徽陵	交河舊治後子坐午向 健元陵西崗酉坐卯向	합장 단릉	203호 193호	파주군 탄현면 갈현리 산25-1 구리시 인창동 62
17	효종 인선왕후	寧陵	麗州英陵東 弘濟洞子坐午向	쌍릉	195호	여주군 능서면 왕대리 산83-1
18	현종 명성왕후	崇陵	健元陵西南別崗酉坐卯向	쌍릉	193호	구리시 인창동 62
19	숙종 인현왕후 인원왕후 인경왕후	明陵 明陵 翼陵	敬陵東崗甲坐庚向之原 翼陵南甲坐之岡 大王陵右崗乙坐辛向	쌍릉 단릉 단릉	198호 198호	고양시 용두동 산30-1 고양시 용두동 산30-1
20	경종 선의왕후 단의왕후	懿陵 惠陵	楊州治南坐申向寅之原 楊州崇陵內酉坐之岡	쌍릉 단릉	204호 193호	성북구 석관동 1-5 구리시 인창동 62
21	영조 정순왕후 정성왕후	元陵 弘陵	葬于健元陵西第二岡亥坐巳向之原 昌陵左岡 以乙坐辛向	쌍릉 단릉	193호 198호	구리시 인창동 62 고양시 용두동 산30-1
추존	진종 효순소황후	永陵	坡州順陵左崗乙坐辛向	쌍릉	205호	파주시 조리면 봉일천리 산 15-1
추존	장조 헌경의황후	隆陵	水原花山癸坐丁向	합장	206호	화성군 태안면 안녕리 1-1
22	정조 효의선황후	健陵	隆陵西崗子坐午向	합장	206호	화성군 태안면 안녕리 1-1
23	순조 순원숙황후	仁陵	廣州獻陵右岡子坐午向	합장	194호	강남구 내곡동 산13-1
추존	문조 신정익황후	綏陵	(龍馬峰下癸坐之原) 健元陵左崗壬坐丙向	합장	193호	구리시 인창동 62
24	헌종 효현성황후 효정성황후	景陵	健元陵西岡酉坐卯向 同原庚坐甲向 同原庚坐甲向	삼연릉	193호	구리시 인창동 62

구분	묘 호	능 호	위 치	형식	사적	현 주 소
25	철종 철인장황후	睿陵	高陽禧陵右岡子坐午向 同原癸坐丁向	쌍릉	200호	고양시 원당동 산 37-1
26	고종 명성태황후	洪陵	楊州郡渼金面金谷里乙坐 辛向	합장	207호	남양주시 금곡동 141-1
27	순종 순명효황후 순정효황후	裕陵	楊州洪陵左岡卯坐酉向	합장	207호	남양주시 금곡동 141-1

5. 조선왕조 왕위 계승도

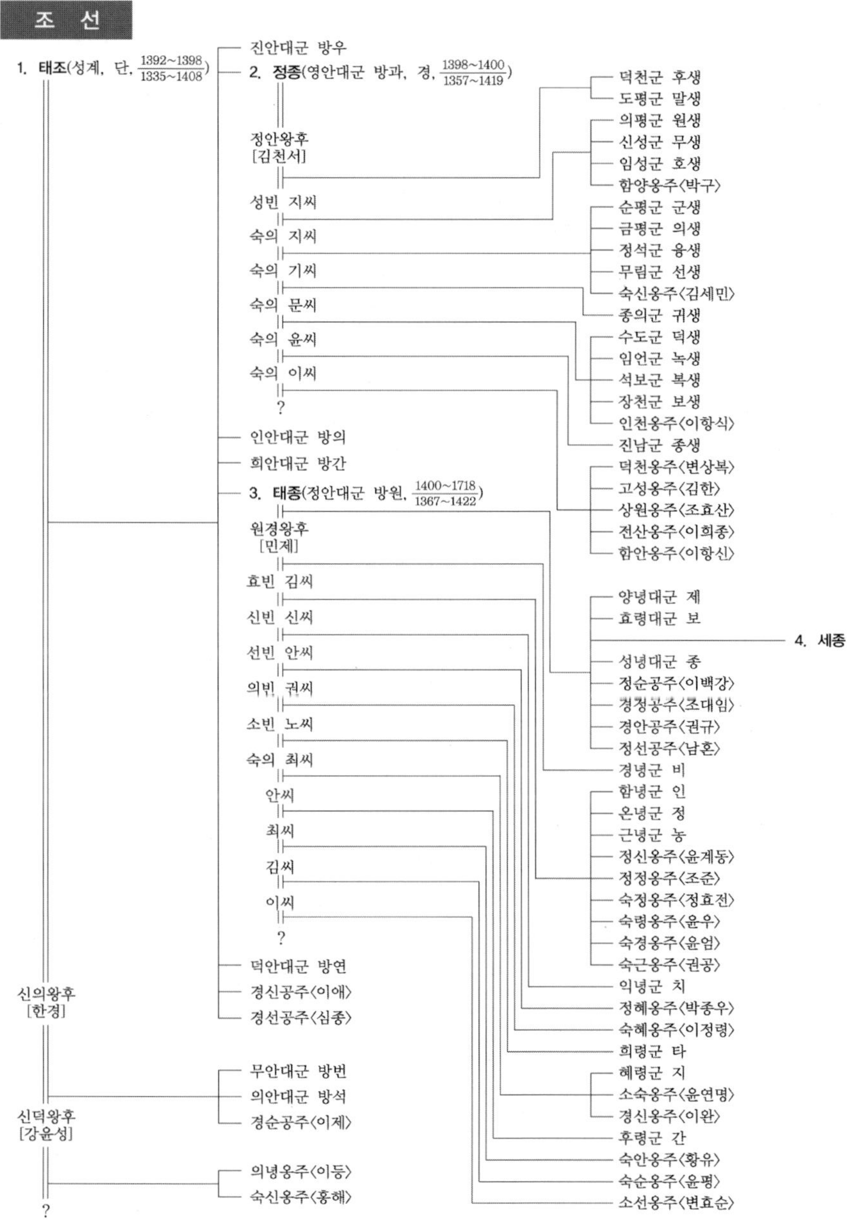
조 선
1. 태조(성계, 단, 1392~1398 / 1335~1408)
진안대군 방우
2. 정종(영안대군 방과, 경, 1398~1400 / 1357~1419)
정안왕후 [김천서]
성빈 지씨
숙의 지씨
숙의 기씨
숙의 문씨
숙의 윤씨
숙의 이씨
?
덕천군 후생
도평군 말생
의평군 원생
신성군 무생
임성군 호생
함양옹주〈박구〉
순평군 군생
금평군 의생
정석군 융생
무림군 선생
숙신옹주〈김세민〉
종의군 귀생
수도군 덕생
임언군 녹생
석보군 복생
장천군 보생
인천옹주〈이항식〉
진남군 종생
덕천옹주〈변상복〉
고성옹주〈김한〉
상원옹주〈조효산〉
전산옹주〈이희종〉
함안옹주〈이항신〉
인안대군 방의
회안대군 방간
3. 태종(정안대군 방원, 1400~1718 / 1367~1422)
원경왕후 [민제]
효빈 김씨
신빈 신씨
선빈 안씨
의빈 권씨
소빈 노씨
숙의 최씨
안씨
최씨
김씨
이씨
?
양녕대군 제
효령대군 보
4. 세종
성녕대군 종
정순공주〈이백강〉
경정공주〈조대림〉
경안공주〈권규〉
정선공주〈남혼〉
경녕군 비
함녕군 인
온녕군 정
근녕군 농
정신옹주〈윤계동〉
정정옹주〈조준〉
숙정옹주〈정효전〉
숙령옹주〈윤우〉
숙경옹주〈윤엄〉
숙근옹주〈권공〉
익녕군 치
정혜옹주〈박종우〉
숙혜옹주〈이정령〉
희령군 타
혜령군 지
소숙옹주〈윤연명〉
경신옹주〈이완〉
후령군 간
숙안옹주〈황유〉
숙순옹주〈윤평〉
소선옹주〈변효순〉
덕안대군 방연
경신공주〈이애〉
경선공주〈심종〉
신의왕후 [한경]
무안대군 방번
의안대군 방석
경순공주〈이제〉
신덕왕후 [강윤성]
의령옹주〈이등〉
숙신옹주〈홍해〉
?

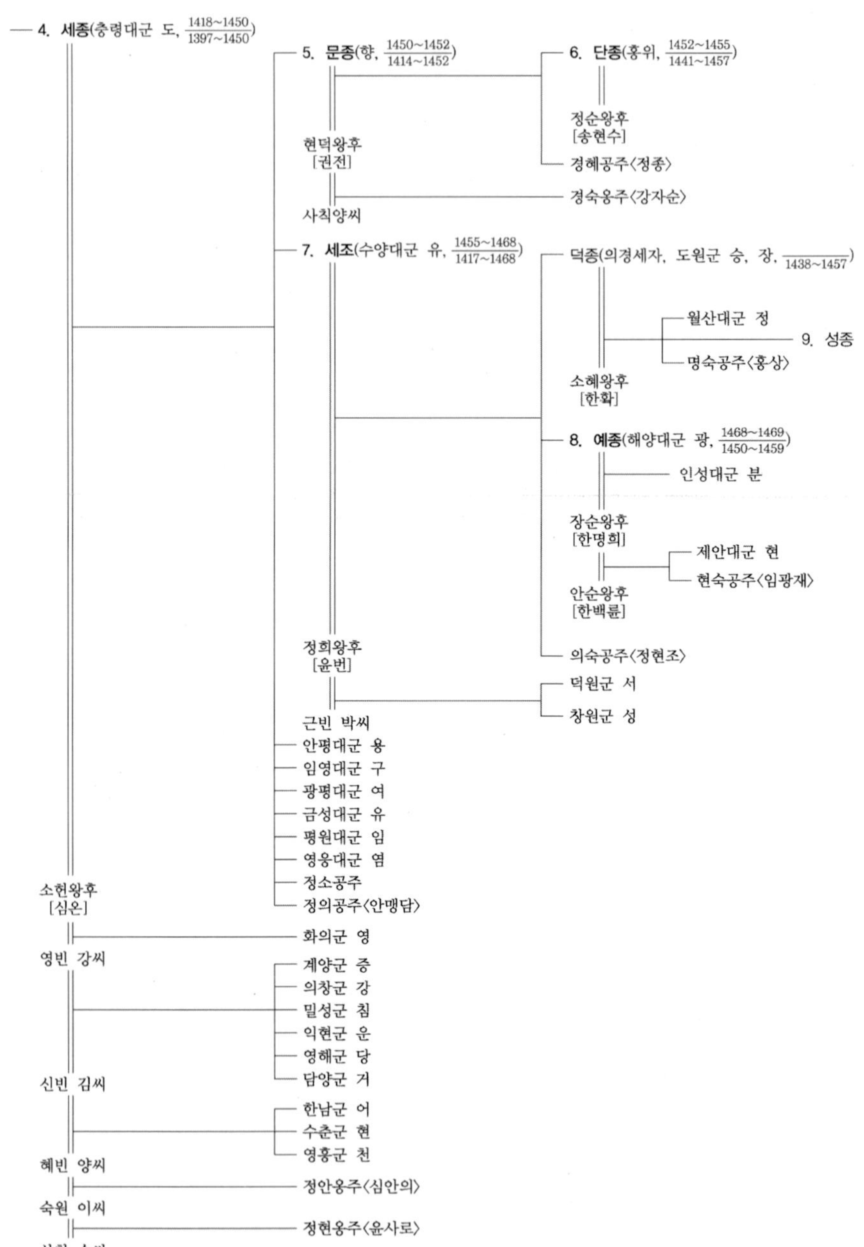
4. 세종(충령대군 도, 1418~1450 / 1397~1450)
5. 문종(향, 1450~1452 / 1414~1452)
6. 단종(홍위, 1452~1455 / 1441~1457)
정순왕후 [송현수]
현덕왕후 [권전]
경혜공주〈정종〉
경숙옹주〈강자순〉
사칙양씨
7. 세조(수양대군 유, 1455~1468 / 1417~1468)
덕종(의경세자, 도원군 승, 장, 1438~1457)
월산대군 정
9. 성종
명숙공주〈홍상〉
소혜왕후 [한확]
8. 예종(해양대군 광, 1468~1469 / 1450~1459)
인성대군 분
장순왕후 [한명회]
제안대군 현
현숙공주〈임광재〉
안순왕후 [한백륜]
정희왕후 [윤번]
의숙공주〈정현조〉
덕원군 서
창원군 성
근빈 박씨
안평대군 용
임영대군 구
광평대군 여
금성대군 유
평원대군 임
영웅대군 염
정소공주
정의공주〈안맹담〉
소헌왕후 [심온]
화의군 영
영빈 강씨
계양군 증
의창군 강
밀성군 침
익현군 운
영해군 당
담양군 거
신빈 김씨
한남군 어
수춘군 현
영풍군 천
혜빈 양씨
정안옹주〈심안의〉
숙원 이씨
정현옹주〈윤사로〉
상침 송씨

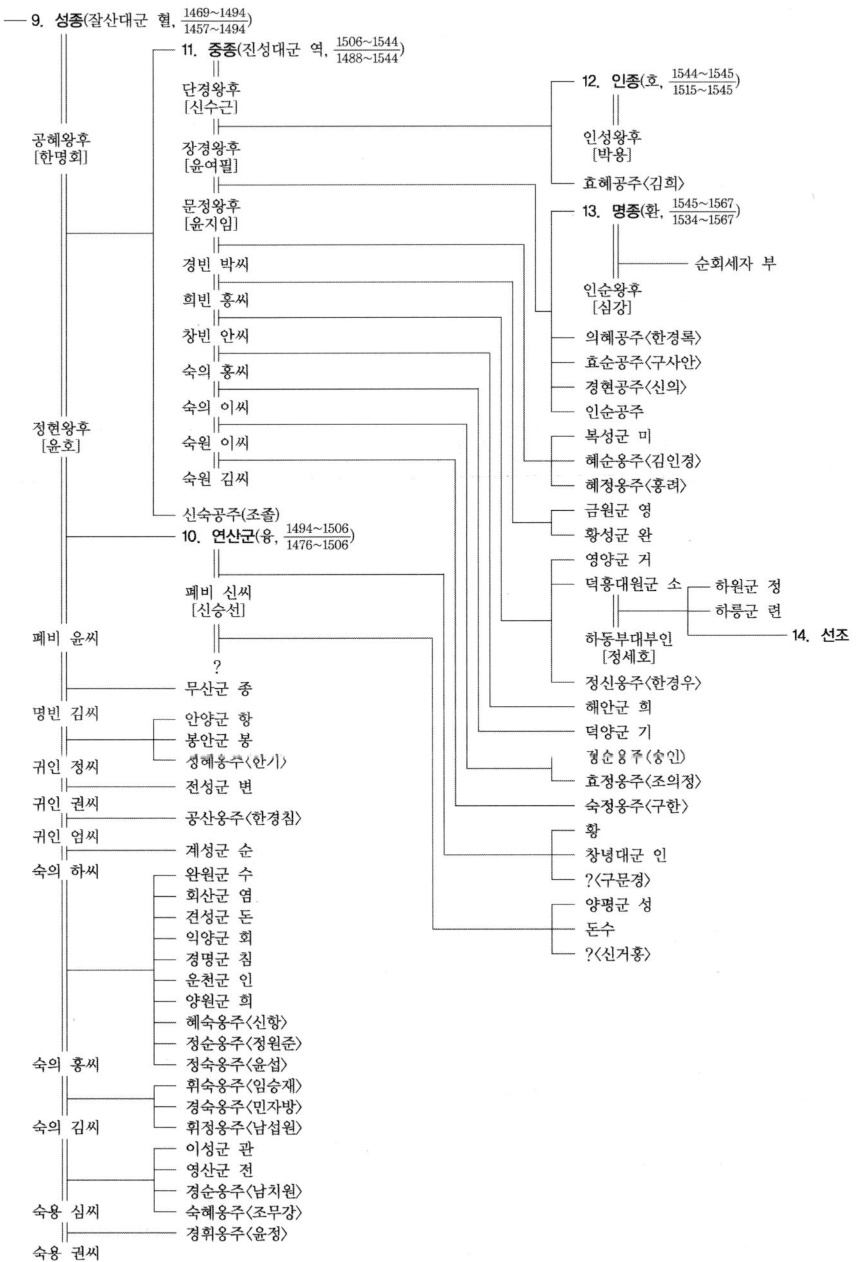
9. 성종(잘산대군 혈, 1469~1494 / 1457~1494)
공혜왕후 [한명회]
정현왕후 [윤호]
폐비 윤씨
명빈 김씨
귀인 정씨
귀인 권씨
귀인 엄씨
숙의 하씨
숙의 홍씨
숙의 김씨
숙용 심씨
숙용 권씨
11. 중종(진성대군 역, 1506~1544 / 1488~1544)
단경왕후 [신수근]
장경왕후 [윤여필]
문정왕후 [윤지임]
경빈 박씨
희빈 홍씨
창빈 안씨
숙의 홍씨
숙의 이씨
숙원 이씨
숙원 김씨
신숙공주(조졸)
10. 연산군(융, 1494~1506 / 1476~1506)
폐비 신씨 [신승선]
?
무산군 종
안양군 항
봉안군 봉
성혜옹주〈한기〉
전성군 변
공산옹주〈한경침〉
계성군 순
완원군 수
회산군 염
견성군 돈
익양군 회
경명군 침
운천군 인
양원군 희
혜숙옹주〈신항〉
정순옹주〈정원준〉
정숙옹주〈윤섭〉
휘숙옹주〈임승재〉
경숙옹주〈민자방〉
휘정옹주〈남섭원〉
이성군 관
영산군 전
경순옹주〈남치원〉
숙혜옹주〈조무강〉
경휘옹주〈윤정〉
12. 인종(호, 1544~1545 / 1515~1545)
인성왕후 [박용]
효혜공주〈김희〉
13. 명종(환, 1545~1567 / 1534~1567)
순회세자 부
인순왕후 [심강]
의혜공주〈한경록〉
효순공주〈구사안〉
경현공주〈신의〉
인순공주
복성군 미
혜순옹주〈김인경〉
혜정옹주〈홍려〉
금원군 영
황성군 완
영양군 거
덕흥대원군 소
하원군 정
하릉군 련
14. 선조
하동부대부인 [정세호]
정신옹주〈한경우〉
해안군 희
덕양군 기
정순옹주〈송인〉
효정옹주〈조의정〉
숙정옹주〈구한〉
황
창녕대군 인
?〈구문경〉
양평군 성
돈수
?〈신거홍〉

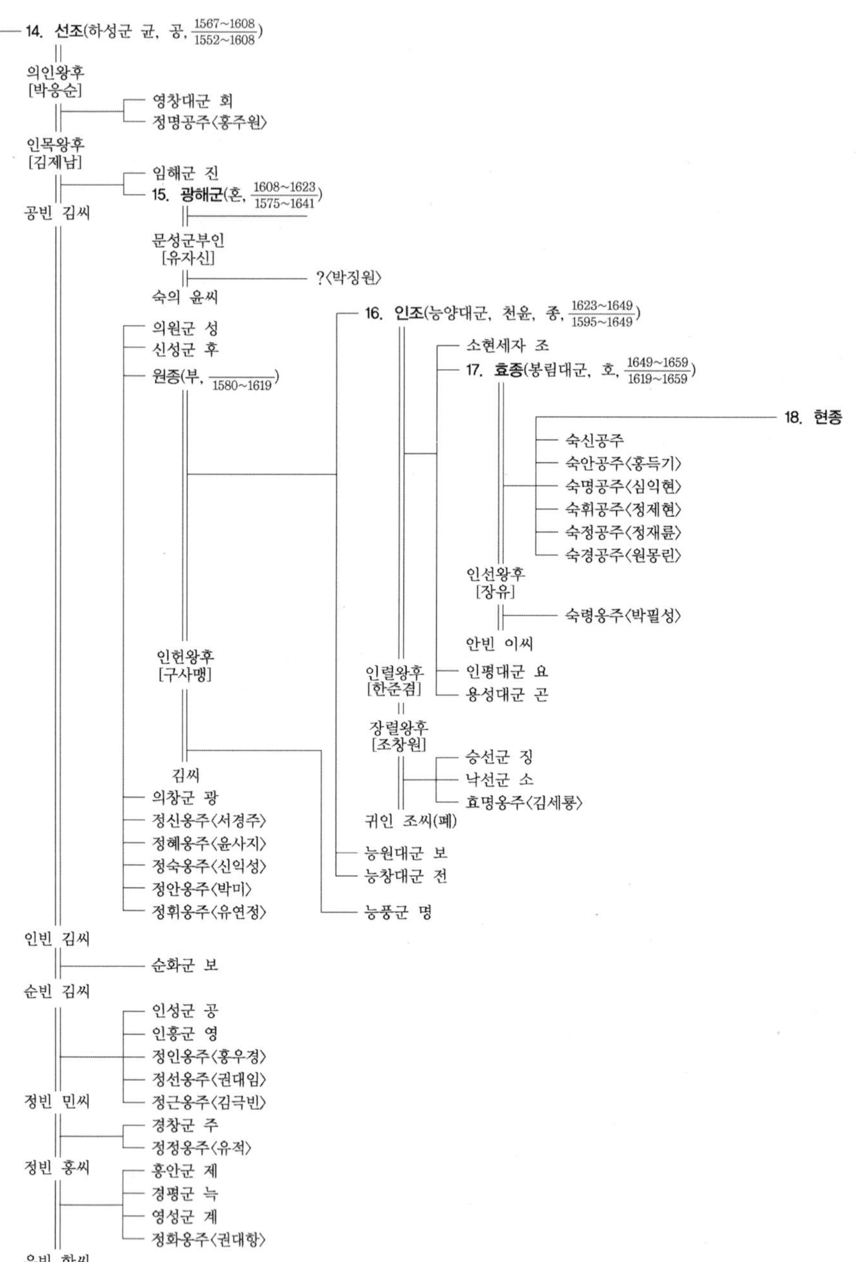

14. 선조(하성군 균, 공, 1567~1608 / 1552~1608)
의인왕후 [박응순]
영창대군 희
정명공주〈홍주원〉
인목왕후 [김제남]
임해군 진
15. 광해군(혼, 1608~1623 / 1575~1641)
공빈 김씨
문성군부인 [유자신]
?〈박징원〉
숙의 윤씨
16. 인조(능양대군, 천윤, 종, 1623~1649 / 1595~1649)
의원군 성
신성군 후
원종(부, 1580~1619)
소현세자 조
17. 효종(봉림대군, 호, 1649~1659 / 1619~1659)
18. 현종
숙신공주
숙안공주〈홍득기〉
숙명공주〈심익현〉
숙휘공주〈정제현〉
숙정공주〈정재륜〉
숙경공주〈원몽린〉
인선왕후 [장유]
숙령옹주〈박필성〉
안빈 이씨
인헌왕후 [구사맹]
인렬왕후 [한준겸]
인평대군 요
용성대군 곤
장렬왕후 [조창원]
승선군 징
낙선군 소
효명옹주〈김세룡〉
김씨
의창군 광
귀인 조씨(폐)
정신옹주〈서경주〉
정혜옹주〈윤사지〉
능원대군 보
정숙옹주〈신익성〉
능창대군 전
정안옹주〈박미〉
정휘옹주〈유연정〉
능풍군 명
인빈 김씨
순화군 보
순빈 김씨
인성군 공
인흥군 영
정인옹주〈홍우경〉
정선옹주〈권대임〉
정빈 민씨
정근옹주〈김극빈〉
경창군 주
정정옹주〈유적〉
정빈 홍씨
홍안군 제
경평군 늑
영성군 계
정화옹주〈권대항〉
은빈 한씨

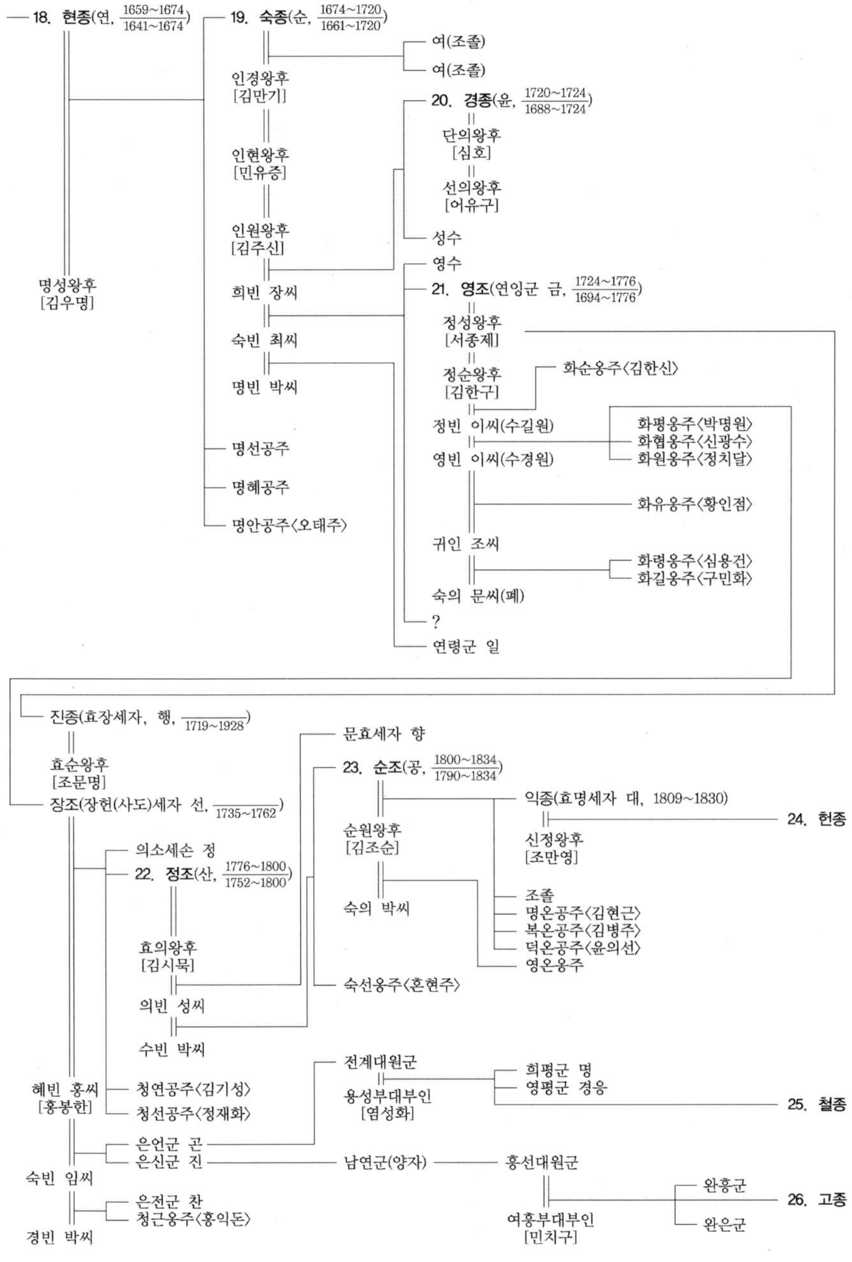

18. 현종(연, 1659~1674 / 1641~1674)
명성왕후 [김우명]
19. 숙종(순, 1674~1720 / 1661~1720)
인경왕후 [김만기]
인현왕후 [민유중]
인원왕후 [김주신]
희빈 장씨
숙빈 최씨
명빈 박씨
명선공주
명혜공주
명안공주〈오태주〉
여(조졸)
여(조졸)
20. 경종(윤, 1720~1724 / 1688~1724)
단의왕후 [심호]
선의왕후 [어유구]
성수
영수
21. 영조(연잉군 금, 1724~1776 / 1694~1776)
정성왕후 [서종제]
정순왕후 [김한구]
정빈 이씨(수길원)
영빈 이씨(수경원)
귀인 조씨
숙의 문씨(폐)
?
연령군 일
화순옹주〈김한신〉
화평옹주〈박명원〉
화협옹주〈신광수〉
화원옹주〈정치달〉
화유옹주〈황인점〉
화령옹주〈심용건〉
화길옹주〈구민화〉
진종(효장세자, 행, 1719~1928)
효순왕후 [조문명]
장조(장헌(사도)세자 선, 1735~1762)
혜빈 홍씨 [홍봉한]
숙빈 임씨
경빈 박씨
의소세손 정
22. 정조(산, 1776~1800 / 1752~1800)
효의왕후 [김시묵]
의빈 성씨
수빈 박씨
청연공주〈김기성〉
청선공주〈정재화〉
은언군 곤
은신군 진
은전군 찬
청근옹주〈홍익돈〉
문효세자 향
23. 순조(공, 1800~1834 / 1790~1834)
순원왕후 [김조순]
숙의 박씨
숙선옹주〈홍현주〉
익종(효명세자 대, 1809~1830)
신정왕후 [조만영]
24. 헌종
조졸
명온공주〈김현근〉
복온공주〈김병주〉
덕온공주〈윤의선〉
영온옹주
전계대원군
용성부대부인 [염성화]
희평군 명
영평군 경응
25. 철종
남연군(양자)
흥선대원군
여흥부대부인 [민치구]
완흥군
완은군
26. 고종

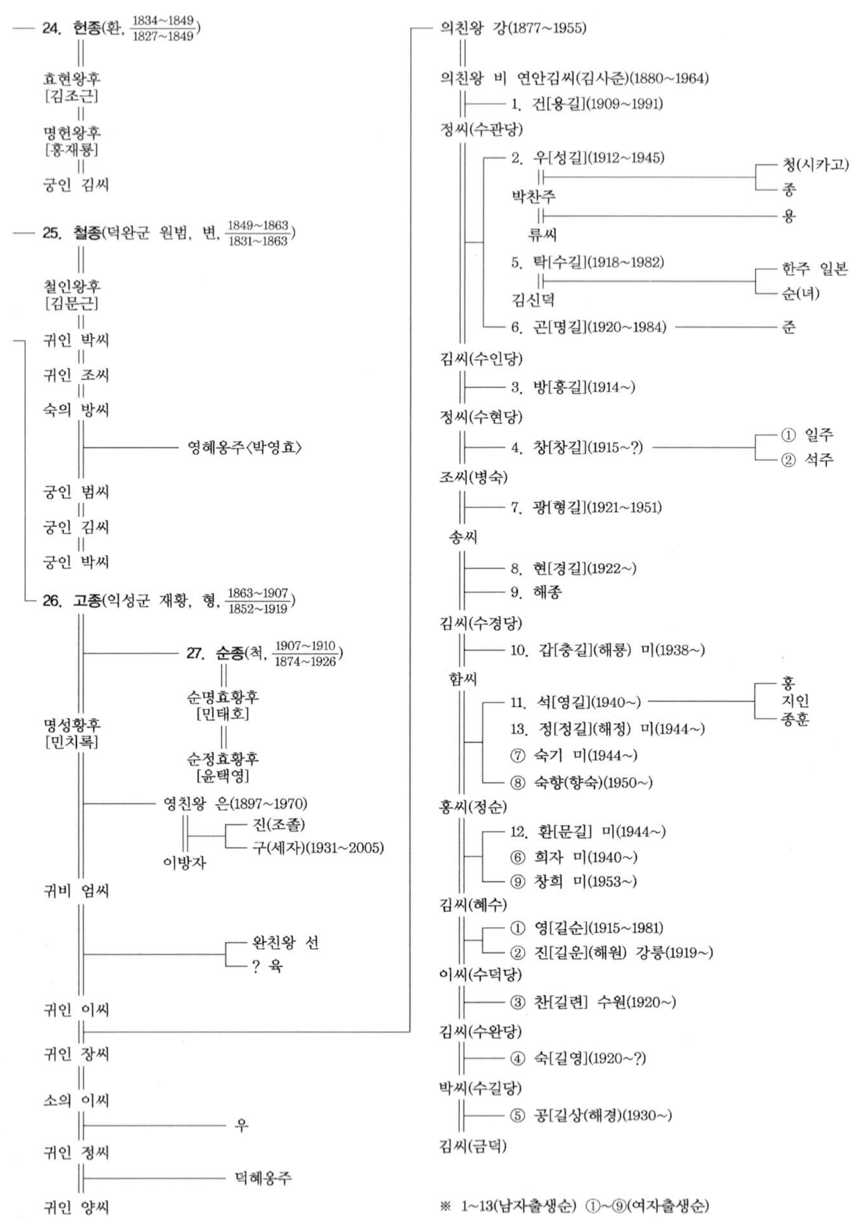

※ 위 도표는 한영우 저 ≪다시찾는 우리역사≫(경세원)를 참고로 하여 그린 것임.

6. 조선시대 국내외 연표

국 내	국 외
1351. 12 공민왕 즉위. 1356. 7 원의 지정(至正) 연호 사용 중지, 관제 개정.	1351. 5 홍건적의 난. 1353 이탈리아 보카치오 ≪데카메론≫ 완성. 1358 오스만투르크, 유럽 침공 시작.
1360. 1 서경 회복. 1360. 5 ≪제왕운기≫ 간행. 1364. 9 원, 공민왕 복위하도록 함. 1365. 5 신돈을 사부로 삼음. 전민추정도감 설치하고 신돈을 판사로 삼음. 1369. 5 원의 연호 사용 중지. 1369. 9 경기지방 양전(量田)함.	1360 영국과 프랑스 백년전쟁 휴전. 1368. 1 주원장, 명 건국. 1368. 8 원 순제, 대도 북경에서 개평(開平)으로 퇴각, 몽골고원으로 퇴각. 덴마크 제2차 한자전쟁(~1370). 1369 티무르제국 건국.
1370. 7 명의 홍무(洪武) 연호 사용. 1370. 8 원의 동녕부 공격. 복색 제도 고침. 1371. 7 신돈 실각. 1374. 9 공민왕 죽음, 우왕 즉위. 1377. 9 정몽주를 일본에 보내 왜구 금지 요구.	1373 대명률 제정. 동로마제국 황제, 술탄에 항복. 1376 교황 그레고리우스 11세, 아비뇽의 교황청 폐함. 1378 영국 위클리프, 교회 교리비판운동 시작. 로마교회가 로마와 아비뇽으로 분리됨. 베네치아와 제노바 교전.
1385. 9 명, 우왕을 책봉하고 공민왕이란 시호 줌. 1388. 3 명, 철령위 설치 통보. 1388. 4 요동정벌계획 세움. 홍무 연호 중지. 1388. 5 위화도 회군. 1388. 6 홍무 연호 사용. 우왕 폐하고 창왕 세움. 1389. 11 창왕 폐하고 공양왕 세움.	1380 티무르, 인도 침입 시작. 프랑스 샤를 6세 즉위. 1383 위클리프, 성서를 영역. 1386 포르투갈과 영국 윈저조약 체결. 스위스, 신성로마제국군 격파. 폴란드·리투아니아 연합. 1387. 9 명, 상세(商稅) 부과. 원 장군 납합출(納哈出), 명에 항복. 1388 북원 세력 소멸. 남독일 도시전쟁 재개.
1390. 9 공사전의 전적을 태움. 1392. 7 공양왕 폐위. 배극렴 등의 추대로 이성계 즉위. 1393. 2 국호를 조선으로 정함. 1393. 5 각 도 군적 작성(마병, 보병, 기선군 합계 20만 800명).	1391 투르크군, 동로마제국의 콘스탄티노플 봉쇄. 1392 일본, 황위를 북조 계통으로 정함. 한자동맹 체결. 프랑스, 부르고뉴파와 오를레앙파 싸움. 카스티야, 유태인 학살. 명, 전국의 토지 측량.

국내		국외	
1394. 5	정도전 《조선경국전》, 《불씨잡변》 찬진.	1393	비잔틴의 학자 크리솔로라스, 이탈리아로 가서 피렌체, 로마 등지에서 그리스 고전 강의.
1394. 10	한양 천도.	1396	오스만투르크, 니코폴리스 전투에서 발칸을 제압하고 헝가리 격파.
1395. 4	과전·공신전은 경기에만 주도록 함.		영국 리처드 2세, 프랑스 왕녀 이사벨과 혼인하여 화해함.
1397. 6	정도전·남은 등 요동정벌 논의.	1398. 윤5	명 태조 죽음.
1398. 8	제1차 왕자의 난.	1399	영국 헨리4세(~1423) 즉위, 랭카스터 왕조 시작(~1461).
1399. 3	개성으로 다시 천도.		
1399. 5	《향약제생집성방》 간행.		
1400. 11	정종, 왕세자 방원에게 선위함(태종).	1402. 6	명 연왕 제위에 오름(성조).
1402. 1	처음으로 무과 실시.	1405. 6	명 정화, 제1차 남해원정.
1403. 8	하륜·권근 등 《동국사략》 찬진.	1405	오스만투르크의 재건, 마호메트 1세 즉위(~1421).
1405. 10	한양으로 재천도.	1407	명 정화, 제2차 남해원정 떠남(~1409).
1407. 2	문묘 건립(~1407. 3. 21).	1408	명 《영락대전》 완성.
1408. 5	태상왕(태조 이성계) 승하(1335~).	1409	명 성조, 타타르 등 북정을 시작.
			정화, 제3차 남해원정 출발(~1411).
1410. 8	의례상정소 설치.	1413	명 정화, 제4차 남해원정 출발(~1415).
1412	《목민심감》, 《동국사략》 간행.		투르크 마호메트 1세, 제국 대통일.
1414. 4	대부분의 사무를 모두 6조로 돌리고, 의정부는 사대문서와 중죄인에 관한 일만 하도록 함.	1414	로마교회, 콘스탄츠 종교회의 개최(~1418).
1417. 7	《향약구급방》 간행.	1415	영국·프랑스 백년전쟁.
1418. 6	충녕대군(세종)을 세자로 책봉.	1417	명 정화, 제5차 남해원정 출발(~1419).
1418. 8	태종, 세자에게 선위(세종).		로마교회, 교황선거로 교회의 대분열 종식.
1419. 9	상왕(정종) 승하(1357~).	1418	신성로마제국, 한자동맹의 통일법규를 만듦.
1420. 3	집현전 설치.	1421. 1	명, 남경에서 북경으로 천도.
1422. 5	태종 승하(1467~).	1421	명 정화, 제6차 남해원정(~1422).
1426. 8	춘추관 《정종실록》을 올림.	1424	오스만투르크, 콘스탄티노플 제외한 전 동로마 영토 점령.
1426. 12	수찬색 《속육전》, 《등록》 찬진.	1427	신성로마제국, 미에스와 싸움에서 후스당이 지기스문트를 격파.
1428. 윤4	6년마다 군적을 새로 작성하기로 함.	1428. 1	일본 족리의지(足利義持) 죽음.
1428. 7	종학을 세움.	1429	프랑스 잔 다르크, 오를레앙의 위기를 구함.
1428. 8	각도에 양전을 실시하기로 함.		
1429. 5	정초 등에게 《농사직설》 편찬을 명함.		

국내		국외	
1430. 2	≪농사직설≫ 반포.	1430	정화, 제7차 남해원정 출발.
1431. 4	광화문 완성.		크림한국, 킵차크한국으로부터 독립.
1432	천문관측소인 간의대 축조.	1431	로마교회, 바젤 종교회의 개최(~1449).
1433. 6	정초·박연 등 새로 만든 혼천의를 올림.	1433	포르투갈, 리스본으로 천도.
1433	≪향약집성방≫ 완성.	1434	이탈리아의 코시모 데 메디치, 피렌체의 정권을 쥐고 문예를 일으킴.
1434	함길도 방면 6진 개척 시작.	1436	프랑스, 파리 탈환.
1434. 10	처음으로 앙부일구(해시계)를 설치하여 시간 측정.		영국과 재차 휴전.
1437. 4	측후기, 일성정시의 완성.		
1438	김시습 ≪금오신화≫ 간행.		
1440. 5	경상도·전라도에 정식 공법 시행.	1440	독일 구텐베르크, 활자 개량.
1443. 12	훈민정음 창제.	1441	포르투갈인 흑인 노예무역 시작.
1444. 11	전분6등·연분9등의 공법 확정.	1444	오스만투르크, 바르나 전투에서 유럽 연합군을 격파하고 체게단 조약 체결.
1444	≪칠정산내외편≫ 간행.	1445	포르투갈 바르톨로뮤 디아스, 희망봉 두 갑 발견.
1445. 4	권제·정인지 등 ≪용비어천가≫ 10권 편찬.	1446	스위스, 신성로마제국으로부터 독립.
1445. 10	≪의방유취≫ 365권 완성.	1448	신성로마제국 황제, 교황에 굴복.
1445. 11	실록을 춘추관과 충주·전주·성주 사고에 분장.	1449	영국·프랑스 백년전쟁 재개.
1446. 9	훈민정음 반포.		
1447. 4	안견 <몽유도원도> 그림.		
1450. 2	세종 승하(1397~), 문종 즉위.	1450	독일 구텐베르크, 활자 인쇄술 창안.
1451. 2	화차 제작.	1451	일본 나라에서 덕정 봉기함.
1451. 8	김종서 등 ≪고려사≫ 139권 편찬.	1452	프리드리히 3세, 교황 니콜라우스 5세로부터 신성로마제국 황제에 가관됨.
1452. 2	김종서 등 ≪고려사절요≫ 찬진.	1453. 5	오스만투르크 마호메트 2세, 콘스탄티노플 점령(동로마제국 멸망).
1452. 5	문종 승하(1414~), 단종 즉위.	1453	프랑스, 카스티옹의 싸움에서 영국군을 격파하고 기엔느를 회복(백년전쟁 끝남).
1453. 10	수양대군, 정권 잡음(계유정란).	1455	영국에서 랭카스터가와 요크가 간 장미전쟁 일어남(~1485).
1453. 10	이징옥, 대금황제를 칭하다 사형됨.	1456	오스만투르크, 아테네 침공.
1454. 3	≪세종실록≫ 완성.	1458. 8	명, ≪대명일통지≫를 수찬.
1455. 윤6	단종, 수양대군에게 선위(세조).		
1455. 8	6조직계제 부활.		
1455. 11	≪문종실록≫ 완성.		
1456. 12	원구단 수축.		
1457. 6	단종을 영월로 유배 보냄.		
1457. 10	노산군(단종) 승하(1441~).		
1459. 7	≪월인석보≫ 간행.		

국 내		국 외	
1460. 5	경연 · 집현전 · 보문각 · 수문각 등 혁파.	1460	오스만투르크, 그리스의 전 영토 점령.
1460. 8	신숙주, 두만강 건너 여진족 토벌.	1461	프랑스 루이 11세 즉위(~1483). 정교 칙령 폐지.
1462. 10	세조, 신숙주 · 권람 등과 함께 《무경》 편찬.	1462	러시아 이반 3세 즉위.
1463. 11	정척 · 양성지 등 《동국지도》 찬진.	1463	이탈리아 벳사리온, 베네치아에 유럽 최초의 공공 도서관 설립.
1463. 11	홍문관 설치.		
1466. 8	과전법 혁파, 직전법 실시.	1467	프랑스 샤를, 부르고뉴 공이 되어 루이 11세에 반항.
1468. 9	세조 승하(1417~), 예종 즉위.		
1469. 3	삼포에서의 사무역 금함.	1468	신성로마제국 구텐베르크 죽음(1399~).
1469. 9	최항 · 김국광 등 《경국대전》(기축년대전) 찬진.	1469	아라곤 왕 페르난도, 카스티야의 왕녀 이사벨과 혼인.
1469. 11	예종 승하(1450~), 성종 즉위.		
1470. 9	직전제를 관수관급하게 함.	1470	이탈리아 보카치오 《데카메론》 간행.
1470. 10	최항 등, 교정 《경국대전》 올림(신묘대전).	1471	명, 만리장성 수축.
1471. 12	《세종실록》 완성.	1473	브란덴부르크, 장자상속법을 결정하여 상속토지의 분할을 금지함.
1471	신숙주 《해동제국기》 간행.		
1472. 5	《예종실록》 완성.	1474	이사벨, 카스티야의 여왕이 됨(~1504).
1473. 8	새로 만든 전주 사고에 실록 이안.	1475	오스만투르크, 크림한국 정복.
1473. 9	횡간조작식 완성.	1477	일본, 응인의 난 평정.
1474	《국조오례의》 완성.		프랑스 부르고뉴 샤를, 스위스와 싸워 패하여 죽음(낭시전투).
1476. 12	노사신 · 서거정 등 《삼국사절요》 찬진.		
1477. 6	병조 군적 올림(전국 정병 13만 4,973명, 봉족 33만 2,746명).	1478	모스크바 공국 이반 3세, 노브고로트 정복.
1478. 3	서거정 《동문선》 편찬.	1479	아라곤 왕 페르난도, 아라곤과 카스티야 두 왕국을 병합하여 에스파냐 왕국 성립시킴.
1478. 10	《향약집성방》을 간행, 보급.		
1478	양성지 《팔도지리지》 완성.		
1480. 4	향교에 학전 지급.	1480	모스크바 공국 이반 3세, 킵차크한국을 멸망시키고 몽골의 속박에서 벗어남.
1481. 3	사족 부녀를 위해 《언문삼강행실》, 《열녀도》를 간행하도록 함.	1485	영국의 장미전쟁 끝남.
1481. 4	서거정 등 《동국여지승람》 편찬.		헨리 7세 즉위, 튜더왕조 시작(~1603).
1482. 1	유향소 복립 논의함.	1487	포르투갈 바르톨로뮤 디아스, 희망봉에 도착.
1484. 11	서거정 등 《동국통감》 찬진.		
1485. 7	서거정 등 《신편동국통감》 찬진.	1488	투루판, 명에 조공 바침.
1487. 2	김종직 등이 올린 신찬 《동국여지승람》 간행.		베네치아, 오스만투르크로부터 사이프러스 섬 빼앗음.

국	내	국	외
1491. 11	허종, 두만강 건너 여진족 토벌.	1492	콜럼버스, 아메리카 발견.
1493. 5	≪대전속록≫ 완성.	1495	교황·신성로마제국 황제·에스파냐왕·베네치아 등이 동맹하여 프랑스의 샤를 8세에 대항.
1493. 5	용산강 독서당 완성.		
1493. 8	성현·유자광 등 ≪악학궤범≫ 완성.		
1498. 7	김종직·권오복·김일손·권경유 등의 사초를 불사름.	1497	이탈리아 레오나르도 다 빈치 <최후의 만찬> 완성.
1499. 2	≪성종실록≫ 완성.		
1500	≪농사언해≫, ≪잠서언해≫, ≪여사서내훈언독≫ 등 간행.	1500	티무르 제국 멸망.
		1502. 12	명, ≪대명회전≫ 완성(180권).
1504. 4	인수왕대비 훙서.	1502	에스파냐 콜럼버스, 제4차 항해 출항하여 온두라스 발견(~1504).
1504. 10	김굉필(1454~) 효수(갑자사화).		
1506. 9	박원종 등 중종반정을 일으킴. 진성대군 왕위에 오름(중종).	1505	포르투갈, 초대 인도 총독에 아르메이다 임명.
1506. 11	연산군 병으로 죽음(1476~).	1507	독일 발트제뮐러, 신대륙을 아메리카라고 명명.
1509. 9	≪연산군일기≫ 완성.	1509	영국 헨리 8세 즉위. 네덜란드 에라스무스 ≪우신 예찬≫ 편찬.
1510. 4	삼포왜란 일어남.	1511	아라곤, 베니스와 신성동맹 체결하여 프랑스에 대항. 포르투갈, 수마트라·자바를 발견하여 말라카 및 실론 차지.
1517. 3	김안국 ≪여씨향약≫ 간행.		
1517. 8	정몽주의 문묘종사를 허락함.		
1518. 7	신용개 등 ≪속동문선≫ 찬진.		
1518. 9	소격서 혁파.	1512	영국의 헨리 8세와 신성로마제국 막시밀리안 1세 신성동맹에 가담.
1519. 12	조광조 능성 유배지에서 사약을 받고 죽음(1482~).	1516	영국 토머스 모어 ≪유토피아≫ 간행.
1519. 12	김정 사사됨(1486~). 현량과 폐지.	1517. 8	명 광동에 포르투갈 사신 내항.
		1517	로마 교황 레오 10세, 면죄부 판매 공인.
1519. 12	경성과 지방 합하여 호수는 75만 4,146호이며 인구수는 374만 5,481명으로 집계.	1518	스위스 츠빙글리, 종교개혁 제창.
		1519	포르투갈 마젤란 일행, 세계일주 항해 시작(~1522).
1522. 6	왜변이 빈번하여 비변사 처음으로 설치.	1520	신성로마제국 루터, 로마교회에서 보낸 파문칙서를 불태움.
1527. 4	최세진 ≪훈몽자회≫ 찬진.	1524	네덜란드 에라스무스 ≪자유의지론≫ 간행. 이탈리아 마키아벨리 ≪플로렌스사≫ 지음.

국 내	국 외
	1526 영국 헨리 8세, 왕후와의 이혼문제로 교황과 대립. 1529 신성로마제국, 제2회 쉬피에르 국회에서 신교도에 항의.
1532. 9 최세진 ≪여훈≫ 언해. 1538. 2 기묘사화 관련자와 기타 피죄자 김종국 등을 서용함.	1530 폴란드 코페르니쿠스, 지동설 제창. 1533 잉카 제국 멸망. 영국 헨리 8세, 캐서린과 이혼하고 궁녀 앤 블린과 혼인(영국 종교개혁의 발단). 1534 영국 헨리 8세, 수장령 발표. 1536 스위스 칼뱅, 제네바로 망명하여 종교개혁 주창. 1537 덴마크, 루터교를 국교로 삼음.
1543. 1 백운동서원이 처음으로 설립됨. 김안국 죽음(1478~). 1544. 11 중종 승하(1488~), 인종 즉위. 1545. 6 조광조의 직위를 회복시킴. 현량과 다시 복구. 1545. 7 인종 승하(1515~), 명종 즉위. 왕대비 섭정. 기묘사화 관련자의 죄명을 모두 씻어줌. 1545. 8 윤임을 사사함(1487~). 1547. 2 대마도와 화평 조약(정미약조).	1540 에스파냐 이그나티우스 로욜라, 예수회 창설하고 교황에게 공인받음. 1541 오스만투르크, 헝가리 및 알제리 정복. 1543 로마교회, 트리엔트 공의회 개최. 1547 프랑스 앙리 2세 즉위. 1548 로마교회, 아우구스부르크 회의에서 신교·구교의 융화를 기도. 1549 영국, 국교 통일령을 내림.
1550. 2 백운동서원에 소수서원으로 사액함. 1550. 10 ≪중종실록≫, ≪인종실록≫ 이룩됨. 1550. 12 선교 양종을 다시 세워 봉은사를 선종, 봉광사를 교종으로 삼음. 1554. 8 당상관의 사가독서 처음으로 실시. 1554. 9 경복궁과 동궁 완성. 1554. 11 구황에 가장 긴요한 것을 한글로 적어 ≪구황촬요≫를 저술. 1555 ≪제승방략≫ 반포. 1556. 2 무과를 실시하여 200명 뽑음.	1550. 8 명, 타타르의 침입을 받음(경술의 변). 1551 프랑스 샤토브리앙, 칙령을 내려 신교 금지. 1553 포르투갈, 명의 마카오 점령. 1554 무굴제국, 델리로 천도. 1555 신성로마제국, 아우구스부르크 종교회의에서 루터파의 신교 공인. 1557 포르투갈, 마카오항 건설. 1558 프랑스 기즈 공, 칼레를 영국으로부터 탈취.
1560 이황, 도산서원 세움. 1562. 9 을묘왜변을 진압. 1562. 1 남치근 등에 의해 임꺽정 포살됨. 1567. 6 명종 승하, 선조 즉위.	1560 에스파냐, 마드리드를 수도로 정함. 1562 프랑스, 위그노 전쟁 발발. 1564 영국 스코틀랜드 여왕 메리, 사촌 헨리 스튜어트와 혼인.

국 내		국 외	
1567. 11	≪의례경전통해≫ 간행.	1566	네덜란드, 에스파냐의 지배로부터 벗어나기 위해 봉기.
1568. 8	≪명종실록≫ 수찬.	1569	프랑스, 신교도 지도자 콩데공 암살 기도.
1568. 9	현량과 다시 둠.		
1568. 10	천거과 복설.		
1568. 12	이황 ≪성학십도≫ 찬진.		
1569. 8	이이 ≪동호문답≫ 찬진.		
1570. 12	이황 죽음(1501~).	1571	에스파냐, 레판토 해전에서 투르크에 승리.
1572. 2	조식 죽음(1501~).	1572	프랑스, 성 바르톨로뮤의 대학살.
1574. 3	이이, 만언소 올림.	1573	일본의 실정막부 멸망함.
1575. 9	이이 ≪성학집요≫ 찬술.		투르크제국, 베네치아와 강화.
1579. 3	김우옹, 동서 분당 간의 조제론을 펼침.	1575. 3	일본 직전신장(織田信長), 덕정령 반포.
1579. 5	이이, 동서 분당 간의 보합론을 폄.	1577	영국 드레이크, 세계일주.
		1578	명, 광동무역을 포르투갈인에게 허락.
			영국, 네덜란드와 동맹.
1581. 5	이이, 공안의 개정을 상소.	1580	이탈리아 선교사 마테오리치, 명 원문에 옴.
1584. 1	이이 죽음(1536~).	1582	교황, 그레고리력 채택.
1589. 10	정여립, 모반 실패 후 자결.	1583. 5	명, 누르하치 발흥으로 동북부 상실함.
1589. 11	사은사로 정탁을, 일본의 통신사로는 황윤길과 김성일을 차출함.	1583	이탈리아 갈릴레이, 진자의 등시성 발견.
		1584. 4	일본 풍신수길, 덕천가강과 전투.
		1587. 3	일본 풍신수길, 구주를 평정.
		1588	영국, 에스파냐의 무적함대 격파.
1592. 4	임진왜란 시작.	1591	일본 풍신수길, 조선 출병 명함.
1592. 6	선조, 평양에 도착.		영국 셰익스피어 ≪헨리 6세≫ 간행.
1593. 1	명 제독 이여송, 안주에 도달.	1593. 6	일본 풍신수길, 명의 사신에게 화의 제의.
1593. 2	권율, 행주산성에서 일본군 대파.	1596	명 이시진 ≪본초강목≫ 간행.
1595. 9	명, 광해군의 세자 책봉을 인정함.		무굴제국 악바르, 인도 통일.
1597. 1	약 20만의 일본군이 다시 조선 침략(정유재란).	1597	한자동맹, 영국 상인을 신성로마제국에서 추방함.
1597. 7	이순신을 전라좌수사 겸 삼도통제사로 임명.	1598. 4	프랑스 낭트 칙령 발표, 신앙의 자유 확립.
1598. 9	일본군 철수 시작.	1598. 8	일본 풍신수길 죽음(1536~).
1598. 11	통제사 이순신 전사.		
1608. 2	선조 승하(1552~), 광해군 즉위.	1600	영국, 동인도 회사 창설(~1858).
1609. 7	≪선조실록≫ 찬출.	1609. 12	일본 평호에 네덜란드 상관 설치.
1609. 6	임진왜란 이후 단절된 일본과의 국교를 회		

국내		국외	
	복하고 대마도의 세견선을 20척으로 정함(기유약조).		
1610. 8	허준 ≪동의보감≫ 25권을 지어 바침.	1613	일본 덕천가강, 영국 선박에 통상 허가.
1618. 1	인목대비를 서궁이라고 낮추어 부름.		러시아 로마노프의 즉위로 로마노프조 성립(~1917).
1619. 2	명의 요청으로 후금을 정벌하는 원군 1만 100명 파견.	1614	일본 덕천가강, 대판 정벌의 명을 내림(대판 동의 진).
			프랑스 삼부회 소집(이후 1789년까지 폐회).
		1616	명, 예수회 선교사 추방.
			여진족, 후금을 국호로 함.
			이탈리아 갈릴레이, 종교재판에 회부됨.
		1618	유럽 30년전쟁 시작(~1648).
		1619	아메리카에서 흑인 노예무역 시작.
1623. 3	인조반정 일어남.	1620	영국 청교도들, 메이플라워호로 아메리카에 상륙.
1623. 9	삼도(강원·충청·전라) 대동청 설치.	1621. 3	후금, 심양 점령.
1624. 1	부원수 이괄, 반란 일으킴.	1621	프랑스 루이 13세, 위그노와 싸움.
1624. 11	강원도에 대동법 실시.	1622	후금, 요양으로 천도.
1625. 2	이원익의 요청으로 충청도·전라도의 대동법 실시를 일시 중지.		영국 제임스 1세, 의회 해산.
1627. 1	후금, 3만 명의 병력으로 조선에 침입(정묘호란).	1624	네덜란드인, 대만 점령.
			영국, 동인도에 식민 시작.
1627. 3	후금과 화약.	1626. 9	후금 태종 즉위.
1627	네달란드인 박연 등 일행 3명이 제주도에 표착.	1628. 6	영국 제3회의에서 권리청원 통과.
		1629. 3	신성로마제국 황제, 종교복구령 포고.
1631. 7	정두원, 명에서 천리경·서포·자명종·염초화·자목화 등 가져옴.	1630. 5	일본, 기독교 관계 서적 금함.
1633	이수광 ≪지봉유설≫ 간행.	1630	스웨덴, 영토 확장과 신교도 원조를 위해 독일에 침입(스웨덴전쟁, ~1635).
1634. 2	대동미의 1/10을 전으로 바치게 함.	1631. 6	명 이자성 반란.
1634. 5	≪광해군일기≫ 정초본(정족산본) 완성.	1633. 6	이탈리아 갈릴레이, 종교재판에서 지동설 포기를 강요당함.
1634. 11	상평통보 처음으로 사용.	1634. 10	영국, 선박세 입법.
1636. 12	청군 침입(병자호란).	1635	일본, 쇄국령(외국선의 입항을 장기에 한정).
1636. 12	인조, 남한산성으로 피난.		프랑스, 30년전쟁에 참전.
1637. 1	인조, 삼전도에서 청 태종에게 항복.	1636. 2	후금, 국호를 청으로 고침.
1638. 9	충청감사 김육, 충청도에 대동법 시행 건의.	1636	일본, 관영통보 주조.
1639. 2	선혜청에 진휼청 설치.		

국 내	국 외
	1638 오스만투르크, 바그다드를 점령하고 이라크 합병.
1641. 7 광해군 제주도 유배지에서 죽음(1575~). 1645. 2 소현세자, 아담 샬로부터 천문·산학·천주교 관련 서적 등을 받아옴. 1645. 4 소현세자 죽음(1612~). 1645. 윤2 봉림대군을 세자로 결정. 1647. 5 소현세자의 세 아들을 제주도로 유배 보냄(신생의 옥). 1649. 5 인조 승하(1595~), 효종 즉위. 1649. 12 김육의 건의로 서양역법을 참조하여 역법을 고치게 함.	1643 프랑스 루이 14세 즉위(~1715). 프랑스 마자랭, 재상이 됨. 1644. 3 명 의종 자결하고 이자성이 북경 함락. 1644. 7 영국 크롬웰군, 왕당군 격파. 1644. 9 청, 성경(심양)에서 북경으로 천도. 1648. 10 웨스트팔리아 조약 성립으로 유럽의 30년 전쟁 종결. 1648 프랑스 파스칼, 유체역학에 관한 '파스칼의 원리' 발견. 1649 영국 찰스 1세 처형되고 공화정 수립.
1652. 2 경기지방에서 대동미 일부를 화폐로 수납하기로 함. 1653. 6 ≪인조실록≫ 완성. 1653. 8 제주 목사, 네덜란드인 하멜 일행의 화순포 표착을 보고함. 1656. 7 표류해 온 네덜란드인들을 통해 조총을 새로 제작. 1657. 9 ≪선조개수실록≫ 완성. 1659. 5 효종 승하(1619~), 현종 즉위. 자의대비의 상복을 송시열·송준길의 의견에 따라 기년복으로 정함.	1650 영국, 덴버의 싸움에서 크롬웰이 스코틀랜드군 격파. 프랑스의 데카르트 ≪방법론서설≫을 지음, 죽음(1596~). 1651 영국 크롬웰, 항해조례 발표. 영국 홉스 ≪리바이어던≫ 완성. 1652. 11 네덜란드 희망봉을 식민지로 만듦. 1653 청, 일조편법 실시. 인도의 타지마할 묘 완성(1632~). 영국 크롬웰, 호민관이 되어 독재정치 실시. 1658 영국 크롬웰 죽음. 신성로마제국, 제1차 라인동맹 체결.
1660. 3 허목, 상소하여 3년복을 주장(이후 서인과 남인 사이의 예론 시비가 가열됨). 1660. 4 윤선도, 송시열·송준길의 예론은 적통을 부정한 것이라고 비판, 유배됨. 1661. 2 ≪효종실록≫ 완성. 1664. 1 균전청 폐지. 1666. 10 전라도에 유치하였던 네덜란드인 하멜 등 7인, 일본으로 도망감.	1600 프랑스 배가 처음으로 중국 광주에 기항. 영국 왕정복고, 찰스 2세 즉위(~1685). 1661. 1 청 성조(강희제) 즉위. 1661 프랑스 루이 14세, 친정 시작하고 콜베르 등용. 1662 영국, 통일령 통과. 영국 보일, 보일의 법칙 발견. 1664 프랑스, 인도에 동인도회사 설립. 1665 런던에 페스트 유행. 영국 후크, 세포 발견. 1666. 10 네덜란드·브란덴부르크·브룬스빅·덴

국내		국외	
			마크 사이에 4국동맹을 맺음.
		1666	영국 뉴턴, 광학 및 우주중력에 관한 법칙과 적분법 발견.
		1668	에스파냐, 포르투갈의 독립 승인.
1674. 7	대왕대비의 복제를 기년복으로 개정.	1670	에스파냐, 마드리드 조약 체결.
1674. 8	현종 승하(1641~), 숙종 즉위.		러시아, 스텐카라친의 대반란(~1671).
1674. 12	1659년에 기년복을 주장하였던 기해의례 제신을 추죄, 송시열의 관직 삭탈.	1671	영국 밀턴 ≪실락원≫ 지음.
1677. 9	≪현종실록≫ 완성.	1672	프랑스 루이 14세, 네덜란드에 침략 전쟁(~1674).
1678. 1	상평통보 주조.	1675	청, 영국에 아모이 무역을 허락.
1678. 2	탁남 이조참의 유명천과 청남 이조판서 홍우원의 대립에서 청남·탁남의 대립이 문제됨.		영국, 그리니치 천문대 개설.
1678. 4	금속화폐의 전국적 유통을 선포함.	1677. 2	영국, 네덜란드와 동맹 선언.
		1678	일본, 기독교 엄금령.
			영국 번연 ≪천로역정≫ 간행.
		1679	영국, 인신보호율 제정.
1680. 4	경신환국으로 서인 집권이 시작됨.	1680	독일 라이프니츠, 미분법 발견.
1680. 5	오가작통법과 호패법 폐지.	1683	신성로마제국 연합군, 투르크 격파.
1682. 5	서인 측의 이이·성혼을 문묘에 종향.		프랑스 총리 콜베르 죽음(1619~).
1683. 3	≪현종개수실록≫ 28권 완성.	1685	영국 동인도회사, 벵골군과 교전.
1686. 12	이단하의 건의로 전국에 사창을 설치하게 함.		프랑스 루이 14세, 낭트 칙령 폐지.
1687. 8	≪대전후속록≫, ≪열조수교≫ 간행.	1686. 8	영국인이 캘커타시 건설.
1689. 4	인현왕후 민씨를 폐서인.		독일 라이프니츠, 적분법 발견.
1689. 6	송시열 사사됨(1607~).	1688	일본 막번 체제의 이완이 시작됨.
			영국 명예혁명.
		1689. 12	청, 흑룡강을 국경으로 정함.
		1689	영국 권리장전 제정.
			영국·프랑스 간의 식민지 전쟁 시작(윌리엄 전쟁, ~1689).
1690. 10	희빈 장씨를 왕비로 책봉.	1690. 4	청 ≪대청회전≫ 완성.
1693	안용복, 울릉도와 독도 영유권이 조선에 있음을 일본에 확인시킴.	1690	영국 로크 ≪인간오성론≫ 출판.
1694. 4	폐비 민씨 복위.	1695	프랑스 출판의 자유 허용.
1694. 7	탕평교서를 내림(박세채 제진).	1696	일본 궁기안정(宮崎安貞) ≪농업전서≫ 간행.
1697. 1	장길산이 이끄는 농민란이 일어남.	1699	청 강희제, 영국인에게 광동 무역을 허락.
			프랑스, 아메리카 루이지애나 식민지 건설.

국 내	국 외
1701. 9 희빈 장씨 자진(신사처분). 1703. 4 박세당의 사서주설과 이경석의 삼전도비문이 문제되어 박세당은 관직을 삭탈당하고 곧 죽음(1629~). 1704. 3 숙종, 후원에서 명 숭정황제에게 제사.	1701. 1 프로이센 왕국 탄생. 1701. 9 영국 등 대불동맹 결성. 1701 에스파냐, 왕위계승전쟁. 1702 북아메리카 식민지에서 영국과 프랑스 전쟁. 1705 영국 핼리 혜성의 주기적 순환 발견. 1707. 5 잉글랜드·스코틀랜드 합병하여 대영제국 성립.
1712. 12 백두산정계비 세움. 1716. 7 국왕이 윤증에 대한 병신처분하고 노론을 등용하기 시작. 1717. 2 문원공 김장생의 문묘종향 결정. 1717. 7 좌의정 이이명, 국왕과 독대(정유독대), 왕세자(경종)의 대리청정을 명함.	1710 인도, 시크교도의 반란. 프랑스 베르사유 궁전 완성. 1716 청 ≪강희자전≫ 완성. 1717. 10 청, 예수회를 금함. 1717 에스파냐·스웨덴에 대한 영국·프랑스·네덜란드의 3국 동맹 결성됨. 1718 영국·에스파냐 전쟁(~1720).
1720 ≪인현왕후전≫이 지어짐. 1720. 6 숙종 승하, 경종 즉위. 1721. 9 왕세제 연잉군 책봉례 거행. 1721. 12 김창집·이이명·이건명·조태채 등 노론 4대신 유배(다음해 모두 사사됨). 1722. 3 목호룡의 고변(신임옥사). 1724 8 영조 즉위 1725. 1 영조, 압슬법을 폐지함. 1725. 3 노론 4대신 등 피화자들이 신원, 소론 4대신이 축출됨(을사처분). 1727. 9 노론 4대신이 다시 죄안에 들고 임인옥은 역옥으로 규정됨(정미처분). 1729. 8 노론 4대신을 신원(기유처분).	1721. 3 프랑스·에스파냐 혼인동맹. 1722. 11 청의 강희제 죽음, 옹정제(세종) 즉위. 1722 러시아, 페르시아에 침입하여 흑해 진출 시도. 1724. 2 러시아·스웨덴, 스톡홀름 조약 체결. 1725. 6 빈조약으로 오스트리아·에스파냐 간 동맹 성립 1725. 9 영국·프랑스·프로이센, 하노버 조약 체결. 1725. 11 에스파냐·오스트리아 사이에 결혼밀약 성립. 1725 청 ≪고금도서집성≫ 편찬. 러시아 예카테리나가 계승. 1729 청, 영국 등 여러 나라와 무역 시작. 아편 판매 금지 지브롤터가 영국에 귀속됨.
1732. 8 선기옥형이 완성됨. 1732. 8 ≪경종실록≫ 15권 완성. 1734. 1 신속의 ≪농가집성≫ 배포. 1734 박세당 ≪색경≫ 저술. 1737. 10 단양군수 유수항 ≪우서≫ 찬진.	1731. 5 청 옹정제 ≪대청회전≫ 완성. 1731 스웨덴, 동인도회사 설립. 1733 영국 케이, 방직기 개량. 1735. 8 청 건륭제(고종) 즉위. 1735 오스트리아·프랑스, 폴란드 왕위계승 전쟁

국내		국외	
1738. 5	1725년 이후 창설한 서원을 조사하여 철폐하도록 지시.		이 끝나고 빈평화조약이 체결됨.
1739. 5	중종 원비 신씨의 위호를 회복.	1739. 10	아메리카 젠킨스의 귀속을 둘러싸고 영국·에스파냐 간에 식민지 전쟁 발발(~1747).
1741. 9	난전을 엄금.	1740. 10	오스트리아, 왕위계승전쟁(프랑스·에스파냐·바이에른·작센·프로이센 대 오스트리아·영국) 시작(~1748).
1744. 8	≪속오례의≫ 완성.	1742	영국·프랑스, 인도에서 식민지전쟁.
1744. 11	≪속대전≫ 완성.	1744	영국·프랑스, 제1차 식민지전쟁(~1748).
1745. 7	양역에서 군포 2필을 1필로 감함.		프로이센, 보헤미아 침입(제2차 슐레지엔 전쟁).
1749. 1	영조, 왕세자에 대리 기무를 명함.	1745	신성로마제국, 드레스덴 화약.
1749. 11	≪속병장도설≫ 편찬.	1748	프랑스 몽테스키외 ≪법의 정신≫ 출간.
1749. 12	전염병이 전국에 만연해 사망자가 50~60만 명에 이름.		
1753. 1	공인의 폐단을 엄금.	1751	프랑스 디드로 등 ≪백과전서≫ 발행 시작.
	황해도 장산곶 이북 지방의 세미를 금납제로 함.	1752	미국 조지아주 영국왕령 식민지가 됨.
1754. 4	미성년자까지도 군역 대상자로 등록하고 군포를 징수.	1755. 5	프로이센·투르크 대 오스트리아동맹 체결.
1756. 2	송시열·송준길 문묘 배향.	1756. 1	영국·프로이센, 웨스트민스터협정 성립.
1759. 8	낡은 포백척의 혼란으로 새 규격의 포백척 제정.	1756. 5	프랑스·오스트리아, 베르사유협정 성립.
1759	안정복 ≪동사강목≫ 20권 편찬.	1757	청, 외국 무역을 광동에 한정시킴.
		1758	프랑스 케네 ≪경제표≫ 발표.
1760. 6	≪일성록≫을 기록하기 시작.	1760. 9	영국, 캐나다 지배.
1761. 8	상전의 노비 사형(私刑)을 금함.	1762	프랑스 루소의 ≪사회계약론≫, ≪에밀≫, ≪민약론≫ 나옴.
1763	조엄, 일본에서 고구마 종자를 가져옴.	1763	프랑스 파리조약으로 아메리카 식민지를 대부분 상실.
1764. 4	박세채 문묘에 배향됨.	1765	영국 와트, 증기기관 개량.
1764. 윤5	사도세자, 궤 속에 갇혀 죽음.	1766. 3	영국, 식민지에 부과하였던 인지조례 폐기.
1766. 여름	홍만선의 ≪산림경제≫가 증보됨.	1766	영국 캐번디시, 수소 발견.
1767. 4	지방에서 전황이 생김.	1767	영국 하그리브스, 방적기 발명.
1767	≪산림경제≫가 16권 12책으로 증보됨.	1768	영국 아크라이트, 수력방적기 완성.
1769. 11	유형원 ≪반계수록≫ 간행.		러시아·투르크 전쟁(~1774).
		1769	프랑스, 코르시카 병합.
1770. 8	≪동국문헌비고≫ 완성.	1770	영국 쿡, 오스트레일리아 탐험.

국 내	국 외
1771. 4 예문관 ≪고사신서≫ 편찬. 1773. 1 서얼들, 통청운동 전개. 1773. 1 무관의 후손도 문과에 응시하도록 함. 1776. 3 영조 승하(1694~), 정조 즉위. 1776. 9 규장각 설치. 1777. 2 ≪고금도서집성≫ 5,020권을 수입. 1778. 7 박제가 ≪북학의≫ 편찬. 1778. 10 백골징포·황구첨정을 금지함. 1778 안정복이 ≪동사강목≫, 김길남 등이 ≪통문관지≫ 등을 지음.	1771 영국 ≪백과전서≫ 출판. 쿡, 영국에 귀항. 러시아, 크림 반도 점령. 1772. 8 제1차 폴란드 분할. 1772 프랑스 ≪백과전서≫ 완간. 1773. 2 청 ≪사고전서≫ 편찬 시작. 1773. 12 미국의 보스턴 차선 사건 일어남. 1774 일본 난학의 기초가 정립됨. 독일 괴테 ≪젊은 베르테르의 슬픔≫ 간행. 1776. 3 영국 스미스 ≪국부론≫ 출간. 1776. 7 미국 독립선언. 1777. 11 아메리카합중국 국호 결정. 1778. 1 프랑스, 미국의 독립 승인. 1779 영국·네덜란드 전쟁. 오스트리아·프로이센, 테센의 화약(바이에른 계승전쟁 종식).
1780 박지원 ≪열하일기≫ 저술. 1781. 3 강화에 외규장각 설립. 1781. 6 ≪규장총목≫ 완성. 1781. 7 ≪영조실록≫, ≪경종개수실록≫ 완성. 1784. 6 ≪규장각지≫, ≪홍문관지≫ 완성. 1785. 9 ≪대전통편≫ 완성. 1787. 5 프랑스 함대 페루즈 일행이 제주도를 측량하고 울릉도에 접근함. 1788. 1 전국 332읍의 수령 실태 조정(무관지역 90, 음관지역 179, 문관지역 43, 문무 교차 20). 1788. 8 서학을 금하고 천주교 서적을 불태움. 1788. 9 ≪동문휘고≫ 간행. 1788 ≪춘관통고≫ 간행.	1781. 3 영국 하셀, 천왕성 발견. 1782. 1 청 ≪사고전서≫ 완성. 1783. 9 미국, 영국과 파리조약 체결(미국의 독립을 승인). 1783 영국·프랑스·에스파냐 간 베르사유 조약 체결. 러시아, 크림 병합. 1785 영국 카트라이트, 증기력직기 발명. 허셜, 처음으로 천체반사망원경 제작. 1788. 8 영국·네덜란드·프로이센 간 3국동맹 성립. 1788 영국, 오스트레일리아에 유형 식민지 시드니 건설. 독일 칸트 ≪실천이성비판≫ 지음. 1789. 5 프랑스 삼부회 소집. 1789. 6 프랑스 바스티유 공격으로 프랑스대혁명 시작.
1790. 4 ≪무예도보통지≫ 완성. 1790 안정복 ≪동사강목≫ 지음. 1791. 2 육의전을 제외한 시전 상인의 금난전권 철	1790 일본 막부, 주자학 이외의 이학청구를 금함(관정이학의 금). 1791 프랑스, 미터법을 설정.

국내		국외	
	폐(신해통공).	1792. 9	프랑스 입법의회 해산되고 국민공회 성립(~1795).
1791. 11	서학교도 처형함(신해사옥).		프랑스 왕정 폐지, 공화국 선포.
1792. 11	≪증수무원록언해≫ 간행, 반포.	1793. 1	프랑스 루이 16세 사형(1754~).
1794. 12	청 신부 주문모 밀입국함.	1794. 7	프랑스 테르미도르의 반동, 로베스피에르 처형(1758~).
1795	혜경궁 홍씨 ≪한중록≫ 지음.	1796. 1	청 건륭제(고종) 퇴위, 가경제(인종) 즉위.
	이덕무 ≪청장관전서≫ 간행.	1796. 3	프랑스 나폴레옹, 이탈리아 원정군의 사령관이 됨.
1796. 8	수원성 완성.	1796	영국 제너, 종두법 발견.
1797	이긍익 ≪연려실기술≫ 지음.	1799. 11	프랑스 나폴레옹, 브뤼메르의 쿠데타로 집정, 정부 수립.
1798	권문해 ≪대동운부군옥≫ 간행.		
1799. 3	박지원 ≪과농소초≫, ≪한민명전의≫ 올림.		
1799. 12	규장각에서 ≪홍재전서≫ 간행.		
1800. 윤4	삼남 지방에 천주교 확산.	1800. 11	워싱턴 시가 미국의 수도가 됨.
1800. 6	정조 승하(1752~), 대왕대비(영조 계비 정순왕후 김씨) 수렴청정.	1801	영국, 아일랜드 병합.
1800. 7	순조 즉위.	1802. 1	프랑스 나폴레옹, 대통령에 취임.
1801. 2	이승훈 등 처형됨(신유사옥).	1803. 5	영국·프랑스 전쟁 재개(~1815).
1801. 3	주문모 신부 자수(4월에 처형됨).	1804. 5	나폴레옹 황제 즉위.
1801. 6	서학을 배척하는 토역교문 반포.	1804	무굴제국, 영국의 보호국이 됨.
1802. 2	장용영 폐지.	1805. 10	영국 트라팔가 해전에서 넬슨 제독이 프랑스 함대 격파.
1802. 7	북경 주교 구베아, 조선의 천주교 박해 사실을 프랑스에 알림.	1806. 11	프랑스 나폴레옹, 대륙봉쇄령 공포.
1803. 12	순조의 친정 시작.	1807. 7	프랑스·러시아·독일 간에 틸지트 조약 성립.
1805. 8	≪정조실록≫ 완성.	1808. 1	미국, 노예 수입 금지.
1806. 10	전황으로 호조와 선혜청에서 주전.	1808	영국 최초로 증기기관차 운행됨.
1808	심상규·서영보 등 ≪만기요람≫ 완성.	1809	남아메리카에서 독립운동 일어남.
1808. 5	전국에 암행어사 파견.		
1810	이규경 ≪오주연문장전산고≫ 완성. 정약용 ≪아방강역고≫ 저술.	1811. 5	일본 에도에 러시아 함대 옴(함장 고르빈 생포).
1813. 7	≪홍재전서≫ 간행.	1812. 10	프랑스 나폴레옹군, 모스크바에서 패퇴.
1813	김장순 ≪감저신보≫ 완성.	1814. 3	프랑스 파리를 점령당함.
1814	김매순 ≪열양세시기≫ 지음.	1815. 3	청 아편 수입 금지.
1815	정약전 ≪자산어보≫ 완성.		나폴레옹 프랑스에 상륙, 루이 18세 도망.
1816	홍양호 ≪해동명장전≫ 간행.	1815. 6	프랑스 나폴레옹 퇴위.
1817	정약용 ≪경세유표≫, ≪상례절요≫ 지음.	1815. 11	제2차 파리조약 체결.
1818. 8	정약용 ≪목민심서≫ 완성.	1817	영국 리카도 ≪경제학 및 과세의 원리≫

국 내	국 외
	지음. 1818 칠레, 에스파냐로부터 독립.
1821. 8 평양·황해도 수해 극심하여 10만여 명 죽음. 1822 정약용 ≪흠흠신서≫ 지음. 남공철 ≪고려명신전≫ 간행. 1823.11 비변사에서 서류허통절목 마련. 1827. 2 왕세자(익종)의 대리청정 시작.	1820 영국 맬서스 ≪경제학 원리≫ 출간. 나폴리에서 카르보나리당 주도의 혁명. 1821. 4 그리스 독립전쟁 발발(~1827). 1821 멕시코·페루, 에스파냐에서 독립. 1822 브라질, 포르투갈로부터 독립. 1823.12 미국 먼로, 먼로주의 선언. 1824. 5 제1차 버마 전쟁. 1825.12 러시아 최초의 혁명운동인 데카브리스트의 난 발생.
1832. 6 네덜란드 선교사 귀츨라프, 한문으로 된 기독교 경전을 놓고 감. 1834. 3 서유구 ≪종저보≫ 저술. 1834.11 순조 승하(1790~), 헌종 8세로 즉위. 1834.11 순원왕후 김씨 수렴청정 시작. 1835 서유구 ≪임원십육지≫ 완성. 1836 정약용 죽음. 1838.윤4 ≪순조실록≫ 완성. 1838. 6 ≪만기요람≫ 완성. 1839.10 척사윤음 반포.	1830. 7 프랑스에 7월 혁명. 1831.11 영국·프랑스·오스트리아·프러시아 간의 런던조약으로 벨기에 독립을 승인. 1831 이탈리아 마치니, 청년이탈리아당 조직. 1833. 3 독일, 관세동맹 체결. 1833 일본 풍수해로 오우·관동 기근(천보대기근, 1839). 1836 엘리어트, 주청 영국영사로 부임(중국 최초의 외국인 영사). 1838.12 청, 임칙서를 광동에 파견.
1840.12 대왕대비 수렴청정 철폐, 헌종의 친정이 시작됨. 1845. 3 청 위원의 ≪해국도지≫ 북경에서 수입됨. 1846. 6 프랑스 해군소장 세실, 충청도 외연도에 들어와 국서를 전달하고 감. 1847 청을 통해 세실의 서한에 대한 답신을 보냄. 1847 창덕궁 낙선재 건축. 1849. 6 헌종 승하(1827~), 철종 즉위. 1849 목제 휴대용 해시계 만듦. 정학유의 <농가월령가> 완성됨.	1840 청 임칙서, 광주 봉쇄. 청, 영국과 무역 단절. 1840. 6 영국군 청의 광주 봉쇄. 제1차 아편전쟁 개시(~1842). 1840 영국, 뉴질랜드를 정식으로 영유. 1842. 8 청, 영국과 남경조약 체결(중국 최초의 불평등조약). 1842.10 청 위원 ≪해국도지≫ 출간. 1846 영국 곡물법 폐지됨. 프랑스 프루동 ≪빈곤의 철학≫ 지음. 1848. 2 프랑스 2월혁명으로 제2공화국 수립됨. 1848. 3 오스트리아의 3월혁명으로 메테르니히 망명. 1849. 3 프랑크푸르트 국민회의에서 독일제국 헌법 제정.

국 내		국 외	
		1849	이탈리아 마치니, 로마공화국 정부 수립.
1852. 10	미국의 포경선이 용당포에 나타남.	1850. 7	태평천국운동 시작(~1864).
1853. 4	러시아 함대 팔라다호, 영일만까지 남하하여 동해안을 측량.	1853. 7	미국의 페리 제독, 일본 우라와에 내항. 크림전쟁 발발.
1855. 6	강원감사 이공익, 통천군 미국인 4명이 표류됨을 보고(조선 땅을 밟은 최초의 미국인으로 청에 보냄).	1854. 3	미국·일본 화친조약 조인.
		1855. 2	러일화친조약 조인.
		1856. 1	일본, 네덜란드와 화친조약 체결.
1855	영국 군함 흐네트호, 독도를 측량. 영국 군함 실비아호, 부산에 도착. 프랑스군함 비르지니호, 동해안 측량.	1856. 3	파리강화회의(크림전쟁 종결).
		1856. 10	영국군·프랑스군, 광주 침공(애로호전쟁: 제2차 중영전쟁).
1856. 10	김정희 죽음(1786~).	1856	영국 리빙스턴, 아프리카 대륙 횡단.
1856	프랑스 베르뇌 신부 입국.	1857. 5	인도에 세포이의 반란 발생됨(~1858).
1859. 4	서원의 신설을 금함.	1858. 5	청, 러시아와 아이훈조약 체결(우수리강 동쪽을 청·러시아 공동관리로 함).
1859. 10	전염병 유행.	1858. 6	청, 영국·프랑스·미국과 천진조약 체결(내지하천항행관 인정).
		1858. 11	영국, 인도를 직접 통치하기 시작.
		1858	프랑스, 베트남에 침입.
		1859	수에즈 운하 기공(~1869). 영국 다윈 ≪종의 기원≫ 간행.
1860. 4	최제우, 동학 창설.	1860. 10	청, 영국·프랑스와 북경조약 체결.
1860. 8	일본이 개항하였음을 통고해 옴.	1860. 11	링컨 미국 대통령에 당선.
1861	김정호 ≪대동여지도≫ 간행.	1861. 3	러시아 농노해방령.
1861. 9	러시아, 원산에 와서 통상 요구.	1861. 4	미국 남북전쟁 발발(~1865).
1862. 2	진주에서 농민 봉기.	1862. 10	그리스 혁명으로 국왕 오토 폐위.
1862. 4	전국 각지에서 농민들이 봉기.	1863. 1	미국 전국에 노예해방 선언됨.
1862. 5	삼정이정청 설치.	1863	캄보디아, 프랑스의 보호국이 됨.
1863. 12	철종 승하(1794~), 흥선군 이하응의 둘째 아들 왕위를 계승함, 대왕대비 수렴청정.	1864. 6	태평천하의 천왕 홍수전 자살(1813~).
		1864. 9	런던에서 국제노동자협회(제1인터내셔널) 결성.
1864. 3	동학교조 최제우 처형.		
1864. 4	대원군의 서원철폐정책 시작.	1865. 4	미국 남북전쟁 종결.
1864. 7	각 궁방의 노비문서 중 아직 남아 있는 것을 모두 태우도록 함.	1865. 4	미국 대통령 링컨(1809~) 암살됨.
		1865. 9	런던에서 제1인터내셔널의 제1회 대회 준비회의 개최.
1864	김정호 ≪대동지지≫ 완성.		
1865. 4	대왕대비 경복궁 중건 결정. 영건사업을 대	1865	오스트리아 멘델, 유전법칙 발견.

국내		국외	
	원군에게 위임.		러시아 톨스토이 ≪전쟁과 평화≫ 발표.
1865. 11	≪대전회통≫, ≪양전편고≫ 완성.	1866. 5	미국 전역의 노동자 34만 명이 8시간노동제 등을 요구하며 시위(5월 3일 경찰의 발포로 6명 사망, 메이데이의 기원).
1866. 1	프랑스 선교사 등 처형(병인사옥).	1866. 6	보오전쟁 개시(8.23 프라하조약으로 종결).
1866. 3	민치록의 딸을 왕비로 정함(명성황후 민씨).	1866	도스토예프스키 ≪죄와 벌≫ 발표.
1866. 7	평양 군민, 제너럴셔먼호를 적시선으로 화공(제너럴셔먼호 사건).	1867. 2	일본 명치시대가 됨.
1866. 8	프랑스 함대에 의해 병인양요 시작.	1867. 7	독일 마르크스 ≪자본론(제1권)≫ 간행.
1866. 10	양헌수 부대, 정족산성에서 프랑스군 격퇴(프랑스군 다음날 강화에서 철수).	1867. 8	영국 제2차 선거법 개정, 도시노동자의 대부분이 유권자가 됨.
1867. 11	16일 경복궁 근정전 완공.	1867	일본 복택유길(福澤諭吉) ≪서양사정≫ 저술.
1868. 4	독일 상인 오페르트 일행, 남연군 묘를 도굴하다가 퇴각.		스웨덴 노벨, 다이너마이트 발명.
1869. 7	영건도감, 대원군의 명에 따라 전국에 원납전 납입을 독촉.	1868. 1	일본에 왕정복고 선포됨.
1869. 12	서계의 격식이 바뀌었음을 이유로 일본국서의 수리를 거부.	1869. 5	미국의 대륙횡단철도 완성됨.
		1869. 8	독일사회민주노동당 결성.
		1869. 11	수에즈 운하 개통.
1870. 8	진주민란.	1870. 7	프랑스, 프로이센에 선전포고(보불전쟁).
1871. 3	47개소를 제외한 전국의 서원 철폐.	1871. 1	빌헬름 1세, 독일 황제에 즉위.
1871. 4	신미양요 시작.	1871. 5	10일 독일과 프랑스 간 프랑크푸르트 강화조약 체결.
1873. 11	3일 최익현 대원군을 탄핵하고 국왕 친정을 요구, 고종 최익현을 유배 보냄.	1871. 8	일본, 폐번치현(廢藩置縣)의 조서 발표.
1873. 11	4일 고종 친정 선포.	1872. 12	일본, 태양력 채택.
1875. 11	일본의 서계를 접수하기로 함.	1873. 8	일본 서향융성(西鄕隆盛), 정한론 제출.
1876. 2	조일수호조규 조인.	1874. 3	프랑스·베트남 사이에 제2차 사이공조약(베트남, 프랑스의 보호국이 됨).
1876. 2	일본에 파견할 수신사로 김기수가 임명됨.	1876. 5	터키에서 청년터키당의 쿠데타.
1876. 7	김기수, 일본 기행문을 올림.	1876	미국 벨, 전화 발명.
1878. 6	일본제일은행, 부산에 지점 설치.		제1인터내셔널 해산.
1879. 5	화방의질(花房義質)에게 원산 개항을 허가하고 인천 개항은 거절함.	1877. 1	영국, 인도 제국의 성립을 선언.
1879. 10	지석영, 부산 제생의원 원장 송전양(松前讓) 등의 지도로 종두법 기술 실습 시작.	1877. 2	일본 서남전쟁 발발.
1879. 12	지석영, 충주군 덕산면에서 최초로 종두 실시.	1877. 4	러시아, 터키에 선전포고(~1878).
		1877	미국 에디슨, 축음기 특허.
		1878. 6	일본에 육군사관학교 설립됨.
		1879	미국 렘슨·독일 팔베르크, 사카린 발견.
			독일 지멘스, 전차 발명.

국내		국외	
			미국 에디슨, 탄소 필라멘트 백열등 발명.
1880. 8	수신사 김홍집, 황준헌의 ≪사의조선책략≫ 올림.	1880	프랑스 라브랑, 말라리아균 발견. 독일 에페르토, 티푸스균 발견.
1880. 12	통리기무아문 설치.	1881. 6	독일·오스트리아·러시아 3제동맹 성립.
1881. 1	박정양 등을 신사유람단에 임명, 일본의 신문물제도를 시찰하게 함.	1882. 4	프랑스군, 베트남 하노이 점령.
1881. 윤7	외교문서에 사용할 국새를 대조선국보(大朝鮮國寶)로 새로 주조.	1882. 5	독일·오스트리아·이탈리아 3국동맹 성립.
1882. 4	조미수호통상조약 조인(신헌과 슈펠트, 1883. 4 비준 교환).	1882	독일 다임러, 자동차 발명.
1882. 4	조영수호조역 조인(조영하와 윌스).	1883. 1	영국, 이집트를 속령으로 함.
1882. 5	조독수호통상조약 조인(1883. 10 다시 조인).	1883	딜타이 ≪정신과학입문≫, 니체 ≪차라투스투라는 이렇게 말했다≫, 모파상 ≪여자의 일생≫ 간행. 독일 크레프스, 폐렴균 발견.
1882. 6	임오군란 일어남.	1884. 2	남아프리카공화국 성립.
1882. 7	이용원, 화방의질(花房義質)과 제물포조약 및 수호수규조약 조인.	1884. 5	청·프랑스 간 천진조약 조인.
1882. 8	박영효, 최초로 태극기 사용.	1884	그리니치 자오선을 만국 통용으로 함. 러시아 메치니코프, 백혈구의 식균작용 발견. 영국 파슨스, 증기터빈 발명.
1882. 12	묄렌도르프, 통리교섭통상사무아문 협판에 임명됨.	1885. 12	일본에 제1차 이등박문 내각 성립.
1883. 1	태극기를 국기로 제정, 전국에 반포.	1885	독일 벤츠, 가솔린자동차 발명. 프랑스 파스퇴르, 광견병 예방법 완성.
1883. 10	≪한성순보≫ 제1호 발간.	1887. 10	프랑스령 인도차이나연방 성립.
1883. 10	전권대신 민영목, 조영수호통상조약(1884. 4. 3 비준) 및 조독수호통상조약(1884. 10. 1 비준) 조인.	1887. 12	영국·프랑스·오스트리아 사이에 제2차 지중해 협상(발칸 3국동맹) 성립.
1884. 2	부산·나가사키 간 해저전선 개통.	1889. 2	일본, 대일본제국헌법 반포.
1884. 윤5	조·이탈리아수호통상조약 조인.	1889. 5	파리만국박람회 열림(프랑스혁명 100주년 기념).
1884. 윤5	조·러수호통상조약 조인.	1889. 7	파리에서 국제노동자대회 열림(~7.20). 국제사회당(제2인터내셔널) 성립(~1914).
1884. 9	일본 공사 죽첨진일랑(竹添進一郎), 임오군란 배상금 잔액 40만 엔을 조선 정부에 돌려줌.	1889	일본 북리시삼랑(北里柴三郎), 파상풍균의 순수배양에 성공. 일본 북리시삼랑·독일 베링, 혈청요법 발표. 미국 스트로저, 전화 자동교화기 발명. 미국 이스트먼, 소형 카메라 제작.
1884. 10	김옥균·박영효 등의 개화당 갑신정변 일으킴. 김옥균·박영효·서광범·서재필 등 일본 공사와 함께 일본으로 망명.		
1884. 11	전권대사 김홍집과 일본 전권대사 정상형(井上馨) 사이에 5개조의 한성조약 체결.		

국내		국외	
	판소리 작가 신재효 사망.		
1885. 2	독일 총영사 부들러(卜德樂), 조선의 영세중립국 선언을 권고.		
1885. 3	영국 함대, 거문도 불법 점령.		
1885. 8	대원군, 청으로부터 귀국.		
1885. 8	아펜젤러, 정동에 학교 설립.		
1885. 12	≪한성주보≫ 발간.		
1886. 1	노비의 세습제 폐지.		
1886. 6	신교육기관 육영공원 설립.		
1889. 5	유길준 ≪서유견문≫ 완성.		
1889. 9	함경도 관찰사 조병식, 방곡령 반포.		
1889. 10	조일통어장정 의정.		
1890. 1	함경도 방곡령 철회(관찰사 조병식 감봉 처분).	1890. 3	독일 재상 비스마르크 실각.
1890	서양의 사과·복숭아·배 등이 길주·원산·대구 등지에서 재배되기 시작.	1890. 5	제2인터내셔널 창립대회 결의에 따라 최초의 메이데이 행사 실시.
	코피·홍차 등 차류 최초로 궁중에 소개.	1890. 7	네덜란드 고흐, 권총 자살.
1892. 12	동학교도, 전라도 삼례역에 모여 교조의 신원과 교도 탄압 금지 호소.	1891. 5	러시아, 시베리아 철도 착공(1904년 개통).
1893. 2	강화도에 해군사관학교를 설치하기로 함(교관은 영국인 칼드웰).	1892. 11	프랑스 쿠베르탱, 올림픽 부활 제창.
1894. 1	전라도 고부군민, 고부관아 점령.	1893. 12	프랑스, 라오스를 보호령화함.
1894. 5	농민군과 정부군 사이에 전주화약 성립.	1893	노르웨이 난센, 북극 탐험.
1894. 5	일본 공사, 고종에게 내정개혁 요구.		독일 디젤, 디젤기관 발명.
1894. 6	일본 군함, 수원부 풍도 앞바다에서 청 군함 격침(청일전쟁 발발).		미국 에디슨, 활동사진 발명.
	군국기무처 설치됨(갑오개혁 시작).	1894. 5	미국에 철도파업 발생됨.
	개국기원 사용(고종 31년, 개국 503년).		간디, 남아프리카에서 인도국민회의 결성.
	군국기무처, 중앙관제 개혁안 및 사회제도 개혁안 의결 반포.	1894. 7	청·일본 양국 선전포고.
1894. 7	조세금납화 법령 반포.	1894. 10	유태계 프랑스군 참모장교 드레퓌스, 스파이 혐의로 체포됨(드레퓌스 사건의 발단).
	제1차 김홍집내각 성립.	1895. 4	청일강화조약(시모노세키조약) 조인.
	청에 대해 조일공수동맹 체결.	1895. 4	일본 주재 독일 공사·프랑스 공사·러시아 공사, 일본 외무차관에게 요동반도를 청에 반환하라는 각서 제출(삼국 간섭).
1894. 10	대원군, 정권에서 물러남.	1895. 12	러시아 레닌, 페테르스부르크에서 노동자계급해방동맹 결성.
1895. 5	지방제도 개정에 관한 건 반포(전국을 23부 331군으로 개편).	1895	독일 뢴트겐, X선 발견.
			프랑스 뤼미레르, 영사기 발명.
			이탈리아 마르코니, 무선전신기 발명.

국 내		국 외	
1895. 7	제3차 김홍집 내각 성립(총리대신 김홍집, 내부대신 박정양 등). 소학교령 반포.	1896. 4	제1회 근대올림픽을 아테네에서 개최.
1895. 8	명성황후 시해사건 발발(을미사변).	1898. 6	영국, 청으로부터 구룡을 99년간 조차. 청 광서황제, 변법자강을 선포, 100일유신 시작.
1895. 11	단발령을 내리고 국왕도 단발함.	1898. 7	영국・프랑스 간에 파쇼다사건 발생.
1896. 1	건국 연호 건양, 태양력 사용. 단발령으로 각지에서 의병 봉기.	1898. 9	청에 무술정변 일어나 서태후가 실권 장악(광서황제 유폐됨). 강유위・양계초, 일본으로 망명.
1896. 2	이완용・이윤용 등, 고종과 왕세자를 정동 러시아공사관으로 옮김(아관파천).	1899. 10	보어전쟁 시작(～1902).
1896. 3	미국인 모스에게 경인철도 부설권 허가.	1899	일본에 처음으로 페스트 유행. 러시아 레닌 ≪러시아에서의 자본주의 발달≫ 출간. 러시아 톨스토이 ≪부활≫ 출간.
1896. 4	한글・영문판 ≪독립신문≫ 창간.		
1896. 7	이상재・남궁억 등, 독립협회 결성.		
1896. 11	독립협회, 독립문 기공식 거행.		
1897. 8	연호를 광무로 고침. 단발령 취소함. 독립협회, '조선의 급선무는 교육으로 작정함'이란 주제로 제1회 토론회 개최.		
1897. 10	국호를 대한으로 결정. 황제즉위식을 거행하고 왕후를 황후, 왕태자를 황태자로 개칭.		
1897. 12	손병희, 동학의 제3대 교주가 됨.		
1898. 1	협성회, 최초의 일간지 ≪매일신문≫ 창간 허가를 받음.		
1898. 2	흥선대원군 사망(1820～).		
1898. 7	보부상들, 황국협회 창립. 동학교주 최시형 사형(1827～).		
1898. 9	장지연・남궁억 등, ≪대한황성신문≫ 판권을 인수하고 ≪황성신문≫으로 개제하여 일간으로 발행.		
1898. 11	만민공동회의 해산과 주요 인사 체포를 명함. 황국협회, 만민공동회 습격.		
1898. 12	정부, 독립협회 무력 해산시킴.		
1899. 4	미국인 세브란스, 남대문 밖에 현대식 종합병원 건축. 중학교관제 반포(근대적인 중등교육제도의		

국 내	
	출발).
1899. 8	법규교정소가 의정하여 올린 9개조의 대한국국제 반포.
1899. 9	한청통상조약(청과 대등한 입장에서 맺은 최초의 조약) 체결.
1899. 9	인천·노량진 간 철도 완성.
1899. 12	≪독립신문≫ 폐간.
1900. 4	한성전기회사, 한성부 종로에 최초의 전기가로등 3개 설치.
1900. 12	경부에서 태극기 규격을 통일하라는 훈령 반포.
1901. 7	일본 공사, 충청도·전라북도의 방곡령 해제 요구.
1901. 9	독일인 에케르트, <대한제국 국가>를 처음으로 연주.
1902. 10	도량형 규칙 반포.
1903. 10	황성기독교청년회(YMCA) 창립.
1904. 1	정부, 국외중립 선언.
1904. 2	한일의정서 조인됨.
1904. 5	학부, 애국가 <상제는 우리 황상을 도우소서>를 각 학교에 반포.
1904. 7	≪대한매일신보≫와 영자지 ≪코리아데일리뉴스≫ 창간.
1904. 8	윤치호와 임권조 사이에 제1차 한일협약(한일 외국인고문초빙에 관한 협정서) 조인.
1904. 11	경부철도 완공.
1905. 1	주한일본군사령관, 경성 및 그 부근의 치안은 일본군이 담당한다는 군령 발표.
	≪워싱턴포스트≫, 일본의 한국 침략을 폭로하는 이승만의 인터뷰 기사 게재.
1905. 2	일본, 독도를 강탈하여 죽도라 하고 도근현에 편입.
1905. 4	일본 내각, 한국에 대한 일본의 보호권 확립 방침 결정.
1905. 7	황제의 밀사 윤병구·이승만, 루스벨트 대통령에게 독립청원서 전달.

국 외	
1900. 3	일본, 선거법 개정(선거권을 직접국세 10엔 이상 납부자에 한하여 부여함).
1900. 8	8개국연합국, 북경 점령.
1900. 12	러시아 레닌 등, 주간지 ≪이스크라≫(불꽃) 제1호 발간.
1900	일본 고봉양길(高峰讓吉), 아드레날린 결정체 검출.
	독일 체펠린, 비행선 제작.
	오스트리아 프로이트 ≪꿈의 해석≫ 간행.
1901. 5	미국 뉴욕에 대공황.
1901. 9	청, 의화단사건 최종의정서(신축화약) 성립.
1901. 11	청 이홍장 사망.
	미국, 파나마 운하의 건설 관리권 획득.
1901	네덜란드 드 브리스, 돌연변이설 발표.
1902	일본에 자전거와 외제선풍기·손목시계 유행하기 시작.
	영국 러더포드, 방사성원자의 붕괴설 발표.
	영국 홉슨 ≪제국주의≫ 출간.
	이탈리아 크로체 ≪역사서술의 이론과 역사≫ 저술.
1903. 6	미국에 포드 자동차회사 설립됨.
1903. 11	미국, 파나마 독립 승인.
1903. 12	미국 라이트 형제, 비행기 발명.
1904. 2	일본 연합함대, 여순항 밖에서 러시아 함대를 공격.
1904	독일 쿠셀, 텅스텐 전구 발명.
1905. 1	러시아 군대가 동궁으로 행진하는 민중을 향해 발포, 1,000명 이상의 사상자와 2,000명 이상의 부상자 생김('피의 일요일' 사건).

국내		국외	
1905. 11	일진회, 외교권의 대일위탁을 주장. 이등박문, 황제에게 한일협약 초안을 제출. 일본의 강압 하에 제2차 한일협상조약(을사조약) 조인. ≪황성신문≫ 주필 장지연, <시일야방성대곡> 논설 게재.	1905. 6	러시아 전함 포템킨 호의 수병들, 오데사에서 11일간에 걸쳐 반란.
1905. 12	손병희, 동학을 천도교로 개칭. 초대통감에 이등박문 임명됨.	1905. 7	미국 육군장관 태프트와 일본 수상 가쓰라(桂太郞) 간에 태프트·가쓰라 각서 성립.
1906. 1	≪런던타임즈≫, 을사조약 체결이 강요에 의한 것임을 보도.	1905. 8	런던에서 재차 영일동맹조약 조인, 적용 범위를 동아시아·인도로 확대.
1906. 6	신돌석·이하현 등 의병 봉기.	1905. 9	포츠머스에서 노일강화조약 조인. 일본, 관동주조차지·동청철도남만주지선과 사할린 섬의 남반부 획득.
1906. 7	이인직, 신소설 <혈의 누>를 ≪만세보≫에 연재.	1905. 12	러시아 모스크바 소비에트의 총파업, 노동자무장봉기(~12. 30).
1906. 10	지방행정구역을 13도 11부 333군으로 개편.	1905	독일 샤우딘·호프만, 매독 병원체 스피로헤타팔리다 발견. 아인슈타인, 특수상대성이론 발표.
1906. 11	최초로 전국 호구의 실지 조사.	1906. 11	러시아에 스톨리핀의 농업개혁안 발표되고 농촌공동체 미르 해체됨.
1907. 1	대구의 서상돈·김광제 등, 국채보상운동 시작. 송병준·이용구 등, 시천교 창시.	1906. 12	인도국민회의파대회 개최, 스와데시(국산품 애용)·보이코트(외국품 배척)·민족 교육·스와라지(독립) 등 4개항 결의.
1907. 2	한성에 국책보상기성회 조직됨.	1906	러시아에 대해 영국이 1,300만 파운드, 프랑스가 27억 5,000만 프랑의 차관 제공. 독일 바서만, 매독의 혈청반응에 의한 진단법 고안.
1907. 7	헤이그에 파견된 밀사들, 각국 기자단 앞에서 일본의 한국 침략 상황을 폭로. 헤이그밀사 사건이 ≪대한매일신보≫에 의해 처음으로 국민들에게 알려짐. 일본, 고종에게 헤이그 사건의 책임을 추궁. 고종황제, 순종에게 양위. 이완용 등, 이등박문 등과 한일신협약(정미7조약) 및 추밀원대각서 조인. 군대해산조칙 발표.	1908. 8	영국 국왕 에드워드 7세와 독일 황제 빌헬름 2세 회담, 해군력 제한 협정을 빌헬름이 거부.
1907. 8	개원 연호를 융희로 결정. 영친왕 은을 봉하여 황태자 삼음. 순종 황제 즉위식 경운궁에서 거행.	1909. 2	독불협정 조인(모로코에서 독일의 경제적·프랑스의 정치적 특수 권익을 상호 확인).
1907. 9	한성에서 최초의 박람회 개최.	1909. 4	오스만제국 내의 소수민족 아르메니아인에 대한 이슬람교도의 대학살 일어남.
1907. 12	허위 등, 이인영을 13도창의대장에 추대하고 한성 진공을 계획.		
1908. 3	장인환·전명운, 스티븐스를 샌프란시스		

국 내		국 외	
	코 오클랜드 역에서 저격.		
1908. 7	≪증보문헌비고≫ 완성.		
1908. 8	일본, 동양척식주식회사법 반포.		
1908. 9	안창호 등, 대성학교 설립.		
1908. 11	최남선, 최초의 월간 종합지 ≪소년≫ 창간(최초의 자작 신체시 <해에게서 소년에게> 발표).		
1908. 12	한성에 동양척식 주식회사 설립.		
1909. 1	나철, 대종교 창시.		
1909. 6	13도창의군 대장 이인영, 전북 무주군에서 체포됨. 일본 내각에서 한국 병합 실행에 관한 건 의결.		
1909. 7	한국의 사법 및 감옥 사무를 일본정부에 위탁하는 각서 조인됨(기유각서).		
1909. 9	국내 의병을 진압하기 위한 일본군의 '남한대토벌작전' 시작됨(~10. 30).		
1909. 10	안중근, 만주 하얼빈 역에서 이등박문 사살(1874~).		
1909. 12	일진회장 이용구, 한일합방성명서 발표하고 한일합방상소문 제출.		
1910. 3	안중근 사형당함(1879~).	1910. 3	일본 헌정본당 해산되고 입헌국민당 결성됨.
1910. 6	유인석 · 이상설 등, 블라디보스토크에서 13도의군 편성. 한국 경찰 사무를 일본 정부에 위탁하는 각서 조인.		
1910. 8	한국통치권을 일본 황제에 양도하는 한일병합조약 조인. 통감부, 재경 외국신문 · 통신기자를 초대하여 병합의 전말과 조약문 발표. 구한국황족에 관한 예우 규정 발표.		

찾아보기

ㄱ

가례(嘉禮) 78, 202
가례(家禮) 63, 202, 246, 249
가면극 404
가묘(家廟) 138, 140, 249
가사(歌詞) 370, 404
가쓰라(桂太郎) 397
가야금 산조 375
간쟁권(諫諍權) 211
갑과(甲科) 62
갑사(甲士) 55
갑술환국(甲戌換局) 201, 267, 268
갑신정변(甲申政變) 388, 391, 393
갑오개혁 321, 396
갑오경장 394
갑오농민전쟁 354, 355, 366, 394
갑인예송 260
갑자사화(甲子士禍) 181, 182
≪강계고(疆界考)≫ 338
강상죄(綱常罪) 63
강석기(姜碩期) 250
강세황(姜世晃) 372, 373
강시(姜蓍) 102
≪강역고(疆域攷)≫ 338
강호문학(江湖文學) 368
강화도조약 379, 382, 383, 386, 388, 392
강희맹(姜希孟) 103
강희안(姜希顔) 84, 103, 371
≪강희자전(康熙字典)≫ 330
강희제(康熙帝) 330
개항(開港) 379, 381, 382, 386, 391, 393, 405
개화당 389
개화사상(開化思想) 386, 387
개화파 387-389, 391
건륭제(乾隆帝) 330
견종법(畎種法) 106, 286
결부법(結負法) 345
정선(鄭歚) 372
겸재준(謙齋皴) 372
경강상인(京江商人) 311
경공장 109
≪경국대전(經國大典)≫ 33-35, 42, 47, 51, 60, 63, 66, 67, 86, 89, 92, 94, 109, 111, 119-122, 125, 133, 135, 138, 141-146, 153, 154, 158, 248, 252, 255, 283, 290, 314, 341
경무법(頃畝法) 346
경복궁 34, 87, 88, 89, 377, 390
경부선 398
≪경세유표(經世遺表)≫ 340, 341, 348

경세치용 339
경시서(京市署) 112
경신환국 262, 264
경연(經筵) 184, 273
경영형 부농 288-290, 299, 300, 331
경오식년시(庚午式年試) 225
경운궁 231
경의선 398
경인선 398
경자유전(耕者有田) 345, 346
경종 265, 269-271, 325
경창(京倉) 92
계전법 174
계정법 174
고공(雇工) 294, 298
≪고금도서집성(古今圖書集成)≫ 330
≪고려사≫ 80, 122
고문 운동 332
<고사관수도> 371
윤선도(尹善道) 255
고신서경(告身署經) 211
고종 389-392, 395-397, 399, 400
고증학 334, 373
공납(제) 306, 314, 319, 321, 327
공노비 131-133, 403
공도회(公都會) 59
공리(貢吏) 315
공명고신첩(空名告身帖) 277
공명첩 278
공묘(孔廟) 199
공물(貢物) 155, 156, 169, 170, 302, 308, 316, 319, 314
공민왕 28, 30
공법 165, 166, 167, 168
공부(孔府) 199
공부(貢賦) 153, 155
공상세 156
공수전(公須田) 161
공신노비(功臣奴婢) 131
공신전(功臣田) 163
공안(貢案) 155, 156, 159, 170, 314
공양왕 68
공인(貢人) 19, 171, 308, 309
공장(工匠) 109, 110, 128
공장세(工匠稅) 155, 157
공장안(工匠案) 109
공전(公田) 69, 70, 163, 164, 166, 349
공해전(公廨田) 163
과거(科擧) 26, 27, 28, 36, 58, 122, 129, 151, 181, 184, 225, 258, 281, 341
과전법(科田法) 24, 67-72, 163, 164
관각 문학 368
관공장(官工匠) 109
관둔전(官屯田) 161, 294, 314
관료 문학 367, 368
관수관급제(官收官給制) 71, 73
관영상업(官營商業) 304
≪관우희(觀優戲)≫ 375
관혼상제(冠婚喪祭) 126, 202
광무개혁(光武改革) 394-396, 399
광업세 156
광해군 96, 179, 223, 228-231, 313
광화문(光化門) 34, 87-89
교도직(教導職) 58
교린(交隣) 75, 76, 78, 79
교생면강첩(校生免講帖) 124, 277
9대로 90
구로다 기요타카(黑田淸隆) 383, 385
구양수(歐陽脩) 208, 210
구언교(求言教) 286, 365, 366
≪구운몽(九雲夢)≫ 369
국민개병제 54, 316
국용전제(國用田制) 158, 159
국제우편연맹 398

≪국조오례의(國朝五禮儀)≫ 248, 249, 252
국혼물실(國婚勿失) 259
군익도체제(軍翼道體制) 55
군자소인론 210, 216
군자전(軍資田) 159
군적(軍籍) 323
군정(軍政) 323, 355
군포(軍布) 162, 316, 318, 319, 324, 325, 326, 364
군포계(軍布契) 328
궁방전(宮房田) 160, 288, 294, 314, 362
권근(權近) 31, 81
권농관(勸農官) 100
권상하(權尙夏) 238
규장각 82, 85, 273
균분 상속 138, 141
균역법 319, 323, 325, 326
균전론(均田論) 343-346, 348, 350
균전제 344, 345, 346
그루갈이〔根種〕 105, 284
≪근사록≫ 195
근정전(勤政殿) 34
금난전권(禁亂廛權) 112, 307, 309
금납화 292, 319, 320
금석학 373
≪금양잡록(衿陽雜錄)≫ 103, 108
≪금오신화(金鰲新話)≫ 368
급재(給災) 321, 322
기년복 144, 253-257, 260
기년상 254
기대승(奇大升) 197, 210, 217
기대항(奇大恒) 217
기로소(耆老所) 262
기묘 사림 183-186, 206
기묘사화(己卯士禍) 181, 185, 186, 207, 210
기사환국(己巳換局) 264, 266, 268
기해예송 253
기호학파 190, 193, 196,-198
김굉필(金宏弼) 200, 231, 282
김만기(金萬基) 262, 267
김만중(金萬重) 266, 369
김석규(金錫圭) 396
김석주(金錫胄) 260, 262
김성일(金誠一) 226, 227, 230
김수항(金壽恒) 261, 262, 266
김수흥(金壽興) 266
김시습(金時習) 368
김식(金湜) 207, 210
김옥균(金玉均) 388, 391, 393
김용섭(金容燮) 293
김우명(金佑明) 260
김육(金堉) 171, 261
김윤식(金允植) 388
김인후(金麟厚) 200
김장생(金長生) 258
김정(金淨) 188, 189, 207, 210
김정호(金正浩) 81
김정희(金正喜) 334, 372, 373
김종직(金宗直) 182
김집(金集) 200, 248, 258, 263
김창집(金昌集) 271
김천택(金天澤) 370
김춘택(金春澤) 267
김혼(金琿) 134
김홍도(金弘道) 373
김효원(金孝元) 210, 216, 219-221

ㄴ

남곤(南袞) 208
남귀여가(男歸女家) 137, 138
남대문 79, 111
≪남명집(南冥集)≫ 196
남인(南人) 230, 231, 253, 257, 260, 262,

264-267, 302-305, 307, 359-361
납속 277-279
낭관권(郎官權) 212, 215
내수사(內需司) 154, 159, 160
노론(老論) 264-273, 303, 304, 359, 360, 371, 390
노론 4대신 272
노비변정도감(奴婢辨定都監) 130, 132
노비신공(奴婢身貢) 155
노비종모(奴婢從母) 133
노비종부(奴婢從父) 133
노비중분법(奴婢中分法) 131
노산군(魯山君) 184, 190
녹명소(錄名所) 63
녹명책 64
≪논어≫ 195
≪농가월령가(農家月令歌)≫ 103, 107, 370
≪농가집성(農家集成)≫ 285
≪농사직설(農事直說)≫ 101-103, 107
≪농상집요(農桑輯要)≫ 101, 102
농서 101-103, 108
≪농서집요(農書輯要)≫ 102, 107
농종법(壟種法) 286
누르하치 237

ㄷ

단발 398
단성호적(丹城戶籍) 174
단종 83, 182, 184, 190
단종 복위 음모 46
답험관 165
답험손실법(踏驗損失法) 164, 165, 167
답험정액세제(踏驗定額稅制) 321
당색 178, 227
당악 375
당쟁 205, 206, 235, 259, 272, 402
당하관 67, 125, 213
대간(臺諫) 211-213
대간권 212, 215, 258, 259
대공(大功) 144, 146, 256, 257, 260
대공수미지법(代貢收米之法) 315
대과(大科) 51, 59, 61, 62, 64, 65, 150, 151
대납 171
대동미(大同米) 171, 319, 327
대동법(大同法) 171, 302, 308, 315, 316, 319, 320
대동보(大同譜) 149
≪대동여지도(大東輿地圖)≫ 81
≪대동지지≫ 90
대리청정 270
대마도 정벌 78
≪대명률(大明律)≫ 255, 341
대보단(大報壇) 239
대성전(大成殿) 51, 58, 61
대원군 389, 391-393
대윤(大尹) 186
≪대학≫ 195
대한국제 396
대한문 88
대한제국(大韓帝國) 394, 395, 397, 398
덕수궁 88, 231
덕흥군 214
데라우치 마사타케(寺內正毅) 400, 401
≪도로고(道路考)≫ 338
도로원표 88
도산서원 192
<도산십이곡(陶山十二曲)> 368
도신징(都愼徵) 257
도참설(圖讖說) 334
도평의사사(都評議使司) 42
도학 183, 185, 189, 206
도화원 371
독일 388, 395, 397

돈의문(敦義門) 87
돈화문 87-89
≪동국여지승람(東國輿地勝覽)≫ 53, 81, 84
≪동국이상국집(東國李相國集)≫ 27
<동국지도> 83
≪동국지리지(東國地理志)≫ 338
동국진체 373
동대문 111
동도서기론(東道西器論) 386
≪동문선(東文選)≫ 81, 368
≪동사(東史)≫ 338
≪동사강목(東史綱目)≫ 337
동서붕당 217
동인(東人) 201, 220, 221, 223, 225-228
동전 302, 304, 305
동편제 404
동학농민 351, 354, 394
동학란 355
동학사상(東學思想) 386

ㄹ

러시아 395-397
러일전쟁 396, 398, 399

ㅁ

마테오 리치 330
만국지도(萬國地圖) 330
만동묘(萬東廟) 238, 239
만력(萬曆)의 역(役) 226
만상(灣商) 311
만언봉사(萬言封事) 315
만절필동(萬折必東) 238
≪맹자≫ 120, 195
면강첩(免講帖) 124
면역첩(免役帖) 277
면천첩(免賤帖) 277
면향첩(免鄕帖) 277
명륜당(明倫堂) 51, 58, 61
명성황후 389, 391
명종 71, 172, 179, 186, 210, 213, 214, 217, 218, 246
명·청 교체 236
명치유신(明治維新) 382, 391
≪목민심서(牧民心書)≫ 340, 341
<몽유도원도(夢遊桃源圖)> 371
무격세(巫覡稅) 155
무경 7서 66
무고(巫蠱)의 사건 268
무곡(貿穀) 116
무과 65, 66
무관학교제 396
무본보말(務本保末) 302
무본억말(務本抑末) 93, 95, 114, 117
무비주인(貿備主人) 306
무오사화(戊午史禍) 181, 182
문과 64, 66, 217
문과 방목 150, 210
문묘(文廟) 51, 58, 61, 199-201, 231, 266
문묘종사(文廟從祀) 200, 231
문선왕(文宣王) 58, 199
문선왕묘(文宣王廟) 199
문예부흥 342
문정왕후 윤씨 186, 213, 214
문종 83, 184
문책(問策) 368
미국 381, 382, 386, 388, 396, 397
미일비밀협약 399
민겸호(閔謙鎬) 392
민란(民亂) 276, 290, 328, 351, 354, 355, 359, 361-363, 365
민영환(閔泳煥) 396, 397
민요 369

민유중(閔維重) 265
민족주의 395
민화 374, 404
밀무역 310

ㅂ

박규수(朴珪壽) 365, 387, 388
박상(朴祥) 187-190
박세당(朴世堂) 256
박세채(朴世采) 200, 258, 263
박세희(朴世熹) 207
박연(朴堧) 374
박영효(朴泳孝) 388
박원종(朴元宗) 187
박유(朴楡) 134
박제가(朴齊家) 241
박지원(朴趾源) 86, 241
박충간(朴忠侃) 224
박훈(朴薰) 207
≪반계수록(磻溪隨錄)≫ 345
반정공신(反正功臣) 179, 182, 184, 187
반청복명 238, 240
반청북벌론 238
발트 함대 397
≪발해고(渤海考)≫ 338
방군수포(放軍收布) 162, 317
방납(防納) 170, 309, 314-316, 319
방목(榜目) 150, 151
방방(放榜) 65
방전(方田) 349
백골징포(白骨徵布) 325, 326
백자 376
백패(白牌) 65, 67
변승업(卞承業) 311
변효문(卞孝文) 103
별공(別貢) 153, 169
별기군 391
별사노비(別賜奴婢) 131
별산대놀이 404
별시(別試) 61, 217
병과(丙科) 62
병농일치(兵農一致) 52, 54, 316
≪병요≫ 66
병자호란 240, 263, 313, 329
병작반수(竝作半收) 72
병작전호(竝作田戶) 294
보(洑) 105
보단자(保單子) 63
보법(保法) 55
보부상 115
보신각 88
복시(覆試) 59, 62-64
복제(服制) 142, 143, 250, 251, 253, 256, 260
봉미법(封彌法) 63, 65
봉보부인(奉保夫人) 267
부역(賦役) 173, 175
부장기(不杖朞) 144, 255
북경 311, 387
≪북곽선생(北郭先生)≫ 371
북로남왜(北虜南倭) 30
북벌론 238, 240, 319, 371
북인(北人) 228, 231, 232
북정(北征) 78
북학(北學) 240, 241, 338
분로쿠(文祿)・케이초(慶長) 226
분재기(分財記) 138
분청 376
분청사기 376
불평등조약 380, 382, 392, 393
붕당(朋黨) 178, 200, 205-207, 209, 210, 216, 220, 225, 228, 230, 235, 258, 272, 274, 302, 340, 360
붕당론 208

붕당정치 177, 178, 186, 206, 215, 225, 258, 260, 340
비례부동(非禮不動) 238
비적비장(非嫡非長) 229, 230
비출정액세제(比出定額稅制) 321

ㅅ

≪사고전서≫ 330
사공장(私工匠) 109
4군 75, 82, 83
사단칠정(四端七情) 197, 336
사대(事大) 75-78, 80, 238, 235, 236, 239
4대문 377
4대 사화 181
사도세자 274
사림파 182, 194
≪사마방목≫ 150
≪사마법(司馬法)≫ 66
사마양저(司馬穰苴) 66
4부학당 57, 58, 62
4서5경 58, 64, 66, 67
≪사서집주(四書集註)≫ 195
사설시조(辭說時調) 369, 370
사성(賜姓) 149
≪사시찬요(四時纂要)≫ 103
≪사시찬요초(四時撰要抄)≫ 103
4신분제 279
≪사씨남정기≫ 267
사원전(寺院田) 294
사전(私田) 70, 163, 164, 166
사전(私錢) 320
4조단자(四祖單子) 63
사종지설(四種之說) 254
사주인(私主人) 315
사직단 88, 377
사창제(社倉制) 203, 204
사초(史草) 181, 182
사표(四標) 99
4학(四學) 58, 61
사행무역(使行貿易) 311
사화(士禍) 181, 210
사환노비(使喚奴婢) 131
≪산경표≫ 338
산림(山林) 238, 258
산림숭장(山林崇奬) 259
≪산수경(山水經)≫ 338
산학(算學) 66, 330
≪삼강행실(三綱行實)≫ 185
삼국간섭 395
≪삼국사기≫ 16, 293
삼남 지방 116, 293, 364, 365
삼년복 253
삼년상 143, 253, 255
≪삼략(三略)≫ 66
삼분모회록(三分耗會錄) 327
삼사(三司) 211
3성 6부 42
삼우제(三虞祭) 143
3·1운동 387
삼일장 140, 143
삼전도비문 233
삼정(三政) 162, 172, 173, 355, 356, 363-365
3정승 42
삼정이정청(三政釐整廳) 365
삼한정통론(三韓正統論) 337
상공(常貢) 153, 169
≪상례비요(喪禮備要)≫ 255
상평창(常平倉) 204
상피제도(相避制度) 146, 147
≪색경(穡經)≫ 256
생원·진사시 51, 65, 150
생원과(生員科) 58, 64
서거정(徐居正) 368

서경권(署經權) 211, 212
서경단자(署經單子) 212
서경덕(徐敬德) 193, 198, 215
서광범(徐光範) 388
서당 51, 57
서대문 88
서류부가(壻留婦家) 137, 138
서북민 항쟁 361
서양 379, 381, 386-388, 391
서양 제국주의 392, 398
서양풍속기(西洋風俗記) 330
서얼(庶孼) 63, 125, 126, 277, 278, 281, 283, 369
서얼차대(庶孼差待) 282
서얼허통(庶孼許通) 283, 370
서얼허통첩(庶梒許通帖) 278
서원(書院) 51, 190, 192-194, 215, 259
서원전(書院田) 294
서원철폐(書院撤廢) 390
서인(西人) 179, 201, 220, 224, 226, 228, 230-232, 238, 253, 254, 260, 262, 264, 265, 267-269, 302, 303
서장관(書狀官) 226
서편제 404
서학(西學) 329, 335
선교사 381
선박세 342
선상(船商) 114, 116, 306
선세(船稅) 155-157, 325
≪선원록(璿源錄)≫ 149
선원보(璿源譜) 149
선전관(宣傳官) 146, 224
선조 96, 179, 190, 209, 214-216, 219, 220, 223, 225, 228-231, 239, 250, 313
≪선조수정실록≫ 223
≪선조실록≫ 223, 226
선혜청(宣惠廳) 319
설관분직(設官分職) 40
섭정 390
성균관(成均館) 57, 58, 60-62, 175, 193, 223
≪성리내전≫ 195
≪성암유고(省菴遺稿)≫ 219
성종 33, 71, 81, 83, 103, 133, 156, 158-160, 166, 175, 181, 213, 314, 374
≪성종실록≫ 181
성학(聖學) 215
≪성학집요(聖學輯要)≫ 209
성혼(成渾) 198, 200, 201, 210, 266
성희안(成希顔) 187
세견선(歲遣船) 384
세도정치 361, 390
세자대리청정 270
세제 270, 271, 310, 314
세제대리청정 272
세조 33, 46, 47, 68, 83, 92, 158, 159, 182
세종 18, 46, 55, 75, 83, 98, 100, 103, 148, 159, 165, 166, 169, 368, 374, 376
≪세종실록≫ 80, 81, 97, 99, 131, 168, 175, 374
<세한도> 373
소격서(昭格署) 185
소공(小功) 144
소과(小科) 58, 65
소금 117
소금세 162
소론(小論) 263, 264, 268-270, 272, 359, 360
소릉복위론(昭陵復位論) 184
소북(小北) 232, 253
소빙기(小氷期) 278
소윤(小尹) 186
소인위붕(小人僞朋) 209
소작쟁의 298
소중화(小中華) 236, 237, 337
≪소학≫ 58, 63, 66, 185, 190, 195, 202, 203,

215, 246
소학실천운동 185
소현세자(昭顯世子) 240, 250, 251, 255, 330
속공노비(屬公奴婢) 131
속량(贖良) 277
≪손자(孫子)≫ 66
송만재(宋晩載) 375
송방(松房) 114
송상(松商) 311
송시열(宋時烈) 200, 216, 253-258, 260-265
송준길(宋浚吉) 200, 258, 265
<송하보월도> 371
쇄국정책 393
수등이척주척(隨等異尺周尺) 166
수등이척지척(隨等異尺指尺) 166
수렴청정 214, 215
수령칠사(守令七事) 50
수미지법(收米之法) 316, 319
수신전(守信田) 71
수양노비(收養奴婢) 131
수조권(收租權) 24, 25, 68-73
수호조규(修好條規) 383
숙종 251, 257, 260, 262, 264, 265, 267, 269, 270, 304, 311, 325
≪순자(荀子)≫ 245
순조 389, 390
순종 399, 400
숭례문(崇禮門) 79, 87, 88
숭정(崇禎) 240
시강원(侍講院) 46
≪시경≫ 188
시마(緦麻) 144-146
시비법(施肥法) 101, 106, 107
시제(時祭) 141
시집살이 137, 138
식년시(式年試) 59, 60
식당도기(食堂到記) 61
식민지 사관 205, 206
신경준(申景濬) 338
신규(申奎) 190
신대륙 발견 379
신덕왕후 강씨 135
신량역천(身良役賤) 130
신비복위소(愼妃復位疏) 187, 189
신속(申洬) 285
신수근(愼守勤) 187
신식 군대 388, 391
신유학 28, 29
신임옥사(辛壬獄事) 272
신정왕후(神貞王后) 390
신종(神宗) 238, 239, 266
≪신증동국여지승람≫ 81
신항로 발견 380
신해통공(辛亥通公) 307
신헌(申櫶) 383, 385
실경(實景) 372
실록청 182
실사구시(實事求是) 333, 334, 339
실학 329, 333, 335, 336, 338, 339, 402
실학자 240, 241, 303, 341, 343, 345, 346, 350, 351, 361, 404
실행부녀(失行婦女) 63
≪심경≫ 195
심상(心喪) 143
심의겸(沈義謙) 216-221
심충겸(沈忠謙) 220

ㅇ

아관파천(俄館播遷) 395
아담 샬 330
아편전쟁(阿片戰爭) 380, 381
악론(樂論) 375
≪악학궤범(樂學軌範)≫ 375

안견(安堅) 371
≪안동권씨성화보≫ 150
안정복(安鼎福) 337
안향(安珦) 199
알성시 219
암행어사 365
양명학(陽明學) 335, 337
≪양반전≫ 107, 369, 371
양사(兩司) 211
양성지(梁誠之) 83-85
양안(量案) 98, 99, 155, 168, 290-295, 298, 314, 322, 323
≪양잠경험촬요(養蠶經驗撮要)≫ 102
양전(量田) 69, 96, 98, 99, 153, 290, 292, 313, 314, 322, 345, 397
양천교혼(良賤交婚) 132
양천제(良賤制) 279
양측적 친속관계 146
≪양화소록(養花小錄)≫ 103
어린도설(魚鱗圖說) 349
어세(漁稅) 155, 162, 325, 342
어염세(魚鹽稅) 156, 157, 325
어윤중(魚允中) 388
억말무본(抑末務本) 300
언관(言官) 46, 184, 211
≪여씨향약(呂氏鄕約)≫ 203
여전론(閭田論) 343, 344, 349, 350
여진 22, 75, 76, 78, 79, 222, 234, 236, 237, 241
여항문학 369
역관(譯官) 265, 310, 387, 388
역성혁명론 31
역역(力役) 154, 316, 317
역전(力田) 285
≪연려실기술(燃藜室記述)≫ 207, 337
연분(年分) 9등 165, 166, 321
연분등제(年分等制) 71
연분법(年分法) 155, 321
연산군(燕山君) 156, 170, 179, 181, 182, 184, 187, 213, 314
박지원(朴趾源) 369, 371
≪연암집≫ 388
12마당 375
≪열하일기(熱河日記)≫ 86
엽관운동(獵官運動) 219
엽전 320
영국 380, 381, 388, 392, 396, 397
영남학파 190, 193, 196-198
≪영락보(永樂譜)≫ 150
영일동맹 399
영정과율법(永定課率法) 321
영정법(永定法) 321
영조 269, 270, 272, 273, 305, 325, 334, 389, 390
영창대군 228, 230, 231
≪예기≫ 103, 243, 244, 248, 252, 254
예송 251, 253, 254, 257, 260, 263
예학(禮學) 245-248, 252, 263, 335
오건(吳健) 210, 219
오경석(吳慶錫) 387, 388
오군영 316, 318
5도 양계 83
오례(五禮) 78, 202, 249
≪오례의≫ 253
오리정(五里亭) 87
5마당 375
오복도(五服圖) 143
오복제 144, 145, 253
오위(五衛) 54, 55, 316
오위도총부(五衛都摠府) 54
왕자의 난 34, 44
왜란 301, 377
외공장 109
외방별시(外方別試) 59

요역(徭役) 154, 156, 173-175, 316
≪용비어천가(龍飛御天歌)≫ 368
용사출척권(用捨黜陟權) 260
운요호 사건 382, 383
운현궁(雲峴宮) 390
원상(院相) 261
원점(圓點) 61
원종 공신 146
위안스카이(元世凱) 392
위전(位田) 161
위정척사사상(衛正斥邪思想) 386
위정척사파 388, 389
위훈삭제 사건 183
유길준 388
유득공 338
유럽 제국주의 382
유비(劉備) 203
유성룡(柳成龍) 150, 216, 230
유순정(柳順汀) 187
유향소(留鄕所) 53, 185, 190
유형원(柳馨遠) 305, 306, 345, 346
유홍기(劉鴻基) 387, 388
6관 42
6방 53
6부 42, 44
육의전(六矣廛) 96, 111
6·25전쟁 405
6조 직계제 44
6진 75, 82, 83
윤두수(尹斗壽) 217
윤선거(尹宣擧) 258, 263
윤선도(尹善道) 53
윤원형(尹元衡) 186, 209, 217, 219
윤자승(尹滋承) 383, 385
윤증(尹拯) 263, 266
윤회봉사(輪回奉祀) 141, 142
윤휴(尹鑴) 253-255, 261, 263
율학 66
은결(隱結) 164, 169, 322
을미개혁(乙未改革) 394, 396
을사사화(乙巳士禍) 181, 186, 207, 209, 210
을사조약 397, 399
음서(蔭敍) 145
음양과 67
음양학 66
의과 67
의금부 146
≪의례(儀禮)≫ 248, 252, 253, 254
≪의례경전통해≫ 252, 253
의례상정소 41, 46
의창(義倉) 156, 157, 162, 171, 172
의첩서경(依牒署經) 211
이건명(李健命) 271
이경석(李景奭) 233
이광사(李匡師) 373
이권재상론(利權在上論) 302, 303, 305
이긍익(李肯翊) 337
이기론(理氣論) 196, 199, 336, 338
이노우에 가오루(井上馨) 383, 385
이단하(李端夏) 257, 261
이덕무(李德懋) 241
이량(李樑) 217, 218
≪이륜행실(二倫行實)≫ 185
이말보본론(以末補本論) 95, 96
이범진(李範晉) 396
이산해(李山海) 217
이상좌(李上佐) 371
이앙법(移秧法) 104, 105, 286, 287
이언적(李彦迪) 198, 200, 210, 215, 231
이완용(李完用) 400, 401
이용후생 339
이우(李堣) 102
이원익(李元翼) 230, 232
이이(李珥) 171, 186, 193, 198, 200, 209, 210,

216, 220-224, 232, 246, 266, 315, 316, 319, 368
이이명(李頤命) 270, 271
이익(李瀷) 53, 241, 347
이정(李靖) 66
이종비주(貳宗卑主) 255
이준경(李浚慶) 209
이중환(李重煥) 299, 300, 338
이축(李軸) 224
이항복(李恒福) 230
이황(李滉) 186, 192, 193, 196-198, 200, 210, 215, 217-219, 223, 230, 231, 246, 368
익종 389, 390
인리위전(人吏位田) 161
인목왕후 김씨 228, 230, 231
인물성동이론(人物性同異論) 338
인신위조죄(印信僞造罪) 63
인정(人定) 64
인조 231, 232, 234, 240, 250, 251, 253, 260, 287, 304, 313, 321
인조반정(仁祖反正) 179, 231, 232, 238, 250
인징(隣徵) 325, 326
인현왕후 민씨 264, 265, 267-269
≪인현왕후전≫ 267
일진회 397
일천즉천(一賤則賤) 132
임꺽정 난 246
≪임술록(壬戌錄)≫ 364
임술민란(壬戌民亂) 354, 355
임업세 156
임오군란(壬午軍亂) 391
임진왜란 83, 100, 113, 114, 124, 150, 168, 174, 226, 229, 239, 246, 247, 277, 309, 313, 329, 354, 390, 405
임해군 229, 231

ㅈ

자녀 균분 상속 138
자녀 차등 상속 138
자녀안(恣女案) 135
자명종(自鳴鐘) 330
자천제(自薦制) 212, 213
≪잠서(蠶書)≫ 102
잡과 67
잡세 306
잡역(雜役) 111-113, 154, 173
잡학(雜學) 66
장기(杖朞) 144
장렬왕후(莊烈王后) 조씨 250, 253, 256, 260
장원급제 258
장인세 110
장희재(張希載) 268
재부민산(財富民散) 95, 303
재조지은(再造之恩) 238, 239
재최(齊衰) 143, 144
저화(楮貨) 115, 118, 133
적장자 138, 139, 140, 214, 229, 231, 250, 257, 359, 389
적통(嫡統) 281
전결제(田結制) 166, 167
전랑권 215, 219, 258, 259
전매권 307
전분(田分) 6등 165, 166, 321
전시(殿試) 62, 65
전시과(田柴科) 24, 25, 68, 69, 73
전정(田政) 290, 318, 323, 327, 355, 363, 397
전품(田品) 69
≪전한서(前漢書)≫ 334
전황(錢荒) 304, 305
절영도 조차 396
≪정감록(鄭鑑錄)≫ 363
정광필(鄭光弼) 207

정구(鄭逑) 248
정국공신(靖國功臣) 185
정도전(鄭道傳) 31, 32, 34, 44
정두원(鄭斗源) 330
정명가도(征明假道) 228
정몽주(鄭夢周) 31, 180, 186, 199, 200
정묘호란 313
정약용(丁若鏞) 241, 242, 338-341, 348, 356, 362, 375
정여립(鄭汝立) 224, 225
정여창(鄭汝昌) 200, 231
정원군(定遠君) 229, 231, 250
정유재란 313
정인홍(鄭仁弘) 230
정자(井字) 348
정전제(井田制) 344, 346, 348-350
정조 273, 286, 351, 379
정종 135, 270
정지화(鄭知和) 261
정척(鄭陟) 83, 84
정철(鄭澈) 216, 217, 225, 229
정초(鄭招) 103
정태화(鄭太和) 255, 261
제국주의 334, 404
제물포조약 392
제언(堤堰) 287
조광조(趙光祖) 182, 183, 186, 189, 200, 207, 208, 210, 231, 314
조병세(趙秉世) 397
≪조선경국전(朝鮮經國典)≫ 32, 33, 40, 42
<조선방역지도(朝鮮方域之圖)> 83
조선통보(朝鮮通寶) 118
조식(曺植) 193, 196, 198, 200, 201, 219, 230, 246
조의제문(弔義帝文) 182
조태채(趙泰采) 271
조헌(趙憲) 200
족보 149, 151, 249, 282
족징(族徵) 325, 326
종묘(宗廟) 41, 228, 377
종법(宗法) 140, 151, 229, 249-252
종학(宗學) 61
좌주문생제(座主門生制) 26
주관(周官) 33
≪주례(周禮)≫ 33, 40-42
≪주문공가례(朱文公家禮)≫ 185
≪주역≫ 188
주자(朱子) 29, 37, 142, 192, 201, 210, 252, 263, 332
≪주자가례(朱子家禮)≫ 58, 125, 137, 138, 189, 190, 194, 195, 201, 202, 215, 246-249, 252, 253, 256
≪주자대전≫ 195
주자학 28, 201, 247, 248, 332, 335
중농억말(重農抑末) 300, 302
≪중용≫ 195
≪중용집주(中庸集註)≫ 195
중인 66, 67, 120, 123, 125, 126, 265, 279, 283, 318, 324, 369
중종 98, 160, 162, 183, 184, 186, 189, 199, 200, 208, 210, 213-215, 314
중종반정 179, 182, 183, 185, 187, 188, 213
≪중종실록≫ 188
중혼(重婚) 134
증광시(增廣試) 59
≪증보문헌비고≫ 89, 90
지구의(地球儀) 330
지주전호제 314, 350
지주형 부농 288
직전법(職田法) 71, 73
진경산수화 369, 372
진관체제(鎭管體制) 56, 316
진붕론(眞朋論) 208
진사시(進士試) 58, 64, 217, 219

진주민란(晉州民亂) 351, 354, 365
집현전 46, 47

ㅊ

참최(斬衰) 143, 145, 253
창경궁 60, 88
창고전(倉庫田) 163
창덕궁 87, 88, 89, 231, 239, 390
창두적각(蒼頭赤脚) 132
창의문 231
채제공(蔡濟恭) 307
책문(柵門) 311
책판(責辦) 111-114, 116
책형(磔刑) 224
처가살이 137
처사(處士) 문학 367, 368
천리경(千里鏡) 330
천자문(千字文) 99, 291
천자수모(賤子隨母) 133
천주교 242, 335, 381
천주상(天主像) 330
≪천주실의(天主實義)≫ 330
철종 365, 389
청계천 88, 89
청(나라) 22, 234, 236, 238, 240-242, 251, 311, 326, 329, 330, 334, 374, 392, 395, 397
청남(淸南) 261
청요직(淸要職) 211, 283
청일전쟁 394
체아록(遞兒綠) 157
체아직(遞兒職) 157
≪촬요신서(撮要新書)≫ 102
추사체 373, 374
<춘향가> 375
≪춘향전≫ 369, 370
이순신(李舜臣) 219
취재시(取才試) 67
치외법권(治外法權) 392, 393
친러파 395, 396
친영(親迎) 136, 138

ㅋ

컴퓨터 17, 18, 335, 403

ㅌ

탁남(濁南) 261
탈춤 404
탕평 263, 272-274, 359, 360, 402
태조 32, 54, 98, 132, 135, 182, 270
태종 44, 46, 77, 102, 111, 131-133, 135, 168, 179, 180, 270
≪태종실록≫ 97, 131, 135, 168
태평관 79
태프트 397
≪택리지(擇里志)≫ 213, 299, 300, 338
토성분정(土姓分定) 149
≪통감≫ 66
≪통감절요≫ 58
통상조약 388
통신사 226
통정대부(通政大夫) 278
통청운동(通淸運動) 282

ㅍ

파종법 285
판소리 369, 375, 404
판소리계 소설 370
≪팔도지리지≫ 80
<팔도총도(八道總圖)> 84
패관야승 337

평시서 154
폐모살제(廢母殺弟) 231
폐비 신씨(愼氏) 184
폐비 윤씨(尹氏) 182
포르투갈 381
포자(鋪子) 306
풍속화 369, 374
풍수지리학 338
도요토미 히데요시(豊臣秀吉) 226, 227
프랑스 382, 388, 395, 396

ㅎ

하와이 381
하학이상달(下學而上達) 196
≪한국근대사의 재조명≫ 379
한글 18, 101, 403
한문 소설 371
한문학 369
한백겸(韓百謙) 338
한악(韓鄂) 103
≪한양가(漢陽歌)≫ 370
한응인(韓應寅) 224
한일합병조약 400
한일협약 397
한전론(限田論) 343, 344, 347, 348, 350
한전제 346
한준겸(韓浚謙) 250
한치윤(韓致奫) 337
한품서용제(限品叙用制) 123
≪해동역사≫ 337
해세(海稅) 157
해운(海運) 92
해유(解由) 162
행상(行商) 114, 116
행장(行狀) 116
향공(鄕貢) 162
향교 51, 57, 58, 62, 175, 192, 193
향리(鄕吏) 52, 53, 67, 164, 165, 363
향사례(鄕射禮) 185, 201
향시(鄕市) 300
향시(鄕試) 59, 64, 65
향악 375
향약(鄕約) 190, 203, 246
향약 보급 운동 185
향음주례(鄕飮酒禮) 185, 201, 202
향청(鄕廳) 53
허균(許筠) 226, 369
허난설헌(許蘭雪軒) 226
허목(許穆) 253, 255, 258, 260, 261, 332
허새역모사건(許璽逆謀事件) 262
≪허생전≫ 310, 371
허성(許筬) 226
허엽(許曄) 217, 226
허잠(許潛) 262
허적(許積) 261
헌종 389
현량과(賢良科) 184, 210
현종 251, 255-257, 259-261, 264, 265, 270, 287, 325
≪현종실록≫ 256
호리모토 레이조(掘本禮造) 392
호적(戶籍) 278, 280, 282, 323, 324
≪호질≫ 371
홍건적 30
홍경래(洪景來)의 난 290, 351, 354, 355, 360, 361
홍경주(洪景舟) 208
≪홍길동전≫ 132, 369, 370
홍대용(洪大容) 241
홍문관(弘文館) 47, 146, 211, 213, 283
홍문록(弘文錄) 213
홍분(紅粉) 27
홍패(紅牌) 65, 67

화이관(華夷觀)　235, 337
화폐　303-305, 319
환곡(還穀)　155, 156, 162, 171-173, 326-328, 355, 363, 364
환국(換局)　260
황구첨정(黃口添丁)　324, 326
≪황극탕평론(皇極蕩平論)≫　263
황윤길(黃允吉)　226, 227
회니시비(懷尼是非)　264
횡간(橫看)　155, 156, 159
효종　251, 253-257, 264, 270
후금(後金)　237, 238
훈구파　182, 183, 185
훈련도감(訓練都監)　316, 317
훈련원시(訓練院試)　65
훈민정음　368, 403
훈척 세력　208, 209
≪흠흠신서(欽欽新書)≫　341
흥례문(興禮門)　34
≪흥부전≫　370
흥선대원군　259, 390
흥인지문(興仁之門)　87, 88
희빈(禧嬪) 장씨(張氏)　264, 265-269, 311